에듀윌과 함께 시작하면,
당신도 합격할 수 있습니다!

대학 진학 후 진로를 고민하다 1년 만에
서울시 행정직 9급, 7급에 모두 합격한 대학생

다니던 직장을 그만두고
어릴 적 꿈이었던 경찰공무원에 합격한 30세 퇴직자

용기를 내 계리직공무원에 도전해
4개월 만에 합격한 40대 주부

직장생활과 병행하며 7개월간 공부해
국가공무원 세무직에 당당히 합격한 51세 직장인까지

누구나 합격할 수 있습니다.
시작하겠다는 '다짐' 하나면 충분합니다.

마지막 페이지를 덮으면,

**에듀윌과 함께
공무원 합격이 시작됩니다.**

누적판매량 250만 부 돌파!
59개월 베스트셀러 1위 공무원 교재

7·9급공무원 교재

기본서
(국어/영어/한국사)

기본서
(행정학/행정법총론)

단원별 기출&예상 문제집
(국어/영어/한국사)

단원별 기출&예상 문제집
(행정학/행정법총론)

기출문제집
(국어/영어/한국사)

기출문제집
(행정학/행정법총론/사회복지학개론)

9급공무원 교재

기출 오답률 TOP 100
(국어+영어+한국사 300제)

기출PACK
공통과목(국어+영어+한국사)
/전문과목(행정법총론+행정학)

실전동형 모의고사
(국어/영어/한국사)

실전동형 모의고사
(행정학/행정법총론)

봉투모의고사
(일반행정직 대비 필수과목
/국가직·지방직 대비 공통과목 1, 2)

지방직 합격면접

7급공무원 교재

PSAT 기본서
(언어논리/상황판단/자료해석)

PSAT 기출문제집

민경채 PSAT 기출문제집

기출문제집
(행정학/행정법/헌법)

군무원 교재

기출문제집
(국어/행정법/행정학)

파이널 적중 모의고사
(국어+행정법+행정학)

경찰공무원 교재

기본서
(경찰학)

기본서
(형사법)

기본서
(헌법)

기출문제집
(경찰학/형사법/헌법)

실전동형 모의고사
2차 시험 대비
(경찰학/형사법/헌법)

합격 경찰면접

계리직공무원 교재

기본서
(우편상식_우편일반)

기본서
(금융상식_예금일반+보험일반)

기본서
(컴퓨터일반·기초영어)

단원별 문제집
(우편상식_우편일반)

단원별 문제집
(금융상식_예금일반+보험일반)

단원별 문제집
(컴퓨터일반_기초영어 포함)

소방공무원 교재

기본서
(소방학개론/소방관계법규
/행정법총론)

단원별 기출문제집
(소방학개론/소방관계법규
/행정법총론)

기출PACK
(소방학개론+소방관계법규
+행정법총론)

(ebook)파이널 적중 모의고사
(소방학개론/소방관계법규
/행정법총론)

국어 집중 교재

매일 기출한자(빈출순)

매일 푸는 비문학(4주 완성)

영어 집중 교재

빈출 VOCA

매일 3문 독해(4주 완성)

빈출 문법(4주 완성)

기출판례집(빈출순) 교재

행정법

헌법

형사법

단권화 요약노트 교재

국어 문법 단권화 요약노트

영어 단기 공략
(핵심 요약집)

한국사 흐름노트

행정학 단권화 요약노트

행정법 단권화 요약노트

더 많은
공무원 교재

1초 합격예측
모바일 성적분석표

1초 안에 '클릭' 한 번으로 성적을 확인하실 수 있습니다!

활용 GUIDE

실시간 성적분석 방법!

STEP 1
QR 코드 스캔

STEP 2
모바일 OMR 입력

STEP 3
자동채점 & 성적분석표 확인

STEP 1

QR 코드 스캔

- 교재의 QR 코드를 모바일로 스캔 후 에듀윌 회원 로그인
- QR 코드 하단의 바로가기 주소로도 접속 가능

STEP 2

모바일 OMR 입력

- 회차 확인 후 '응시하기' 클릭
- 모바일 OMR에 답안 입력
- 문제풀이 시간까지 측정 가능

STEP 3

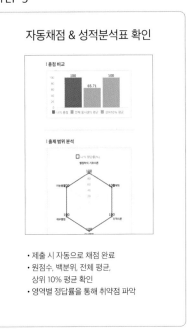

자동채점 & 성적분석표 확인

- 제출 시 자동으로 채점 완료
- 원점수, 백분위, 전체 평균, 상위 10% 평균 확인
- 영역별 정답률을 통해 취약점 파악

군무원,
에듀윌을 선택해야 하는 이유

합격자 수 수직 상승
2,100%

명품 강의 만족도
100%

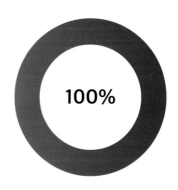

군무원

베스트셀러 1위
59개월(4년 11개월)

5년 연속 군무원 교육
1위

1위 에듀윌만의
체계적인 합격 커리큘럼

원하는 시간과 장소에서, 1:1 관리까지 한번에
온라인 강의

① 독한 교수진의 1:1 학습관리
② 과목별 테마특강, 기출문제 해설강의 무료 제공
③ 초보 수험생 필수 기초강의와 합격필독서 무료 제공

쉽고 빠른 합격의 첫걸음 합격필독서 무료 신청

최고의 학습 환경과 빈틈 없는 학습 관리
직영 학원

① 현장 강의와 온라인 강의를 한번에
② 확실한 합격관리 시스템, 아케르
③ 완벽 몰입이 가능한 프리미엄 학습 공간

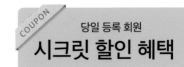

합격전략 설명회 신청 시 당일 등록 수강 할인권 제공

✔ 효율적인 회독을 위한
3회독 플래너

✔ 한눈에 확인하는
3회독 점수체크표

구분		1회독	2회독	3회독
PART 01 9급	2023			
	2022			
	2021			
	2020			
	2019(추가)			
	2019			
	2018			
	2017			
	2016			
	2015			
	2014			
	2013			
	2012			
	2011			
	2010			
	2009			
	2008			
	2007			
	2006			
PART 02 7급	2023			
	2022			

구분		1회독	2회독	3회독
PART 01 9급	2023			
	2022			
	2021			
	2020			
	2019(추가)			
	2019			
	2018			
	2017			
	2016			
	2015			
	2014			
	2013			
	2012			
	2011			
	2010			
	2009			
	2008			
	2007			
	2006			
PART 02 7급	2023			
	2022			

플래너 & 점수체크표 활용 TIP

1. 기출문제를 풀고 난 후, **각 회차의 맨 앞 회독표**에 푼 날짜, 시간, 점수를 기록하세요!

2. **3회독 플래너**에 ✔ 표시하여 회독을 철저히 체크하세요!

3. **3회독 점수체크표**에 회독별 점수를 기록하여 합격선과 비교해보고 변화하는 본인의 점수를 확인하세요!

시작하라.

그 자체가 천재성이고,
힘이며, 마력이다.

– 요한 볼프강 폰 괴테(Johann Wolfgang von Goethe)

2024
에듀윌 군무원
18개년 기출문제집

행정학

왜, 군무원인가?

군무원이란?

군부대에서 군인과 함께 근무하는 공무원으로 신분은 「국가공무원법」상 특정직 공무원으로 분류됩니다. 일반군무원과 전문군무경력관, 임기제 군무원으로 나뉘며 일반군무원은 기술·연구 또는 행정일반에 대한 업무를 담당하고 국방부 직할부대(정보사, 기무사, 국통사, 의무사 등), 육군·해군(해병대)·공군 본부 및 예하부대에서 근무하게 됩니다.

선호 이유

1 단, 3과목만으로 공무원 합격!

☑ **영어 과락 걱정 Zero!**
영어 과목이 영어능력검정시험으로 대체

☑ **방대한 한국사 학습 부담 Zero!**
한국사 과목이 한국사능력검정시험으로 대체

☑ **국어, 전공과목1, 전공과목2 → 총 3과목**(7급은 총 4과목)
단기간에 3과목만으로도 군무원 합격 가능

* 상세 기준은 본책 9p 참고

2 일반 공무원 시험과 병행 가능!

☑ **9급공무원 행정직과 유사한 시험 과목!**
군무원 행정직은 국어, 행정법, 행정학, 군수직은 국어, 행정법, 경영학으로 9급공무원 응시 과목과 유사

☑ **누구나 응시 가능!**
학력 및 성별 차별이 없는 공정한 시험
행정직과 군수직은 특정 자격증 없이도 응시 가능

3 일반 공무원과 동일 대우! 동일 혜택!

☑ **급여, 수당, 연금 혜택 등 일반 공무원과 동일 대우!**
「공무원보수규정」을 적용하며 공무원과 동일한 급여체계
60세까지 정년 보장과 군무원 연금의 혜택

☑ **다양한 휴가제도!**
연가, 병가, 공가, 특별휴가 등 여유로운 개인생활 보장

☑ **군무원만의 혜택은 덤!**
군인과 동일하게 군 복지시설 이용 가능

몇 개년을 풀어봐야 할까?

과거의 군무원 시험은 일반 공무원 시험에 비해 지엽적으로 출제되는 경향이 있었으나 2020년 기출문제가 공개되면서부터 이러한 부분들이 많이 개선되었다는 평이 있습니다. 하지만 공개된 기출문제는 4개년뿐이고, 한 번이라도 출제된 문항은 언제든지 다시 출제될 가능성이 있으므로 본 교재는 전 회차 기출문제를 수록하였습니다. 전 회차 기출문제를 바탕으로 빈틈없이 학습하여 군무원 고득점을 달성하시기 바랍니다.

군무원을 준비해야 하는 이유

1 지속적으로 증가하는 군무원 정원

국방부는 업무보고를 통해 국방업무의 전문성·연속성을 위해 군무원을 2027년까지 4.7만여 명으로 확대한다고 발표하였습니다. 이에 앞으로도 군무원 채용은 긍정적 흐름을 유지할 것으로 보입니다.

2 상대적으로 낮은 경쟁률

2023년 기준 9급 국가직 일반행정직(전국 일반)의 경쟁률은 73.5:1이었던 반면, 9급 육군 행정직 군무원의 경쟁률은 38.7:1이었습니다. 상대적으로 낮은 경쟁률로 합격에 대한 부담감이 적습니다.

2023년 9급 행정·군수 필기 합격선

*육군 기준

구분	모집인원	지원인원	경쟁률
행정	246명	9,523명	38.7:1
군수	519명	3,238명	6.2:1

머리말

군무원 vs. 공무원

최근 지속적인 정원 확대와 공무원에 비해 상대적으로 적은 필기시험 과목으로 인해 군무원 시험에 대한 관심이 뜨거워지고 있습니다. 그러나 군무원 시험은 역설적으로 필기시험 과목이 적기 때문에 수험준비가 어려운 시험입니다. 시험과목이 많으면 과목 간의 우열이 다소 있어도 자신이 잘하는 과목의 점수를 높여 평균점수를 높일 수 있지만, 시험과목이 적은 경우 모든 과목에서 높은 점수를 얻어야 하고 한 과목에서도 실수하지 말아야 합니다.

파레토 80 대 20의 법칙

知彼知己 百戰不殆(지피지기 백전불태), 상대를 알고 나를 알면 백 번 싸워도 위태롭지 않다는 뜻의 한자성어처럼 실수를 하지 않기 위해서는 군무원 시험의 출제경향을 살펴볼 필요가 있습니다. 18개년의 출제흐름을 보면 뚜렷한 경향이 있습니다. 대략 80%의 빈출문제와 20%의 새로운 경향의 문제가 혼합되어 있어 파레토 80 대 20의 법칙이 적용되고 있습니다. 군무원 시험의 합격을 위해서는 신경향의 난도 높은 문제 20%가 수험의 성패를 결정합니다. 그러나 이를 반대로 생각해보면 매년 반복적으로 출제되는 빈출문제를 내 것으로 만들어야 고득점의 발판이 마련된다는 의미입니다.

신경향의 문제를 간단히 살펴보면 '독립채산제, 인트라넷, 데이터 마이닝(2008년)', '인센티브제도(2009년)', '가계보전수당(2012년)', '공직부패의 시장교환적 접근(2013년)', '전략적 기획(2014년)', '보직관리의 기준(2018년)', '정부개혁, 정책과정의 참여자(2019년)', '행정학의 기술성과 과학성, 시·군 통합의 긍정적 효과(2020년)', '지방수입의 지표(2021년)', 지능형 정부, 시민단체 해석의 관점, 주민자치위원회와 주민자치회, 공직동기이론, 켈리(Kelly)의 귀인(歸因)이론(2022년) 등이 있습니다. 본서를 통해 18개년의 기출문제를 풀다 보면 군무원 시험의 빈출문제 80%와 신경향의 20%를 쉽게 구분할 수 있을 것입니다.

지도와 나침반

여행과 방황은 목표가 있느냐에 따라 달라진다고 합니다. 목표가 정해졌다면 지도나 나침반이 필요합니다. 그런데 지도나 나침반이 잘못되거나 고장이 났다면 목표에 제대로 도달하기 어려울 것입니다. 2019년까지는 기출문제가 공개되지 않았기 때문에 문제 복원이나 해설이 만족스러운 교재를 찾기 힘들었을 것입니다. 본서는 여러분이 군무원 시험 합격이라는 목표를 찾아가기 위해 필요한 지도나 나침반이 되기 위해, 최선을 다해 문제를 복원하고 분석적인 해설을 담았습니다. 또한 문제가 공개된 2020~2023년의 기출문제를 철저히 분석하여 확실하게 시험을 준비할 수 있도록 하였습니다. 본서를 지도와 나침반으로 삼아 원하는 목표에 꼭 도달하기를 기원합니다.

저자 남진우

군무원 시험 정보

직렬 정보 & 주요 업무

직군	직렬	업무내용
행정	행정	• 국방정책, 군사전략, 체계분석, 평가, 제도, 계획, 연구 업무 • 일반행정, 정훈, 심리 업무 • 법제, 송무, 행정소송 업무 • 세입 · 세출결산, 재정금융 조사분석, 계산증명, 급여 업무 • 국유재산, 부동산 관리유지 · 처분에 관한 업무
	사서	도서의 수집 · 선택 · 분류 · 목록작성 · 보관 · 열람에 관한 업무
	군수	• 군수품의 소요 · 조달, 보급 · 재고관리, 정비계획, 물자수불(청구, 불출) 업무 • 물품의 생산 · 공정 · 품질 · 안전관리 · 지원활용 등 작업계획, 생산시설 유지 · 생산품 처리 업무
	군사정보	주변국 및 대북 군사정보 수집, 생산관리, 부대전파 및 군사보안 업무
	기술정보	• 외국정보 및 산업, 경제, 과학기술 정보의 수집, 생산관리 보안 업무 • 정보용 장비, 기기 등에 의한 정보수집 업무
	수사	범죄수사, 비위조사, 범죄예방, 계몽활동 등에 관한 업무

※ 그 외 시설, 정보통신, 공업, 함정, 항공, 기상, 보건 직군별 직렬의 업무내용은 국방부 군무원 채용관리 사이트에서 확인할 수 있음

지원자격 및 시행일정

1. 응시원서 접수 시 유의사항

필기시험일이 동일하므로 공채(일반, 장애인 구분) 및 경채(육군 · 지역 구분 · 장애인 구분, 국직기관) 중복지원이 불가하며, 국방부 · 육군 · 해군(해병대) · 공군 주관 채용시험도 2개 이상 기관에 중복(복수)하여 응시원서를 접수할 수 없으며, 중복(복수) 접수가 확인되는 경우 접수일자를 기준으로 나중에 접수한 원서를 취소합니다.

※ 모집 구분별, 채용시험 주관 기관별 하나만 선택하여 응시원서 접수 가능

2. 응시연령

• 7급 이상: 20세 이상
• 8급 이하: 18세 이상

3. 2024년 채용일정(안)

채용 구분	원서접수	필기시험	면접시험	합격자 발표
공개경쟁채용	5월 초	7월 중순	9월 말	10월 초
경력경쟁채용				

※ 최근 채용일정을 기준으로 하였으며, 세부 일정은 추후 반드시 국방부 군무원 채용관리 사이트에서 확인하여야 함
※ 각 군별 군무원 채용관리 사이트
　– 국방부: https://recruit.mnd.go.kr
　– 육군: https://www.goarmy.mil.kr
　– 해군/해병대: https://www.navy.mil.kr
　– 공군: https://rokaf.airforce.mil.kr

시험 과목

1. 공개경쟁채용 시험 과목

직군	직렬	계급	시험 과목
행정	행정	5급	국어, 한국사, 영어, 행정법, 행정학, 경제학, 헌법
		7급	국어, 한국사, 영어, 행정법, 행정학, 경제학
		9급	국어, 한국사, 영어, 행정법, 행정학
	사서	5급	국어, 한국사, 영어, 자료조직론, 도서관경영론, 정보학개론, 참고봉사론
		7급	국어, 한국사, 영어, 자료조직론, 도서관경영론, 정보봉사론
		9급	국어, 한국사, 영어, 자료조직론, 정보봉사론
	군수	5급	국어, 한국사, 영어, 행정법, 행정학, 경제학, 경영학
		7급	국어, 한국사, 영어, 행정법, 행정학, 경영학
		9급	국어, 한국사, 영어, 행정법, 경영학
	군사정보	5급	국어, 한국사, 영어, 국가정보학, 정보사회론, 정치학, 심리학
		7급	국어, 한국사, 영어, 국가정보학, 정보사회론, 심리학
		9급	국어, 한국사, 영어, 국가정보학, 정보사회론
	기술정보	5급	국어, 한국사, 영어, 국가정보학, 정보사회론, 정보체계론, 암호학
		7급	국어, 한국사, 영어, 국가정보학, 정보사회론, 암호학
		9급	국어, 한국사, 영어, 국가정보학, 정보사회론
	수사	5급	국어, 한국사, 영어, 형법, 형사소송법, 행정법, 교정학
		7급	국어, 한국사, 영어, 형법, 형사소송법, 행정법
		9급	국어, 한국사, 영어, 형법, 형사소송법

※ 영어는 영어능력검정시험, 한국사는 한국사능력검정시험으로 대체함
※ 그 외 직군과 경력경쟁채용 시험 과목은 국방부 군무원 채용관리 사이트에서 확인할 수 있음

2. 영어능력검정시험 기준 점수

시험의 종류	5급	7급	9급
토익(TOEIC)	700점 이상	570점 이상	470점 이상
토플(TOEFL)	PBT 530점 이상, IBT 71점 이상	PBT 480점 이상, IBT 54점 이상	PBT 440점 이상, IBT 41점 이상
신텝스(TEPS) (2018.5.12. 이후에 실시된 시험)	340점 이상	268점 이상	211점 이상
지텔프(G-TELP)	Level 2 65점 이상	Level 2 47점 이상	Level 2 32점 이상
플렉스(FLEX)	625점 이상	500점 이상	400점 이상

※ 청각장애 2·3급 응시자의 경우, 국방부 군무원 채용관리 사이트에서 기준 점수 확인 가능
※ 해당 공개경쟁채용시험의 필기시험 예정일로부터 역산하여 3년이 되는 해의 1.1. 이후에 실시된 시험에 한해 기준점수 인정
※ 응시원서 접수 시에 본인이 취득한 영어능력검정시험명, 시험일자 및 점수 등을 정확히 표기

3. 한국사능력검정시험 기준 등급

시험의 종류	5급	7급	9급
한국사능력검정시험	2급 이상	3급 이상	4급 이상

※ 해당 공개경쟁채용시험의 필기시험 예정일로부터 역산하여 4년이 되는 해의 1.1. 이후에 실시된 시험으로서, 필기시험 예정일 전까지 성적이 발표된 시험 중 응시 계급별 기준 등급 이상의 성적에 한해 인정
※ 응시원서 접수 시에 본인이 취득한 한국사능력검정시험의 합격 등급, 인증번호(8자리)를 정확히 표기(증빙서류 제출 없음)

가산점

1. 취업지원대상자 및 의사상자 등

적용대상	• 「독립유공자예우에 관한 법률」 제16조, 「국가유공자 등 예우 및 지원에 관한 법률」 제29조, 「보훈보상대상자 지원에 관한 법률」 제33조, 「5 · 18민주유공자 예우에 관한 법률」 제20조, 「특수임무유공자 예우 및 단체설립에 관한 법률」 제19조에 의한 취업지원대상자 • 「고엽제후유의증 등 환자지원 및 단체설립에 관한 법률」 제7조의9에 의한 고엽제후유의증 환자와 그 가족 및 「국가공무원법」 제36조의2에 의한 의사자 유족, 의상자 본인 및 가족
가점비율	과목별 만점의 40% 이상 득점한 자에 한하여, 과목별 득점에 과목별 만점의 일정비율(10%, 5%, 3%)에 해당하는 점수를 가산함
선발범위	취업지원대상자 가점을 받아 합격하는 사람은 선발예정인원의 30%(의사상자 등 가점의 경우 10%)를 초과할 수 없음

※ 취업지원대상자 및 의사상자 등의 여부와 가점비율은 국가보훈처 및 지방보훈청, 보건복지부 사회서비스자원과 등으로 본인이 사전에 확인하여야 함

2. 응시직렬 가산 자격증 소지자

직렬(30개)	토목, 건축, 시설, 전기, 전자, 통신, 지도, 영상, 일반기계, 금속, 용접, 물리분석, 화학분석, 유도무기, 총포, 탄약, 전차, 차량, 인쇄, 선체, 선거, 함정기관, 잠수, 기체, 항공기관, 항공보기, 항공지원, 기상, 기상예보, 의공
적용대상	7급 · 9급 공개경쟁채용 시험 응시자에 한함 ※ 공채 시험 응시자격증 · 면허증 소지 필수 직렬(사서, 환경 등)은 가산점 반영 제외
가산비율	• 7급: 기술사 · 기능장 · 기사 5%, 산업기사 3% • 9급: 기술사 · 기능장 · 기사 · 산업기사 5%, 기능사 3%

3. 가산점 적용 관련 유의사항

• 필기시험 시행 전일까지 취업지원대상자 및 의사상자 등에 해당하거나 공채 가산 자격증 · 면허증을 소지(취득)한 경우 가산점을 부여함
• 필기시험 매 과목 만점의 40% 이상 득점한 자에 한하여, 각 과목별 득점에 각 과목별 만점의 일정 비율(10%, 5%, 3%)에 해당하는 점수를 가산함
• 가산점이 중복되는 경우 다음과 같이 적용함
 − 취업지원대상자 가점과 의사상자 등 가점 → 1개만 적용
 − 취업지원대상자/의사상자 등 가점과 자격증 가산점 → 각각 적용
 − 응시직렬 가산 자격증이 두 개 이상 → 본인에게 유리한 것 1개만 가산

출제경향 & 학습전략

영역별 출제경향

*2023~2006년도 18개년 기준

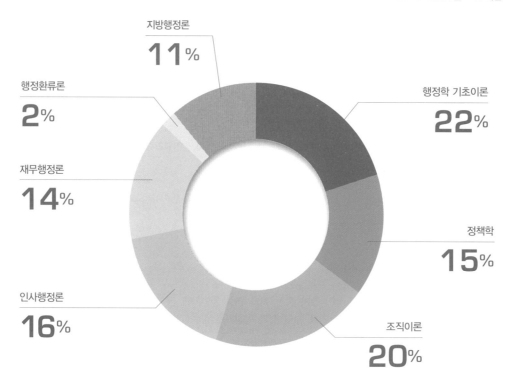

지방행정론
11%

행정환류론
2%

재무행정론
14%

인사행정론
16%

행정학 기초이론
22%

정책학
15%

조직이론
20%

문제가 공개되었음에도 여전히 새로운 주제, 지엽적 출제 패턴은 이어지고 있다!

시행 연도에 따라 영역별 출제비중은 다소 차이가 있지만 전 범위에서 골고루 출제되는 편이다. 따라서 영역별로 자주 출제되는 문제를 반드시 숙지하여야 한다. 내용 면에서는 전반적으로 신구(新舊) 문제가 적절히 조화를 이룬 출제였다. 그동안 자주 출제되었던 군무원 시험의 빈출문제를 반드시 숙지하고 일반 공무원 시험 등을 통해서 신경향 문제에 대비해야 한다. 난이도 면에서는 과거에 비해 최근 난도 높은 문제들이 조금씩 증가하는 경향을 보이고 있다. 수험공부의 성패는 영역별 빈출문제(대략 80%)를 공략하는 것에 달려 있다. 80점을 기본적으로 확보하고 시작하느냐의 여부는 굉장히 중요한 문제이다. 따라서 영역별 빈출문제를 반드시 숙지하고, 주요 법령의 조문을 반드시 기억하도록 한다.

영역별 학습전략

행정학 기초이론

빈출키워드 ▶ 재화의 구분, 규제정치이론, 시장실패와 정부실패, 가외성, 신공공관리론

정부관 변화의 계기인 시장·정부실패의 원인과 대응방식, 재화특성, 공유의 비극 등의 출제비중이 높다. 또한 행정학의 패러다임의 변화에 따라 행정국가에서 중시되었던 이론(과학적 관리론, 인간관계론, 행태론, 생태론, 체제론 등)보다는 신행정국가에서 중시되는 이론(공공선택론, 신제도주의, NPM, NPS, post-NPM, 뉴거버넌스)의 출제비중이 매우 높아지고 있으므로, 이를 중심으로 학습해야 한다.

정책학

빈출키워드 ▶ 정책유형, 정책네트워크, 정책의제설정모형, 정책결정이론모형

기초이론의 핵심은 정책유형, 정책네트워크모형, 권력모형이며, 정책의제설정은 설정과정과 모형, 무의사결정 등이다. 정책분석은 합리적 정책결정과정을 이해하고 정책분석기법으로서의 비용편익분석의 논리를 잘 이해해야 하며, 정책결정에서는 정책결정모형을 중심으로 학습해야 한다. 정책집행은 하향적·상향적 접근방법, 집행모형, 정책평가는 타당성과 신뢰성, 평가방법을 중심으로 학습해야 한다.

조직이론

빈출키워드 ▶ 조직유형, 수평적·수직적 조정기제, 동기부여이론, 전자정부, BSC

기초이론은 조직유형, 조직이론의 발달, 거시조직이론을 중심으로 정리한다. 조직구조론은 조직구조 모형, 관료제, 학습조직, 지식정보사회 조직모형이 반복적으로 출제된다. 이를 바탕으로 우리나라 정부조직을 이해해야 한다. 조직관리론은 동기부여이론, 변혁적 리더십, 토마스의 이차원모형에 주의한다. 조직과 정보는 지식행정관리, 전자정부, 정부3.0, 지능형 정부, 정보공개 등에 주의하며, 조직변동은 TQM, BSC를 중심으로 학습해야 한다.

인사행정론

빈출키워드 ▶ 엽관주의와 실적주의, 직업공무원제, 대표관료제, 직위분류제, 공직부패

기초이론은 엽관·실적주의, 대표관료제, 직업공무원제, 공직 분류는 경력직·특수경력직, 개방형·폐쇄형, 직위분류제를 중심으로 학습한다. 또한 최근 고위공무원단제도의 출제비중이 높아짐에 주의한다. 임용은 시험, 시보임용, 능력발전은 근무성적평정, 다면평가, 사기앙양은 보수, 연금, 공무원단체를 중심으로 학습해야 한다. 공직윤리는 법령의 규정을 숙지하고, 최근 부패접근방법의 출제비중이 높음에 주의해야 한다.

재무행정론

빈출키워드 ▶ 예산종류, 예산원칙, 예산집행 신축성 유지, 발생주의·복식부기, 예산제도

기초이론에서는 예산의 종류, 원칙, 법적 기초. 예산편성은 과정, 형식, 4대 재정개혁, 예산심의는 절차, 예산집행은 재정통제와 신축성 유지, 회계검사 및 결산은 회계제도를 중심으로 내용을 정리해야 한다. 예산제도론은 각 예산제도의 장·단점, 특히 경기회복과 관련하여 자본예산제도에 주의해야 한다.

행정환류론

빈출키워드 ▶ 행정책임, 행정통제 유형, 옴부즈만, 행정개혁 접근방법, 시민헌장제도

행정책임 및 통제에서는 행정책임·통제의 유형 구분에 주의한다. 특히 감사원과 옴부즈만제도는 출제비중이 높음에 유의한다. 정부혁신은 접근방법, 저항요인과 극복방안, 공통적 방향을 중심으로 학습해야 한다.

지방행정론

빈출키워드 ▶ 특별지방행정기관, 지방자치법령, 기관통합형과 기관대립형

지방자치의 유형, 티부모형, 신중앙집권과 지방자치의 부활로 인해 정부 간 관계에 관한 관심이 높아지고 있음에 유의해야 한다. 운영체계는 지방자치의 기본적 내용으로, 모든 문제를 숙지해야 한다. 최근 주민참여제도에 대한 관심이 높아지고 있어, 주민투표, 조례의 제정과 개정·폐지 청구, 주민감사청구, 주민소송, 주민소환 등 모든 영역의 출제비중이 높다. 지방재정은 지방세, 지방교부세의 출제비중이 특히 높으므로 이를 중심으로 학습하여야 한다.

구성과 특징

기출문제편

분석해설편

❶ 18개년 연도별 기출문제 수록

최신 기출을 포함한 2023~2006년도 18개년 기출문제를 수록하였습니다.

※ 2019~2006년도 시험은 기출문제를 복원하여 수록함

❷ 회독 체크표

연도별 3회독 체크표로 회독의 효과를 높일 수 있습니다.

❸ 1초 합격예측 서비스

회차마다 수록된 QR코드를 스캔하여 모바일 OMR에 정답을 입력한 후, 성적결과분석으로 자신의 위치와 취약점을 확인할 수 있습니다. (자세한 활용 GUIDE는 교재 앞쪽에 수록된 광고 p.4 참고)

❶ 연도별 기출분석

상세한 기출분석으로 기출경향을 파악할 수 있으며, 개념 카테고리와 정답률, 출제수를 통해 연도별 고난도 문항 및 지엽적 문항을 한눈에 확인할 수 있습니다.

❷ 문항별 정답률&선택률

모든 문항의 정답률과 선지별 선택률을 수록하고, 정답률이 낮은 고난도 TOP 3 문항을 표시하여 회독 시 고난도 문항 위주로 복습할 수 있도록 하였습니다.

❸ 군무원 vs. 공무원 비교분석

공무원 병행 준비생 주목! 해당 문항이 공무원 시험에서는 어떻게 출제되는지 그 차이점과 공통점을 비교분석하였습니다.

연도별 기출문제부터 상세한 기출분석과 해설까지 수록하였습니다.

무료 합격팩

암기 워크북 & 오답노트(PDF)

암기 워크북을 통해 핵심 이론 및 법령을 언제 어디서든 학습할 수 있고, 오답노트를 통해 틀린 문제를 확실하게 점검할 수 있습니다.

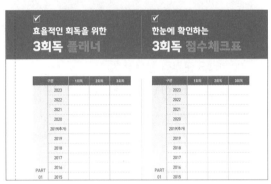

3회독 플래너&점수체크표

회독 날짜와 점수를 한눈에 확인하여 효율적인 회독이 가능합니다.

7급 2개년 기출(PDF)

교재에 수록된 회차를 모두 푼 후, 더 많은 문제를 풀고자 한다면 2021~2020 7급 기출을 추가로 풀어볼 수 있습니다.

※ 다운로드 방법: 에듀윌 도서몰(book.eduwill.net) 접속 → 도서자료실 → 부가학습자료에서 다운로드 또는 위 QR코드를 통해 바로 접속

OMR 카드 & 빠른 정답표

특수 OMR 카드를 통해 실전처럼 문제풀이 연습을 할 수 있고, 빠른 정답표를 통해 빠르게 채점할 수 있습니다.

최신 3개년 무료 해설강의

- 9급 군무원 주요과목의 최신 3개년 무료 해설강의
- 수강방법: 에듀윌 도서몰(book.eduwill.net) 접속 → 동영상강의실 → 공무원 → [해설특강] 군무원 기출문제집 행정학 → 수강 또는 좌측 QR코드를 통해 바로 접속

차 례

월	일	월	일	월	일
시작 :		시작 :		시작 :	
종료 :		종료 :		종료 :	
점수		점수		점수	

9급 군무원 행정학

1초 합격예측! 모바일 성적분석표

QR 코드로 접속하여 문제 풀이시간을 측정하고, 〈1초 합격예측 & 모바일 성적분석표〉 서비스를 통해 지금 바로! 실력을 점검해 보세요.
https://eduwill.kr/a2Of

01

다음 중 비교행정론에 대한 설명으로 가장 거리가 먼 것은?

① 리그스(Fred W. Riggs)가 대표적인 학자이다.
② 생태론적 접근방법을 취한다.
③ 후진국의 국가발전에 대한 비관적 숙명론으로 귀결된다.
④ 행정학의 과학성보다는 기술성을 강조한다.

02

다음 중 조직 구성원의 동기부여 이론에 대한 설명으로 가장 거리가 먼 것은?

① 매슬로(A. H. Maslow)의 5단계 욕구이론은 욕구계층의 고정성을 전제로 한다.
② 허즈버그(F. Herzberg)의 욕구충족이론에 의하면 위생요인(hygiene factor)이 충족되는 경우 동기가 부여된다.
③ 샤인(E. H. Schein)의 복잡 인간관에서는 구성원의 맞춤형 관리전략의 필요성을 강조한다.
④ 맥그리거(D. McGregor)의 X·Y이론은 욕구와 관리전략의 성장측면을 강조한다.

03

다음 중 로위(T. J. Lowi)가 제시한 정책 유형과 사례 간의 연결이 가장 적절하지 않은 것은?

① 규제정책 – 환경규제, 금연정책, 마약단속
② 분배정책 – 종합소득세, 임대주택, 노령연금
③ 상징정책 – 국경일, 한일월드컵, 국군의 날
④ 구성정책 – 정부조직 개편, 선거구 조정, 행정구역 통합

04

다음 중 조직관리에 대한 설명으로 가장 거리가 먼 것은?

① 조직은 구성원 간의 목표일치를 전제로 하여 관리전략을 수립한다.
② 고전이론과 인간관계론은 관리자에 의한 타율적인 조직관리를 전제로 한다.
③ 관료제 모형에 의한 관리전략은 구성원의 소외를 초래한다.
④ 조직관리 전략이 전반적으로 단순한 인간관에서 복잡 인간관으로 변화하고 있다.

05

다음 중 '다양한 사회문제 중에서 정부가 적극적으로 개입하여 해결하기 위해 채택한 문제'를 무엇이라고 하는가?

① 정책문제   ② 정책의제
③ 정책대안   ④ 정책주제

06

다음 중 현재 우리나라에서 새로운 회계연도 개시 때까지 국회 예산심의가 이루어지지 않았을 때(예산 불성립 시)에 적용하는 예산제도는?

① 준예산   ② 가예산
③ 계속비예산   ④ 잠정예산

07

다음 중 추가경정예산에 대한 설명으로 가장 적절하지 <u>않은</u> 것은?

① 추가경정예산은 예산이 성립한 후의 사후적인 예산변경 제도이다.
② 추가경정예산은 일반회계·특별회계·기금을 대상으로 한다.
③ 추가경정예산은 대내·외 여건에 중대한 변화가 발생하였거나 발생할 우려가 있는 경우에 편성할 수 있다.
④ 정부는 국회에서 추가경정예산안이 확정되기 전에 긴급한 상황이 발생한 경우 이를 미리 배정하거나 집행할 수 있다.

08

다음 중 지방자치의 정치적·행정적인 기능과 가장 거리가 <u>먼</u> 것은?

① 민주정치에 대한 훈련
② 지역 간 행정의 통일성 확보
③ 행정의 대응성 제고
④ 정책의 지역별 실험 검증

09

다음 중 뉴거버넌스(New Governance)에 대한 설명으로 가장 거리가 <u>먼</u> 것은?

① 국민을 고객으로만 보는 것을 넘어 국정의 파트너로 본다.
② 행정의 효율성을 중시하지만 신공공관리론적 정부개혁에 대해 비판적으로 접근한다.
③ 행정의 경영화와 시장화를 중시하기 때문에 행정과 정치의 관계를 이원론적으로 보는 경향이 강하다.
④ 파트너십과 유기적 결합관계를 중시한다.

10

다음 중 신공공관리론의 특징에 대한 설명으로 가장 적절한 것은?

① 시장원리 도입으로서 경쟁 도입과 고객지향의 확대이다.
② 급격한 행정조직 확대로 행정의 공동화가 발생하지 않는다.
③ 정부, 시장, 시민사회의 평등한 관계를 중시한다.
④ 결과보다 과정에 가치를 둔다.

11

다음 중 시장실패에 따른 정부개입 근거에 대한 설명으로 가장 거리가 <u>먼</u> 것은?

① 공공재의 공급이 부족한 경우 정부가 강제적으로 공급한다.
② 외부효과 발생 시 조세와 보조금 등을 사용하여 외부효과를 제거한다.
③ 사회적 소득불평등에 따른 문제를 해결하기 위해 사회보장정책을 시행한다.
④ 불완전경쟁에 대해서는 보조금 혹은 공적 공급으로 대응할 수 있다.

12

나카무라와 스몰우드(R. T. Nakamura & F. Smallwood)는 정책결정자와 정책집행자 간의 관계에 착안하여 정책집행자 유형을 5가지로 나누었다. 다음 중 고전적 기술자형의 특징으로 가장 적절한 것은?

① 정책결정자가 추상적인 목표를 지지하지만 구체적인 정책목표를 결정할 수 없기에 정책결정자가 집행자에게 광범위한 재량권을 위임하게 되는 유형이다.
② 집행자가 많은 권한을 위임받아 정책을 집행하는 경우로서 많은 재량권을 갖게 되는 유형이다.
③ 정책결정자가 집행과정에 대해서 엄격하게 통제를 하는 것을 의미하며, 정책집행자는 약간의 정책적 재량만을 갖는 유형이다.
④ 정책결정자가 목표를 수립하고, 집행자들은 정책결정자와 목표나 목표달성을 위한 수단에 관하여 협상한다.

13

다음 중 점증모형의 논리적 근거로 가장 거리가 먼 것은?

① 매몰 비용   ② 실현가능성
③ 제한적 합리성   ④ 정보접근성

14

다음 중 민간부분에 의한 공공서비스 생산의 유형과 설명으로 가장 거리가 먼 것은?

① 민간위탁은 계약에 의한 민간의 생산자가 공공서비스를 생산하는 것이다.
② 자원봉사는 간접적인 보수는 허용되는 공공서비스 생산 유형이다.
③ 면허는 일정구역 내에서 공공서비스를 제공하는 권리를 인정하는 유형이다.
④ 바우처 지급은 시민들에게 공공서비스 이용권을 지급하는 형태이다.

15

오늘날 시민사회조직에 대한 설명으로 가장 적절하지 않은 것은?

① 비정부조직이 생산하는 공공재나 집합재의 생산비용을 정부가 지원하는 경우에는 정부와 대체적 관계를 형성한다.
② 정부와 비정부조직 간에 적대적 관계보다는 서로의 존재를 인정하는 동반자적 관계가 점차 확산되고 있다.
③ 비영리조직이 지닌 특징으로는 자발성, 자율성, 이익의 비배분성 등이 있다.
④ 정부가 지지나 지원의 필요성을 위해 특정한 비정부조직 분야의 성장을 유도하여 형성된 의존적 관계는 개발도상국에서 많이 나타난다.

16

다음 중 엽관제 공무원제도(spoil system)에 대한 설명으로 가장 거리가 먼 것은?

① 공직에 대한 민주적 교체가 가능하다.
② 우리나라 공무원제도에도 엽관제 요소가 작동하고 있다.
③ 행정의 안정성과 중립성에 도움이 된다.
④ 개방형 인사제도이다.

17

다음 중 전략적 인적자원관리에 대한 설명으로 가장 거리가 먼 것은?

① 장기적이며 목표 성과 중심적으로 인적자원을 관리한다.
② 조직의 전략 및 성과와 인적자원관리 활동 간의 연계에 중점을 둔다.
③ 인사업무 책임자가 조직 전략 수립에 적극적으로 관여한다.
④ 개인의 욕구는 조직의 전략적 목표달성을 위해 희생해야 한다는 입장이다.

18

다음 중 성과주의 예산(PBS, Performance Budgeting System)의 장점으로 가장 거리가 먼 것은?

① 프로그램을 이용하여 장기적인 계획과 연차별 예산이 유기적으로 연계된다.
② 사업별 총액배정을 통한 예산집행의 신축성·능률성 제고를 들 수 있다.
③ 투입·산출 간 비교와 평가가 쉬워 환류가 강화된다.
④ 과학적 계산에 의한 효율적인 자원배분으로 예산편성과 집행의 관리가 쉽다.

19

다음 중 정책(policy)에 대한 설명으로 가장 거리가 먼 것은?

① 정부목표 달성의 수단인 동시에 공적인 문제해결을 위한 수단이라는 이중성을 보유하고 있다.
② 정치행정이원론에 기초한 행정관리설과 밀접한 관련이 있다.
③ 정책은 삼권분립 하에서 입법부의 역할을 위축시킬 수 있다.
④ 정책결정은 공적인 의사결정 과정으로서 복수의 단계와 절차로 이루어진다.

20

정부규제에 대한 설명으로 가장 적절하지 않은 것은?

① 규제는 정부가 공권력을 이용하여 개인이나 기업의 활동을 정부가 원하는 바람직한 상태로 유도하기 위한 정책수단이다.
② 규제는 개인이나 기업의 자유로운 활동을 금지하거나 제한하고 이를 위반한 경우에 불이익이 가해지기 때문에 엄격한 법적 근거가 요구된다.
③ 경제적 규제는 기업의 본원적 활동을 제한하는 것은 아니고 정부와의 관계에 관한 규제이다.
④ 사회적 규제는 소비자, 환경, 노동자 등을 보호할 목적으로 안전, 위생, 오염, 고용 등에 관한 규제가 주를 이룬다.

21

애드호크라시(Adhocracy)에 속하는 조직유형에 대한 설명으로 가장 적절하지 않은 것은?

① 테스크포스는 특수한 과업 완수를 목표로 기존의 서로 다른 부서에서 선발하여 구성한 팀으로, 목적을 달성하면 해체되는 임시조직이다.
② 프로젝트 팀은 테스크포스와 마찬가지로 한시적이고 횡적으로 연결된 조직유형이지만 테스크포스에 비해 참여자의 전문성과 팀에 대한 소속감이 강하다는 특성을 가지고 있다.
③ 매트릭스 조직은 기능 중심의 수직적 분화가 되어 있는 기존의 지시 라인에 횡적으로 연결된 또 하나의 지시 라인을 인정하는 이원적 권위계통을 가진다.
④ 네트워크조직은 전체 기능을 포괄하는 조직을 중심에 놓고 다수의 협력체를 묶어 일을 수행하는 조직형태이다.

22

조직개혁에 있어서 임파워먼트(empowerment)에 대한 설명으로 가장 적절하지 <u>않은</u> 것은?

① 갈등을 줄이기 위해 일단 변화의 장애가 되는 요소는 그 대로 두지만 구성원들이 변화의 비전과 전략을 직접 행동으로 옮길 수 있도록 힘을 실어주고 실행에 옮기는 것이다.

② 구성원들이 새로운 아이디어를 내고 그것을 실험하는 등 새로운 태도와 행동을 받아들일 수 있는 여건을 만드는 것이 중요하다.

③ 통제중심의 관료제구조, 연공서열 중심의 평가 및 보상 시스템 등을 바꾸는 작업이 필요하다.

④ 변화관리에 관한 기법들이 구성원들에게 체계적으로 전달되어 추진팀이 해체되더라도 자율적이고 지속적인 변화가 가능하도록 만들어야 한다.

23

고위공무원단에 대한 설명으로 가장 적절하지 <u>않은</u> 것은?

① 고위공무원단은 실·국장급 공무원을 적재적소에 활용하고 개방과 경쟁을 확대하여 성과책임을 강화하고자 하는 전략적 인사 시스템이다.

② 기존의 1~3급이라는 신분중심의 계급을 폐지하고 직무의 난이도와 책임도에 따라 가급과 나급으로 직무를 구분한다.

③ 민간과 경쟁하는 개방형직위제도와 타 부처 공무원과 경쟁하는 공모직위제도를 두고 있다.

④ 특히 경력에서 자격이 있는 민간인과 공무원이 지원하여 경쟁할 수 있는 경력개방형직위제도도 도입되었다.

24

직업공무원제에 대한 설명으로 가장 적절하지 <u>않은</u> 것은?

① 직업공무원은 일생 동안 일할 수 있도록 신분을 보장받고 근무하는 공무원이다.

② 영국에서는 과거 국왕의 영향력을 차단하기 위해 종신직 행정관료를 제도화하기 시작하였다.

③ 미국에서는 펜들턴법을 시작으로 실적주의 원칙이 도입되었으며 계급제 채용방식을 채택하고 있다.

④ 직업공무원제를 달성하기 위해서는 제도적으로 신분보장과 젊고 유능한 인재를 확보하는 것이 필수적이다.

25

지역에서의 행정서비스 전달주체에 대한 설명으로 가장 적절하지 <u>않은</u> 것은?

① 지역에서의 행정서비스 전달주체는 크게 특별지방행정기관과 지방자치단체로 구분된다.

② 특별지방행정기관은 지역에 위치한 세무서 등인데 소속 중앙행정기관의 지시 및 감독을 받는다.

③ 지방자치단체는 독자적인 법인격은 없지만 국가의 위임사무나 자치사무를 수행한다.

④ 지역에서의 행정서비스는 주민복지 등 지역주민의 생활공간 안에서의 생활행정이자 근접 행정이다.

빠른 정답표 ▶ 분석해설편 P.1
정답과 해설 ▶ 분석해설편 P.6

2022 2022.7.16. 국방부(육·해·공군) 시행

적정시간 23분

월 일	월 일	월 일
시작 :	시작 :	시작 :
종료 :	종료 :	종료 :
점수	점수	점수

9급 군무원 행정학

01

국가재정운용계획에 대한 설명으로 가장 옳지 않은 것은?

① 중기재정계획은 정부가 매년 당해 회계연도부터 5회계연도 이상의 기간에 대해 수립하는 재정운용계획이다.

② 예산안과 함께 국회에 제출하는 국가재정운용계획은 5년 단위 계획이다.

③ 국가재정운용계획은 국회가 심의하여 확정한다.

④ 국가재정운용계획은 중·장기 국가비전과 정책우선순위를 고려한 중기적 시계를 반영하며, 단연도 예산편성의 기본틀이 된다.

02

전략기획(strategic planning)에 대한 설명으로 가장 옳지 않은 것은?

① 불확실한 미래에 체계적이고 능동적으로 대응하기 위한 전략을 만드는 과정이다.

② 상대적으로 정치 및 경제 등이 불안정한 환경 속에서 유용성이 높다.

③ 정책결정에 비해 외부환경에 개방되지 않고 전문가의 역할이 강조되는 편이다.

④ 환경에 대한 체계적인 분석과 조직진단을 통해 실현 가능한 설계에 초점을 맞춘다.

03

정책결정모형에 대한 설명으로 가장 옳지 않은 것은?

① 합리모형은 합리적인 경제인을 가정하며 정책과정의 역동성을 고려하지 않는다.

② 만족모형은 조직 차원의 합리성과 정책결정자 개인 차원의 합리성 사이에 존재하는 괴리를 인정한다.

③ 점증모형은 정책을 이해관계자들 사이에 이루어지는 타협과 조정의 산물로 본다.

④ 최적모형은 합리모형의 한계를 극복하기 위해 만족모형과 점증모형의 강점을 취하고자 한다.

04

행정개혁에 대한 저항이 나타나는 원인이나 요인으로 가장 옳지 않은 것은?

① 행정개혁을 담당하는 조직의 중복성 혹은 가외성(redundancy)의 존재

② 행정개혁의 내용이나 그 실행계획의 모호성

③ 행정개혁에 요구되는 지식이나 기술의 부족

④ 행정개혁에 필요한 관련 법규의 제·개정의 어려움

05

정책결정요인론에 대한 비판으로 가장 옳지 않은 것은?

① 정치체제가 환경에 미치는 영향을 고려하지 않는다.

② 정치체제의 매개·경로적 역할을 고려하지 않는다.

③ 정치체제가 지니는 정량적 변수를 포함하지 않는다.

④ 정치체제가 정책에 미치는 영향을 과소평가한다.

06

우리나라의 자치입법권에 관한 설명으로 가장 옳지 않은 것은?

① 법령의 범위 안에서 자치법규를 제정할 수 있다.

② 주민에 대하여 형벌의 성격을 지닌 벌칙은 정할 수 없다.

③ 자치입법권에 근거한 자치법규로는 조례, 규칙 및 교육규칙 등이 있다.

④ 조례는 지방의회의 의결을 필요로 하지만, 규칙은 지방의회의 의결을 필요로 하지 않는다.

07

우리나라의 주민참여제도에 대한 설명으로 가장 옳지 않은 것은?

① 주민은 지방자치단체의 장을 상대로 소송을 제기할 수 있다.

② 주민은 지방자치단체의 장 및 지방의회의원(비례대표 지방의회의원은 제외)을 소환할 수 있다.

③ 주민은 지방자치단체의 장에게 조례의 제정과 개폐를 청구할 수 있다.

④ 주민은 지방예산 편성 등 예산과정에 참여할 수 있다.

08

정책유형에 대한 설명으로 가장 옳지 않은 것은?

① 구성정책은 대외적으로 가치배분에 직접 영향을 주지 않으나 대내적으로 '게임의 규칙(rule of game)'을 결정한다.

② 규제정책은 국가공권력을 통해 개인이나 집단의 행동에 제약을 가하여 순응을 확보하는 정책이다.

③ 분배정책은 집단 간에 '나눠먹기식 다툼(pork-barrel)'이 일어나는 특징을 지닌다.

④ 추출정책은 정부가 집단 간에 재산, 소득, 권리 등의 배정을 변동시켜 그들로부터 자원을 획득하는 정책이다.

09

우리나라의 시보제도에 대한 설명으로 가장 옳은 것은?

① 시보기간 동안은 신분이 보장되지 않기 때문에 그 기간은 공무원 경력에 포함되지 아니한다.

② 시보공무원은 공무원법상 공무원에 해당하기 때문에 시보기간 동안에도 보직을 부여받을 수 있다.

③ 시보기간 동안에 직권면직이 되면, 향후 3년간 다시 공무원으로 임용될 수 없는 결격사유에 해당한다.

④ 시보기간 동안은 신분이 보장되지 않기 때문에 징계처분에 대한 소청심사청구를 할 수 없다.

10

공직동기이론에 대한 설명으로 가장 옳지 않은 것은?

① 공직동기는 민간부문 종사자와는 차별화되는 공공부문 종사자의 가치체계를 의미한다.

② 공직동기이론에서는 공공부문의 종사자들을 봉사의식이 투철하고 공공문제에 더 큰 관심을 가지며 공공의 문제에 영향을 미칠 수 있다는 것에 큰 가치를 부여하고 있는 개인으로 가정한다.

③ 페리와 와이즈(Perry & Wise)에 따르면 공직동기는 합리적 차원과 규범적 차원, 그리고 정서적 차원으로 구성된다.

④ 1980년대 이후 급격히 확산된 신공공관리론의 외재적 보상에 의한 동기부여를 재차 강조한다.

11

베버(Max Weber)의 관료제에 대한 설명으로 가장 옳지 않은 것은?

① 합리성을 조직에 적용하여 목표달성을 위한 효과적인 수단으로 관료제를 간주한다.

② 실적을 인사행정의 기준으로 채택하는 실적주의를 바탕으로 한다.

③ 조직의 목표달성을 위해 절차나 방법을 문서화된 법규형태로 가진다.

④ 관료제의 구성원들은 조직 전반의 일반적인 업무에 대해 책임을 진다.

12

정치·행정 이원론과 관련된 설명으로 가장 옳지 <u>않은</u> 것은?

① 행정을 공공서비스의 효율적인 생산 및 공급, 분배와 관련된 비권력적 관리현상으로 이해한다.
② 엽관주의를 극복하기 위한 시대적 요청에 따라 미국 펜들턴법(Pendleton Civil Service Reform Act)이 제정되었다.
③ 정치로부터 행정의 독자성을 강조하면서 과학적 관리법에 기반한 행태주의적 관점을 지지한다.
④ 행정국가의 등장으로 행정의 능률성과 전문성이 강조되면서 행정개혁운동이 전개되었다.

13

공익(public interest)에 대한 '과정설'의 설명으로 가장 옳지 <u>않은</u> 것은?

① 공익은 인식 가능한 행동결정의 유용한 안내자 역할을 한다는 입장이다.
② 공익은 하나의 실체라기보다 다수의 이익들이 조정되면서 얻어진 결과로 본다.
③ 공무원의 행동을 경쟁관계에 있는 집단들의 이익을 돕는 조정자의 역할로 이해한다.
④ 실체설의 주장을 행정의 정당성 확보를 위해 도입된 상징적 수사로 간주한다.

14

다음 중 공무원 부패를 방지하기 위해 가장 중요한 가치로서 인식되는 것은?

① 형평성   ② 민주성
③ 절차성   ④ 투명성

15

정부 간 관계 모형에 대한 설명으로 가장 옳지 <u>않은</u> 것은?

① 라이트(D. S. Wright)는 미국의 연방, 주, 지방정부 간 관계에 주목하여 분리형, 중첩형, 포함형으로 구분했다.
② 그린피스(J. A. Griffith)는 영국의 중앙·지방관계는 중세 귀족사회에서 지주와 그 지주의 명을 받아 토지와 소작권을 관리하는 마름(steward)의 관계에 가깝다고 하여 지주-마름 모형을 제시했다.
③ 로데스(R. A. W Rhodes)는 집권화된 영국의 수직적인 중앙·지방 관계하에서도 상호의존현상이 나타남을 권력의존모형으로 설명했다.
④ 무라마쓰(村松岐夫)는 일본의 중앙·지방 관계의 변화에 주목하여 수직적 행정통제모형과 수평적 정치경쟁모형을 제시했다.

16

시민단체 해석의 관점에 대한 설명으로 가장 옳지 <u>않은</u> 것은?

① 결사체 민주주의 입장에서는 이상적인 사회란 NGO 등의 자원조직이 많이 생겨서 효과적으로 활동하며 사회적 의미를 부여하는 형태를 의미한다.
② 공동체주의에서는 공동체를 위한 책임 있는 개인의 자원봉사 정신을 강조한다.
③ 다원주의에서는 개인의 자유를 중시하는 전통적 자유주의와 개인의 책임을 강조하는 보수주의를 절충한 입장을 취하고 있다.
④ 사회자본론도 시민사회와 시민단체에 대해 의미 있는 해석을 강화하며, 사회자본은 시민의 자발적 참여에 의해 생산되는 무형의 자본을 의미한다.

17

주민자치위원회와 주민자치회에 대한 설명으로 가장 옳지 <u>않은</u> 것은?

① 주민자치위원회위원은 시·군·구청장이 위촉하고, 주민 자치회위원은 읍·면·동장이 위촉한다.
② 주민자치회가 주민자치위원회보다 더 주민대표성이 강하다.
③ 주민자치위원회는 읍·면·동의 자문기구이고, 주민자치 회는 주민자치의 협의·실행기구이다.
④ 지방자치단체와의 관계는 주민자치회가 주민자치위원회 보다 더 대등한 협력적 관계이다.

18

다음 중 우리나라의 행정환경에 대한 설명으로 가장 옳지 <u>않은</u> 것은?

① 개방체제에서의 국가 간 관계로 인해 글로벌 환경은 행정에 사회, 기술 등 여러 측면에서 영향력이 확대되었다.
② 법 집행 과정에서 재량의 폭이 커지면 법의 일관성과 공정성을 잃기 쉽다.
③ 경제환경의 불확실성은 정치적 환경에 의해 심화될 수도 있다.
④ 한국사회는 현재 공동체의식이 강하기 때문에 사회환경 은 복잡하거나 불확실할 가능성이 낮다.

19

애드호크라시(adhocracy)에 대한 설명으로 가장 옳지 <u>않은</u> 것은?

① 탈관료화 현상의 하나로 등장했다.
② 구조적으로 높은 수준의 복잡성, 낮은 수준의 공식화, 낮은 수준의 집권화를 특징으로 한다.
③ 고도의 창의성과 환경적응성이 필요한 상황에서 유효한 조직이다.
④ 업무처리과정에서 갈등과 비협조가 일어나고, 창의적인 업무수행과정에서 직원들이 심적 스트레스를 많이 받는 다는 단점이 있다.

20

기존 전자정부 대비 지능형 정부의 특징에 대한 설명으로 가장 옳지 <u>않은</u> 것은?

① 국민 주도로 정책결정이 이루어진다.
② 현장 행정에서 복합문제의 해결이 가능하다.
③ 생애주기별 맞춤형 서비스를 제공한다.
④ 서비스 전달방식은 수요기반 온·오프라인 멀티채널이다.

21

켈리(Kelly)의 귀인(歸因)이론에서 주장되는 귀인의 성향으로 가장 옳지 <u>않은</u> 것은?

① 판단대상 외 다른 사람들이 다른 상황에서 동일한 행동을 보이는 정도가 높다면, 그 행동의 원인을 내적 요소에 귀인하는 경향이 나타난다.
② 판단대상이 다른 상황에서는 달리 행동하는 정도가 높다면, 그 행동의 원인을 외적 요소에 귀인하는 경향이 나타난다.
③ 판단대상이 동일한 상황에서 과거와 동일한 행동을 보이는 정도가 높다면, 그 행동의 원인을 내적 요소에 귀인하는 경향이 나타난다.
④ 판단대상 외 다른 사람들도 동일한 상황에 대해 동일한 행동을 보이는 정도가 높다면, 그 행동의 원인을 외적 요소에 귀인하는 경향이 나타난다.

22

중앙인사기관의 조직 형태에 대한 설명으로 가장 옳지 <u>않은</u> 것은?

① 1948년 대한민국 정부 수립 이후 비독립형 단독제 기관으로서 총무처를 두고 있었다.
② 1999년 독립형 합의제 기관으로서 중앙인사위원회가 설치되어 행정자치부와 업무를 분담하였으며, 2004년부터는 중앙인사위원회로 통합되어 정부 인사기능이 일원화되었다.
③ 2008년 중앙인사위원회의 폐지 이후 2013년까지 행정안전부를 거쳐 안전행정부로 인사관리기능이 독립형 단독제 기관으로 통합되어 운영되었다.
④ 2014년 국무총리 소속으로 인사혁신처가 신설되어 현재까지 비독립형 단독제 기관의 형태로 중앙인사기관이 운영되고 있다.

23

조직구조에 대한 설명으로 가장 옳지 <u>않은</u> 것은?

① 기술(technology)과 집권화의 관계는 상관도가 높다.
② 우드워드(J. Woodward)는 대량 생산기술에는 관료제와 같은 기계적 구조가 효과적이라고 주장했다.
③ 톰슨(V. A. Thompson)은 업무처리과정에서 일어나는 조직 간·개인 간 상호의존도를 기준으로 기술을 분류했다.
④ 페로우(C. Perrow)는 과업의 다양성과 문제의 분석가능성을 기준으로 조직의 기술을 유형화했다.

24

정책을 평가하기 위한 양적 평가방법에 대한 설명으로 가장 옳지 <u>않은</u> 것은?

① 계량적 기법을 응용하여 수치화된 지표를 통해 정책의 결과를 측정한다.
② 정량평가라고도 하며 실험적 방법과 비실험적 방법 등이 해당한다.
③ 정책대안과 정책산출 및 영향 간에 어떠한 인과관계가 있는지를 분석한다.
④ 대부분 데이터 수집을 심층면담 및 참여관찰 등의 방법에 의존한다.

25

다음 중 우리나라의 예산심의에 대한 설명으로 가장 옳지 <u>않은</u> 것은?

① 정부의 시정연설 후에 국회에서 예비심사와 본회의 심의를 거쳐서 종합심사를 하고 의결을 한다.
② 예산심의는 행정부에 대한 관리통제기능이다.
③ 예산심의 과정에서 정당이 영향을 미친다.
④ 우리나라는 대통령 중심제로 인해 의원내각제인 나라에 비해 예산심의가 상대적으로 엄격하다.

빠른 정답표 ▶ 분석해설편 P.1
정답과 해설 ▶ 분석해설편 P.11

9급 군무원 행정학

월	일		월	일		월	일	
시작	:		시작	:		시작	:	
종료	:		종료	:		종료	:	
점수			점수			점수		

1초 합격예측! 모바일 성적분석표

QR 코드로 접속하여 문제 풀이시간을 측정하고,
〈1초 합격예측 & 모바일 성적분석표〉 서비스를
통해 지금 바로! 실력을 점검해 보세요.
http://eduwill.kr/QQeV

01

행정이론에 관한 다음의 기술 중 가장 옳지 <u>않은</u> 것은?

① 신공공관리론(New Public Management)은 국민을 고객으로 인식하고 공공부문에 시장원리를 도입하고자 하였다.
② 거버넌스(governance)이론은 정부, 시장, 시민사회의 협력과 협치를 지향한다.
③ 신제도주의는 제도가 개인과 조직, 국가의 성패를 결정한다고 보고 있다.
④ 신행정학(New Public Administration)은 행태주의와 논리실증주의를 비판하면서 등장하였다.

02

막스 베버(Max Weber)의 관료제에 대한 설명으로 가장 옳지 <u>않은</u> 것은?

① 관료제는 계층제 구조를 본질로 하고 있다.
② 관료제를 현대사회의 보편적인 조직모형으로 보고 있다.
③ 신행정학에서는 탈(脫)관료제 모형으로서 수평적이고 임시적인 조직모형을 제안한다.
④ 행정조직 발전에 대한 패러다임(paradigm)의 관점에서 관료제 모형을 제시했다.

03

발생주의 회계제도에 대한 설명으로 옳은 것은?

> 가. 재화의 감가상각 가치를 회계에 반영할 수 있다.
> 나. 부채규모와 총자산의 파악이 용이하지 않다.
> 다. 현금이 거래되는 시점을 중심으로 기록한다.
> 라. 복식부기 기장방식을 채택하는 것이 일반적이다.

① 가, 라 　　　　② 나, 라
③ 나, 다 　　　　④ 가, 다

04

행정과 경영의 유사점에 대한 설명으로 가장 옳지 <u>않은</u> 것은?

① 행정과 경영은 어느 정도 관료제적 성격을 지니고 있다.
② 행정과 경영은 관리기술이 유사하다.
③ 행정과 경영은 목표는 다르지만 목표달성을 위한 수단으로 작동한다.
④ 행정과 경영은 비슷한 수준의 법적 규제를 받는다.

05

행정이념에 대한 설명으로 가장 옳지 <u>않은</u> 것은?

① 행정이념은 절대적인 것이 아니라 시대적 상황과 정치체제에 따라 변할 수 있다.
② 능률성은 투입 대비 산출의 비율을, 효과성은 목표의 달성도를 나타내는 개념이다.
③ 행정의 민주성은 대외적으로 국민 의사를 존중하고 수렴하며 대내적으로 행정조직을 민주적으로 운영한다는 두 가지 측면을 가지고 있다.
④ 수평적 형평성이란 동등하지 않은 것을 서로 다르게 취급하는 것, 수직적 형평성이란 동등한 것을 동등하게 취급하는 것을 의미한다.

06

신공공관리에 대한 설명으로 가장 옳지 <u>않은</u> 것은?

① 신공공관리는 전통적이고 관료적인 관리방식을 개혁하기 위해 1980년대부터 진행된 개혁 프로그램이다.
② 신공공관리는 정부의 크기와 관계없이 시장지향적인 효율적인 정부를 만들 수 있는 개혁 방안에 관심을 갖는다.
③ 시장성 테스트, 경쟁의 도입, 민영화나 규제완화 등 일련의 정부개혁 아이디어가 적용된다.
④ 신공공관리 옹호론자들은 기존 관료제 중심의 패러다임을 대체할 수 있는 새로운 패러다임이 될 수 있다고 주장한다.

07

구성원에 대한 동기부여는 미충족 시 불만이 제기되는 요인(불만요인)의 충족과 함께 적극적으로 동기를 자극하는 요인(동기요인)이 동시에 충족되었을 때 가능하다고 주장한 학자로 옳은 것은?

① F. Herzberg
② C. Argyris
③ A. H. Maslow
④ V. H. Vroom

08

행정현상에 대한 접근방법의 설명으로 가장 옳지 <u>않은</u> 것은?

① 과학적 방법은 동작연구, 시간연구 등에서 같이 행정현상에 존재하는 규칙성을 찾아내 보편타당한 법칙성을 도출하는 데 가장 유용한 방법이다.
② 생태론적 접근방법은 행정변수 중에서 특히 환경변화와 사람의 행태를 연구대상으로 한다.
③ 역사적 접근방법과 법적·제도적 접근방법은 제도와 구조에 보다 초점을 맞춘 것으로 볼 수 있다.
④ 시스템적 방법의 장점은 시스템을 이루는 부분들 각각의 기능과 부분 간 유기적 상호작용을 잘 이해할 수 있다는 데 있다.

09

정책에 대한 설명으로 가장 옳지 <u>않은</u> 것은?

① 정책은 행정학의 발달과정에 있어 통치기능설과 관계가 있다.
② 정책은 공정성과 가치중립성(value-free)을 지향한다.
③ 정책은 행정국가화 경향의 산물이다.
④ 정책은 정부실패의 원인이 될 수 있다.

10

우리나라 「공직자윤리법」에 규정된 내용에 해당하지 <u>않는</u> 것은?

① 주식백지신탁
② 퇴직공직자의 취업제한
③ 선물신고
④ 상벌사항 공개

11

정책결정의 장에 대한 이론 설명으로 가장 옳지 <u>않은</u> 것은?

① 다원주의는 소수의 개인이나 집단이 아니라 다수의 집단이 정책결정의 장을 주도하고 이들이 정치적 조정과 타협을 거쳐 도달한 합의가 정책이 된다고 본다.
② 엘리트주의는 대중에게 영향력을 행사할 수 있는 위치에 있는 소수의 리더들에 의해서 정책결정이 지배된다고 본다.
③ 정책결정에서 정부의 역할을 줄이고 이익집단과의 상호협력을 보다 중시하는 이론이 조합주의이다.
④ 철의 삼각(iron triangle) 논의는 정부관료, 선출직 의원, 그리고 이익집단의 3자가 장기적이고 안정적이며 우호적인 연합을 형성하면서 정책결정을 지배하는 것으로 본다.

12

리더십에 대한 설명으로 가장 옳지 <u>않은</u> 것은?

① 리더십에 있어 자질론적 접근은 리더가 만들어지기보다는 특별한 역량을 타고나는 것임을 강조한다.

② 민주형 리더십은 권위와 최종책임을 위임하며 부하가 의사결정에 참여하도록 하는 쌍방향 의사전달의 특징을 지닌다.

③ 리더십에 있어 경로-목표모형은 리더의 행태가 어떻게 조직원으로 하여금 목표를 달성시키도록 하는 리더십 효과로 이어지는지를 설명해준다.

④ 상황론적 관점에서 보면 부하의 지식이 부족하고 공식적 규정이 마련되어 있지 않은 과업환경에서는 지원적 리더십보다 지시적 리더십이 보다 부하의 만족을 높이고 효과적일 수 있다.

13

조직형태나 구조에 대한 설명으로 가장 옳지 않은 것은?

① 학습조직은 시스템적 사고에 의한 유기적, 체제적 조직관을 바탕으로 한다.

② 네트워크조직에서는 서비스나 재화의 생산과 공급, 유통 등을 서로 다양한 조직에서 따로 수행한다.

③ 매트릭스구조는 기능구조와 계층구조를 결합시킨 이원적 형태이다.

④ 가상조직은 영구적이라기보다는 잠정적이고 임시적 조직으로 볼 수 있다.

14

참여적(민주적) 관리와 가장 관련이 <u>없는</u> 것은?

① ZBB(영기준예산)

② MBO(목표에 의한 관리)

③ 브레인스토밍(brainstorming)

④ PPBS(계획예산)

15

계급제와 직위분류제에 대한 설명으로 가장 옳지 <u>않은</u> 것은?

① 계급제는 사람의 자격과 능력을 기준으로 분류하는 것이다.

② 직위분류제는 사람이 맡아 수행하는 직무와 그 직무수행에 수반되는 책임을 기준으로 하는 것이다.

③ 직위분류제는 전체 조직업무를 체계적으로 분업화하고 한 사람의 적정 업무량을 조직상 위계에서 고려하는 구조 중심의 접근이다.

④ '동일 업무에 대한 동일 보수'라는 보수의 형평성 요구가 직위분류제의 출발을 촉진시켰다고 할 수 있다.

16

인사행정제도에 대한 설명으로 가장 옳지 <u>않은</u> 것은?

① 공직충원의 개방성을 확대하면 직업공무원제 확립에 보다 더 기여할 수 있다.

② 계급제는 직위분류제에 비해 인적자원의 탄력적 활용이 용이하다.

③ 엽관주의는 행정의 민주성을 강화하는 측면도 있다.

④ 대표관료제는 출신집단의 가치와 이익을 정책과정에 반영시킬 수 있다는 전제에서 출발한다.

17

예산과정 중에서 재정민주주의(fiscal democracy)와 가장 관련이 깊은 것은?

① 예산심의
② 예산집행
③ 회계검사
④ 예비타당성조사

18

예산제도에 대한 설명으로 가장 옳은 것은?

① 성과주의예산제도는 업무단위 비용과 업무량의 파악을 통해 효과성을 높이고자 한다.
② 품목별예산제도의 분석의 초점은 지출 대상이며 이를 통해 통제성을 높이고자 한다.
③ 새로운 성과주의예산제도는 산출물에 관심이 있으며 이를 통해 효율성을 높이고자 한다.
④ 계획예산제도는 목표와 예산의 연결을 통해 투명성과 대응성을 높이고자 한다.

19

지방분권의 장점으로 가장 옳지 않은 것은?

① 행정의 민주화 진작
② 지역 간 격차 완화
③ 행정의 대응성 강화
④ 지방공무원의 사기 진작

20

단체자치에 대한 설명으로 옳은 것만을 모두 고르면?

> 가. 자치권에 대한 인식은 전래권으로 본다.
> 나. 권한부여 방식은 포괄적 위임주의이다.
> 다. 중앙정부와 지방자치단체의 관계는 기능적 협력관계이다.
> 라. 유럽대륙을 중심으로 발전해 왔다.

① 가, 나
② 가, 다, 라
③ 나, 다, 라
④ 가, 나, 다, 라

21

다음 중 예산과 관련된 이론으로 가장 옳지 않은 것은?

① 욕구체계이론
② 다중합리성모형
③ 단절균형이론
④ 점증주의

22

지방재정 지표 중 총세입(總歲入)에서 자율적으로 사용 가능한 재원의 비율을 나타내는 것은?

① 재정자립도
② 재정탄력도
③ 재정자주도
④ 재정력지수

23

조직이론과 인간관에 대한 설명으로 가장 옳지 않은 것은?

① 조직이론의 시작은 테일러의 과학적 관리론에서 찾을 수 있으며, 1900년대 초까지 효율성과 구조 중심의 사상을 담고 있었다.

② 기계적 조직으로서의 관료제는 합리적 경제인의 인간관을 반영하고 있는데 테일러의 차등 성과급제가 이러한 인간관에 기초한 보상 시스템이다.

③ 계층구조는 피라미드 모양의 구조를 가지며 명령과 통제가 위로부터 아래로 전달되는 특성을 가진다.

④ 관료제하에서 구성원들은 인간으로서의 감정이나 충동을 멀리하는 정의적 행동(personal conduct)이 기대된다.

24

공공선택론(public choice theory)에 대한 설명으로 가장 옳지 않은 것은?

① 방법론적 집단주의를 지향한다.

② 정치·행정현상을 경제학적 논리를 통해 분석하고자 한다.

③ 개인 선호를 중시하여 공공서비스 관할권을 중첩시킬 수도 있다.

④ 중위투표자이론(median vote theorem)도 공공선택론의 일종이다.

25

우리나라 예산편성절차에 대한 설명으로 가장 옳지 않은 것은?

① 우리나라 예산 담당 부처인 기획재정부는 예산안편성지침과 국가재정운용계획을 사전에 준비하고 범부처 예산사정을 담당한다.

② 각 중앙행정기관은 기획재정부의 지침에 따라 사업계획서와 예산요구서 작성을 준비한다.

③ 기획재정부는 총액배분·자율편성제도에 따라 각 부처의 세부사업에 대한 심사보다 부처예산요구 총액의 적정성을 집중적으로 심의한다.

④ 기획재정부는 조정된 정부예산안을 회계연도 개시 120일 전까지 국회에 제출한다.

빠른 정답표 ▶ 분석해설편 P.1
정답과 해설 ▶ 분석해설편 P.18

2020

2020.07.18. 국방부(육·해·공군) 시행

⏱ 적정시간 23분

월 일	월 일	월 일
시작 :	시작 :	시작 :
종료 :	종료 :	종료 :
점수	점수	점수

9급 군무원 행정학

01

행정학의 기술성과 과학성에 대한 설명으로 옳지 <u>않은</u> 것은?

① 왈도(D. Waldo)가 'practice'란 용어로 지칭한 기술성은 정해진 목표를 어떻게 효율적으로 달성하는가 하는 방법을 의미한다.

② 윌슨(W. Wilson) 등 초기 행정학자들은 관리 기술이나 행정의 원리 등을 발견하려는 데 초점을 두고 행정학의 기술성을 강조하였다.

③ 행태주의 학자들은 행정학 연구에서 처방보다는 학문의 과학화에 역점을 두고 가설의 경험적 검증 등을 강조했다.

④ 현실 문제의 해결은 언제나 과학에만 의존할 수 없으므로 행정학은 기술성과 과학성을 동시에 고려하여야 한다.

02

디목(M. Dimock)의 사회적 능률에 대한 설명으로 가장 적절하지 <u>않은</u> 것은?

① 사회적 형평성을 보장하기 위한 개념이다.

② 행정의 사회 목적 실현과 관련이 있다.

③ 경제성과 연계될 수 있는 개념이다.

④ 최소의 투입으로 최대의 산출을 추구한다.

03

레비트(H. Levitt)가 제시하는 조직 혁신의 주요 대상 변수로 옳지 <u>않은</u> 것은?

① 업무

② 인간

③ 구조

④ 규범

04

지방자치단체의 사무배분에서 특례가 적용되는 경우로 옳지 <u>않은</u> 것은?

① 자치구

② 인구 30만 이상의 도시

③ 인구 50만 이상의 도시

④ 특별자치도

05

행정학에서 가치에 관한 연구가 본격적으로 관심을 끌기 시작한 학문적 계기로 옳은 것은?

① 신행정론의 시작

② 발전행정론의 대두

③ 뉴거버넌스 이론의 등장

④ 공공선택론의 태동

06

사이몬(H. A. Simon)의 정책결정만족모형에 대한 설명으로 옳지 않은 것은?

① 사이몬(H. A. Simon)은 합리모형의 의사 결정자를 경제인으로, 자신이 제시한 의사 결정자를 행정인으로 제시한다.

② 경제인은 목표달성의 극대화를, 행정인은 만족하는 선에서 그친다.

③ 경제인은 합리적·분석적 결정을, 행정인은 직관, 영감에 기초한 결정을 한다.

④ 경제인은 복잡하고 동태적인 모든 상황을 고려하지만, 행정인은 실제 상황을 단순화시키고, 무작위적이고 순차적으로 대안을 탐색한다.

07

민영화에 대한 문제점으로 가장 옳지 않은 것은?

① 공공성의 침해

② 서비스 품질의 저하

③ 경쟁의 심화

④ 행정책임 확보의 곤란성

08

조세지출예산제도에 대한 설명으로 옳지 않은 것은?

① 비과세, 감면 등의 세제혜택을 통해 포기한 액수를 조세지출이라 한다.

② 지방재정에는 지방세지출제도가 도입되지 않았다.

③ 조세지출의 내용과 규모를 주기적으로 공표해 관리하는 제도이다.

④ 「국가재정법」에 따라 조세지출예산서를 작성해 국가에 보고한다.

09

에치오니(A. Etzioni)의 조직목표 유형으로 옳지 않은 것은?

① 질서 목표

② 문화적 목표

③ 경제적 목표

④ 사회적 목표

10

테일러(F. W. Taylor)의 과학적 관리론에 대한 설명으로 옳지 않은 것은?

① 테일러(F. W. Taylor)는 과학적 관리의 핵심을 개인적 기술에 두고, 노동자가 발전된 과학적 방법에 따라 작업이 되도록 한다.

② 어림식 방법을 지양하고 작업의 기본 요소 발견과 수행방법에 대해 과학적 방법을 발전시킨다.

③ 과업은 일류의 노동자만이 달성할 수 있는 충분한 것이어야 한다.

④ 노동자가 과업을 완수하는 경우 높은 보상, 실패하는 경우 손실을 받게 된다.

11

매트릭스조직에 대한 설명으로 옳지 않은 것은?

① 이중의 명령 및 보고체제가 허용되어야 한다.

② 기능부서의 장과 사업부서의 장이 자원배분권을 공유할 수 있어야 한다.

③ 조직구성원 간 원만한 인간관계 형성에 기여한다.

④ 조직의 성과를 저해하는 권력투쟁이 발생하기 쉽다.

12

파슨스(T. Parsons)의 조직유형 중 조직체제의 목표달성기능과 관련된 유형으로 옳은 것은?

① 경제적 생산조직
② 정치조직
③ 통합조직
④ 형상유지조직

13

통상적인 근무시간보다 짧은 시간(주 15~35시간)을 근무하는 공무원으로서 일반 공무원처럼 시험을 통해 채용되고 정년이 보장되는 공무원으로 옳은 것은?

① 시간선택제 전환 공무원
② 시간선택제 임기제 공무원
③ 시간선택제 채용 공무원
④ 한시임기제 공무원

14

정부조직 개편으로 예산을 조직 간 상호 이용하는 것으로 예산의 원칙 중 목적 외 사용 금지 원칙의 예외인 것으로 옳은 것은?

① 예산의 전용
② 예산의 이체
③ 예산의 이월
④ 예산의 이용

15

현대적 행정이념에 가장 적절하지 <u>않은</u> 것은?

① 민주성
② 가외성
③ 신뢰성
④ 성찰성

16

윈터(S. Winter)가 제시하는 정책집행성과를 좌우하는 주요 변수로 옳지 <u>않은</u> 것은?

① 정책형성과정의 특성
② 일선관료의 행태
③ 조직 상호 간의 집행행태
④ 정책결정자의 행태

17

시·군 통합의 긍정적 효과에 대한 설명으로 옳지 <u>않은</u> 것은?

① 행정의 대응성 제고
② 규모의 경제 실현
③ 생활권과 행정권의 일치
④ 광역적 문제의 효과적 해결

18

진보주의 정부에서 선호하는 정책으로 가장 적절하지 <u>않은</u> 것은?

① 조세 감면 확대
② 정부규제 강화
③ 소득재분배 강조
④ 소수민족 기회 확보

19

옴부즈만(ombudsman)제도에 대한 설명으로 옳지 <u>않은</u> 것은?

① 스웨덴에서 처음 도입된 제도이다.
② 행정 내부 통제의 한계를 보완하는 제도이다.
③ 시정을 촉구하거나 건의함으로써 국민의 권리를 구제하는 제도이다.
④ 대부분의 국가에서는 입법부에 소속되어 있다.

20

공무원의 임용에 대한 설명으로 옳지 <u>않은</u> 것은?

① 신규채용은 공개경쟁채용시험을 통해 채용하지만 퇴직 공무원의 재임용의 경우에는 경력경쟁채용시험에 의한다.
② 전입은 국회·행정부·지방자치단체 등 서로 다른 기관에 소속되어 있는 공무원의 인사이동을 의미한다.
③ 고위공무원단이나 그에 상응하는 계급으로의 승진은 능력과 경력을 고려하며, 5급으로의 승진은 별도의 승진시험을 거쳐야 한다.
④ 국가직은 고위공무원단을 포함한 1~2급에 해당하는 직위 모두를 개방형 직위로 간주한다.

21

예산집행의 신축성을 확보하기 위한 제도에 대한 설명으로 옳지 <u>않은</u> 것은?

① 총괄예산제도
② 예산의 이용
③ 예산의 전용
④ 예산의 재배정

22

우리나라 「지방자치법」이 인정하는 주민직접참여제도로 옳은 것은?

① 주민발안, 주민소환
② 주민소환, 주민참여예산
③ 주민투표, 주민감사청구
④ 주민소송, 주민총회

23

엽관주의 인사제도가 필요한 이유로 가장 옳은 것은?

① 행정의 안정성과 계속성 확보
② 행정의 공정성 확보
③ 국민의 요구에 대한 관료적 대응성 향상
④ 유능한 인재 등용

24

정책유형별 사례의 연결이 옳지 <u>않은</u> 것은?

① 구성정책: 국경일의 제정, 정부기관 개편
② 보호적 규제정책: 최저임금제, 장시간 근로 제한
③ 추출정책: 조세, 병역
④ 분배정책: 보조금, 사회간접자본

25

「공직자윤리법」상 재산등록 및 공개에 대한 설명으로 가장 옳지 <u>않은</u> 것은?

① 공직유관 단체에는 공기업이 포함된다.
② 재산등록의무자는 5급 이상의 국가공무원 및 지방공무원과 이에 상당하는 보수를 받는 별정직 공무원이다.
③ 등록할 재산에는 본인의 직계존속 것도 포함된다.
④ 등록할 재산에 혼인한 직계비속인 여성 것은 제외한다.

빠른 정답표 ▶ 분석해설편 P.1
정답과 해설 ▶ 분석해설편 P.25

9급 군무원 행정학(추가채용)

01

우리나라 특별회계에 대한 설명으로 옳지 않은 것은?

① 특별회계는 법률로써 설치한다.
② 예산팽창을 예방할 수 있다.
③ 「국가재정법」에 규정된 개별 법률에 의하지 아니하고는 이를 설치할 수 없다.
④ 예산 단일성과 통일성의 원칙의 예외에 해당한다.

02

피터스(G. Peters)가 제시한 국정관리모형에 대한 설명으로 옳지 않은 것은?

① 시장적 정부모형은 공공서비스가 얼마나 저렴하게 공급되느냐를 주된 공익의 판단 기준으로 삼으며, 서비스 이용권 등 소비자의 선택권을 중시한다.
② 참여적 정부모형에서는 조직 하층부 일선공무원이나 시민들의 의사결정 참여 기회가 최대한 보장될 때 공익이 확보된다고 가정한다.
③ 탈규제적 정부모형에서는 시장규제 완화를 통한 시장 활성화를 추구하기 위하여 정부의 권한을 축소해야 한다고 본다.
④ 신축적 정부모형에서는 정부조직의 항구성을 타파하여 비용을 절감하고 공익을 증진시킬 수 있다고 본다.

03

로위(T. Lowi)의 정책분류에 대한 설명으로 옳지 않은 것은?

① 누진세제도는 재분배정책에 해당한다.
② 정부의 조직개편과 기구의 설치는 구성정책에 해당한다.
③ 연구보조금의 지급은 분배정책에 해당한다.
④ 분배정책은 재분배정책보다 반발이 심하다.

04

신공공관리론(NPM)에 대한 설명으로 옳지 않은 것은?

① 신고전학파 경제학에 이론적 근거를 두고 있다.
② 개인의 이익 증진을 공익으로 본다.
③ 공무원을 공공기업가로 본다.
④ 내부 규제를 강화한다.

05

립스키(M. Lipsky)의 일선관료제론에 대한 설명으로 옳은 것은?

① 정책의제설정단계에서 중시된다.
② 정책결정단계에서 중시된다.
③ 정책의제설정단계에서 정책평가단계까지 모니터링이 요구된다.
④ 집행현장에서 재량이 적지 않다.

06

애드호크라시(adhocracy)에 해당하지 않는 것은?

① 태스크포스조직
② 매트릭스조직
③ 귤릭조직
④ 프로젝트조직

07

현대행정의 기능적·질적 특징으로 옳지 않은 것은?

① 행정조직의 동태화
② 행정기구의 확대 및 공무원 수의 증가
③ 행정의 전문화·기술화
④ 행정평가의 강화

08

예산 통일성 원칙의 예외에 해당하지 않는 것은?

① 특별회계
② 기금
③ 추가경정예산
④ 수입대체경비

09

다음 중 예산집행의 신축성 유지방안이 아닌 것은?

① 총괄예산제도와 추가경정예산
② 이용과 전용
③ 배정과 재배정
④ 계속비와 예비비

10

독립합의형 중앙인사기관의 장점으로 옳지 않은 것은?

① 엽관주의의 영향력을 배제함으로써 인사행정의 공정성을 확보할 수 있다.
② 다수의 위원들에 의해서 인사행정에 관한 결정을 함으로써 신중한 의사결정을 할 수 있다.
③ 중요한 이익집단의 대표자를 합의체에 참여시킴으로써 인사행정에 대한 이익집단의 요구를 균형 있게 수용할 수 있다.
④ 인사행정의 책임소재를 명확하게 할 수 있다.

11

정책평가의 외적 타당성 저해요인에 해당하는 것은?

① 성숙효과, 선정효과
② 성숙효과, 크리밍효과
③ 크리밍효과, 호손효과
④ 역사효과, 호손효과

12

2023년 현재 국가공무원에는 있지만 지방공무원에는 없는 공무원은?

① 고위공무원단에 속하는 공무원
② 특정직 공무원
③ 정무직 공무원
④ 별정직 공무원

13

우리나라의 광역행정 방식으로 옳지 않은 것은?

① 사무의 위탁
② 행정협의회
③ 지방자치단체 조합
④ 민영화

14

시장실패의 원인과 그 대응방안으로 옳지 <u>않은</u> 것은?

① 공공재는 비배제성에 의한 무임승차로 인해 부족해지는데, 이 문제의 해결방안은 조세를 재원으로 하여 국가가 제공하는 것이다.
② 규모의 경제로 인한 자연독점은 공기업이 공급한다.
③ 공유자원의 문제는 소유권 설정으로 문제해결이 가능하다.
④ X−비효율성이 발생할 경우 민영화와 규제완화로 문제해결이 가능하다.

15

「공직자윤리법」상 퇴직공직자의 업무취급 제한에 관한 설명으로 (   )에 들어갈 말은?

> 기관업무기준 취업심사대상자는 다른 법률에 특별한 규정이 있는 경우를 제외하고는 퇴직 전 (   )년부터 퇴직할 때까지 근무한 기관이 취업한 취업심사대상기관에 대하여 처리하는 제17조 제2항 각 호의 업무를 퇴직한 날부터 (   )년 동안 취급할 수 없다.

① 2, 2
② 2, 3
③ 3, 5
④ 5, 3

16

직업공무원제도의 확립 요건으로 옳지 <u>않은</u> 것은?

① 행정의 안정성
② 적절한 보수의 지급
③ 평생 고용
④ 개방형 임용(상시 선발)

17

2023년 현재 세금을 납부할 의무가 있는 납세의무자와 세금을 최종적으로 부담할 담세자가 일치하지 <u>않는</u> 국세에 해당하는 것은?

ㄱ. 재산세	ㄴ. 부가가치세
ㄷ. 담배소비세	ㄹ. 주세
ㅁ. 개별소비세	ㅂ. 종합부동산세

① 1개
② 2개
③ 3개
④ 4개

18

시민중심적 e−거버넌스의 최종적 의사결정 양식에 해당하는 것은?

① 소수의 중앙집권적 의사결정
② 다수의 통합적 의사결정
③ 소수의 합의적 의사결정
④ 확산된 분권적 의사결정

19

2023년 현행 법령상 지방교부세에 관한 설명으로 옳은 것은?

① 경기도는 주민들에게 소방안전교부세를 부과할 수 있다.
② 울산광역시는 특별교부세가 교부될 수 없다.
③ 인천광역시는 부동산교부세가 교부될 수 없다.
④ 세종특별자치시는 주민들에게 분권교부세를 부과할 수 있다.

20

2023년 현재 「국가재정법」상의 예산에 대한 설명 중 옳지 <u>않은</u> 것은?

① 예산은 예산총칙·세입세출예산·계속비·명시이월비 및 국고채무부담행위를 총칭한다.
② 한 회계연도의 모든 수입을 세입으로 하고, 모든 지출을 세출로 한다.
③ 행정부는 대통령의 승인을 얻은 예산안을 회계연도 개시 90일 전까지 국회에 제출하여야 한다.
④ 국가재정운용계획에는 조세부담률 및 국민부담률 전망이 포함되어야 한다.

21

책임성에 대한 설명으로 옳지 <u>않은</u> 것은?

① 파이너(H. Finer)는 관료의 내면적 기준에 의한 내재적 책임을 강조하고, 프리드리히(C. Friedrich)는 법률, 입법부, 사법부, 국민 등에 의한 통제 등은 외부적 힘에 의한 통제로 확보되는 외재적 책임을 강조한다.
② 듀브닉(Dubnick)과 롬젝(Romzek)에 따르면 강조되는 책임성의 유형은 조직의 특성에 따라 달라진다.
③ 신공공관리론은 책임성을 확보하기 위하여 객관적·체계적 성과측정을 중시한다.
④ 책임성은 수단적 가치이다.

22

행태론적 접근방법에 대한 설명으로 옳지 <u>않은</u> 것은?

① 논리실증주의(logical positivism)
② 계량분석법(quantitative analysis)
③ 가치개입(value-laden)
④ 인간행태의 규칙성을 가정함

23

다음 중 군무원에 대한 설명으로 옳지 <u>않은</u> 것은?

① 군무원의 봉급에 관한 사항은 국방부장관이 정한다.
② 군무원은 군인에 준하는 대우를 한다.
③ 군무원은 법관, 검사, 헌법재판소 헌법연구관 등과 같은 특정직 공무원이다.
④ 대한민국 국적과 외국 국적을 함께 가지고 있는 사람은 군무원에 임용될 수 없다.

24

조직의 구조적 특성에 대한 설명으로 옳지 <u>않은</u> 것은?

① 규모가 커질수록 과업은 더욱 분업화되고 단위 부서가 더욱 차별화되면서 복잡성이 높아진다.
② 조직의 규모가 커질수록 구성원들의 공식화가 낮아진다.
③ 비일상적 기술일수록 복잡성이 높아질 것이다.
④ 불확실성이 높을수록 집권화가 낮아진다.

25

2023년 현행법상 일정한 자격을 갖춘 외국인에게 허용되는 것은 모두 몇 개인가?

ㄱ. 주민투표
ㄴ. 조례의 제정과 개정·폐지 청구권
ㄷ. 주민소송
ㄹ. 주민소환
ㅁ. 주민감사청구
ㅂ. 정보공개청구

① 3개   ② 4개
③ 5개   ④ 6개

※ 2019년도(추가채용) 기출문제는 시험 응시자들과 집필진의 기억을 토대로 재구성되었습니다. 실제 기출문제와는 다소 차이가 있을 수 있음을 알려드립니다.

빠른 정답표 ▶ 분석해설편 P.1
정답과 해설 ▶ 분석해설편 P.31

2019 2019.06.22. 국방부(육·해·공군) 시행   ⏱ 적정시간 21분

월	일	월	일	월	일
시작	:	시작	:	시작	:
종료	:	종료	:	종료	:
점수		점수		점수	

9급 군무원 행정학

01

행정(학)에 관한 설명으로 옳지 못한 것은?

① 행정을 공공문제 해결을 위한 정부나 공공조직의 기능과 역할로 보는 관점은 정치·행정 일원론이다.
② 윌슨(W. Wilson)은 1887년 발표한 「행정의 연구」에서 행정은 관리의 영역(field of business)에 해당한다고 주장하였다.
③ 미국의 초기 행정학은 정치학에서 출발하였다.
④ 행정이 지향하는 기본 가치인 절약과 능률(economy & efficiency)을 위한 논리와 수단은 경영에서 도입되었다.

02

다음 〈보기〉에 해당하는 의제설정모형은?

┤ 보기 ├

정부기관 내의 관료집단이나 정책결정자에게 쉽게 접근할 수 있는 외부집단에 의하여 주도되어 최고정책결정자에게 접근하여 문제를 정부의제화하는 경우로, 주도집단이 정책의 내용도 미리 결정하고, 이 결정된 내용을 그대로, 또는 최소한의 수정만으로 집행하려고 시도한다. 그래서 자신들이 준비한 정책내용을 그대로 결정하거나, 집행하는 데 꼭 필요한 집단에게만 내용을 알리고 반대할 가능성이 있는 사람에게는 이를 숨기려고 한다. 일반대중에게 알리지 않으려고 하므로 일종의 음모형에 속한다. 일반적으로 보면 부나 권력 등이 집중된 나라에서 가장 흔히 나타나는 유형이다.

① 외부주도형   ② 동원형
③ 내부접근형   ④ 굴히기형

03

지방자치의 장점이 아닌 것은?

① 다양성 존중
② 효율성 제고
③ 형평성 제고
④ 대응성 제고

04

지방자치단체의 계층구조 중 중층제와 비교하여 단층제의 장점으로 볼 수 없는 것은?

① 중앙정부와 지역주민들과의 의사소통 거리가 단축된다.
② 행정책임을 명확하게 한다.
③ 중앙정부의 비대화를 억제할 수 있다.
④ 자치권, 지역의 특수성 및 개별성을 더 존중한다.

05

다음 중 계획예산제도(PPBS)의 특징으로 옳지 않은 것은?

① 정치적 합리성보다는 경제적 합리성을 더 중시한다.
② 모든 조직 구성원들이 진지하게 참여한다.
③ 정책 또는 프로그램별로 자원배분이 이루어진다.
④ 환류(feedback)가 이루어진다.

06

다음 중 우리나라의 행정개혁 순서로 옳게 연결된 것은?

① 행정쇄신위원회 – 정부3.0 – 정부혁신지방분권위원회
   – 열린 혁신
② 열린 혁신 – 정부3.0 – 정부혁신지방분권위원회 – 행
   정쇄신위원회
③ 행정쇄신위원회 – 정부혁신지방분권위원회 – 정부3.0
   – 열린 혁신
④ 행정쇄신위원회 – 정부3.0 – 열린 혁신 – 정부혁신지
   방분권위원회

07

다음 중 직업공무원제 개혁방안으로 직접적인 관련이 없는 것은?

① 공무원직장협의회
② 고위공무원단
③ (경력)개방형 직위
④ 성과급

08

(하향적) 정책집행의 성공조건으로 옳지 않은 것은?

① 기술적 타당성
② 절차, 규정의 명확성
③ 정책목표 우선순위의 유연성
④ 집단의 지속적인 지지

09

우리나라 공무원의 근무성적평정에 관한 설명으로 옳지 않은 것은?

① 4급 이하 공무원은 근무성적평가를 적용한다.
② 다면평가는 객관성과 신뢰성을 제고할 수 있다.
③ 공무원 인사기록카드에는 학력, 신체사항에 대한 정보를 기재하지 않는다.
④ 공무원 복지포인트는 정부의 맞춤형 복지제도에 따라 2005년부터 모든 공무원을 대상으로 시행되는 제도다.

10

다음 중 행태주의(행태론적 접근방법)의 특징으로 옳지 않은 것은?

① 종합학문성(다학문성)
② 과학적 연구방법의 적용
③ 자율적 인간관
④ 가치와 사실의 분리

11

다음 〈보기〉 중 실적주의와 관련이 없는 것은?

┌─────────────── 보기 ├─────
│ ㉠ 정치적 중립을 통해 행정의 전문화에 기여한다.
│ ㉡ 고위공무원의 정치적 임용을 활성화한다.
│ ㉢ 행정의 대응성과 책임성 확보에 유리하다.
│ ㉣ 궁극적으로 민주성과 형평성을 구현한다.
└──────────────────────

① ㉠, ㉡   ② ㉡, ㉢
③ ㉠, ㉢   ④ ㉡, ㉣

12

다음 중 대통령 소속 위원회에 해당하는 것은?

① 공정거래위원회
② 방송통신위원회
③ 금융위원회
④ 국민권익위원회

13

다음 중 학습조직의 특징으로 옳지 않은 것은?

① 조직일체감과 정보 공유를 실현한다.
② 부서 간 경계를 최소화해야 한다는 조직문화가 중요하다.
③ 중간관리자의 기능이 강화된다.
④ 학습조직의 기본 구성단위는 업무 프로세스 중심의 팀이다.

14

대통령의 권한과 관련된 설명으로 옳지 <u>않은</u> 것은?

① 정부구성은 대통령제를 기반으로 의원내각제적 요소를 가미하고 있다.
② 역대 대통령은 청와대의 규모를 감축하고 국무총리에게 인사권한을 위임하였다.
③ 대통령 소속 정당이 다수당의 지위를 상실하면 레임덕 (lame duck) 현상이 가속화된다.
④ 우리나라는 5년 단임 대통령제를 채택하고 있어 '시간'이 라는 자원이 매우 중요하다.

15

다음 중 예산의 한정성 원칙의 예외에 해당하는 것은?

㉠ 이용과 전용	㉡ 기금
㉢ 신임예산	㉣ 예비비

① ㉠, ㉡
② ㉡, ㉢
③ ㉠, ㉣
④ ㉡, ㉣

16

다음 중 신제도주의에 대한 설명으로 가장 옳지 <u>않은</u> 것은?

① 동형화에는 강압적 동형화, 모방적 동형화, 규범적 동형화가 있다.
② 공식적인 법과 제도만을 제도의 범주에 포함한다.
③ 역사적 신제도주의는 경로의존성을 강조한다.
④ 구제도론보다 더 동적이라고 할 수 있다.

17

다음 중 조직구조의 특징으로 적절하지 <u>않은</u> 것은?

① 조직규모가 커짐에 따라 공식화가 높아질 것이다.
② 공식화가 낮아지면 조직 구성원들의 재량권이 감소한다.
③ 대부분의 조직에서 위기는 집권화를 초래하기 쉽다.
④ 환경의 불확실성이 높을수록 공식화가 낮아질 것이다.

18

다음 중 성인지예산에 관한 설명으로 적절하지 <u>않은</u> 것은?

① 여성 위주의 예산편성과 집행으로 성평등에 기여한다.
② 적용범위에는 기금(基金)도 포함된다.
③ 예산의 편성, 심의, 집행, 결산의 모든 과정에 적용된다.
④ 성별영향분석평가는 정책이 성평등에 미칠 영향을 사전에 분석한다.

19

다음 중 신공공서비스론(NPS)의 내용으로 옳지 <u>않은</u> 것은?

① 신공공서비스론에서 관료의 역할은 공공기업가이다.
② 협력적 거버넌스에서 정부는 조정자 역할을 수행한다.
③ 정부의 역할은 방향잡기가 아니라 봉사이다.
④ '전략적 사고'와 더불어 '민주적 행동'의 중요성을 강조한다.

20

다음 〈보기〉에 제시된 공무원 인사제도에 대한 설명 중 옳은 것은?

┤ 보기 ├

㉠ 경찰공무원은 경력직 공무원 중 특정직 공무원이다.
㉡ 차관은 특수경력직 공무원 중 별정직 공무원이다.
㉢ 국가직과 지방직 공무원 모두 고위공무원단이 운영되고 있다.
㉣ 국가직과 지방직 공무원 모두 「공무원연금법」의 적용을 받는다.

① ㉠, ㉡
② ㉡, ㉢
③ ㉠, ㉣
④ ㉡, ㉣

21

다음 중 우리나라 예산심의의 특징으로 옳지 않은 것은?

① 우리나라는 대통령중심제이기 때문에 의원내각제보다 예산심의과정이 엄격하지 않다.

② 우리나라는 예산이 법률보다 하위의 효력을 가진다.

③ 본회의 중심이 아니라 상임위원회와 예산결산특별위원회를 중심으로 예산심의가 이루어진다.

④ 국회는 정부의 동의 없이 정부가 제출한 지출예산 각항의 금액을 증액할 수 없다.

22

다음 중 공공선택이론의 특징으로 가장 적절하지 않은 것은?

① 뷰캐넌(J. Buchanan)이 창시하고 오스트롬(V. Ostrom)이 발전시킨 이론이다.

② 방법론적 개인주의에 입각하고 있다.

③ 인간은 철저하게 자기 이익을 추구한다고 가정한다.

④ 정부실패를 고려하지 않았다.

23

다음 중 사회적 자본의 특징으로 옳지 않은 것은?

① 사회적 자본은 사용할수록 감소한다.

② 신뢰를 통해 거래비용을 감소시키는 기능이 있다.

③ 사회적 상호관계 속에서 생성되며, 공동체주의를 지향한다.

④ 형성과정이 불명확하고 불확실하다는 한계를 지닌다.

24

다음 〈보기〉의 설명에 해당하는 집단적 의사결정기법은?

---- 보기 ----

토론집단을 대립적인 두 개의 팀으로 나누어 인위적으로 특정 조직원들 또는 집단을 반론을 제기하는 집단으로 지정해 반론자 역할을 부여하고, 이들이 제기하는 반론과 이에 대한 제안자의 옹호과정을 통해 의사결정을 유도하는 방식이다. 성공적인 집단의사결정이 되기 위해서는 반론자들이 고의적으로 본래 대안의 단점과 약점을 최대한 적극적으로 지적해야 한다. 이러한 과정을 거치면 발생할 수 있는 모든 가능성이 검토되기 때문에 최종 대안의 효과성과 현실적응성이 높아진다.

① 델파이기법(delphi method)

② 브레인스토밍(brainstorming)

③ 지명반론자기법(devil's advocate method)

④ 명목집단기법(nominal group technique)

25

다음 중 집단사고의 한계가 아닌 것은?

① 다양한 의견을 제시하지 못한다.

② 소수의 강한 사람에 의해 주도될 수 있다.

③ 반대의견이나 비판적인 대안이 제시된다.

④ 책임이 불분명하다.

※ 2019년도 기출문제는 시험 응시자들과 집필진의 기억을 토대로 재구성되었습니다. 실제 기출문제와는 다소 차이가 있을 수 있음을 알려드립니다.

빠른 정답표 ▶ 분석해설편 P.1
정답과 해설 ▶ 분석해설편 P.40

2018

2018.08.11. 국방부(육·해·공군) 시행

⏱ 적정시간 19분

	월	일		월	일		월	일
시작	:		시작	:		시작	:	
종료	:		종료	:		종료	:	
점수			점수			점수		

9급 군무원 행정학

01

정책네트워크모형에 대한 설명으로 옳지 <u>않은</u> 것은?

① 이슈네트워크(issue network)는 유동적이며 불안정적인 일시적인 망(network)으로 특정한 경계가 존재하지 않는다.

② 정책공동체(policy community)는 특정한 정책 분야에 대한 전문지식이 있는 학자, 연구원, 전문가, 관료 등이 공식적·비공식적으로 접촉하면서 형성된 하나의 공동체를 말한다.

③ 정책커튼모형(policy curtain model)은 정부기구 내의 권력 장악자들에 의해 정책과정이 독점되는 가장 폐쇄적인 유형으로 Y. Yishai(1992)가 주장하였다.

④ 정책공동체가 네거티브섬 게임(negative-sum game)을 한다면 이슈네트워크는 포지티브섬 게임(positive-sum game)을 한다.

02

다음 중 「정부조직법」상 보조기관(계선)이 <u>아닌</u> 것은?

① 국장　　　　　　② 차관
③ 실장　　　　　　④ 차관보

03

「공무원임용령」상 보직관리의 기준에서 직위의 직무요건에 해당하지 <u>않는</u> 것은?

① 직렬 및 직류
② 직위의 주요 업무활동
③ 직위의 성과책임
④ 직무수행의 난이도와 요건

04

「국가공무원법」상 공무원의 의무에 대한 규정으로 옳지 <u>않은</u> 것은?

① 공무원은 퇴직 후에도 직무상 알게 된 비밀을 엄수하여야 한다.

② 공무원은 직무의 내외를 불문하고 그 품위가 손상되는 행위를 하여서는 안 된다.

③ 공무원은 직무를 수행할 때 소속 상관의 직무상 명령에 복종하여야 한다.

④ 공무원은 외국 정부로부터 영예나 증여를 받을 수 없다.

05

콥(R. W. Cobb)의 정책의제설정모형 중 〈보기〉에 해당하는 모형은?

┤ 보기 ├

　　정부기관 내에서 제기되거나 정책결정자에게 쉽게 접근할 수 있는 특정 외부집단의 주도로 문제가 제기되고 공식의제가 되도록 충분한 압력이나 설득 및 로비를 가한다.

① 외부주도형　　　　② 동원형
③ 내부접근형　　　　④ 굳히기형

06

다음 중 수평적 조정기제에 해당하지 <u>않는</u> 것은?

① 규칙
② 연락역할 담당자
③ 태스크포스
④ 정보시스템

07

목표의 변동에 관한 설명으로 옳지 <u>않은</u> 것은?

① 목표의 전환은 목표의 항구성 형성에 기여한다.
② 유형적 목표의 추구는 목표의 전환의 원인에 해당한다.
③ 목표 간의 비중 변동은 목표 간의 우선순위 또는 비중이 달라지는 현상을 말한다.
④ 목표의 다원화는 본래의 목표에 새로운 목표를 추가하는 것이다.

08

우리나라 지방자치에 관한 설명으로 옳지 <u>않은</u> 것은?

① 서울특별시의 지위·조직 및 운영에 대해서는 수도로서의 특수성을 고려하여 법률로 정하는 바에 따라 특례를 둘 수 있다.
② 제주특별자치도와 세종특별자치시는 자치계층과 행정계층이 일치한다.
③ 「지방자치법」은 원칙적으로 사무배분 방식에서 포괄적 예시주의를 취하고 있다.
④ 특별시·광역시 또는 특별자치시가 아닌 인구 50만 이상의 시에는 자치구가 아닌 구를 둘 수 있고, 군에는 읍·면을 두며, 시와 구에는 동을, 읍·면에는 리를 둔다.

09

「지방자치법」상 지방자치단체에 대한 중앙통제에 관한 규정으로 가장 적절하지 <u>않은</u> 것은?

① 지방자치단체의 사무에 관한 그 장의 명령이나 처분이 법령에 위반되거나 현저히 부당하여 공익을 해친다고 인정되면 시·도에 대해서는 주무부장관이, 시·군 및 자치구에 대해서는 시·도지사가 기간을 정하여 서면으로 시정할 것을 명하고, 그 기간에 이행하지 아니하면 이를 취소하거나 정지할 수 있다.
② 중앙정부는 위법·부당한 명령·처분의 시정명령 및 취소·정지를 할 수 있고, 지방자치단체의 장은 이에 이의가 있을 때에는 행정법원에 소를 제기할 수 있다.
③ 지방자치단체의 장이 법령에 따라 그 의무에 속하는 국가위임사무나 시·도위임사무의 관리와 집행을 명백히 게을리하고 있다고 인정되면 시·도에 대해서는 주무부장관이, 시·군 및 자치구에 대해서는 시·도지사가 기간을 정하여 서면으로 이행할 사항을 명령할 수 있다.
④ 지방자치단체의 자치사무는 법령 위반사항에 대해서만 감사할 수 있다.

10

다음 중 대표관료제(representative bureaucracy)에 대한 설명으로 옳은 것은?

① 내부통제가 용이하며 책임성 제고에 기여한다.
② 소외집단이나 소수집단의 공직취임 기회를 박탈하여 사회적 형평성을 저해할 수 있다.
③ 공무원들이 출신집단별로 구성되어 집단이기주의를 감소시킬 수 있다.
④ 지역별, 성별 임용할당제(employment quota system)는 「헌법」상의 평등원리에 어긋나며 역차별의 문제가 있어 도입하기가 곤란하다.

11

다음 중 예산집행의 신축성 유지방안으로 옳지 <u>않은</u> 것은?

① 배정과 재배정
② 추가경정예산
③ 긴급배정
④ 총괄예산

12

다음 중 스미스(H. D. Smith)가 주장한 현대적 예산원칙에 해당하지 않는 것은?

① 행정부 재량의 원칙
② 보고의 원칙
③ 적절한 수단구비의 원칙
④ 명확성의 원칙

13

신공공관리론(New Public Management, NPM)에 대한 설명으로 옳지 않은 것은?

① 정부역할을 노젓기가 아니라 방향잡기로 인식한다.
② 고객 중심의 논리는 국민을 능동적 존재가 아닌 수동적인 존재로 만들 수 있다.
③ 계층제의 완화 및 탈관료제를 강조한다.
④ 정부혁신의 방향으로 수익자 부담의 원칙 강화, 민영화 확대, 규제 강화 등을 제시한다.

14

「국가공무원법」상 중앙인사관장기관의 장으로 옳지 않은 것은?

① 대법원장   ② 국회사무총장
③ 헌법재판소 사무처장   ④ 인사혁신처장

15

직위분류제와 계급제에 대한 설명으로 옳지 않은 것은?

① 직위분류제는 행정의 안정성을 확보할 수 있다.
② 계급제는 직위분류제보다 직업공무원제도 확립에 더 유리하다.
③ 직위분류제는 인사배치의 신축성을 저해한다.
④ 계급제는 인사관리자의 리더십 구현에 기여한다.

16

계획과 예산의 성향 및 관계에 대한 설명으로 옳지 않은 것은?

① 계획은 쇄신적 성격을 가지나, 예산은 보수적 성격을 가진다.
② 계획담당자는 미래지향적·발전지향적·소비지향적이나, 예산담당자는 보수적·부정적·저축지향적이다.
③ 예산편성 시 계획담당자는 단기적 관점을, 예산담당자는 장기적 관점을 가진다.
④ 계획담당기관과 예산담당기관의 유기적 통합이 결여될 경우 계획과 예산은 분리된다.

17

네트워크(network)조직에 대한 설명으로 옳지 않은 것은?

① 정보와 지식의 교환·공유·축적으로 조직학습을 촉진시키며, 새로운 지식이나 가치의 창조·활용이 용이하다.
② 계약관계에 있는 외부기관을 직접 통제하기가 어렵다.
③ 제품의 안정적 공급과 품질관리가 가능해진다.
④ 수직적·수평적 통합을 지향한다.

18

공공기관에 대한 설명으로 옳지 않은 것은?

① 공공기관은 공기업, 준정부기관, 기타 공공기관으로 구분하여 지정한다.
② 공기업은 시장형과 준시장형으로 구분하여 지정한다.
③ 준정부기관은 기금관리형과 위탁집행형으로 구분하여 지정한다.
④ 국무총리가 공공기관을 구분하여 지정한다.

19

신엘리트이론으로서의 무의사결정에 대한 설명으로 옳지 않은 것은?

① 무의사결정은 정책결정자의 무관심과 무능력으로 인해 발생한다.
② 정책의제설정단계에서 주로 발생하지만 정책과정 전반에 나타날 수 있다.
③ 지배세력의 기득권을 침해할 경우 등장하기도 한다.
④ 다원주의에 대한 반발로 엘리트주의의 일환으로 등장하였다.

20

행정개혁의 접근방법에 대한 설명으로 옳지 않은 것은?

① 행태적 접근방법은 행정인의 가치관·태도·신념을 인위적으로 변화시켜 행정개혁을 도모하는 접근방법이다.

② 관리·기술적 접근방법은 업무수행과정에서 능률을 향상시키기 위해 새로운 행정기술이나 장비를 도입하거나 관리과학(MS), 운영연구(OR), 체제분석(SA) 등의 계량화 기법을 활용하는 것이다.

③ 현대행정에서 가장 중시되는 행정개혁의 방안은 구조, 관리기술, 인간 등의 종합적 영역에 관심을 갖고 이의 상호융합을 시도하는 종합적 접근방법이다.

④ 구조적 접근방법은 주로 과학적 관리기법에 입각하여 업무수행과정에 치중하면서 관리기술의 개선에 중점을 두는 접근방법이다.

21

다음 〈보기〉 중 옳은 것을 모두 고른 것은?

┌─────────── 보기 ───────────┐
ㄱ. 실적주의는 직위분류제 확립에 기여하였다.
ㄴ. 직위분류제는 일반행정가 양성에 기여하였다.
ㄷ. 엽관주의는 행정의 민주화에 기여하였다.
ㄹ. 엽관주의는 민주정치 발달에 따라 폐지되었다.
└────────────────────────────┘

① ㄱ, ㄴ　　　　　② ㄱ, ㄷ
③ ㄴ, ㄷ　　　　　④ ㄷ, ㄹ

22

다음 중 「국가재정법」상 추가경정예산의 편성사유로 옳지 않은 것은?

① 전쟁이나 대규모 재해가 발생한 경우

② 교부세의 정산 등에 사용하거나 출연하고도 세계잉여금이 남았을 때

③ 법령에 따라 국가가 지급하여야 하는 지출이 발생하거나 증가하는 경우

④ 경기침체, 대량실업, 남북관계의 변화, 경제협력과 같은 대내외 여건에 중대한 변화가 발생하였거나 발생할 우려가 있는 경우

23

다음 중 윌리암슨(Williamson)의 거래비용이론에 대한 설명으로 옳지 않은 것은?

① 조직 내부의 조정비용이 시장의 자발적인 교환행위에서 발생하는 거래비용보다 클 때 거래비용의 최소화를 위하여 거래의 내부화(insourcing)가 이루어진다.

② 거래비용이론은 조직 내·외부에서 이루어지는 모든 거래, 즉 소유자와 관리자, 관리자와 부하, 공급자와 소비자, 판매자와 구매자 간의 거래를 분석하여 조직현상을 연구한다.

③ 생산보다는 비용에 관심을 가지고 시장에서 이루어지는 개인 및 조직 간의 거래를 미시적으로 분석한다.

④ 조직 내 거래비용을 최소화하기 위하여 종전의 U형(Unitary: 단순) 관리에서 M형(Multi-divisionalized: 다차원적) 관리로 전환할 것을 주장하였다.

24

다음 중 개방형 인사제도에 대한 설명으로 옳지 않은 것은?

① 조직의 신진대사를 촉진하여 공직의 침체를 방지한다.

② 외부전문가의 충원으로 행정의 전문성을 제고한다.

③ 공직의 유동성을 높여 관료주의화를 방지할 수 있다.

④ 행정에 대한 민주적 통제가 곤란하다.

25

직위분류제에서 사용되는 용어에 대한 설명으로 옳지 않은 것은?

① 직위란 1명의 공무원에게 부여할 수 있는 직무와 책임을 말한다.

② 직급이란 직무의 종류·곤란성과 책임도가 상당히 유사한 직위의 군을 말한다.

③ 직렬이란 직무의 종류는 유사하나 책임과 곤란도가 상이한 직급의 군을 말한다.

④ 직류란 직무의 성질이 유사한 직렬의 군을 말한다.

빠른 정답표 ▶ 분석해설편 P.1
정답과 해설 ▶ 분석해설편 P.46

9급 군무원 행정학

01

예산제도에 대한 설명으로 옳지 않은 것은?

① 계획예산제도(PPBS)의 예산결정의 접근방법은 점증주의에 입각한다.
② 성과주의예산제도(PBS)는 자원배분의 효율성을 중시한다.
③ 영기준예산제도(ZBB)는 국민부담의 경감과 자원난의 극복에 도움을 준다.
④ 품목별예산제도(LIBS)는 재정통제가 용이하고, 행정부의 재량의 여지를 축소하여 상대적인 입법권 강화를 유도할 수 있다.

02

정책집행은 하향적 집행과 상향적 집행으로 구분된다. 다음 중 상향적 집행에 관한 설명으로 옳은 것은?

① 정책목표의 집행과정 동안 우선순위가 변하지 않고 안정적이어야 한다.
② 헌신적이고 유능한 관료가 집행을 담당해야 한다.
③ 집행자의 전문성이 반영된다.
④ 일선집행관료의 재량권을 축소하고 통제를 강화한다.

03

다음 중 조직구조의 유형에 대한 설명으로 옳지 않은 것은?

① 매트릭스구조는 기능구조와 사업구조의 이원적 체제이다.
② 수평구조는 조직구성원을 핵심업무 과정 중심으로 조직하는 방식이다.
③ 사업구조는 조직의 전체 업무를 기능부서별로 분류해 놓은 것이다.
④ 네트워크조직은 핵심 부분은 조직 자체에서 수행하고, 비핵심 부분을 외부와의 계약을 통해서 수행한다.

04

다음 중 복식부기에 관한 설명으로 틀린 것은?

① 자기검증기능이 있기 때문에 각종 거래를 정확히 기록할 수 있다.
② 회수 불가능한 부실채권에 대한 정보 왜곡의 우려가 있다.
③ 자산, 부채, 자본을 인식하여 거래의 이중성에 따라 차변과 대변을 나누어 계상한다.
④ 현금주의에 주로 적용한다.

05

신공공관리론(NPM)과 가장 관련 있는 것은?

① 고객지향   ② 과정지향
③ 투입지향   ④ 노젓기

06

행정학자와 그 이론을 연결한 것이다. 바르지 못한 것은?

① 버나드(C. I. Barnard) – 행정행태론
② 윌슨(W. Wilson) – 정치·행정 이원론
③ 애플비(P. H. Appleby) – 정치·행정 이원론
④ 가우스(J. M. Gaus) – 생태론

07

다음 중 불확실한 상황의 대처방안으로 옳지 않은 것은?

① 표준화를 통해 불확실성을 감소시킨다.
② 불확실성을 발생시키는 상황 자체를 통제한다.
③ 지식 및 정보를 수집한다.
④ 중첩적인 부분을 없앤다.

08

계급제와 직위분류제를 비교한 것으로 옳지 않은 것은?

① 보수행정의 형평성은 계급제가 낮고, 직위분류제는 높다.
② 관리자의 리더십은 계급제가 높고, 직위분류제는 낮다.
③ 신분보장은 계급제가 강하고, 직위분류제는 약하다.
④ 인사배치는 계급제가 비융통적이고, 직위분류제는 융통적이다.

09

시장실패의 원인으로 옳지 않은 것은?

① 자연독점   ② 내부성
③ 공공재   ④ 정보의 비대칭성

10

다음 중 공공서비스에 대한 설명으로 옳지 않은 것은?

① 공유재(common pool goods)는 공유지의 비극으로 과잉소비 문제가 발생하므로 규제가 필요하다.
② 공공재(public goods)는 비경합성과 비배제성으로 인해 무임승차가 발생할 수 있다.
③ 요금재(toll goods)는 시장에서 공급될 수 있지만, 자연독점이 발생할 가능성이 있다.
④ 가치재(merit goods)는 무임승차가 발생할 수 있다.

11

다음 동기부여이론 중 성격이 다른 하나는?

① 매슬로우 – 욕구단계이론
② 허즈버그 – 욕구이원론
③ 브룸 – 기대이론
④ 앨더퍼 – ERG이론

12

직위분류제에서 사용되는 용어에 관한 설명으로 옳지 않은 것은?

① 직급은 직무의 종류, 곤란성과 책임도가 상당히 유사한 직위의 군이다.
② 직렬은 직무의 종류는 유사하고 그 책임과 곤란성의 정도가 서로 같은 직급의 군이다.
③ 직위는 한 명의 공무원에게 부여할 수 있는 직무와 책임이다.
④ 직류는 같은 직렬 내에서 담당 분야가 같은 직무의 군이다.

13

다음 중 로위(Lowi)의 정책유형으로 옳지 **않은** 것은?

① 재분배정책   ② 규제정책
③ 배분정책   ④ 상징정책

14

실적주의에 관한 설명으로 옳지 **않은** 것은?

① 개인의 능력이나 자격, 적성에 기초한 실적을 임용기준으로 삼는 인사행정제도이다.
② 정치지도자들의 행정통솔력을 강화시키는 데 기여한다.
③ 행정의 전문화를 촉진시키게 되며 직업공무원제의 발전에 기여할 수 있다.
④ 공무원의 신분보장을 통하여 행정의 계속성·안정성을 확보할 수 있다.

15

다음 〈보기〉 중 주민자치에 대한 설명으로 옳은 것은?

┤ 보기 ├
㉠ 정치적 의미의 자치이다.
㉡ 포괄적 위탁주의이다.
㉢ 독립세주의이다.
㉣ 영미계 국가에서 발달하였다.

① ㉠, ㉡   ② ㉡, ㉢
③ ㉠, ㉢, ㉣   ④ ㉡, ㉢, ㉣

16

비용편익분석에 관한 설명 중 옳지 **않은** 것은?

① 금전적 가치로 평가한다.
② 효과성을 측정할 수 있다.
③ 상이한 사업 간 우선순위 비교가 가능하다.
④ 합리적 의사결정에 기여하였다.

17

다음 중 「국가공무원법」상 징계의 종류가 **아닌** 것은?

① 감봉   ② 해임
③ 강등   ④ 직권면직

18

다음 중 조합주의에 대한 설명으로 옳지 **않은** 것은?

① 국가조합주의는 국가의 우월한 권력을 인정한다.
② 사회조합주의는 사회경제체제의 변화에 순응하려는 이익집단의 자발적 시도로부터 생성되었다.
③ 조합주의는 다양한 집단 간 경쟁성을 특징으로 한다.
④ 신조합주의는 다국적기업이 국가와 동맹관계를 유지하면서 정책에 참여한다고 본다.

19

비공식조직의 단점으로 옳지 **않은** 것은?

① 내부 직원들의 불평을 증폭시킨다.
② 조직 내부에 파벌화를 조장할 우려가 있다.
③ 공식조직의 경직성을 강화한다.
④ 사적 목표를 위해 악용할 수 있다.

20

다음 중 리더십이론에 관한 설명으로 옳지 **않은** 것은?

① 블레이크와 머튼은 리더십 유형을 4가지로 분류하고 있다.
② 오하이오대학 리더십 연구는 행태주의를 기반으로 한다.
③ 피들러의 상황적응모형은 관계지향적 리더와 과업지향적 리더로 나누어 연구하였다.
④ 변혁적 리더십은 조직에 대한 사람들의 인식을 변화시키는 개혁적이고 전략적인 리더십이다.

21

다음 중 행정관료의 재량이 늘어난 이유로 적절하지 <u>않은</u> 것은?

① 행정의 전문화가 이루어졌기 때문이다.
② 행정국가화로 의회가 약화되었기 때문이다.
③ 외부통제가 강화되었기 때문이다.
④ 경제대공황 이후의 복잡한 사회문제로 등장하였다.

22

다음 중 공모직위 제도에 관한 내용으로 옳은 것은?

① 공모직위를 통해 해당 기관 내부 또는 외부에서 채용할
　 수 있다.
② 고위공무원단 직위 총수의 100분의 20 이내에서 임용
　 한다.
③ 일반직·특정직·별정직을 대상으로 한다.
④ 임용기간은 5년의 범위 안에서 소속장관이 정하되, 최소
　 2년 이상으로 한다.

23

신성과주의 예산에 관한 설명으로 옳지 <u>않은</u> 것은?

① 투입은 자동적으로 성과로 이어진다고 본다.
② 능률성보다는 효과성을 강조한다.
③ 완전한 발생주의 회계방식을 사용한다.
④ 구체적이고 보상적 책임을 중요시한다.

24

「공직자윤리법」에 대한 설명으로 옳지 <u>않은</u> 것은?

① 등록의무자는 퇴직일부터 3년간 퇴직 전 5년 동안 소속
　 하였던 부서 또는 기관의 업무와 밀접한 관련성이 있는
　 취업심사대상기관에 취업할 수 없다.
② 재산등록업무에 종사하거나 종사하였던 사람 또는 직무
　 상 재산등록사항을 알게 된 사람은 다른 사람에게 이를
　 누설하여서는 아니 된다.
③ 국가는 공직자가 수행하는 직무가 공직자의 재산상 이해
　 와 관련되어 공정한 직무수행이 어려운 상황이 일어나지
　 아니하도록 노력하여야 한다.
④ 재직 중은 물론 퇴직 후에도 직무상 알게 된 비밀을 엄수
　 (嚴守)하여야 한다.

25

공무원제도에 관한 설명으로 옳지 <u>않은</u> 것은?

① 직업공무원제는 장기 근무를 장려하여 공직을 전문 직업
　 분야로 인식하게 하였다.
② 엽관주의는 정당에의 충성도에 의하여 관직을 임용하는
　 제도이다.
③ 실적주의 인사행정은 공직취임의 기회균등을 보장한다.
④ 우리나라는 직위분류제에 계급제를 가미하였다.

※ 2017년도 기출문제는 시험 응시자들과 집필진의 기억을 토대로 재구성되었습니다. 실제 기출문제와는 다소 차이가 있을 수 있음을 알려드립니다.

빠른 정답표 ▶ 분석해설편 P.1
정답과 해설 ▶ 분석해설편 P.53

2016

2016.07.02. 국방부(육·해·공군) 시행

⏱ 적정시간 19분

월 일	월 일	월 일
시작 :	시작 :	시작 :
종료 :	종료 :	종료 :
점수	점수	점수

9급 군무원 행정학

01

다음 중 공무원에 관한 설명으로 옳지 않은 것은?

① 특정직은 특수 분야의 업무를 담당하는 공무원으로 특수경력직 공무원이다.
② 정무직은 정치적 판단 등이 필요하므로 대부분 개방형 임용을 하고 있다.
③ 특정직은 각 개별 법률에 의해 별도의 계급 체계를 유지하고 있다.
④ 별정직은 특정한 업무를 담당하기 위하여 별도의 자격기준에 의하여 임용되는 공무원으로서 법령에서 별정직으로 지정하는 공무원이다.

02

다음 중 정책의제설정에 관한 설명으로 옳지 않은 것은?

① 다원주의에서는 어떠한 사회문제라도 정치체제 내로 진입할 수 있다고 주장한다.
② 무의사결정은 다원주의를 비판하며 등장한 이론으로 '신엘리트론'이라 불린다.
③ 엘리트론자들은 엘리트들이 정책과정의 전 과정을 압도할 뿐 아니라, 특히 정책의제의 채택과정에서 그들의 권력을 행사한다고 주장한다.
④ 체제이론은 정치체제 내부의 능력상 한계보다는 외부환경으로부터 발생한 요구의 다양성 때문에 선택의 문제가 등장하게 된다고 주장한다.

03

다음 중 정책의제설정모형에 대한 설명으로 옳지 않은 것은?

① 외부주도형은 정책의제를 '강요된 정책문제'로 여긴다.
② 동원모형은 국가와 이익집단이 주도하여 정책의제를 채택하는 경우를 말한다.
③ 내부접근형은 동원형에 비해 낮은 지위의 고위관료가 주도한다.
④ 굳히기형은 대중의 지지가 높은 정책문제에 대하여 정부가 그 과정을 주도하여 해결을 시도한다.

04

다음은 사회자본의 특징에 관한 설명이다. 옳지 않은 것은?

① 사회자본의 사회적 교환관계는 동등한 가치의 등가교환을 말한다.
② 사회자본은 지속적인 교환과정을 거쳐서 유지되고 재생산된다.
③ 사회자본은 사회적 관계에서 거래비용을 감소시켜 주는 기능을 한다.
④ 사회자본은 국가 간의 대체성과 이동성이 낮다.

05

예산결정문화론에서 선진국처럼 국가의 경제력이 크고, 예측가능성이 높은 경우는?

① 점증적 행태
② 보충적 행태
③ 양입제출적 행태
④ 반복적 행태

06

전자거버넌스로서의 전자적 참여의 형태가 진화하는 단계로 옳은 것은?

① 전자자문 – 전자정보화 – 전자결정
② 전자정보화 – 전자자문 – 전자결정
③ 전자결정 – 전자자문 – 전자정보화
④ 전자자문 – 전자결정 – 전자정보화

07

다음 중 대표관료제에 관한 설명으로 옳지 않은 것은?

① 대표관료제는 뉴거버넌스를 저해한다.
② 행정의 전문성과 생산성을 저해할 우려가 있다.
③ 국민의 다양한 요구에 대한 정부의 대응성을 제고한다.
④ 행정에 대한 비공식적 내부통제의 한 방안이다.

08

다음 중 특별지방행정기관에 관한 설명으로 옳지 않은 것은?

① 국가업무의 효율적이고 광역적 추진을 위해 설치되었다.
② 지역주민의 의사를 반영시키는 제도적 연결장치가 결여되어 있다.
③ 중앙정부와 지방자치단체 사이의 매개 역할을 수행하기도 한다.
④ 우리나라에는 특별지방행정기관이 없다.

09

다음 중 개방형 직위제도에 대한 설명으로 옳지 않은 것은?

① 행정의 전문성과 효율적인 정책 수립을 위해 공직 내외부에서 인재를 공개적으로 선발하는 제도를 말한다.
② 행정에 대한 민주적 통제를 곤란하게 한다.
③ 생산성과 능률성 저하를 초래한다는 비판이 있다.
④ 임용기회의 형평성을 제고한다.

10

예산심의에 대한 설명으로 옳지 않은 것은?

① 정부는 회계연도마다 예산안을 편성하여 회계연도 개시 120일 전까지 국회에 제출하고, 국회는 회계연도 개시 30일 전까지 이를 의결하여야 한다.
② 예산심의절차는 '상임위원회의 예비심사 – 예산결산특별위원회의 종합심사'의 2단계로 이루어진다.
③ 한 회계연도를 넘어 계속하여 지출할 필요가 있을 때에는 정부는 연한을 정하여 계속비로서 국회의 의결을 얻어야 한다.
④ 예비비는 총액으로 국회의 의결을 얻어야 하며, 예비비의 지출은 차기 국회의 승인을 얻어야 한다.

11

다음 중 정책네트워크의 특징에 대한 설명으로 옳지 않은 것은?

① 정책네트워크는 제도적인 구조보다 개별구조를 고려한다.
② 다양한 참여자와 비참여자를 구분하는 경계가 있다.
③ 정책네트워크는 정책문제별로 형성되고 변동된다.
④ 다원주의, 엘리트주의, 조합주의에 대한 대안으로 등장하였다.

12

정책결정모형에 대한 설명으로 옳지 않은 것은?

① 합리모형은 정치적 합리성을 고려하지 않으며 경제적 합리성만을 추구한다.
② 점증모형은 보수적 성격으로 인하여 환경변화에 대한 적응력이 약하다.
③ 만족모형은 정책결정의 합리성을 제약하는 요인들을 고려할 때 한정된 대안의 비교분석을 통해 최선을 모색하는 선에서 만족하는 것이 합리적이라고 본다.
④ 최적모형은 정책결정의 지침을 결정할 때 합리성을 중시하며, 체제주의는 배제한다.

13

지방자치단체의 갈등해결에 대한 설명으로 가장 적절한 것은?

① 지방자치단체와 주민의 갈등을 해결하는 방법에는 협의회와 협약, 공청회, 공람 등이 있다.
② 갈등관리에서 갈등조장 방법에는 인사이동이 있다.
③ 지방자치단체 간의 갈등은 행정협의조정위원회에서, 국가와 지방자치단체 간의 갈등은 분쟁조정위원회에서 다투는 것이 옳다.
④ 중앙정부와 지방정부 간 인사교류의 활성화는 소모적 갈등의 완화에 기여한다.

14

다음 중 대통령 소속기관으로 옳은 것은?

① 방송통신위원회
② 금융위원회
③ 국민권익위원회
④ 공정거래위원회

15

다음 중 조직유형에 관한 설명으로 틀린 것은?

① 네트워크조직은 조직 자체의 기능은 핵심역량 위주로 하고 여타 기능은 외부계약관계를 통해서 수행한다.
② 매트릭스조직은 조직환경이 복잡해지면서, 기능부서의 기술적 전문성이 요구되는 동시에 사업부서의 신속한 대응성의 필요가 증대되면서 등장한 조직 형태이다.
③ 삼엽조직(shamrock organization)은 소규모 전문직 근로자들, 계약직 근로자들, 신축적인 근로자들로 구성된 조직 형태이다.
④ 학습조직은 공동의 과업, 소수의 규정과 절차, 비공식적이고 분권적인 의사결정을 특징으로 하는 기능분립적 구조이다.

16

다음 중 가외성에 대한 설명으로 옳지 않은 것은?

① 동일한 기능이 여러 기관에서 혼합적으로 수행되는 상태를 의미한다.
② 가외성은 경제성과 능률성을 제고한다.
③ 가외성은 불확실성에 대한 적응성을 제고한다.
④ 불확실한 상황하에서 행정의 신뢰성을 제고한다.

17

법규 중심보다는 서비스, 서비스보다는 시민이 중심이 되는 것으로 공공기관보다 시민을 더 중시하는 이론은?

① 신행정론
② 공공관리론
③ 신공공관리론
④ 뉴거버넌스

18

스웨덴의 옴부즈만(ombudsman)제도에 관한 설명으로 옳지 않은 것은?

① 옴부즈만은 내부통제이다.
② 직무수행에 있어서 독립성이 보장된다.
③ 시민의 권리구제 신청 없이도 직권조사를 할 수 있다.
④ 법원과 달리 신속히 처리되며 비용이 저렴하다.

19

전통적 예산원칙의 내용으로 옳지 않은 것은?

① 이용 – 한정성의 원칙에 대한 예외
② 전용 – 사전의결의 원칙에 대한 예외
③ 기금 – 완전성의 원칙에 대한 예외
④ 이체 – 사전의결의 원칙에 대한 예외

20

다음 중 후기 행태주의의 특징으로 옳은 것은?

① 객관적 현상만을 연구대상으로 삼기 때문에 개인적인 경험은 제외된다.
② 행정행태에 관한 계량적 분석에 중점을 둔다.
③ 민주적 가치규범에 입각하여 가치평가적인 정책연구를 지향한다.
④ 집단의 고유한 특성을 인정하지 않는 방법론적 개체주의의 입장을 취한다.

21

다음 중 경합성과 배제성의 특징을 모두 가지고 있는 재화는?

① 시장재
② 공유재
③ 공공재
④ 요금재

22

다음 중 지방자치단체장의 권한에 관한 설명으로 옳지 <u>않은</u> 것은?

① 지방자치단체의 장은 지방자치단체를 대표하고, 그 사무를 총괄한다.
② 임시회의 소집요구권을 가진다.
③ 지방의회가 재의결한 내용이 법령에 위반된다고 인정되면 일시정지를 할 수 있다.
④ 선결처분권을 가진다.

23

공공관리론에 관한 설명으로 옳지 <u>않은</u> 것은?

① 공유지의 비극은 공유재의 과도한 사용으로 인하여 사회 전체적으로 비효율적인 결과가 초래되는 현상을 말한다.
② 공공관리론은 개인의 이익보다 집단의 이익을 중시하여 도덕적 해이, 역선택의 문제를 야기할 수 있다.
③ 공공관리론은 개인의 이익을 우선으로 하기 때문에 민간기업 등과의 계약에 따라 민간기업이 제공하는 것이 능률적이다.
④ 공공관리론에서는 행정의 효율성과 전문성을 강조한다.

24

다음 중 지방자치법령에서 규정하는 내용으로 옳지 <u>않은</u> 것은?

① 지방자치단체의 장은 주민에게 과도한 부담을 주거나 중대한 영향을 미치는 지방자치단체의 주요 결정사항 등에 대하여 주민투표에 부칠 수 있다.
② 다른 기관에서 감사하였거나 감사 중인 사항은 주민의 감사청구의 대상에 포함한다.
③ 지방자치단체의 장의 임기는 4년으로 하며, 지방자치단체의 장의 계속 재임(在任)은 3기에 한한다.
④ 주민은 그 지방자치단체의 장 및 지방의회의원(비례대표 지방의회의원은 제외)을 소환할 권리를 가진다.

25

지방자치법령에 대한 설명으로 옳지 <u>않은</u> 것은?

① 지방자치단체는 지방세의 세목, 과세대상, 과세표준, 세율, 그 밖에 부과·징수에 필요한 사항을 정할 때에는 「지방세기본법」 또는 지방세 관계법에서 정하는 범위에서 조례로 정하여야 한다.
② 지방자치단체의 장이 행정기구의 설치 시에는 대통령의 확인을 받아야 한다.
③ 지방자치단체가 갖는 권한으로 자치입법권이 있지만 제약이 많다.
④ 지방자치단체는 법령의 범위에서 그 사무에 관하여 조례를 제정할 수 있다.

※ 2016년도 기출문제는 시험 응시자들과 집필진의 기억을 토대로 재구성되었습니다. 실제 기출문제와는 다소 차이가 있을 수 있음을 알려드립니다.

빠른 정답표 ▶ 분석해설편 P.1
정답과 해설 ▶ 분석해설편 P.61

2015 2015.07.04. 국방부(육·해·공군) 시행

⏱ 적정시간 21분

월 일	월 일	월 일
시작 :	시작 :	시작 :
종료 :	종료 :	종료 :
점수	점수	점수

9급 군무원 행정학

01

다음 중 엽관주의(spoil system)의 단점으로 보기 어려운 것은?

① 대통령이 공무원을 통제하는 것이 어렵다.
② 정치·행정의 부패와 행정기강의 문란이 초래된다.
③ 자격이나 경험을 갖춘 유능한 인물이 배제되고 인사행정이 정실화됨으로써 행정능률이 저하된다.
④ 정권변동에 따른 공무원의 빈번한 교체와 불확실한 신분보장으로 인하여 행정의 안정성, 계속성, 중립성이 저해되고 전문성, 기술성의 확보 및 유지가 어렵다.

02

다음 중 영기준예산(ZBB)과 관련이 없는 것은?

① 매년 모든 사업의 타당성을 영(0)기준에서 엄밀히 분석함으로써 예산을 편성한다.
② 예산편성을 하나의 의사결정으로 통합하여 보다 합리적인 결정을 내릴 수 있도록 한다.
③ 과거의 실적이나 효과 등을 체계적으로 분석하여 우선순위를 결정하고 그에 따라 실행예산을 편성·결정하여 예산을 편성한다.
④ 자원의 능률적 배분과 예산절감을 가져올 수 있고, 신속한 예산조정 등 변동 대응성의 증진에 기여할 수 있다.

03

지방자치단체의 기관구성 중 기관통합형과 기관분리형의 특징에 대한 설명으로 옳지 않은 것은?

① 기관통합형은 지방자치단체의 기관구성에서 정책의 결정기능과 집행기능을 모두 지방의회에 통합시키는 유형을 말한다.
② 기관통합형은 우리나라, 일본, 이탈리아 등 일부 국가가 채택하고 있다.
③ 기관분리형은 의사결정기능과 결정된 의사의 집행기능을 각각 다른 기관에 분립시켜 상호견제와 균형이 이루어지도록 하는 유형이다.
④ 기관분리형은 지방정부 형태의 하나로, 중앙정부 형태 중의 하나인 대통령제와 유사한 유형이다.

04

수직적 연결 조정기제로 옳지 않은 것은?

① 계층제
② 규칙과 계획
③ 계층직위의 추가
④ 임시작업단

05

다음 중 시민의 권한위임을 받은 관료가 시민의 통제에서 벗어나고, 시민이 관료를 통제하는 방법을 설명해 주는 데 적절한 이론은?

① 대리인이론
② 죄수의 딜레마
③ 철의 삼각
④ 공유(지)의 비극

06

다음 중 국고보조금의 특징으로 옳지 <u>않은</u> 것은?

① 중앙정부가 지방정부에게 용도를 지정하여 교부하는 의존재원이다.
② 보조금의 규모에 상응하는 현금화할 수 있는 담보가 있어야 보조금 수령이 가능하다.
③ 지출 목적이나 경비의 성질을 기준으로 교부금, 부담금, 장려적 보조금으로 구분한다.
④ 예산의 범위 안에서 그 지방자치단체의 행정을 수행하는 데 소요되는 경비의 일부 또는 전부를 보전하기 위해 지급하는 자금이다.

07

경력개발 중 조직 차원에서 접근하는 경력개발제도의 과정을 〈보기〉에서 찾아 바르게 연결한 것은?

(가) 경력설계	(나) 경력관리
(다) 직무설계	(라) 평가 및 보완

┤ 보기 ├

ⓐ 자신의 희망·적성·역량 등 자기 진단을 한 후, 자기 진단에 부합되는 경력목표를 설정하고, 이에 이를 수 있는 경력경로를 설계한다.
ⓑ 개인의 경력경로에 따라 해당 직위를 추구해 가는 과정이다.
ⓒ 직무분석을 통해 전문 분야를 분류하는 작업을 수행한다.
ⓓ 목표했던 경력계획의 달성 정도를 평가하고, 이에 따른 보완점을 모색, 반영하는 과정이다.

① (가) - ⓓ   ② (나) - ⓐ
③ (다) - ⓒ   ④ (라) - ⓑ

08

다음 중 특별지방행정기관에 대한 설명으로 옳지 <u>않은</u> 것은?

① 지방의 고유사무를 수행하기 위해 설치한 기관이다.
② 행정의 전문성을 제고할 수 있다.
③ 중앙정부에서 기관장을 선임한다.
④ 중복업무로 인해 비효율성을 유발할 수 있다.

09

예산과 관련된 설명으로 옳지 <u>않은</u> 것은?

① 정부는 재정건전성의 확보와 국민부담의 최소화를 위해 최선을 다해야 한다.
② 조세의 종목과 세율, 부과 및 징수는 각 지방자치단체에 의해 정할 수 있다.
③ 중앙관서의 장은 다른 법률에 특별한 규정이 있는 경우를 제외하고는 그 소관 수입을 국고에 납입하여야 하며, 이를 직접 사용하지 못한다.
④ 한 회계연도의 모든 수입을 세입으로 하고, 모든 지출을 세출로 한다.

10

행정학의 접근방법 중 행태론과 생태론에 대한 설명으로 옳지 <u>않은</u> 것은?

① 행태론은 집단의 고유한 특성을 인정하지 않는 방법론적 개체주의 입장이다.
② 생태론은 후진국의 행정현상을 설명하는 데 크게 기여했으며 행정의 보편적 이론의 구축을 통한 행정의 과학화에 기여하였다.
③ 행태론은 사회현상도 자연과학과 같이 과학적 연구가 가능하다고 주장하였다.
④ 리그스(F. W. Riggs)는 생태론적 접근방법을 통해 환경이 행정에 미치는 영향을 연구하였다.

11

다음 중 2023년 현재 우리나라 정부조직의 구성에 대한 설명으로 옳지 <u>않은</u> 것은?

① 국민안전처가 폐지되고, 행정안전부에 소방청이 신설되었다.
② 처는 국무총리 소속으로 여러 부의 업무를 총괄하는 막료업무를 수행한다.
③ 국방부 산하에는 병무청과 방위사업청이 있다.
④ 해양수산부 산하 해양경찰청은 행정안전부로 이관되었다.

12

다음 중 국가기획에 대한 주장으로 옳지 <u>않은</u> 것은?

① 하이에크(F. A. Hayek)는 『노예로의 길(The Road to Serfdom)』에서 신자유주의 사상을 바탕으로 큰 정부를 통한 국가기획을 주장하였다.
② 홀콤(A. N. Holcomb)은 『계획적 민주정부론』에서 사유재산과 사기업의 절대성을 전제하면서 정부가 재정, 금융, 공공사업 등에 적극적 정책이 필요하다고 하였으며, 관료제에 의하여 뒷받침되는 계획적 민주주의의 중요성을 강조하면서 기획에 대해 찬성하였다.
③ 파이너(H. Finer)는 『반동에의 길(The Road to Reaction)』에서 국가의 기획이 오히려 개인의 자유를 확보 가능하게 도와주는 기능을 수행한다고 주장하였다.
④ 만하임(K. Mannheim)은 『자유·권력 및 민주적 기획론』에서 자유방임적 경쟁사회로부터 기획사회로의 이행이 불가피하다고 하면서 자유사회를 위한 민주적 기획을 지향하는 것을 주장하였다.

13

미국에서 민주주의의 규범적 관료제모형에 대한 내용으로 옳은 것은?

① 매디슨(Madison)은 지방자치와 지방분권에 의한 민주적 행정이 최선임을 주장하였다.
② 제퍼슨(Jefferson)은 정부의 적극적 역할을 통해 행정의 유효성 지향을 주장하였다.
③ 해밀턴(Hamilton)은 중앙집권화에 의한 능률적 행정이 최선임을 주장하였다.
④ 잭슨(Jackson)은 사회 내 다양한 이익집단의 존재를 중요시하고 이들 간의 견제와 균형의 유지가 중요함을 주장하였다.

14

다음 중 귤릭(Gulick)이 주장한 최고관리자의 7대 기능에 해당하지 <u>않는</u> 것은?

① 계획(Planning)   ② 지휘(Directing)
③ 조직화(Organizing)   ④ 협력(Cooperation)

15

민츠버그(Mintzberg)가 분류한 조직유형에 대한 설명으로 옳지 <u>않은</u> 것은?

① 기계적 관료제는 전통적인 대규모 조직에서 나타날 수 있는데, 전문화는 높은 반면 환경적응에는 부적합하다.
② 애드호크라시(adhocracy)는 창의성을 바탕으로 불확실한 업무에 적합하나 책임소재가 불분명하여 갈등과 혼동을 유발할 수 있다.
③ 전문적 관료제는 전문성 확보에 유리한 반면, 수직적 집권화에 따른 환경변화에 영합하는 속도가 빠르다는 문제점이 있다.
④ 사업부제 구조는 중간관리층을 핵심 부문으로 하는 대규모 조직에서 나타나 관리자 간 영업영역의 마찰이 일어날 수 있다.

16

다음 중 포스트모더니즘에 대한 설명으로 옳지 <u>않은</u> 것은?

① 해체는 언어, 몸짓, 이야기, 이론 등의 근거를 파헤쳐 보는 것을 말한다.
② 상상은 현실의 관례에서 해방되어 새로운 사고와 판단을 요구하는 것을 말한다.
③ 타자성은 타자를 도덕적 타자가 아닌 인식적 타자로 인정한다는 것을 말한다.
④ 영역 해체는 모든 지식의 성격과 조직에서 갖고 있는 고유영역이 해체된다는 것을 말한다.

17

정책네트워크모형 중 이슈네트워크와 구별되는 정책공동체의 특징으로 옳지 <u>않은</u> 것은?

① 정책공동체 내에서 행위자는 상호교환할 수 있는 자원을 보유하고 있다.
② 정책공동체가 비교적 폐쇄적이고 안정적이며 지속적인 네트워크라면, 이슈네트워크는 개방적이고 유동적인 네트워크이다.
③ 정책공동체는 참여자의 범위가 매우 광범위하지만, 이슈네트워크는 참여자의 범위가 제한되어 있다.
④ 정책공동체의 경우 정책산출이 처음 의도한 정책내용과 크게 다르지 않지만, 이슈네트워크의 경우 정책결정과정에서 정책내용이 변동하는 경우가 많다.

18

정책의 오류 중 제3종 오류에 해당하는 것은?

① 잘못된 대안을 선택하는 오류이다.
② 올바른 귀무가설을 기각하는 오류이다.
③ 올바른 대립가설을 기각하는 오류이다.
④ 정책문제가 잘못 정의된 경우의 오류이다.

19

애드호크라시(adhocracy)의 특징에 대한 설명으로 옳지 <u>않은</u> 것은?

① 매트릭스조직은 신속하고 통일적인 의사전달이 가능하다.
② 의사결정권이 분권화되어 있다.
③ 형식주의나 공식성에 얽매이지 않기 때문에 공식적 성격이 약한 반면 전문성이 강하다.
④ 고도의 전문적 지식을 가진 사람들로 이루어져 있기 때문에 복잡한 수직적 분화보다는 수평적 분화가 이루어진다.

20

근무성적평정과정의 오류 중 평정자의 평정기준이 일정하지 않아 관대화 경향과 엄격화 경향이 불규칙하게 나타나는 것은?

① 총계적 오류　　　　② 규칙적 오류
③ 귀인적 편견　　　　④ 연쇄효과

21

다음 중 정치와 행정의 관계에 관한 설명으로 옳지 않은 것은?

① 정치·행정 일원론은 행정의 정책결정기능을 강조하는 이론이다.

② 정치·행정 일원론은 정치와 행정을 서로 구분할 수 없는 개념으로 간주한다.

③ 정치·행정 이원론은 정치와 행정이 서로 분리되어야 함을 주장하는 이론이다.

④ 정치·행정 이원론은 행정이 경영학의 핵심적인 원리들을 모두 흡수함으로써 정치의 기반이 된다는 의미이다.

22

다음 중 보조기관에 해당하지 않는 것은?

① 차관   ② 실장
③ 국장   ④ 차관보

23

다음 중 행정을 통해 이루고자 하는 궁극적 가치인 본질적 가치로 옳은 것은?

① 형평성   ② 민주성
③ 합리성   ④ 합법성

24

다음 중 정책평가에 대한 설명으로 옳지 않은 것은?

① 내적 타당성은 처치와 결과 간의 관찰된 관계로부터 도달하게 된 인과적 결론의 적합성 정도를 나타낸다.

② 역사의 요소, 성숙효과, 선정효과는 모두 내적 타당성을 위협하는 요소들에 해당한다.

③ 외적 타당성은 측정도구가 어떤 현상을 되풀이해서 측정했을 때, 얼마나 일관성 있게 측정할 수 있느냐 하는 정도로 파악된다.

④ 진실험적 평가방법은 실험집단과 통제집단의 동질성을 확보하여 행하는 실험이다.

25

신공공관리론과 뉴거버넌스에 대한 설명으로 옳지 않은 것은?

① 신공공관리론과 뉴거버넌스는 정부의 역할을 방향잡기로 본다.

② 신공공관리론은 신자유주의를, 뉴거버넌스는 공동체주의를 인식론적 기초로 한다.

③ 신공공관리론은 고객지향적 관리방식을, 뉴거버넌스는 임무 중심의 관리방식을 취한다.

④ 신공공관리론은 협력을 기반으로 한 행정운영을, 뉴거버넌스는 경쟁을 통한 행정운영을 주장한다.

※ 2015년도 기출문제는 시험 응시자들과 집필진의 기억을 토대로 재구성되었습니다. 실제 기출문제와는 다소 차이가 있을 수 있음을 알려드립니다.

빠른 정답표 ▶ 분석해설편 P.1
정답과 해설 ▶ 분석해설편 P.69

잘 시작하는 것은 중요합니다.
잘 마무리하는 것은 더 중요합니다.

– 조정민, 『사람이 선물이다』, 두란노

2014

2014.07.05. 국방부(육·해·공군) 시행

⏱ 적정시간 23분

월	일	월	일	월	일
시작 :		시작 :		시작 :	
종료 :		종료 :		종료 :	
점수		점수		점수	

9급 군무원 행정학

01

조직이 안정과 존속을 유지하며 안정과 존속에 대한 위협을 회피하고, 조직의 발전을 도모하기 위하여 조직의 정책이나 리더십 및 의사결정기구에 환경의 새로운 요소를 흡수하여 적응하는 것은?

① 경쟁(competition)
② 연합(coalition)
③ 적응적 흡수(co-optation)
④ 협상(bargaining)

02

계층제의 특징에 관한 설명으로 옳지 않은 것은?

① 조직의 규모가 확대되고 구성원의 수가 증가할수록 계층의 수는 증가한다.
② 통솔범위가 넓어지면 계층의 수는 많아지고, 통솔범위가 좁아지면 계층의 수는 적어진다.
③ 조직의 전문화가 확대되고 업무의 다양성이 증대되면 조직의 계층도 증가한다.
④ 계층의 수준이 높을수록 비정형적·쇄신적 업무에, 계층의 수준이 낮을수록 정형적·일상적 업무에 중점을 두게 된다.

03

다음 중 지식정보사회에 관한 설명으로 옳지 않은 것은?

① 정보의 신속한 전달과 습득은 지식정보사회의 대표적인 특징이다.
② 컴퓨터 범죄와 프라이버시 침해, 정보격차 등의 문제점이 있다.
③ 다양화 및 개방화를 통한 가치관의 변화와 정보의 원활한 유통으로 인한 사회생활 전반에서 정보의 이용 및 정보시스템의 일반화가 이루어진다.
④ 지식정보사회에서는 계층적 조직구조가 강화된다.

04

다음 중 변혁적 리더십과 관련이 없는 것은?

① 카리스마적 리더십   ② 개별적 배려
③ 영감적 리더십   ④ 거래적 리더십

05

조직발전(organization development)에 대한 설명으로 옳지 않은 것은?

① 조직발전은 조직의 효과성, 효율성, 건강성을 높이기 위한 조직 전반에 걸친 계획된 노력을 의미한다.
② 조직발전에서 가정하는 조직은 폐쇄체제 속에서 복합적 인과관계를 가진 유기체이다.
③ 조직발전의 평가기준은 조직의 생존·적응·성장·통합·목표달성 등을 위한 능력이다.
④ 조직발전은 조직구성원의 행태변화를 통하여 조직의 생산성과 환경에 대한 적응능력을 향상시키는 것을 목표로 한다.

06

감사원에 관한 설명으로 옳지 않은 것은?

① 감사원은 국가의 세입·세출의 결산을 검사한다.

② 감사원의 직무감찰 대상에는 국회와 대법원에 소속한 공무원도 포함된다.

③ 감사원의 회계검사 대상에는 국회와 법원도 포함된다.

④ 감사원은 국회와 대법원의 결산을 감독한다.

07

직위분류제에 대한 설명으로 옳지 않은 것은?

① 공정한 인사행정으로 직원들의 사기를 높일 수 있다.

② 인력활용을 어렵게 하여 인사행정의 경직화를 가져올 수 있다.

③ 환경변화로 인한 새로운 상황, 새로운 직무의 내용을 반영하기가 어렵다.

④ 직위분류제는 계급제에 비해서 공무원의 신분을 강하게 보장한다.

08

다면평가제도에 관한 설명으로 옳지 않은 것은?

① 다면평가는 상급자뿐만 아니라 동료, 부하, 민원인까지 참여하여 평가하는 제도이다.

② 여러 사람을 평정자로 활용함으로써 평가에 참여하는 소수인의 주관과 편견, 그리고 이들 간의 개인 편차를 줄임으로써, 평가의 공정성과 신뢰성을 제고할 수 있다.

③ 구성원들이 상호 간 의견을 존중하고 의사결정과정에 적극적으로 참여하는 조직문화로의 이행이 다면평가를 확산시키고 있다.

④ 다면평가는 인기투표로 변질될 가능성이 적다.

09

다음 중 정부의 예산에 대한 설명으로 옳지 않은 것은?

① 「헌법」은 정부가 회계연도마다 예산안을 편성하여 회계연도 개시 90일 전까지 국회에 제출해야 한다고 규정하고 있다.

② 지방세는 조례주의에 의거하여 조례로 지방세의 종목과 세율을 정한다.

③ 한 회계연도를 넘어 계속하여 지출할 필요가 있을 때에는 정부는 연한을 정하여 계속비로서 국회의 의결을 얻어야 한다.

④ 예비비의 지출은 차기 국회의 승인을 얻어야 한다.

10

다음 예산제도의 변화 순서를 바르게 나열한 것은?

㉠ 품목별예산제도	㉡ 성과주의예산제도
㉢ 영기준예산제도	㉣ 신성과주의 예산제도
㉤ 계획예산제도	

① ㉠ - ㉡ - ㉢ - ㉣ - ㉤

② ㉠ - ㉡ - ㉤ - ㉢ - ㉣

③ ㉠ - ㉢ - ㉡ - ㉤ - ㉣

④ ㉡ - ㉠ - ㉢ - ㉣ - ㉤

11

행정에 대한 설명으로 옳은 것은?

① 행정이란 이미 수립된 정책의 구체화에 한정하고 정책결정은 제외한다.

② 행정이란 정부가 공공목적을 달성하기 위하여 행하는 활동으로 정부가 독점적으로 수행하지 않는다.

③ 행정은 공공사무의 관리 분야로서 파악하여 정치영역 안에 존재하는 것이라고 주장한다.

④ 행정은 가치판단적 기능은 중시하지만 가치중립적인 기술적 과정은 배제한다.

12

우리나라 행정학의 역사에 대한 설명으로 옳지 <u>않은</u> 것은?

① 우리나라의 행정학은 초기부터 미국식 행정학을 도입하였다.

② 우리나라의 행정학이 본격적으로 강의되고 연구될 수 있었던 것은 1959년의 서울대 행정대학원 설립 이후이다.

③ 1960년대 중반 이후부터는 발전이라는 관점에서 행정을 비교·고찰하고, 나아가서는 사회의 다른 영역으로 안목을 넓혀 가게 되었다.

④ 휴전 이후 우리나라의 행정학은 일본 행정학의 영향을 받았고 독일 관방학을 토대로 연구가 활발하게 진행되었다.

13

디징(P. Diesing)이 말하는 합리성의 유형에 대한 설명으로 옳지 <u>않은</u> 것은?

① 경제적 합리성 – 비용·효과의 비교개념에서 목표를 선정하고 평가할 때 나타난다.

② 기술적 합리성 – 하나의 목표를 성취하기 위해서 여러 가지 행위가 취해질 때에 나타난다.

③ 사회적 합리성 – 사회체제의 구성요소 간의 조화 있는 통합성을 말한다.

④ 정치적 합리성 – 인간과 인간 간의 권리·의무관계가 성립할 때에 나타난다.

14

가외성의 장점에 대한 설명으로 옳지 <u>않은</u> 것은?

① 최소한의 투입으로 조직의 능률성을 높인다.

② 불확실한 상황하에서 행정의 신뢰성을 제고시킨다.

③ 중첩과 반복의 상호작용으로 인한 창조성이 증가된다.

④ 좀 더 다원적이고 경쟁적인 정보체제가 존재할 때 정보의 정확성이 확보된다.

15

정책과정에 참여하는 세력들이 특정 소수에 국한되고 이들에 의해 국가의 정책이 좌우되는 것으로 보는 이념은?

① 다원주의 　　　　② 조합주의

③ 엘리트주의 　　　④ 베버주의

16

다음 중 "정부의 규제가 또 다른 규제를 낳는다."와 가장 관련이 깊은 것은?

① 피터의 법칙 　　　② 타르 베이비 효과

③ 파킨슨의 법칙 　　④ 버블 경제

17

미래예측기법 중에서 주관적 미래예측기법에 해당하는 것은?

① 델파이기법 　　　② 회귀분석

③ 선형계획 　　　　④ 시계열분석

18

정책유형에 대한 설명으로 옳지 <u>않은</u> 것은?

① 지방자치단체에 대한 국고보조금 지급은 배분정책이다.

② 누진세제도는 재분배정책이다.

③ 방송권의 부여는 경쟁적 규제정책이다.

④ 항공노선 취항권의 부여는 보호적 규제정책이다.

19

쓰레기통모형에 대한 설명으로 옳지 <u>않은</u> 것은?

① 전통적 의사결정모형을 규범모형이라고 한다면, 쓰레기통모형은 기술모형이라고 할 수 있다.

② 코헨(Cohen), 마치(March), 올슨(Olsen) 등이 주장하였고, 조직화된 혼란 상태의 긍정적 측면을 체계적으로 분석하려는 비합리적 모형이다.

③ 문제, 정치, 정책이라는 세 가지 줄기에 의하여 열린다는 것을 기본적으로 하여 다원주의적 관점을 반영하고 있다.

④ 조직화된 무정부 상태가 모든 조직에서 나타나는 현상이 아니라는 점과 문제의 성격에 따라서도 적용되는 결정유형이 달라질 수 있다는 점은 비판의 대상이다.

20

전략적 기획의 접근법으로 옳지 <u>않은</u> 것은?

① SWOT 분석 　　　② 분권적 결정
③ 하버드 정책모형 　④ 장기적 기획

21

다음 중 예산집행의 신축성 확보방안이 <u>아닌</u> 것은?

① 예산의 이용과 전용 　② 예비비
③ 명시이월과 사고이월 　④ 예산의 재배정

22

다음 중 행정개혁에 관한 설명으로 옳은 것은?

① 「공직자윤리법」에는 내부고발제도를 포함한다.
② 행정개혁은 조직관리의 기술적인 속성과 함께 권력투쟁, 타협, 설득이 병행되는 사회심리적 과정을 포함한다.
③ 「국가공무원법」에는 공무원의 청렴의무를 구체적으로 규정하고 있다.
④ 행정정보공개의 제도화는 행정책임을 확보할 수 있다는 장점을 지니고 있지만, 통제비용이 증가한다는 단점이 있다.

23

지방자치단체가 중앙정부의 승인 없이 독자적으로 조례를 통하여 행사할 수 있는 자치권은?

① 주민감사청구가 가능한 주민 수 조정
② 법정외세목 신설
③ 외채 발행
④ 인접 시·군의 경계 조정

24

다음 중 지방공무원이 <u>아닌</u> 것으로 짝지은 것은?

㉠ 행정부지사	㉡ 정무부지사
㉢ 지방의회 의장	㉣ 도교육청 부교육감
㉤ 지방의회 부의장	

① ㉠, ㉡ 　　　② ㉠, ㉣
③ ㉡, ㉢, ㉣ 　④ ㉢, ㉣, ㉤

25

다음 중 예산의 편성과 집행에 관한 내용으로 옳지 <u>않은</u> 것은?

① 기획재정부장관은 예산요구서에 따라 예산안을 편성하여 국무회의 심의를 거친 후 대통령의 승인을 얻어야 한다.
② 기획재정부장관은 예산집행의 효율성을 높이기 위하여 매년 예산집행에 관한 지침을 작성하여 각 중앙관서 장에게 통보하여야 한다.
③ 기획재정부의 예산사정 대상에는 입법부와 사법부를 제외한다.
④ 각 중앙관서의 장은 예산이 확정된 후 사업운영계획 및 이에 따른 세입세출예산·계속비와 국고채무부담행위를 포함한 예산배정요구서를 기획재정부장관에게 제출하여야 한다.

※ 2014년도 기출문제는 시험 응시자들과 집필진의 기억을 토대로 재구성되었습니다. 실제 기출문제와는 다소 차이가 있을 수 있음을 알려드립니다.

빠른 정답표 ▶ 분석해설편 P.1
정답과 해설 ▶ 분석해설편 P.76

2013

2013.06.29. 국방부(육·해·공군) 시행

⏱ 적정시간 21분

월	일	월	일	월	일
시작 :		시작 :		시작 :	
종료 :		종료 :		종료 :	
점수		점수		점수	

9급 군무원 행정학

01

동기부여이론에 대한 설명으로 옳은 것은?

① 허즈버그(Herzberg)의 욕구충족 이원론에서는 위생요인이 충족되면 동기가 유발된다.
② 맥그리거(McGregor)의 X · Y이론은 매슬로우(Maslow)의 욕구단계설과 관련이 없다.
③ 브룸(Vroom)의 기대이론은 내용이론에 속한다.
④ 페리(Perry)의 공직동기이론은 신공공관리론에 대한 반론으로 제기되었다.

02

리더십이론에 대한 설명으로 옳지 않은 것은?

① 특성이론은 리더십의 능력을 구성하는 고유한 자질과 특성이 있다고 보아 리더십이 인간의 자질과 특성에 따라 발휘된다고 보는 이론이다.
② 행태이론은 리더의 자질이 태어나면서부터 주어지는 것이 아니라 태어난 후에라도 리더의 행동 특성을 훈련시켜 리더를 만들어 갈 수 있다는 이론이다.
③ 미시건대학 연구, 아이오와 주립대학 연구, 오하이오 주립대학 연구 등은 리더십의 특성이론을 연구한 리더십이론이다.
④ 관리망 모델은 리더의 생산과 사람에 대한 관심을 중심으로 리더십을 분류하여 각각 부족한 리더십을 훈련시키고자 하는 이론이다.

03

공기업에 대한 설명으로 옳지 않은 것은?

① 공기업의 유형은 정부부처형, 공사형, 주식회사형 등으로 구분할 수 있다.
② 정부부처형은 일반행정기관에 적용되는 조직, 인사, 예산에 관한 규정의 적용을 받지 않는다.
③ 주식회사형은 정부가 일정 부분 주식을 소유한다.
④ 공기업은 정부가 운영하는 조직이지만 정부조직보다 더 많은 자율성을 누린다.

04

민영화(privatization)의 긍정적 효과로 옳지 않은 것은?

① 서비스 공급의 안정성과 책임성 확보
② 고객의 요구에 대한 대응성 확보
③ 서비스 공급의 융통성과 효율성 상승
④ 정치적 · 재정적인 부담의 감소

05

시험의 효용성 측정에 대한 설명으로 옳지 않은 것은?

① 일반직 공무원에게 기술지식을 측정하는 것은 타당도(validity)가 낮은 시험이다.
② 기술직 공무원에게 매년 다른 기술과목을 출제하는 것은 신뢰도(reliability)가 낮은 시험이다.
③ 면접시험은 필기시험에 비해 시험관의 주관이 개입될 우려가 있어 낮은 신뢰도를 보인다.
④ 주관식 시험은 객관식 시험에 비해 객관도(objectivity)가 더 높다.

06

헤일로 효과(halo effect)에 대한 설명으로 옳은 것은?

① 시험의 효용도에 있어 측정하고자 하는 바를 제대로 측정하지 못한 오류를 말한다.
② 근무성적평정에서 평정자가 중간점수대에 집중적으로 점수를 매기는 효과를 말한다.
③ 근무성적평정에서 특정 평정요소의 평정결과가 다른 평정요소에 영향을 주는 착오를 말한다.
④ 근무성적평정에서 최근의 실적이나 사건이 평정에 영향을 주는 경향을 말한다.

07

다음 중 공직부패(corruption)의 원인에 대한 시각과 접근법을 설명한 것으로 틀린 것은?

① 도덕적 접근법은 부패의 원인을 공무원 개인의 윤리의식 문제로 본다.
② 제도적 접근법은 사회의 법과 제도상의 결함이나 운영상의 문제 등 부작용이 부패의 원인으로 작용한다고 본다.
③ 사회·문화적 접근법은 특정한 지배적 관습이나 경험적 습성이 부패현상을 조장한다고 본다.
④ 시장·교환적 접근법은 부패를 시장실패 등 시장경제의 근본적인 모순에서 찾는다.

08

다음 예산에 관한 내용 중에서 「헌법」에 규정된 사항이 아닌 것은?

① 예산총계주의
② 추가경정예산
③ 예비비
④ 계속비

09

다음 중 우리나라 예산편성 형식의 순서로 옳은 것은?

① 세입세출예산 – 예산총칙 – 명시이월비 – 국고채무부담행위 – 계속비
② 세입세출예산 – 국고채무부담행위 – 예산총칙 – 명시이월비 – 계속비
③ 예산총칙 – 세입세출예산 – 계속비 – 명시이월비 – 국고채무부담행위
④ 예산총칙 – 계속비 – 국고채무부담행위 – 명시이월비 – 세입세출예산

10

특별지방행정기관의 효용으로 옳지 않은 것은?

① 통일성
② 현지성
③ 전문성
④ 사무효율성

11

다음 중 행정과 경영에 관한 설명으로 옳지 <u>않은</u> 것은?

① 활동 주체와 목적이 다르다.
② 권력성과 법규적용성이 다르다.
③ 능률의 척도와 공개성이 다르다.
④ 관리기법과 의사결정 방식이 다르다.

12

행태주의와 제도주의에 대한 설명으로 옳지 <u>않은</u> 것은?

① 행태주의 접근방법은 사회로부터 정치체제에 대한 투입을 중시하였다.
② 행태주의 접근방법은 정치와 행정현상에서 개별 국가의 특수성을 중시하였다.
③ 전통적 제도주의는 정부의 공식적 제도에 관심을 가졌다.
④ 신제도주의에서는 제도를 인간이 만들지만 아울러 거시적인 제도가 인간의 미시적인 행동을 제약한다고 보았다.

13

다음 중 행정이념에 대한 설명으로 옳지 <u>않은</u> 것은?

① 합법성은 법률에 의한 행정을 추구하여 자의적인 권력의 행사로부터 국민의 자유와 권리를 보호해야 한다는 이념이다.
② 민주성은 국민에 대한 대응성을 강조하여 국민이 주인이라는 의식을 고양시키고자 하는 이념이다.
③ 효율성은 행정목표의 달성도를 말하므로 수단적이고 과정적이 아니라 목적적이고 기능적인 이념이다.
④ 사회적 형평성은 가치배분의 공정성을 높여 국민 모두가 균등하게 잘 살게 해야 한다는 이념이다.

14

다음 〈보기〉에 제시된 윌슨(J. Q. Wilson)의 규제정치모형 중에서 기업가적 정치에 대한 설명으로 옳은 것은?

| 보기 |

㉠ 비용은 소수의 동질적 집단에 집중되고 편익은 다수에게 확산된다.
㉡ 편익을 기대할 수 있는 측은 집단행동의 딜레마에 빠진다.
㉢ 해당 사업에 대한 신규사업자의 진입이 제한된다.
㉣ 규제의 수혜자들이 잘 조직화되어 있다.
㉤ 환경오염규제, 자동차 안전규제, 위해물품규제 등이 대표적 예이다.

① ㉠, ㉡, ㉢
② ㉡, ㉢, ㉣
③ ㉠, ㉡, ㉤
④ ㉡, ㉢, ㉤

15

우리나라의 정보공개제도에 관한 설명으로 옳은 것은?

① 국내에 학술·연구를 위하여 일시적으로 체류하는 외국인은 우리나라의 정보공개제도를 이용할 수 없다.
② 일부 지방자치단체의 정보공개제도가 국가의 정보공개제도보다 앞서 도입되었다.
③ 국회, 법원, 헌법재판소, 중앙선거관리위원회의 정보는 공개청구의 대상에서 제외되어 있다.
④ 공공기관은 직무상 작성·취득하여 관리하고 있는 정보에 대해 공개의 청구가 있으면 즉시 공개하여야 한다.

16

정책의제설정에 대한 설명으로 옳지 <u>않은</u> 것은?

① 모든 사회문제가 정책의제가 되는 것은 아니다.
② 정책의제란 정책담당자가 공식적으로 다루기로 결정한 정책문제를 말한다.
③ 정책의제 중 제도의제는 정부에 의해 구체적으로 정의된 문제를 말한다.
④ 무의사결정은 정책의제의 설정단계에서만 이루어진다.

17

정책의제설정모형에 대한 설명으로 옳지 <u>않은</u> 것은?

① 음모형은 공중의제화의 과정을 의식적으로 막고 정책내용을 대중에게 알리지 않으려고 한다.
② 외부주도형은 정책담당자가 아닌 외부 사람들의 주도에 의해 특정 문제를 정부가 해결해야 할 문제로 받아들이게 되는 경우를 말한다.
③ 외부주도형은 관료집단이나 외부집단에 의하여 주도되어 이들이 최고 정책결정자에게 접근하여 정책의제로 채택되는 경우를 말한다.
④ 동원형은 정부 내의 정책결정자들이 주도하여 정책의제를 채택하는 경우로 정부가 민간을 동원하여 의제를 설정하는 것이다.

18

로위(Lowi)의 정책유형에 대한 설명으로 옳지 <u>않은</u> 것은?

① 배분정책의 비용부담자는 자신이 누구를 위해 얼마나 비용부담을 하고 있는지 인지하지 못한다.
② 재분배정책은 재산권의 행사에 관련된 것이 아닌 재산 자체를 문제로 삼는다.
③ 규제정책은 정책으로부터 이익을 받는 자와 손해를 보는 자가 정책결정 시에 결정된다.
④ 보호적 규제정책의 경우 다수의 수혜자가 적극적인 지지 활동을 전개하는 경향을 보인다.

19

립스키(M. Lipsky)의 일선관료제론과 관련 있는 정책과정의 단계는?

① 정책의제설정
② 정책결정
③ 정책집행
④ 정책평가

20

다음 중 정부조직의 개편에 따른 행정 각부 장관과 그 소속기관을 바르게 짝지은 것을 모두 고르면?

> ㄱ. 교육부장관 - 교육청
> ㄴ. 환경부장관 - 기상청
> ㄷ. 농림축산식품부장관 - 식품의약품안전처
> ㄹ. 산업통상자원부장관 - 특허청

① ㄱ, ㄴ
② ㄱ, ㄷ
③ ㄴ, ㄹ
④ ㄷ, ㄹ

21

다음 중 예산집행의 신축성을 유지하기 위한 제도로 옳지 <u>않은</u> 것은?

① 총괄예산제도
② 예산의 이체와 이월
③ 예산의 배정과 재배정
④ 예산의 이용과 전용

22

다음 중 예산제도에 대한 설명으로 옳지 <u>않은</u> 것은?

① 품목별예산제도는 정부가 예산을 통해 의도하는 지출의 전체적인 성과를 알 수 없다.
② 목표관리제는 감축관리를 추진할 때 그 의미가 특히 부각된다.
③ 계획예산제도의 핵심요소는 장기적인 기획의 수립과 단기적인 예산의 편성을 프로그램 작성을 통하여 유기적으로 연결시키는 프로그램 예산형식을 따른다는 것이다.
④ 성과주의예산제도에서 재원들은 거리 청소, 노면 보수와 같은 활동단위를 중심으로 배분된다.

23

다음 중 지방분권의 추진을 위해 2000년대 이후 우리나라 정부가 새롭게 실시한 정책이 <u>아닌</u> 것은?

① 지방양여금의 신설 및 증액교부금의 인상
② 분권교부세의 폐지 및 부동산교부세의 신설
③ 지방교부세 및 지방교육재정교부금의 법정교부율 인상
④ 주민소송제 및 주민소환제의 도입

24

우리나라의 주민투표에 관한 설명으로 옳은 것은?

① 대한민국 국적을 취득할 때까지 외국인은 주민투표권자가 될 수 없다.
② 주민투표에 부치는 사항은 당해 지방자치단체의 주요 결정사항에 한한다.
③ 주민투표의 발의는 지방자치단체의 장에게만 인정되고 있다.
④ 주민투표권자의 3분의 1 이상이 투표하지 않으면 개표를 하지 않는다.

25

다음 중 「지방자치분권 및 지역균형발전에 관한 특별법」에 관한 내용으로 옳지 <u>않은</u> 것은?

① 특별시 및 광역시는 지방자치단체로 존치한다.
② 도는 지방자치단체로서 존치하되, 도의 지위 및 기능 재정립에 관하여는 따로 법률로 정한다.
③ 특별시 및 광역시의 관할구역 안에 있는 구 가운데 인구 또는 면적이 과소한 구는 적정 규모로 통합한다.
④ 적정 규모로 통합된 읍·면·동은 풀뿌리자치의 활성화와 민주적 참여의식 고양을 위하여 주민자치회를 설립한다.

※ 2013년도 기출문제는 시험 응시자들과 집필진의 기억을 토대로 재구성되었습니다. 실제 기출문제와는 다소 차이가 있을 수 있음을 알려드립니다.

빠른 정답표 ▶ 분석해설편 P.1
정답과 해설 ▶ 분석해설편 P.83

2012.06.30. 국방부(육·해·공군) 시행

⏱ 적정시간 21분

월 일	월 일	월 일
시작 :	시작 :	시작 :
종료 :	종료 :	종료 :
점수	점수	점수

9급 군무원 행정학

01

목표관리(MBO)에 관한 설명으로 옳은 것은?

① MBO는 목표를 중시하는 민주적·참여적 관리기법으로, 참여와 환류를 중시한다.
② 의사결정이 하향적으로 이루어진다.
③ 단기적 목표보다는 장기적 목표에 치중한다.
④ 환류가 이루어지지 않는다.

02

부하는 오직 한 사람의 상관으로부터 명령과 지시를 받고 보고하도록 하는 명령통일의 원리와 관련이 깊은 조직 유형은?

① 막료
② 계선
③ 위원회조직
④ 합의제기관

03

다음 중 관료제의 단점이 아닌 것은?

① 비공식 집단의 활성화
② 할거주의 초래
③ 변동저항성
④ 번문욕례

04

동기이론에 관한 설명으로 옳지 않은 것은?

① 욕구계층이론과 ERG이론은 동기부여의 내용이론이다.
② 브룸(Vroom)의 기대이론은 유인가, 수단성, 기대감이 상호작용하여 동기부여가 된다고 본다.
③ 허즈버그(Herzberg)의 욕구충족요인 이원론은 상호독립적인 동기요인과 위생요인으로 구분한다.
④ 성취동기이론, 직무특성이론은 동기부여의 과정이론이다.

05

다음 중 매트릭스조직의 장점으로 옳지 않은 것은?

① 인적 자원을 신축적으로 활용할 수 있어 경제적이다.
② 신속한 의사결정을 할 수 있다.
③ 특수사업의 추진에 용이하다.
④ 조직구성원의 자아실현의 욕구를 충족시킬 수 있다.

06

실적주의의 본질적 요소로 옳지 않은 것은?

① 공무원의 신분보장
② 공직취임의 기회균등
③ 공개경쟁시험
④ 정치적 충성

07

공무원의 정치적 중립을 확보하기 위한 수단으로 옳지 <u>않은</u> 것은?

① 엽관주의를 강화해야 한다.
② 실적주의와 직업공무원제를 확립해야 한다.
③ 내부통제를 강화해야 한다.
④ 국민의 정치의식을 강화해야 한다.

08

다음 중 공직부패에 대한 설명으로 옳지 <u>않은</u> 것은?

① 공무원 부패는 사적 이익을 추구하고 공적 이익을 침해하는 것이다.
② 금품을 제공하는 특정 업소에 대해 단속을 하지 않는 것은 일탈형 부패에 해당한다.
③ 부패행위의 전형적인 행위 중 하나는 뇌물수수이다.
④ 체제론적 접근법은 사회의 법과 제도상의 결함이 부패의 원인으로 작용한다는 입장이다.

09

공무원의 가계유지를 위해 지급되는 생활보조수당은 다음 중 어디에 속하는가?

① 특수근무지수당
② 정근수당
③ 가계보전수당
④ 휴일근무수당

10

다음 중 우리나라에서 시행 중인 예산제도가 <u>아닌</u> 것은?

① 가예산제도
② 성인지예산제도
③ 주민참여예산제도
④ 예비타당성조사

11

전자거버넌스의 특징으로 볼 수 <u>없는</u> 것은?

① 다양한 관계의 네트워크 형성을 통해 국가정책을 결정한다.
② 충분한 정보를 제공하고 상호작용한다.
③ 다양한 이해관계자가 참여한다.
④ 직접민주주의의 한계를 극복하기 위한 방안이다.

12

전자정부에 대한 설명으로 옳지 <u>않은</u> 것은?

① 정부통합전산센터(현 국가정보자원관리원)는 현재 행정안전부 소속이다.
② 정보화책임자는 전문적이기보다 전략적이어야 한다.
③ 행정기관 상호 간 또는 국민에 대한 행정업무를 효율적으로 수행하는 정부이다.
④ UN은 전자정부의 발전단계를 5단계로 구분하였고, 마지막 단계는 '연계(connected)'이다.

13

다음 중 행정권 오용으로 볼 수 <u>없는</u> 것은?

① 법규 중심의 융통성 없는 인사
② 입법의도의 편향된 해석을 통한 행정행위
③ 정보의 선별적 배포를 통한 실책의 은폐
④ 부여된 재량권을 행사하지 않고 적극적 조치를 취하지 않는 무사안일한 태도

14

X-비효율성에 대한 설명으로 틀린 것은?

① 공공부문이 경쟁체제에 노출되지 못하여 발생하며 정부
   실패와도 관련이 있다.
② 정부가 효율성을 추구하기 위한 노력이나 유인의 감소로
   인해 나태해지거나 방만해짐으로써 발생하는 비효율성
   을 말한다.
③ 법과 제도의 제약으로 인하여 관리자의 심리적 비효율성
   을 야기할 수도 있다.
④ 배분적 비효율성(allocative inefficiency)과 대비되는
   개념이다.

15

지식정보사회에 대한 설명으로 틀린 것은?

① 산업사회가 집권화시대임에 비해 지식정보사회는 분권
   화시대이다.
② 정치 측면에서 국민의 알 권리 증대라는 긍정적인 면이 있
   지만, 정보독점현상이라는 부정적인 면도 있다.
③ 경제 측면에서는 소품종 대량생산체제에 해당한다.
④ 공급 측면을 중시하는 기술결정론적 시각은 IT기술의 발
   달이 지식정보사회를 이끈다고 본다.

16

정책과정의 특징에 관한 설명으로 옳지 않은 것은?

① 정책과정은 계속적이고 순환적인 과정이다.
② 정책과정은 예측하기 힘든 매우 역동적인 과정이다.
③ 정책과정에서는 상이한 성격의 집단 간의 연대가 어렵다.
④ 정책과정은 참여자들 간에 갈등과 타협이 존재하는 정치
   과정이다.

17

정책결정의 이론모형 중에서 에치오니(A. Etzioni)가 제시한
것은?

① 점증모형   ② 최적모형
③ 만족모형   ④ 혼합주사모형

18

엘리트이론과 다원론에 관한 설명으로 옳지 않은 것은?

① 무의사결정론은 신엘리트론이라고도 한다.
② 엘리트이론은 소수의 엘리트가 다수를 지배한다고 전제
   한다.
③ 다원론에서 엘리트는 다수의 의사를 반영하기보다 엘리
   트들 자신의 이익을 추구한다.
④ 고전적 엘리트이론에서는 엘리트가 허용하는 소수의 문
   제만이 정책의제화된다고 보았다.

19

내부수익률(IRR)에 대한 설명으로 옳지 않은 것은?

① 내부수익률은 할인율을 알지 못할 때 사용할 수 있다.
② 내부수익률보다 사회적 할인율이 높아야 사업의 타당성
   이 인정된다.
③ 일반적으로 내부수익율법보다는 순현재가치법이 더 우수
   하다.
④ 내부수익률은 순현재가치(NPV)가 0이 되거나, 편익비용
   비율(B/C ratio)이 1이 되는 할인율을 말한다.

20

정책분석과 정책평가에 대한 설명으로 옳지 않은 것은?

① 집행을 중심으로 보면 정책분석은 사전적 활동이고, 정책평가는 사후적 활동이다.
② 정책분석은 과정적 측면을 추구하며, 정책평가는 내용적 측면을 추구한다.
③ 정책분석은 미시적 방법을 사용하며, 정책평가는 거시적 방법을 사용한다.
④ 정책분석은 정책의 선호화를 추구하며, 정책평가는 목표를 중시하여 효과성을 추구한다.

21

최근 정부개혁을 추진하는 선진국의 공공부문에서는 발생주의 회계를 도입하고 있다. 다음 중 발생주의 회계에 대한 설명으로 옳지 않은 것은?

① 측정 가능하고 징수 가능할 때 수입으로 기록한다.
② 부채를 정확하게 파악하는 데 유리하며 재정의 투명성·책임성 확보에 유리하다.
③ 자산을 효율적으로 사용하는 데 도움이 된다.
④ 행정의 성과평가에 필요한 재무정보를 획득하는 데 유리하다.

22

예산총액배분·자율편성제도에 관한 설명으로 옳지 않은 것은?

① 재정운용과 의사결정의 흐름이 상향적이다.
② 주어진 지출한도 내에서 각 부처는 자율적으로 정책과 사업을 구상한다.
③ 지출한도는 일반회계와 특별회계, 기금까지 포괄하여 설정한다.
④ 국가재원의 전략적 배분을 가능하게 하고, 그에 필요한 중앙통제를 인정한다.

23

지방자치의 긍정적인 측면이 아닌 것은?

① 지방정부 간의 경쟁을 촉진시킨다.
② 정책의 지역적 실험 및 혁신적인 정책의 추진이 용이하다.
③ 지역의 개성과 특징에 맞는 정책을 추진할 수 있다.
④ 지방정부 간 형평성이 강화된다.

24

다음 중 '발에 의한 투표'로 주민 스스로 지방정부를 선택한다는 이론은?

① 다알(Dahl)모델
② 티부(Tiebout)모델
③ 피터슨(Peterson)모델
④ 허쉬만(Hirshman)모델

25

다음 중 조례제정권 범위와 한계에 대한 설명으로 옳지 않은 것은?

① 법령의 범위 안에서만 제정할 수 있으며 법령에 위반되면 안 된다.
② 기관위임사무에 관한 사항은 모두 조례로 정할 수 있다.
③ 벌칙을 정할 때에는 법률의 위임이 있어야 한다.
④ 주민의 권리 제한 또는 의무부과에 관한 조례를 정할 경우 법률의 위임이 있어야 한다.

※ 2012년도 기출문제는 시험 응시자들과 집필진의 기억을 토대로 재구성되었습니다. 실제 기출문제와는 다소 차이가 있을 수 있음을 알려드립니다.

빠른 정답표 ▶ 분석해설편 P.2
정답과 해설 ▶ 분석해설편 P.89

2011

2011.06.25. 국방부(육·해·공군) 시행

⏱ 적정시간 19분

	월 일		월 일		월 일
시작	:	시작	:	시작	:
종료	:	종료	:	종료	:
점수		점수		점수	

9급 군무원 행정학

01

사회적 형평성에 대한 설명으로 옳은 것은?

① 사회적 형평성은 동일한 것은 동일하게, 동일하지 않은 것은 동일하지 않게 대우하는 것을 말한다.
② 사회적 형평성을 강조할 경우에는 경제적 약자를 최우선적으로 고려해야 한다.
③ 형평성과 공정성은 엄격하게 구분하여 사용된다.
④ 사회적 형평성은 신행정론에서 적극 수용되지 못하였다.

02

비경합성과 배제성을 동시에 갖는 재화는?

① 요금재
② 집합재
③ 공유재
④ 시장재

03

정책집행 담당관료들이 큰 권한을 보유하고, 정책과정 전반을 좌지우지하는 형태로 결정권을 행사하는 것은?

① 고전적 기술자형
② 지시적 위임가형
③ 관료적 기업가형
④ 재량적 실험가형

04

조직구성원들의 참여 속에 목표를 명확하게 설정하여 활동하고, 그 결과를 측정 및 평가하는 '생산성 향상 기법'은?

① TQM
② QC
③ QWL
④ MBO

05

예산제도에 대한 설명 중 적절하지 않은 것은?

① 품목별예산은 점증적 방식에 의하고, 계획예산은 총체적 방식에 의한다.
② 성과주의예산은 단년도로 편성되고, 계획예산은 다년도로 편성된다.
③ 성과주의예산은 책임이 집중되고, 계획예산은 책임이 분산된다.
④ 품목별예산은 분석의 초점이 지출대상이고, 영기준예산은 분석의 초점이 대안분석 및 예산증감이다.

06

다음은 정책집행의 실패를 좌우하는 요인들이다. 이 중 정책내용적 요인이 아니라, 정책환경적 요인에 속하는 것은?

① 정책에 대한 순응
② 정책목표
③ 정책이 요구하는 변화의 크기
④ 정책이 초래할 혜택의 유형

07

「국가공무원법」 제65조에서 규정하고 있는 공무원의 정치운동 금지조항 가운데 잘못된 것은?

① 서명운동을 기도, 주재하거나 권유하는 것
② 문서 또는 도서를 공공시설 등에 게시하거나 게시하게 하는 것
③ 정치적 행위의 금지에 관한 한계를 국회규칙, 대법원규칙, 헌법재판소규칙, 중앙선거관리위원회규칙 또는 국무총리령으로 정한 것
④ 기부금을 모집 또는 모집하게 하거나 공공자금을 이용 또는 이용하게 하는 것

08

네트워크구조의 장점에 대한 설명으로 가장 거리가 먼 것은?

① 최고 품질과 최저 비용의 자원들을 활용할 수 있다.
② 매우 간소화된 조직구조를 갖는다.
③ 정보통신망의 이용으로 감독인력이 많이 필요하지 않다.
④ 환경변화에 영향을 받지 않아 매우 안정적이다.

09

애드호크라시(adhocracy)에 대한 설명으로 잘못된 것은?

① 전문적 지식과 기술을 가진 동질적 집단으로 조직된다.
② 관료제 조직에 비하면 계층의 수가 적은 낮은 계층성을 보인다.
③ 칼리지아(collegia)구조의 형태를 띤다.
④ 애드호크라시 조직 형태로는 프로젝트팀, 매트릭스조직, 태스크포스, 망상구조(네트워크구조) 등이 있다.

10

프렌치(J. R. French)와 라벤(R. Raven)은 권력의 원천에 따라 권력유형을 분류하였다. 이에 대한 설명 중 틀린 것은?

① 합법적 권력은 일반적으로 지위가 높으면 높을수록 더욱 커지는 경향이 있다.
② 전문적 권력은 조직의 공식적 지위와 일치하지 않을 수도 있다.
③ 보상적 권력은 다른 사람들에게 보상을 제공할 수 있는 능력에 기반을 둔다.
④ 강압적 권력은 인간의 공포에 기반을 둔 권력으로, 권한과 유사한 개념이다.

11

신공공서비스론을 구성하는 내용이 아닌 것은?

① 공익과 공유가치 간의 관계를 강조하여, 행정가의 역할을 공익을 추구할 수 있도록 촉진하는 것이라고 본다.
② 정책과정에서의 궁극적인 책임성 시스템이 가지는 목적은 시민의 선호와 필요에 대해 정부의 대응성을 보장하는 것이라고 본다.
③ 시민을 하나의 자율적인 고객으로 이해하고 공공서비스의 질을 향상시켜 시민의 만족도를 높이고자 하며, 이의 구체적인 구현방식은 서비스헌장 또는 시민헌장 등이다.
④ 공공서비스의 이상을 인간에게 가장 높은 가치와 초점을 부여하는 것으로 설정하여 조직은 인간을 존경하는 가운데 협동과 공유된 리더십으로 운영할 때만이 성공할 수 있다고 본다.

12

대표관료제에 대한 설명으로 적합하지 않은 것은?

① 대표관료제는 그 사회를 구성하는 모든 주요 집단으로부터 인구비례에 따라 관료를 충원한다.
② 대표관료제는 정부관료제가 그 사회의 모든 계층과 집단에 공평하게 대응하도록 하는 제도이다.
③ 대표관료제는 관료제 내에 민주적 가치를 주입시키려는 의도에서 발달된 개념이다.
④ 대표관료제는 사회적 강자인 지배집단들의 이익을 보장해 주고자 하는 제도이다.

13

맥그리거(D. McGregor)의 Y이론적 관리전략으로 바람직하지 못한 것은?

① 권위주의적 리더십　　② 목표에 의한 관리
③ 비공식적 조직 활용　　④ 분권화와 권한의 위임

14

행정과 경영의 차이로 적절하지 않은 것은?

① 관료제적 성격 면에서의 차이
② 법적 금지 면에서의 차이
③ 추구하는 목적과 능률의 산출 기준의 차이
④ 평등원칙 적용 범위에서의 차이

15

다음 중 입법부 우위의 예산원칙이 아닌 것은?

① 예산공개의 원칙　　② 예산사전의결의 원칙
③ 예산한정성의 원칙　　④ 예산책임의 원칙

16

피터스(G. Peters)가 제시한 뉴거버넌스에 기초한 정부개혁모형 중 설명이 잘못된 것은?

① 시장적 정부모형 – 전통적 행정모형의 계층제의 권위주의적 성격을 문제시한다.
② 신축적 정부모형 – 환경변화에 적극적인 정책대응 능력인 신축성을 제고하기 위해서 관료제모형의 종신고용과 조직의 영속성을 해체하는 임시국가를 주장한다.
③ 참여적 정부모형 – 조직구조보다는 조직과정의 개혁에 관심이 있어 사회구성원 간 협의와 협상에 의하여 정책결정이 이루어져야 한다고 본다.
④ 탈내부규제 정부모형 – 공공부문이 점차 관료화되면서 규정과 번문욕례의 폐해를 지적하고 공공관리자의 행정행위에 대한 내부규제를 완화함으로써, 공무원의 잠재력과 혁신가적 에너지를 표출시켜 조직효과성을 제고할 수 있다고 본다.

17

행정개혁을 위한 다음의 내용 중 접근방법이 다른 한 가지는?

① 분권화 확대
② 조직 내 운영과정의 개선
③ 의사전달 체계의 수정
④ 의사결정 권한의 수정

18

특별지방행정기관의 특징으로 볼 수 없는 것은?

① 유사하거나 중복된 업무로 인한 비효율성
② 행정의 민주성 제고
③ 지방행정의 종합성 제약
④ 기관 상호 간 수평적 조정의 곤란

19

지방자치단체에서 기관통합형의 장점이 아닌 것은?

① 권력남용의 방지
② 책임행정의 구현
③ 소규모 자치단체에 적합
④ 지방행정의 안정성 추구

20

다음 정책결정모형 중 설정된 목표의 달성을 위해 정보와 환류과정을 통해 자신의 행동을 스스로 조정해 나가는 것을 가정하는 모형은 무엇인가?

① 회사모형　　② 만족모형
③ 혼합탐사모형　　④ 사이버네틱스모형

21

다음 중 기획의 과정이 올바르게 나열된 것은?

① 목표설정 – 상황분석 – 기획전제의 설정 – 대안 탐색 및 평가 – 최적안 선택
② 상황분석 – 기획전제의 설정 – 목표설정 – 대안 탐색 및 평가 – 최적안 선택
③ 상황분석 – 목표설정 – 기획전제의 설정 – 대안 탐색 및 평가 – 최적안 선택
④ 목표설정 – 기획전제의 설정 – 상황분석 – 대안 탐색 및 평가 – 최적안 선택

22

다음 중 정책집행의 통합모형에서 사바티어(Sabatier)가 제시한 정책지지연합모형(advocacy coalition framework)에 대한 설명으로 틀린 것은?

① 행위자들은 신념체계에 따라 단순화하여 지지연합이라는 행위자 집단에 초점을 두어 이들의 정책학습을 살펴보고자 한다.
② 시간의 경과에 따라 자신들의 목표를 달성하기 위해 정책의 법적 속성을 조정하려는 다양한 행위자들의 전략과 시도를 강조한다.
③ 현대 산업사회에서 정책변화를 이해하기 위한 가장 유용한 분석단위는 특정 정부기관이 아니라 정책하위 시스템, 즉 공공 및 민간조직의 행위자들로 구성되는 정책하위 시스템이라 전제한다.
④ 정책집행연구의 접근방법을 전방향적 접근(forward mapping)과 후방향적 접근(backward mapping)으로 구분하여 전방향적 접근에서는 정책결정자의 의도와 정책목표 집행성과를 비교하고, 후방향적 접근에서는 일선관료의 지식과 전문성이 충분히 발휘될 수 있도록 재량과 자원을 강조한다.

23

다음 중 정책문제의 속성으로 볼 수 없는 것은?

① 정책문제는 객관적이며 인공적 성격을 띤다.
② 정책문제는 공공성을 띤다.
③ 정책문제는 복잡다양하며 상호의존적이다.
④ 정책문제는 역사적 산물인 경우가 많다.

24

바흐라흐와 바라츠가 설명한 바 있는 무의사결정(non–decision making)의 발생원인에 속하지 않는 것은?

① 정책의 모호성
② 편견의 동원
③ 상급자들에 대한 하급자들의 반발
④ 엘리트의 자기이익 보호

25

다음의 예산원칙 중 예산은 주어진 목표, 규모, 시간에 따라서 집행되어야 한다는 전통적 예산원칙은?

① 단일성의 원칙   ② 한계성의 원칙
③ 공개성의 원칙   ④ 분리성의 원칙

※ 2011년도 기출문제는 시험 응시자들과 집필진의 기억을 토대로 재구성되었습니다. 실제 기출문제와는 다소 차이가 있을 수 있음을 알려드립니다.

빠른 정답표 ▶ 분석해설편 P.2
정답과 해설 ▶ 분석해설편 P.96

2010

2010.06.26. 국방부(육·해·공군) 시행

⏱ 적정시간 19분

월	일	월	일	월	일
시작 :		시작 :		시작 :	
종료 :		종료 :		종료 :	
점수		점수		점수	

9급 군무원 행정학

01

사회적 자본에 대한 설명으로 옳지 않은 것은?

① 사회적 자본은 사람과 사람 사이의 협력, 규범 등의 사회적 자산을 포괄한다.
② 사회적 자본은 사회적 공동체주의를 지향한다.
③ 사회적 자본은 행위자에게 이익이 배타적으로 돌아간다.
④ 사회적 자본은 국가 간의 이동성과 대체성이 낮아 형성되기 어렵다.

02

다음 조직이론 중에서 구조적 접근의 기본틀 속에서 발달해 온 이론은?

① 조직문화론
② 상황이론
③ 의사결정이론
④ 갈등이론

03

윌슨(James Q. Wilson)의 규제정치이론에 해당하지 않는 것은?

① 기업가적 정치
② 이익집단정치
③ 정당정치
④ 대중정치

04

다음 중 정책문제의 특성으로 옳지 않은 것은?

① 정책문제는 정치적 영향을 받으며, 공공성이 강하다.
② 정책문제는 정태적 성격이 강하다.
③ 정책문제는 인간의 주관적 성격이 강하다.
④ 하나의 정책문제는 다른 정책문제에 영향을 미친다.

05

우리나라 예산분류의 일반적 기준으로 옳지 않은 것은?

① 기능별 분류
② 투입별 분류
③ 조직별 분류
④ 품목별 분류

06

막스 베버(Max Weber)의 관료제 특징에 대한 설명으로 옳지 않은 것은?

① 관료제는 소기의 목적달성을 위하여 기능하는 가장 합리적인 지배형식이다.
② 관료제는 사적 조직과 공적 조직에 공통적으로 존재한다.
③ 베버의 관료제는 소량생산체제에서 효과적인 생산의 결과를 낳았다.
④ 베버는 관료제를 사회생활의 합리화나 역사 진화의 산물로 파악하였다.

07

유기적 구조의 조직특성에 대한 설명으로 옳지 <u>않은</u> 것은?

① 넓은 직무 범위　　　② 모호한 책임관계
③ 비공식적 관계　　　④ 표준운영절차

08

다음 중 계급제의 특징에 대한 설명으로 옳지 <u>않은</u> 것은?

① 계급제는 전문행정가를 양성한다.
② 계급제는 개개인의 자격·능력·신분으로 분류된다.
③ 계급제는 직업공무원제의 확립이 용이하다.
④ 계급제는 인사배치의 신축성을 제고할 수 있다.

09

다음 중 대표관료제의 특성에 대한 설명으로 옳지 <u>않은</u> 것은?

① 인구집단의 규모에 직접 비례해서 관료들을 그 규모에 해당하는 비율로 충원하는 제도이다.
② 실적주의의 문제점을 보강하기 위한 제도이다.
③ 실질적 기회균등 보장과 수직적 형평성을 제고한다.
④ 대표관료제는 대외적 민주성과 관련이 없다.

10

〈보기〉의 직무평가방법에 해당하는 것은?

┌─────── 보기 ───────┐

　사전에 작성된 등급기준표에 의해 직무의 책임과 곤란도 등을 파악하는 방법으로 정부 부문에서 많이 사용하고 있다.

└──────────────────┘

① 서열법　　　　　② 분류법
③ 점수법　　　　　④ 요소비교법

11

다음 중 팀제의 도입 배경과 직접적 관련성이 가장 <u>적은</u> 것은?

① 민주화와 인본주의 영향의 가속화
② 정보화와 세계화의 영향으로 조직 간 외부 연계성 강화
③ 의사결정의 신속성 중시 풍조
④ 조직관리의 공정성 제고의 필요성

12

지방자치단체의 계층구조에 대한 설명으로 옳지 <u>않은</u> 것은?

① 단층제는 행정수행상 낭비를 제거하고 능률을 증진시킨다.
② 중층제는 주민의 접근성이 낮다.
③ 단층제는 지역의 특수성과 개별성을 존중할 수 있다.
④ 중층제는 기능의 배분이 명확하지 않으면 행정책임이 모호해질 수 있다.

13

다음 중 정책평가에 대한 설명으로 가장 옳지 <u>않은</u> 것은?

① 정책평가는 법학문적인 특성을 가지는 활동이다.
② 과정평가는 정책중단 등에 영향이 미흡하다.
③ 능률성 평가는 효과성 평가를 전제로 한다.
④ 총괄평가는 정책이 집행되고 난 후에 정책이 사회에 미친 영향을 추정하는 판단활동으로 정책평가의 핵심에 해당한다.

14

정부실패의 원인으로 옳지 <u>않은</u> 것은?

① 비용과 편익의 절연
② 내부 조직목표와 사회적 목표의 괴리
③ 정보의 불완전성
④ 파생적 외부효과

15

다음 설명 중 <u>잘못된</u> 것은?

① 1997년 외환위기 이후 대표이론은 신공공관리론(NPM)
이다.
② 1997년 외환위기 이후 정부는 NPM 방향으로 개혁을 추
진하였다.
③ 김대중 정부에서 노인복지 등에 전자바우처제도 시스템
이 처음 도입되었다.
④ 김대중 정부에서 공공부문 개혁은 신공공관리론(NPM)
에 의한 개혁이었다.

16

입법부 우위의 예산원칙으로 옳지 <u>않은</u> 것은?

① 예산공개의 원칙
② 예산 다원적 절차의 원칙
③ 예산완전성의 원칙
④ 예산통일성의 원칙

17

신공공관리론에 대한 내용으로 옳지 <u>않은</u> 것은?

① 기업가적 정부의 실현
② 수익자 부담원칙 강조
③ 정치·행정 이원론
④ 책임성 약화

18

우리나라 지방행정제도 및 재정제도의 문제점에 관한 설명 중
옳지 <u>않은</u> 것은?

① 소수의 독점과 참여로 주민들이 무관심한 경향이 있다.
② 근본적으로 재정이 중앙정부에 의존하는 경향이 있다.
③ 지방세와 관련된 것들을 법률로써 규제하고 있어 한계가
있다.
④ 기관통합형이기 때문에 견제와 균형이 잘 이루어지지 않
는다.

19

예산제도에 대한 설명으로 옳지 <u>않은</u> 것은?

① 품목별예산은 행정부에 대한 재정통제가 용이하다.
② 성과주의예산은 예산성과의 질적인 평가가 가능하다.
③ 계획예산은 목표의 구조화, 체계적인 분석, 자원분배에
초점을 맞춘다.
④ 영기준예산은 0의 수준에서 새롭게 정책·사업을 편성하
는 감축 중심의 예산이다.

20

카오스(chaos)이론의 특징으로 옳지 <u>않은</u> 것은?

① 공진화(coevolution)
② 비선형적 변화
③ 자기조직화
④ 초합리성

21

다음 중 정책결정과 정책집행에 대한 설명으로 옳지 <u>않은</u> 것은?

① 정책집행은 정책내용을 구체화하는 과정이다.
② 정책집행은 선정된 문제를 해결하기 위해 여러 대안 중 최적의 대안을 선택하는 것이다.
③ 정책결정의 주체는 공식적인 정부이며, 정부는 공익을 추구한다.
④ 정책결정은 이해관계자 간에 갈등이 나타나는 정치적 과정이다.

22

직업공무원제에 대한 설명으로 옳지 <u>않은</u> 것은?

① 직업공무원제는 유능한 일반행정가 확보에 장애요소로 작용한다.
② 직업공무원제는 승진, 전보, 훈련 등을 통해 능력발전의 기회를 강조한다.
③ 직업공무원제는 결원 발생 시 내부임용을 통하여 충원한다.
④ 직업공무원제는 장기 근속을 장려하여 행정의 안정성을 유지할 수 있다.

23

행정윤리에 대한 설명으로 옳지 <u>않은</u> 것은?

① 특정직 공무원도 「공직자윤리법」의 적용을 받는다.
② 정치와 행정의 상호작용이 활발해지면 행정윤리의 확보가 어려워질 가능성이 높아진다.
③ 공무원의 행동규범은 공직윤리를 체현(體現)하는 태도와 행동의 준거이며 기준이 된다.
④ 「공직자윤리법」, 「국가공무원법」은 부정부패 방지 등을 위한 구체적이고 적극적인 행정윤리를 강조한다.

24

지방의회의 의결사항에 해당되지 <u>않는</u> 것은?

① 조례의 제정 · 개정 및 폐지
② 결산의 승인
③ 국무총리령으로 정하는 공공시설의 설치 · 처분
④ 기금의 설치 · 운용

25

다음 중 자원배분에 대한 경제논리의 적용이 곤란한 이유로 적절하지 <u>않은</u> 것은?

① 자원배분은 비현실적인 부분이 있다.
② 자원배분을 위해서는 정치적 접근이 필요하다.
③ 자원배분 시 소수의 의견이 무시된다.
④ 자원배분 시 시간, 노력, 비용 등이 과다하게 발생한다.

※ 2010년도 기출문제는 시험 응시자들과 집필진의 기억을 토대로 재구성되었습니다. 실제 기출문제와는 다소 차이가 있을 수 있음을 알려드립니다.

빠른 정답표 ▶ 분석해설편 P.2
정답과 해설 ▶ 분석해설편 P.102

2009 2009.06.27. 국방부(육·해·공군) 시행

⏱ 적정시간 21분

월 일	월 일	월 일
시작 :	시작 :	시작 :
종료 :	종료 :	종료 :
점수	점수	점수

9급 군무원 행정학

1초 합격예측! 모바일 성적분석표

QR 코드로 접속하여 문제 풀이시간을 측정하고, 〈1초 합격예측 & 모바일 성적분석표〉 서비스를 통해 지금 바로! 실력을 점검해 보세요.
http://eduwill.kr/at36

01

통제수단이나 제도의 미비로 인해 부패가 발생한다고 보는 부패의 접근방법은?

① 도덕적 접근방법
② 사회·문화적 접근방법
③ 제도적 접근방법
④ 체제론적 접근방법

02

다음 중 신공공관리론과 뉴거버넌스론의 관계에 대한 설명으로 옳지 않은 것은?

① 신공공관리론이 결과에 초점을 두는 데 반해, 뉴거버넌스론은 과정에 초점을 두고 있다.
② 신공공관리론이 신자유주의에 기초하는 데 반해, 뉴거버넌스론은 공동체주의에 기초하고 있다.
③ 신공공관리론이 조직 간 관계를 중시하는 데 반해, 뉴거버넌스론은 조직 내 관계를 중시한다.
④ 신공공관리론이 부문 간 경쟁에 역점을 두고 있는 데 반해, 뉴거버넌스론은 부문 간 협력에 중점을 두고 있다.

03

인센티브제도에 대한 설명으로 옳지 않은 것은?

① 성과보너스는 탁월한 성과를 거둔 조직구성원에게 금전적 보상을 지급하는 제도이다.
② 제안상제도는 조직의 자원을 절약할 수 있는 우수한 제안을 한 조직구성원에게 인센티브를 제공하는 제도이다.
③ 행태보상제도는 관리층이 권장하는 특정 행동에 대해 인센티브를 제공하는 제도이다.
④ 종업원인정제도는 조직에 대한 특수한 기여를 인정해 금전적 보상을 제공하는 제도이다.

04

다음에 해당하는 용어는?

> 잘못된 교통신호체계가 실제로 더 큰 문제임에도 불구하고 자가용 증대문제를 도심 교통혼잡의 핵심이라고 잘못 정의하고 이를 해결하려 하는 경우이다.

① 제1종 오류
② 제2종 오류
③ 제3종 오류
④ 환원주의 오류

05

직무의 종류가 유사하고 그 책임과 곤란성의 정도가 상이한 직급의 군은?

① 직위
② 직렬
③ 직류
④ 직군

06

다음 중 네트워크조직의 효용성에 대한 설명으로 옳지 않은 것은?

① 조직 내의 안정성과 정체성을 보다 확고히 할 수 있다.
② 환경변화에 신축적이고, 신속한 대응이 가능하다.
③ 정보통신기술의 활용으로 시간적·공간적 제약을 완화할 수 있다.
④ 정보교환을 효율화함으로써 정보축적과 조직학습을 촉진할 수 있다.

07

기획담당자와 예산담당자의 특성을 비교한 것으로 옳지 않은 것은?

① 기획담당자는 보수적이며, 예산담당자는 혁신적이다.
② 기획담당자는 미래지향적이며, 예산담당자는 비판적이다.
③ 기획담당자는 발전지향적이며, 예산담당자는 현상유지적이다.
④ 기획담당자는 소비지향적이며, 예산담당자는 저축지향적이다.

08

대리인이론에 대한 설명으로 옳지 않은 것은?

① 비경제적 요인에 대한 고려를 소홀히 한다는 비판을 받는다.
② 신공공관리론의 이론적 배경이 되고 있다.
③ 대리인의 자율성을 강화해야 한다.
④ 정보의 비대칭성으로 인해 '도덕적 해이'와 '역선택'의 문제가 나타날 수 있다.

09

다면평가제도에 대한 설명으로 옳지 않은 것은?

① 평가자가 여러 사람이라서 평가의 객관성과 공정성을 높일 수 있다.
② 평가자는 피평가자의 상사, 동료, 부하 및 고객으로 구성된다.
③ 조직의 계층적 구조가 완화되고 팀워크가 강조되는 현대사회의 새로운 조직유형에 부합된다.
④ 입체적이며 다면적인 평가를 통해 인간관계 중심의 인기위주의 투표화를 방지할 수 있다.

10

발생주의에 대한 설명으로 옳지 않은 것은?

① 대차평균 원리에 의한 이중거래를 통하여 자기검증기능을 가진다.
② 자산을 효율적으로 사용하는 데 도움이 된다.
③ 상대적으로 자의적인 주관의 개입 여지가 적게 나타난다.
④ 재정 성과에 대한 정보공유를 할 수 있다.

11

우편사업, 우체국예금, 조달사업, 양곡관리 등과 관련된 특별회계를 설치하고 그 예산 등의 운용에 관한 사항을 규정하고 있는 것은?

① 「국가회계법」
② 「국가재정법」
③ 「국고금 관리법」
④ 「정부기업예산법」

12

다음 중 공공서비스의 성과지표와 그 예시가 바르게 연결된 것은?

- ㉠ 지역사회의 안정성
- ㉡ 범인체포 건수
- ㉢ 조사활동에 투입된 경찰의 규모
- ㉣ 범죄율 감소

	㉠	㉡	㉢	㉣
①	영향	산출	투입	결과
②	결과	영향	투입	산출
③	결과	투입	영향	산출
④	영향	투입	산출	결과

13

균형성과표(BSC)에 대한 설명으로 옳지 않은 것은?

① BSC는 과정 중심의 성과관리보다는 결과 중심의 성과관리에 초점을 맞춘다.
② 캐플런과 노튼(R. Kaplan & D. Norton)이 재무적 수단에 의존하는 전통적 평가방법의 한계를 극복하기 위하여 주장하였다.
③ BSC의 평가기준에는 재무적 관점, 고객 관점, 내부프로세스 관점, 학습과 성장 관점 등이 있다.
④ 재무 상태가 양호해도 고객만족도나 내부프로세스의 효율성이 낮다면 전체적인 균형성과표의 점수는 낮게 나타난다.

14

비용편익분석에 대한 설명으로 옳지 않은 것은?

① 편익비용비율(B/C)이 1보다 클 때 그 사업은 추진할 가치가 있다.
② 내부수익률(IRR)이 높을수록 바람직하며 투자가치가 있는 사업이다.
③ 순현재가치(NPV)가 0보다 작으면 사업의 타당성이 있다고 본다.
④ 복수의 대안평가 시 내부수익률이 큰 사업을 선택해야 오류가 없다.

15

다음 중 정책대안의 결과를 예측하기 위한 직관적 추측기법으로 옳지 않은 것은?

① 브레인스토밍
② 교차영향분석
③ 델파이기법
④ 선형계획

16

엘리트이론에 대한 설명으로 옳은 것은?

① 다양한 이익집단 간의 균형·조절을 중시한다.
② 국가는 스스로 결정하는 힘을 지닌 실체라고 인식한다.
③ 공식적 참여자와 비공식적 참여자 간의 상호작용을 포괄적으로 분석한다.
④ 엘리트의 가치와 선호에 의해 의사결정이 이루어진다고 본다.

17

다음 중 외부주도형의 과정으로 옳은 것은?

① 사회문제 → 정부의제
② 사회문제 → 정부의제 → 공중의제
③ 사회문제 → 사회이슈 → 공중의제 → 정부의제
④ 사회문제 → 사회이슈 → 정부의제 → 공중의제

18

합리성에 대한 설명으로 옳지 않은 것은?

① 절차적 합리성은 목표에 비추어 적합한 행동이 선택되는 정도를 말한다.
② 기술적 합리성은 하나의 목표를 성취하기 위해 여러 가지 행위가 취해질 때에 나타난다.
③ 법적 합리성은 인간과 인간 간의 권리·의무관계가 성립할 때 나타난다.
④ 정치적 합리성은 보다 나은 정책을 추진할 수 있는 정책결정구조의 합리성을 말한다.

19

민영화의 방식인 바우처제도에 대한 설명으로 옳지 않은 것은?

① 바우처는 구매대금의 실질 지급대상에 따라 명시적 바우처와 묵시적 바우처로 구분할 수 있다.
② 식품이용권은 개인에게 쿠폰 형태의 구매권을 지급하는 것이다.
③ 전자바우처는 바우처 관리의 투명성과 효율성 제고에 기여한다.
④ 노인돌봄서비스, 장애인활동 보조서비스 등은 종이바우처의 대표적 운영사례에 해당한다.

20

위원회의 장점으로 옳지 않은 것은?

① 합의에 의한 신속한 의사결정이 가능하다.
② 각 부문 간의 이해관계와 의견 대립을 조정하고 통합할 수 있다.
③ 다수 의견의 반영으로 보다 신중하고 공정한 결정을 내릴 수 있다.
④ 행정의 중립성과 정책의 계속성 확보뿐 아니라 조직의 안정성을 높일 수 있다.

21

공공선택이론에 관한 설명으로 옳지 않은 것은?

① 정부를 공공재의 생산자로, 국민을 소비자로 본다.
② 방법론적 개체주의에 입각하여 의사결정의 주체를 개인으로 본다.
③ 공공서비스를 공급하는 전통적인 관료제는 공공선택이론에 부합한다.
④ 공공선택이론은 사회를 유기체가 아닌 개개인의 결합으로 파악하며, 개인의 효용이 증가하면 사회적 효용이 증가한다고 본다.

22

다음 정책과정의 참여자 중 공식적 참여자에 해당하는 것은?

① 정당
② 언론기관
③ 비정부기구(NGO)
④ 사법부

23

다음 중 지방자치단체가 아닌 것은?

① 제주특별자치도
② 대전광역시 유성구
③ 경기도 수원시 팔달구
④ 전라남도 곡성군

24

국고보조금에 대한 설명으로 옳지 않은 것은?

① 중앙정부와 지방정부 간의 수평적 재정조정제도에 해당한다.
② 우리나라의 국고보조금은 지나치게 통제 위주로 운영되어 왔다.
③ 국고보조금은 의존재원 및 특정재원의 성격을 지닌다.
④ 국고보조금은 그에 대한 반대급부가 수반되지 않는 급부금이다.

25

나카무라와 스몰우드(Nakamura & Smallwood)의 집행유형 중에서 다음에 해당하는 것은?

> 정책결정자들에 의해 목표가 수립되고 대체적인 방침만 정해진 뒤 나머지 부분은 집행자에게 위임되고, 집행자들은 이 목표와 방침에 합의한 상태에서 집행 시에 충분한 재량권을 부여받는 유형이다.

① 고전적 기술자형
② 지시적 위임가형
③ 재량적 실험가형
④ 관료적 기업가형

※ 2009년도 기출문제는 시험 응시자들과 집필진의 기억을 토대로 재구성되었습니다. 실제 기출문제와는 다소 차이가 있을 수 있음을 알려드립니다.

빠른 정답표 ▶ 분석해설편 P.2
정답과 해설 ▶ 분석해설편 P.108

2008

2008.06.14. 국방부(육·해·공군) 시행

⏱ 적정시간 23분

월 일	월 일	월 일
시작 :	시작 :	시작 :
종료 :	종료 :	종료 :
점수	점수	점수

9급 군무원 행정학

01

공기업의 독립채산제를 설명한 내용 중 적절하지 <u>않은</u> 것은?

① 독립채산제는 재정과 경영을 분리하는 제도이다.
② 독립채산제를 채택한 공기업은 수지채산의 독립과 균형을 확보할 수 있다.
③ 독립채산제에서는 정부가 공기업에 대하여 중앙집권적으로 관리한다.
④ 공기업은 독립채산제를 채택함으로써 정부나 의회로부터 자주성을 확보할 수 있다.

02

동기이론에 관한 설명으로 옳지 <u>않은</u> 것은?

① 매슬로우(Maslow)는 하위욕구가 충족될 때 상위욕구가 순차적으로 유발된다고 주장하였다.
② 허즈버그(Herzberg)는 동기요인은 만족감을 느끼게 하는 것이 아니고 불만을 막는 작용을 하는 것이라고 주장하였다.
③ 아지리스(Argyris)는 조직목표와 개인목표가 일치하는 조직이 건강한 조직이라고 주장하였다.
④ 동기이론은 내용이론과 과정이론으로 나눌 수 있는데, 맥그리거(McGregor)의 이론은 내용이론에 속하고 브룸(Vroom)의 기대이론은 과정이론에 속한다.

03

시민참여의 유형을 조작, 치료, 정보제공, 자문, 회유, 공동협력, 권한위임, 시민통제의 8단계로 구분한 학자는?

① 프레드릭슨(Frederickson)
② 샤흐터(Schachter)
③ 아른슈타인(Arnstein)
④ 로젠블럼(Rosenbloom)

04

다음 중 NGO에 관한 설명으로 옳지 <u>않은</u> 것은?

① NGO는 정책과정의 각 과정에서 다양한 방법을 통해 참여하게 된다.
② NGO는 시장실패, 정부실패, 세계화, 민간화 등으로 인하여 등장하게 되었다.
③ NGO는 의회, 정당 또는 행정부의 기능을 일부 보완할 수 있다.
④ NGO는 공익을 추구하는 자발적 조직으로 공적 조직이다.

05

다음 중 인사제도와 관련한 설명으로 옳지 <u>않은</u> 것은?

① 직위분류제도는 인사행정의 능률성과 합리성을 수단으로 하며 엽관주의를 배경으로 추진된 제도이다.
② 직업공무원제도는 젊은 인재들을 공직에 유치하여 일생동안 공무원으로 근무하도록 운영하는 인사제도이다.
③ 실적주의는 인사권자의 탄력적·신축적인 인적자원 운용에 걸림돌이 될 수 있다.
④ 엽관제도는 1829년 미국의 잭슨 대통령이 의회에서 발표한 연두교서에서부터 더욱 강화되기 시작하였다.

06

다음 중 인사행정에 관한 설명으로 옳지 <u>않은</u> 것은?

① 법관 및 교원은 특정직 공무원이다.
② 개방형 직위는 모두 계약직으로 보한다.
③ 유능한 인재를 적극적으로 공직에 유치하여 행정의 효율성을 높이고자 한다.
④ 국정원장, 국세청장, 검찰총장 및 경찰청장은 소관상임위원회에서 인사청문을 실시한다.

07

다음 직위분류제에 관한 설명 중 옳지 <u>않은</u> 것은?

① 직무의 내용을 구체적으로 명시하므로 근무성적평정의 객관적 기준을 제시하는 데 효과적이다.
② 인적자원 관리와 활용의 융통성과 탄력성을 확보할 수 있다.
③ 구성원 간의 관계가 사무 중심으로 이루어지기 때문에 인간관계가 지나치게 사무적이게 된다.
④ 동일직무에 대한 동일보수의 원칙은 보수의 합리화를 실현함으로써 보수결정의 형평성을 제고한다.

08

기업 내에서 정보를 공유하는 수단으로서 인사관리 등에 가장 많이 사용하는 것은?

① 지식관리시스템
② 엑스트라넷
③ 인트라넷
④ 인터넷

09

시장실패의 원인에 해당하는 것을 모두 고른 것은?

> ㉠ 공공재
> ㉡ 외부효과
> ㉢ 불완전한 경쟁

① ㉠, ㉡
② ㉡, ㉢
③ ㉠, ㉢
④ ㉠, ㉡, ㉢

10

우리나라 예산심의과정에 관한 설명으로 옳지 <u>않은</u> 것은?

① 국회에서의 예산심의 기간은 「헌법」상 90일이다.
② 예산결산특별위원회는 소관상임위원회에서 삭감한 예산금액을 증액하거나 새 비목을 설치하고자 할 경우 소관상임위원회의 동의를 얻어야 한다.
③ 상임위원회의 예비심사를 마친 예산안은 예산결산위원회에서 종합심사를 한다.
④ 전년도 결산안은 다음 연도 예산안보다 먼저 국회로 제출된다.

11

정부와 행정에 대한 설명으로 옳지 <u>않은</u> 것은?

① 행정과 경영은 능률성을 추구하는 관리기술, 관료제적 성격, 협동행위 등에서 유사하지만 목적, 법적 규제, 정치권력적 성격, 평등성, 독자성, 권한 및 영향범위 등에서는 차이가 있다.
② 현대행정의 특징으로 행정수요의 복잡·다양화, 정치와 행정의 일원화, 사회변동에의 적극 대응 등을 들 수 있다.
③ 보수주의 정부는 기회의 평등을 강조하는 데 반해, 진보주의 정부는 결과의 평등을 강조한다.
④ 자유방임사상가들은 정부의 역할을 국방, 환경규제, 공공토목사업 등의 최소한의 분야로 한정하고 있다.

12

행정이론에 관한 설명으로 적절하지 <u>않은</u> 것은?

① 윌슨-베버리안의 집권적 능률성 패러다임(Wilson-Weberian paradigm)에 대항하여 공공서비스 공급에서 관할권의 중첩을 통한 경쟁원리를 도입하여 민주행정의 패러다임을 제시한 학자는 왈도(Waldo)이다.

② 하몬(Harmon) 등의 현상학적 행정이론은 상징적 상호주의를 배경으로 한다.

③ 리그스(Riggs)는 사회를 융합사회(농업사회), 분화사회(산업사회), 프리즘사회(신생국)로 구분하여 비교행정론의 방향을 제시하였다.

④ 공공선택이론은 정치철학에서는 홉스(Hobbes)와 스피노자(Spinoza)와 사상적 배경을 같이하며, 정치학에서는 매디슨(Madison), 토크빌(Tooqueville)의 사상과 맥을 같이한다.

13

행정학의 접근방법으로 적절하지 <u>않은</u> 것은?

① 현상학적 접근방법에서는 인간의 의도된 행위(behavior)와 표출된 행태(action)를 구별하고, 그중 관심을 기울여야 할 분야는 의도된 행위라고 본다.

② 신제도론적 접근방법은 미시-거시(또는 행위-구조) 간의 매개과정을 규명할 수 있는 중범위이론이다.

③ 신행정론은 반실증주의적 입장이다.

④ 신공공관리론은 참여, 형평성, 적실성 등 사회적 문제에 대한 정부의 공적 역할을 중시한다.

14

다음 중 리더십의 효과성은 상황에 의존한다고 전제하면서 리더의 행동을 인간관계 중심적 리더십과 과업 중심적 리더십으로 나누고, 여기에 효과성이라는 차원을 추가하여 리더십이론의 3차원 모형을 제시한 학자는?

① 피들러(Fiedler)

② 허쉬와 블랜차드(Hersey & Blanchard)

③ 블레이크과 머튼(Blake & Mouton)

④ 하우스(House)

15

책임운영기관에 대한 설명으로 적절하지 <u>않은</u> 것은?

① 책임운영기관은 1988년 영국 Next Steps Program에서 처음 추진되었다.

② 기관장은 공개모집으로 임용되고 있다.

③ 신공공관리론의 조직원리에 따라 등장한 정부조직이다.

④ 공기업보다 이윤 추구를 더 중시한다.

16

우리나라의 행정윤리 및 공무원 부패와 관련된 설명으로 적절하지 <u>않은</u> 것은?

① 부패행위를 신고한 사람에 대한 내부고발자보호제도가 시행되고 있다.

② 공공기관의 사무처리에 관하여 국민감사청구제를 시행하고 있다.

③ 법관 및 검사에 대하여는 「공직자윤리법」, 「부패방지 및 국민권익위원회 설치와 운영에 관한 법률」이 아닌 대법원규칙이 적용되고 있다.

④ 「공직자윤리법」에 의하여 1급 이상(이에 상당하는 고위공무원 포함)의 일반직 국가 및 지방공무원은 재산을 등록·공개하고 있다.

17

다음에서 설명하는 기법은 무엇인가?

> 각 데이터 간의 상관관계를 인공지능기법으로 자동적으로 알려 주는 기법으로, 과거에는 알지 못했지만 축적된 데이터 속에서 유도된 새로운 데이터 모델을 발견하여 새로운 전략적 정보를 추출해 내는 정보추출 및 지식발견기법이다.

① 데이터베이스(data base)
② 데이터마트(data mart)
③ 데이터마이닝(data mining)
④ 데이터웨어하우스(data warehouse)

18

다음 중 라이트(D. Wright)의 정부 간 관계모형(IGR) 중 가장 이상적 모형으로 제시된 것은?

① 중첩권위형
② 동반자모형
③ 분리권위형
④ 포괄권위형

19

공익에 대한 설명으로 적절하지 <u>않은</u> 것은?

① 다수 이익이나 사회적 약자의 이익이 포함되어 있다.
② 본질적 가치에 해당한다.
③ 정치·행정 일원론의 등장과 관련이 있다.
④ 절대적이고 확정적인 개념이다.

20

공기업에 대한 설명으로 옳지 <u>않은</u> 것은?

① 시장형 공기업은 자산규모와 총수입액 중 자체수입액이 대통령령으로 정하는 기준 이상인 공기업이다.
② 준시장형 공기업은 시장형 공기업이 아닌 공기업으로 한국마사회, 한국철도공사 등이 있다.
③ 시장형 공기업과 자산규모가 2조 원 이상인 준시장형 공기업의 이사회 의장은 선임비상임이사가 된다.
④ 시장형 공기업과 자산규모가 2조 원 이상인 준시장형 공기업의 선임비상임이사는 비상임이사 중에서 호선(互選)한다.

21

예산회계제도에 대한 다음 설명 중 옳지 <u>않은</u> 것은?

① 채무부담주의회계는 채무부담이 발생한 시점을 기준으로 기록·보고하는 방식으로, 물품구매나 공사 등 주문이나 계약에 부적합하다.
② 현금주의는 현금이 수납되었을 때 수입으로 기록하고, 현금이 지급되었을 때 지출로 기록한다.
③ 발생주의는 채무가 발생하였을 때 지출로 기록하고, 세입의 징수결정이 이루어졌을 때 수입으로 기록한다.
④ 재정융자특별회계의 출자계정에서는 정부출자 및 출연을 수행하였으나 지금은 폐지되었다.

22

예산제도에 대한 설명으로 옳지 않은 것은?

① 목표관리(MBO)는 단기적 목표에 치중한다.
② 통제지향적 예산은 하향적 의사결정구조를 가지며 활동의 정보에 초점을 둔다.
③ 계획예산제도(PPBS)는 장기적인 계획에 치중하기 때문에 정책결정권이 고위층에 있다.
④ 성과주의예산제도(PBS)는 전략계획서, 연간성과계획서 및 사업성과보고서 작성을 본질로 한다.

23

점증주의 예산결정이론에 관한 설명으로 옳은 것은?

① 대안별로 비용과 편익을 비교하여 가장 적은 비용이 드는 대안을 선택한다.
② 예산규모는 사회후생의 극대화를 기준으로 결정한다.
③ 규범적이고 이상적인 성격이 강한 예산결정이론이다.
④ 예산은 정부기관 및 이익집단 간의 갈등을 원만히 해결하여 결정한다.

24

지방자치제도에 대한 설명으로 적절하지 않은 것은?

① 지방자치제도의 실시에 따라 세수입을 효과적으로 사용할 수 있다.
② 조례는 지방자치단체가 법령의 범위에서 그 권한에 속하는 사무에 관하여 지방의회의 의결로써 제정하는 규범이다.
③ 조례로 정할 사항을 규칙으로 정하거나 규칙으로 정할 사항을 조례로 정할 경우 무효가 된다.
④ 예산, 회계, 계약, 재산관리, 지방세, 사용료, 공금의 부과 등에 관한 위법한 행위에 대해서는 주민투표로만 시정할 수 있다.

25

다음 지방재정의 효율적 관리제도 중 사후적 재정관리제도에 해당하는 것은?

① 중기지방재정계획
② 재정분석진단제도
③ 재정투융자심사제도
④ 기채승인제도

※ 2008년도 기출문제는 시험 응시자들과 집필진의 기억을 토대로 재구성되었습니다. 실제 기출문제와는 다소 차이가 있을 수 있음을 알려드립니다.

빠른 정답표 ▶ 분석해설편 P.2
정답과 해설 ▶ 분석해설편 P.114

2007

2007.05.12. 국방부(육·해·공군) 시행

⏱ 적정시간 19분

월 일	월 일	월 일
시작 :	시작 :	시작 :
종료 :	종료 :	종료 :
점수	점수	점수

9급 군무원 행정학

01

다음 중 계획예산제도(PPBS)의 장점에 해당하는 것은?

① 성과의 계량화가 가능하다.
② 예산이 분권화되어 있다.
③ 입법부의 지위를 강화시킨다.
④ 예산의 절약과 능률의 제고가 가능하다.

02

영기준예산(ZBB)과 일몰법(SSL)에 대한 내용으로 적절하지 않은 것은?

① ZBB는 심사기준이 장기적이고, SSL은 단기적이다.
② ZBB는 행정부의 예산편성과정이고, SSL은 입법부의 예산심의과정이다.
③ ZBB는 모든 정책이 심사대상이고, SSL은 최상위 정책이 심사대상이다.
④ ZBB와 SSL은 모두 감축관리를 중시한다.

03

프로젝트팀(project team)과 태스크포스(task force)에 관한 설명 중 옳지 않은 것은?

① 프로젝트팀은 단기적 조직이고, 태스크포스는 장기적 조직이다.
② 프로젝트팀은 물적 성격이 강하고, 태스크포스는 인적 성격이 강하다.
③ 프로젝트팀은 법적 근거가 없고, 태스크포스는 법적 근거가 있다.
④ 프로젝트팀은 새로운 과업에 소극성을 나타낼 수 있고, 태스크포스는 행정의 일관성을 저해할 수 있다는 단점이 있다.

04

특정직 공무원으로 옳지 않은 것은?

① 경찰공무원
② 소방공무원
③ 국가정보원 직원
④ 감사원 직원

05

비교행정론에 관한 설명 중 옳지 않은 것은?

① 미국의 신생국에 대한 경제원조의 실패가 발달요인이다.
② 행정의 과학화에 대한 요구로 등장하였다.
③ 환경적 요인을 지나치게 강조하여 신생국의 발전에 비관적이다.
④ 발전행정론에 반박하면서 이론을 전개해 나갔다.

06

다음 중 호손(Hawthorne) 실험의 결론으로 옳은 것은?

① 조직의 기계적 능률의 중요성
② 조직구성원의 경제적 보상의 중요성
③ 조직구성원의 사회적·심리적 요인의 중요성
④ 공식조직에서의 의사소통의 중요성

07

다음 중 적극적 인사행정에 관한 내용으로 옳지 <u>않은</u> 것은?

① 실적주의 강화
② 엽관주의의 신축적 수용
③ 근무훈련, 근무성적평정제도 활용
④ 공무원단체의 활동 인정

08

예산의 기능 중 쉬크(A. Schick)가 강조한 것으로 통제기능, 관리적 기능, 계획기능으로 구분되는 것은?

① 정치적 기능
② 경제적 기능
③ 행정적 기능
④ 법적 기능

09

다음 중 신공공관리론(NPM)의 특징으로 적절하지 <u>않은</u> 것은?

① 정부뿐만 아니라 개인도 공동생산자로 인식한다.
② 정부의 주된 역할을 방향잡기(steering)로 인식한다.
③ 시장의 기능과 원리를 도입하여 정부 생산성을 제고한다.
④ 결과보다는 투입과 절차의 과정적 측면을 중시한다.

10

다음 중 신중앙집권화에 대한 설명으로 옳지 <u>않은</u> 것은?

① 분권화의 필요성이 약화되면서 등장하였다.
② 영국과 미국을 중심으로 등장하였다.
③ 중앙정부와 지방정부의 기능적 협력을 추구한다.
④ 민주화와 능률화의 조화를 도모하였다.

11

정부조직과 기업조직의 유사점은?

① 능률의 척도
② 관료제적 성격
③ 법적 규제의 정도
④ 정치적 성격

12

다음 중 신공공관리론(NPM)의 정부혁신 전략으로 옳지 않은 것은?

① 시민헌장제도 – 서비스 기준을 명시적으로 제시
② 총체적 품질관리(TQM) – 장기적·전략적인 품질관리
③ 시장성 검증(market testing) – 공공부문의 사업에 대한 민영화 검토
④ 다운사이징(downsizing) – 업무프로세스를 근본적으로 재설계하는 기법

13

다음 중 목표의 달성도를 의미하는 결과지향적인 행정의 주요 이념에 해당하는 것은?

① 가외성
② 능률성
③ 효과성
④ 합리성

14

다음 중 막스 베버(Max Weber)의 관료제이론에 대한 비판으로 적절하지 않은 것은?

① 관료의 직업적 보장을 경시하였다.
② 비공식 조직의 측면을 경시하였다.
③ 번문욕례 및 형식주의를 초래하였다.
④ 사회변화에 따른 탄력적 대응이 곤란하다.

15

계층제의 순기능으로 옳지 않은 것은?

① 질서와 통일성의 확보
② 책임한계의 명확성
③ 신속하고 능률적인 업무수행
④ 유연성 있는 조직의 변화

16

애드호크라시(adhocracy)의 특징으로 옳지 않은 것은?

① 비정형적 조직
② 의사결정의 분권화
③ 고정된 계층구조 유지
④ 조직구성 및 운영의 유연성

17

정부실패의 원인으로 옳지 않은 것은?

① 규제의 철폐
② 권력과 특혜에 따른 분배의 불평등
③ 정치인의 단기적 결정
④ 행정의 내부성

18

허즈버그(Herzberg)의 욕구충족 이원론에서 위생요인에 해당하지 않는 것은?

① 감독
② 교육기회 부여
③ 보수
④ 상관과 부하의 대인관계

19

중앙인사기관의 필요성이 대두된 배경으로 옳지 않은 것은?

① 국가기능 축소와 작은 정부 실현
② 인사행정의 전문화 대두
③ 인사관리의 통일성과 일관성 확보
④ 정실주의 및 엽관주의의 폐해 극복

20

공무원의 사기앙양 방법 중에서 사회적 욕구를 충족시키는 방법에 해당하는 것은?

① 연금제도
② 공무원 신분보장
③ 각종 상담제도
④ 직무확충

21

다음 중 맥그리거(McGregor)의 Y이론과 관계가 없는 것은?

① 아지리스(Argyris)의 성숙인
② 허즈버그(Herzberg)의 동기요인
③ 쉐인(Schein)의 사회인관
④ 리커트(Likert)의 체제 I

22

다음 중 네트워크(network)구조에 대한 설명으로 옳은 것을 모두 고른 것은?

> ㄱ. 환경변화에 신속하고 신축적인 대응이 가능하다.
> ㄴ. 계약관계에 있는 외부기관에 대한 직접적인 통제가 용이하다.
> ㄷ. 정보통신기술이 필수적 기반시설이다.
> ㄹ. 조직의 자체 기능을 핵심역량 위주로 구성한다.

① ㄱ, ㄴ, ㄷ   ② ㄱ, ㄴ, ㄹ
③ ㄱ, ㄷ, ㄹ   ④ ㄴ, ㄷ, ㄹ

23

행정개혁의 성공요건으로 옳지 않은 것은?

① 정치적 리더십 확립
② 저항세력에 대한 정확한 진단
③ 여론의 지지와 의사소통의 활성화
④ 정당 등 이익집단의 활성화

24

막료기관의 특징으로 옳은 것을 모두 고른 것은?

> ㉠ 목표달성에 직접적인 기여
> ㉡ 수직적 계층제
> ㉢ 조직에 신축성 부여
> ㉣ 전문지식의 활용으로 합리적 결정에 기여

① ㉠, ㉡   ② ㉠, ㉢
③ ㉡, ㉣   ④ ㉢, ㉣

25

대표관료제의 특징으로 옳지 않은 것은?

① 공직임용에 있어서 실질적이고 적극적인 기회균등을 보장한다.
② 다양한 집단의 참여로 관료제의 민주화를 촉진한다.
③ 행정의 자율성과 정치적 중립성을 강화한다.
④ 역차별을 유발할 우려가 있다.

※ 2007년도 기출문제는 시험 응시자들과 집필진의 기억을 토대로 재구성되었습니다. 실제 기출문제와는 다소 차이가 있을 수 있음을 알려드립니다.

빠른 정답표 ▶ 분석해설편 P.2
정답과 해설 ▶ 분석해설편 P.121

2006

2006.04.29. 국방부(육·해·공군) 시행

⏱ 적정시간 21분

월	일	월	일	월	일
시작	:	시작	:	시작	:
종료	:	종료	:	종료	:
점수		점수		점수	

9급 군무원 행정학

01

다음 중 고객지향적 행정의 장점으로 옳지 않은 것은?

① 공공서비스 품질 개선
② 표준화된 공공서비스 제공
③ 고객들에 대한 행정책임 향상
④ 공공서비스에 대한 고객의 선택권 제공

02

다음 정부의 기능 중 성질에 따른 분류로 보기 어려운 것은?

① 규제기능　　② 지원기능
③ 사회기능　　④ 중재기능

03

다음 중 부처편성의 기준으로 보기 어려운 것은?

① 목적　　　　② 지역
③ 과정　　　　④ 비공식적 인간관계

04

다음 중 공기업의 설립요인에 해당하지 않는 것은?

① 국방·전략상 고려　　② 정치적 신조
③ 균형예산의 달성　　　④ 자연독점적 사업

05

다음 중 조직의 기본변수로 보기 어려운 것은?

① 규모　　　　② 복잡성
③ 공식성　　　④ 집권성

06

다음 중 현대행정에서 엽관주의를 필요로 하는 이유로 가장 적절한 것은?

① 행정의 안정성 및 계속성 확보
② 공무원의 정치적 중립 확보
③ 정권교체 시 정책추진력 확보
④ 공직임용의 균등한 기회 부여

07

다음 공무원의 응시자격요건 중 적극적 요건에 해당하는 것만을 모두 고르면?

ㄱ. 학력	ㄴ. 거주지
ㄷ. 기술	ㄹ. 지식
ㅁ. 가치관	ㅂ. 연령

① ㄱ, ㄴ, ㄷ
② ㄱ, ㅁ, ㅂ
③ ㄷ, ㄹ, ㅁ
④ ㄷ, ㅁ, ㅂ

08

우리나라 정부관료제에 대한 비판으로 옳지 않은 것은?

① 지위와 역할 간의 부조화
② 비통합형 관리체계
③ 개방형 임용의 비활성화
④ 매우 낮은 행정농도

09

경력평정의 원칙으로 옳지 않은 것은?

① 연고성의 원칙
② 발전성의 원칙
③ 근시성의 원칙
④ 습숙성의 원칙

10

현재까지 우리나라에서 채택한 적이 없는 예산제도는?

① 가예산
② 잠정예산
③ 통합예산
④ 준예산

11

다음 중 공행정(행정)과 사행정(경영)을 구별하는 기준으로 적절하지 않은 것은?

① 성과평가의 기준
② 관료제적 성격
③ 법적 제약성
④ 평등성

12

다음 중 정치·행정 이원론과 관련된 내용으로 옳지 않은 것은?

① 기술적 행정학
② 뉴딜(new deal) 정책
③ 정책결정과 집행의 구분
④ 실적주의의 발전

13

다음 중 생태론적 접근방법에 대한 설명으로 옳지 않은 것은?

① 바너드(C. I. Barnard), 가우스(J. M. Gaus) 등이 대표적인 학자이다.
② 생물학의 한 분야인 생태론을 행정현상의 규명에 활용한 접근방법이다.
③ 행정조직을 둘러싸고 있는 외부환경의 변화가 행정현상에 어떠한 영향을 주는가를 연구·분석하는 접근방법이다.
④ 생태론적 접근방법은 폐쇄체제론적 접근방법을 선호한다.

14

다음 중 자신의 저서 『정책과 행정(policy and administration)』에서 행정을 정책결정이라고 주장한 학자는?

① 윌슨(W. Wilson)
② 디목(M. E. Dimock)
③ 애플비(P. H. Appleby)
④ 굿노우(F. G. Goodnow)

15

다음 중 공공조직(행정)과 사기업(경영)의 유사점으로 옳지 않은 것은?

① 수단으로서의 관료제
② 공공복지에의 직접적 공헌
③ 목표달성을 위한 협동행위
④ 합리적 의사결정

16

다음 중 행정의 가치체계에 있어서 능률성이 제1의 공리(axiom number one)라고 주장한 학자는?

① 화이트(White)
② 귤릭(Gulick)
③ 가우스(Gaus)
④ 디목(Dimock)

17

발전도상국의 행정기능과 규모는 선진국보다 더 큰 것이 일반적이다. 다음 중 그 원인에 해당하지 않는 것은?

① 민간부문의 취약성
② 단기간 내에 경제성장 열망
③ 높은 인구 증가율
④ 사회복지의 확충

18

다음 중 '총편익이 총비용보다 클 경우 분배적 정의가 존재할 가능성이 있다.'라는 내용과 관련이 깊은 것은?

① 파레토 기준
② 칼도–힉스 기준
③ 공리주의 원칙
④ 정의의 원칙

19

다음 중 사이몬(H. A. Simon)이 주장한 행정학의 중심 개념은?

① 효율성   ② 원리주의
③ 의사결정   ④ 가치주의

20

다음 행정이론의 시대적 발달순서를 바르게 나열한 것은?

ㄱ. 비교행정론	ㄴ. 과학적 관리론
ㄷ. 인간관계론	ㄹ. 신행정론
ㅁ. 행정행태론	

① ㄱ → ㄴ → ㄹ → ㄷ → ㅁ
② ㄴ → ㄱ → ㄷ → ㄹ → ㅁ
③ ㄴ → ㄷ → ㅁ → ㄱ → ㄹ
④ ㄷ → ㄱ → ㄹ → ㄴ → ㅁ

21

다음 중 노이마르크(F. Neumark)가 제시한 예산의 원칙으로 옳지 <u>않은</u> 것은?

① 보고의 원칙
② 공개성의 원칙
③ 사전의결의 원칙
④ 통일성의 원칙

22

다음 중 예산의 이용(移用)에 관한 설명으로 가장 옳지 <u>않은</u> 것은?

① 기관 간 또는 입법과목 간의 상호융통을 의미한다.
② 예산집행의 신축성 유지방안이다.
③ 사전의결의 원칙의 예외이다.
④ 전용과 함께 한정성의 원칙의 예외이다.

23

다음 중 지출원인행위를 담당하는 공무원은?

① 재무관
② 수입징수관
③ 지출관
④ 출납공무원

24

다음 지방의회의 권한 중 자율권에 관한 내용으로 옳지 <u>않은</u> 것은?

① 내부징계권
② 의사자율권
③ 의원의 자격심사권
④ 집행기관의 결산보고에 대한 승인권

25

다음 중 신중앙집권화 현상에 관한 설명으로 가장 적절한 것은?

① 지방분권화에 대한 반발로 등장한 현상이다.
② 지방자치의 필요성이 감소하여 발생한 현상이다.
③ 전국적이면서도 지방적 이해를 갖는 사무에 대하여 지방적 이해를 반영한다.
④ 관료적 · 권력적 집권이 아니라 비권력적 · 지식적 · 기술적 집권이다.

※ 2006년도 기출문제는 시험 응시자들과 집필진의 기억을 토대로 재구성되었습니다. 실제 기출문제와는 다소 차이가 있을 수 있음을 알려드립니다.

빠른 정답표 ▶ 분석해설편 P.2
정답과 해설 ▶ 분석해설편 P.127

PART

02

7급 군무원 행정학

2023 2023.07.15. 국방부(육·해·공군) 시행 ⏱ 적정시간 23분

월	일		월	일		월	일	
시작	:		시작	:		시작	:	
종료	:		종료	:		종료	:	
점수			점수			점수		

7급 군무원 행정학

01

1930년대 귤릭(Gulick)이 제시한 기본행정이론에 시대적 요구에 따라 1970년대 폴랜드(Poland)가 추가시킨 이론 분야는?

① 기획(Planning)
② 조직(Organizing)
③ 평가(Evaluating)
④ 인사(Staffing)

02

다음 중에서 행정이념에 대한 설명과 거리가 가장 먼 것은?

① 행정이 달성하고자 하는 미래의 바람직한 상태를 의미한다.
② 행정업무의 종류와 시대에 따라 변한다.
③ 행정목표를 달성하기 위한 수단의 성격을 띤다.
④ 행정 수행에 필요한 지도원리나 지침의 역할을 수행한다.

03

사무관리에 대한 설명으로 가장 적절하지 <u>않은</u> 것은?

① 사무관리란 사무실에서의 작업을 능률화·경제화하기 위한 관리활동이다.
② 조직 구성원 간의 불화나 비협조가 사무의 작업능률화를 저해하는 요인이다.
③ 적절하지 못한 인사관리는 정신능률을 저해하는 요인이 된다.
④ 적재적소에 인력을 배치하는 것은 균형 능률의 극대화를 위해 바람직하다.

04

조직에 적용되는 관리의 행동과정으로 알맞은 것은?

① 조직화 → 동기화 → 계획화 → 조정화 → 통제화
② 동기화 → 계획화 → 조정화 → 조직화 → 통제화
③ 계획화 → 조정화 → 동기화 → 조직화 → 통제화
④ 계획화 → 조직화 → 동기화 → 조정화 → 통제화

05

시장실패를 야기하는 요인에 대한 정부의 대응방식으로 가장 적절한 것은?

① 공공재의 존재에 대한 정부 보조금
② 외부효과의 발생에 대한 직접적인 공적(公的) 공급
③ 자연독점에 대한 정부규제
④ 정보의 비대칭성에 대한 직접적인 공적(公的) 공급

06

정책결정 모형에 대한 설명으로 가장 적절하지 <u>않은</u> 것은?

① 합리모형은 신제도주의에서 설명한 합리적 선택모형과 맥을 같이 한다.
② 합리모형은 완전한 정보를 가지고 효용극대화의 논리에 따라 행동을 하는 경제인의 가정과 매우 유사하다.
③ 점증모형은 실제의 결정상황에 기초한 현실적이고 기술적인 모형이다.
④ 점증모형의 장점을 합리모형과의 통합으로 보완하려는 시도가 최적모형에서 나타난다.

07

세일러와 선스타인(Thaler & Sunstein)이 제시한 넛지이론 (Nudge Theory)과 가장 거리가 먼 것은?

① 행동경제학에서는 휴리스틱과 행동 편향에 따른 영향이 개인의 의사결정과 선택에 영향을 미쳐 자신의 후생 손실을 초래하는 외부효과가 행동적 시장실패의 핵심 요소라고 본다.

② 넛지란, 어떤 선택을 금지하거나 경제적 유인을 크게 변화시키지 않으면서 예측 가능한 방향으로 사람들의 행동을 변화시키는 선택설계의 제반 요소를 의미한다.

③ 전통경제학에서는 명령지시적 정부규제나 경제적 유인을 정책수단으로 활용하지만, 넛지는 기본적으로 간접적이고 유도적인 방식의 정부 개입방식으로서 촉매적 정책수단의 성격을 띠고 있다.

④ 넛지는 엄격하게 검증된 증거에 기반하여 정책을 선택하거나 결정하는 것을 강조한다.

08

현행 지방교부세에 대한 설명으로 가장 거리가 먼 것은?

① 지방교부세의 종류는 보통교부세·특별교부세·부동산교부세 및 소방안전교부세로 구분한다.

② 보통교부세는 해마다 기준재정수입액이 기준재정수요액에 못 미치는 지방자치단체에 그 미달액을 기초로 교부한다. 다만, 자치구의 경우에는 기준재정수요액과 기준재정수입액을 각각 해당 특별시 또는 광역시의 기준재정수요액 및 기준재정수입액과 합산하여 산정한 후, 그 특별시 또는 광역시에 교부한다.

③ 행정안전부장관은 법령에 따른 특별교부세의 사용에 관하여 조건을 붙이거나 용도를 제한하여서는 아니 된다.

④ 행정안전부장관은 지방자치단체의 장이 법령에 따른 특별교부세의 교부를 신청하는 경우에는 이를 심사하여 특별교부세를 교부한다. 다만, 행정안전부장관이 필요하다고 인정하는 경우에는 신청이 없는 경우에도 일정한 기준을 정하여 특별교부세를 교부할 수 있다.

09

현행 법령상 공공기관에 대한 규정으로 옳은 것은?

① 공기업과 준정부기관의 지정기준은 직원 정원 50명 이상, 총수입액 30억 원 이상, 자산규모 10억 원 이상이다.

② 기획재정부장관은 총수입액 중 자체수입액이 차지하는 비중이 대통령령으로 정하는 기준 이상인 기관은 공기업으로 지정하고, 공기업이 아닌 공공기관은 준정부기관으로 지정한다.

③ 기획재정부장관은 필요한 경우 구성원 상호 간의 상호부조·복리증진·권익향상 또는 영업 질서 유지 등을 목적으로 설립된 기관도 공공기관으로 지정할 수 있다.

④ 기획재정부장관은 기타공공기관의 일부만을 세분하여 지정하여서는 아니 된다.

10

카플란과 노턴(Kaplan & Norton)의 균형성과표(BSC: Balanced Score Card)에서 네 가지 관점에 따른 성과지표가 잘못 연결된 것은?

① 고객 관점: 의사결정과정에 시민참여

② 내부 프로세스 관점: 적법 절차

③ 재무적 관점: 자본수익률

④ 학습과 성장 관점: 정보시스템 구축

11

롤스(J. Rawls)가 주장한 사회 정의의 기본원리에 대한 설명으로 가장 적절하지 않은 것은?

① '기본적 자유의 평등 원리'란, 다른 사람의 유사한 자유와 상충되지 않는 범위 내에서 최대한의 기본적 자유에의 평등한 권리가 인정되어야 한다는 것이다.

② '차등 원리'란, 저축 원리와 양립하는 범위 내에서 가장 불우한 사람들의 편익을 최대화해야 한다는 것이다.

③ '공정한 기회 균등의 원리'란, 사회·경제적 불평등은 그 모체가 되는 모든 직무와 지위에 대한 기회 균등이 공정하게 이루어진 조건하에서 직무나 지위에 부수해 존재해야 한다는 것이다.

④ '공정한 기회 균등의 원리'와 '차등 원리'가 충돌할 때에는 후자가 우선되어야 한다.

12

현행 「국가재정법」상 추가경정예산안을 편성할 수 있는 경우가 <u>아닌</u> 것은?

① 전쟁이나 대규모 재해(「재난 및 안전관리기본법」상 자연재난과 사회재난에 따른 피해)가 발생한 경우
② 전쟁이나 대규모 재해(「재난 및 안전관리기본법」상 자연재난과 사회재난에 따른 피해)가 발생할 우려가 있는 경우
③ 경기침체, 대량실업, 남북관계의 변화, 경제협력과 같은 대내·외 여건에 중대한 변화가 발생한 경우
④ 경기침체, 대량실업, 남북관계의 변화, 경제협력과 같은 대내·외 여건에 중대한 변화가 발생할 우려가 있는 경우

13

현행 「공직자윤리법」상 재산등록의무자가 등록할 재산이 <u>아닌</u> 것은?

① 부동산에 관한 소유권·지상권 및 전세권
② 소유자별 합계액 1천만 원 이상의 가상화폐
③ 품목당 500만 원 이상의 골동품 및 예술품
④ 소유자별 연간 1천만 원 이상의 소득이 있는 지식재산권

14

현행 「국가재정법」상 예비타당성조사에 관한 규정으로 가장 적절하지 <u>않은</u> 것은?

① 기획재정부장관은 총사업비가 500억 원 이상이고 국가의 재정지원 규모가 300억 원 이상인 신규사업으로서 일정한 경우에 해당하는 대규모사업에 대한 예산을 편성하기 위하여 미리 예비타당성조사를 실시해야 한다. 다만, 특정한 분야의 사업은 중기사업계획서에 의한 재정지출이 500억 원 이상 수반되는 신규 사업으로 한다.
② 예비타당성조사 대상사업은 중앙관서의 장의 신청이 있는 경우에 한하여 기획재정부장관이 선정할 수 있다.
③ 기획재정부장관은 국회가 그 의결로 요구하는 사업에 대하여는 예비타당성조사를 실시하여야 한다.
④ 기획재정부장관은 일정한 국가연구개발사업에 대한 예비타당성조사에 관해서는 대통령령으로 정하는 바에 따라 과학기술정보통신부장관에게 위탁할 수 있다.

15

사바스(Savas)가 구분한 공공서비스의 유형 중에서 비경합성과 비배타성(비배제성)을 모두 가진 것은?

① 시장재
② 요금재
③ 공유재
④ 집합재

16

다음 중 2023년 현재 조세를 실제로 부담하는 사람과 이를 직접 납부하는 사람이 서로 다른 간접세를 포함하고 있는 국세의 종목은 모두 몇 개인가?

ㄱ. 자동차세	ㄴ. 부가가치세	ㄷ. 담배소비세
ㄹ. 주세	ㅁ. 개별소비세	ㅂ. 종합부동산세

① 1개
② 2개
③ 3개
④ 4개

17

로그롤링(log rolling)이나 포크배럴(pork barrel)과 같은 정치적 현상이 나타나기 쉬운 정책유형에 가장 가까운 것은?

① 분배정책
② 규제정책
③ 재분배정책
④ 상징정책

18

역량기반 교육훈련제도의 하나로서, 조직의 수직적·수평적 장벽을 제거하고 전 구성원의 자발적 참여에 의한 행정혁신, 관리자의 신속한 의사결정과 문제 해결을 도모하는 교육훈련 방식으로 가장 적절한 것은?

① 멘토링(mentoring)
② 학습조직
③ 액션 러닝(action learning)
④ 워크아웃 프로그램(work-out program)

19

리더십에 대한 설명으로 가장 적절하지 <u>않은</u> 것은?

① 초기 리더십이론에서는 리더가 갖추어야 할 기본적인 자질과 행태가 중요한 연구대상이었다.
② 리더십에 있어 행태론적 접근은 공식적인 권위가 아니라 개인에 대한 관심과 배려를 보여주는 리더가 보다 효과적이라는 주장과 관련된다.
③ 행태론의 대표적 연구로 리더십 격자모형은 리더의 행태를 사람과 상황의 통합으로 다룬다.
④ 리더십 효과는 리더와 구성원 관계, 과업구조, 그리고 리더의 직위에서 나오는 권력에 의존한다는 것이 상황론이다.

20

다음 중 현재 그 설치와 직무범위를 법률로 정하고 있는 우리나라의 중앙행정기관은 어느 것인가?

① 중앙도시계획위원회　　② 국가경찰위원회
③ 개인정보보호위원회　　④ 정보공개위원회

21

다음 중에서 영기준예산제도(ZBB)에 대한 설명 중에서 가장 거리가 <u>먼</u> 것은?

① 새로운 사업의 구상보다는 기존 사업의 감축관리에 목적을 둔다.
② 예산에 관한 의사결정이 하향적(top down)으로 진행된다.
③ 사업 검토가 조직의 경계 내에서 진행되는 폐쇄적인 의사결정의 일종이다.
④ 상급 관리계층에게 정보홍수와 업무과다를 초래한다.

22

다음 중 현재 군인·군무원과 같은 특정직 공무원이 <u>아닌</u> 자는?

① 공립학교 교원　　② 소방서장
③ 경찰서장　　　　④ 검찰청 검찰사무관

23

다음 중 지방자치단체의 집행기관인 소속 행정기관에 속하지 <u>않은</u> 것은?

① 보조기관　　　　② 직속기관
③ 합의제행정기관　　④ 자문기관

24

다음 중에서 대표관료제(representative bureaucracy)에 대한 설명과 거리가 가장 <u>먼</u> 것은?

① 킹슬리(D. Kingsley)가 처음 사용한 개념이다.
② 주기적인 선거 결과에 기초하여 주요 관직을 임명하는 제도이다.
③ 정부정책의 형평성과 대응성을 제고할 수 있다.
④ 실적주의 공무원제도 확립에 저해된다.

25

현행 「전자정부법」에 명시된 전자정부의 원칙이 <u>아닌</u> 것은?

① 대민서비스의 전자화 및 국민편익의 증진
② 행정업무의 혁신 및 생산성·효율성의 향상
③ 중복투자의 방지 및 상호운용성 증진
④ 전자정부의 국제협력 강화

빠른 정답표 ▶ 분석해설편 P.2
정답과 해설 ▶ 분석해설편 P.134

월 일	월 일	월 일
시작 ：	시작 ：	시작 ：
종료 ：	종료 ：	종료 ：
점수	점수	점수

7급 군무원 행정학

1초 합격예측! 모바일 성적분석표

QR 코드로 접속하여 문제 풀이시간을 측정하고, 〈1초 합격예측 & 모바일 성적분석표〉 서비스를 통해 지금 바로! 실력을 점검해 보세요.
https://eduwill.kr/94Zj

01

정책과정에 관료가 우월적 위치를 차지하게 되는데 이러한 관료의 우월적 위치의 근원으로 다음 중 가장 옳지 <u>않은</u> 것은?

① 정치자원의 활용　　② 정보의 통제
③ 사회적 신뢰　　　　④ 전략적 지위

02

쇠퇴·낙후된 도시에 대한 기존의 재정비 방식은 하향식 의사결정, 경제적 효과(개발이익) 극대화를 지향함으로써 지역주민이 배제되는 문제를 야기했다. 다음 중 이에 대한 반성으로 정부행정에서 취할 수 있는 방안으로 가장 옳은 것은?

① 경제적 효과의 극대화를 추진한다.
② 하향식 의사결정을 사용한다.
③ 지역공동체를 복원을 통해 지역 거버넌스를 구축한다.
④ 지속적으로 기존의 재개발사업을 추진한다.

03

다음 중 '직무성과급적 연봉제'의 적용을 받는 공무원으로 옳은 것은?

① 고위공무원단　　　② 1~5급 공무원
③ 임기제 공무원　　　④ 정무직 공무원

04

다음 중 기관위임사무에 대한 설명으로 가장 옳지 <u>않은</u> 것은?

① 원칙적으로 국가가 경비를 전액 부담한다.
② 지방자치단체의 장은 국가기관적 지위를 갖는다.
③ 지방의회는 사업수행에 필요한 경비부담에 한해 관여한다.
④ 원칙적으로 중앙정부의 소송이 허용된다.

05

다음 중 공공서비스의 공급과 생산에 대한 설명으로 가장 옳지 <u>않은</u> 것은?

① 면허(franchise)는 서비스 제공자들 사이에 경쟁이 미약하면 이용자의 비용부담이 과중하게 되는 부정적 효과가 발생한다.
② 바우처(vouchers)는 관료와 서비스 제공자 간의 유착을 근절하여 부정부패를 막을 수 있다.
③ 민간위탁(contracting-out)은 인력운영의 유연성을 제고해서 관료조직의 팽창을 억제할 수 있다.
④ 집합적 공동생산(collective co-production)은 시민들의 참여도에 관계없이 혜택이 공통으로 돌아가게 한다는 재분배적 사고가 기저에 있다.

06

다음 중 우리나라의 공직 분류 중 특정직에 해당하지 <u>않는</u> 것은?

① 경호공무원　　　　② 경찰청장
③ 감사원 사무차장　　④ 헌법재판소 헌법연구관

07

다음 중 아래의 주민감사청구에 대한 「지방자치법」에 들어갈 내용이 모두 맞는 것은?

> 제21조(주민의 감사 청구) ① 지방자치단체의 (　　) 이상의 주민으로서 다음 각 호의 어느 하나에 해당하는 사람은 시·도는 (　　), 제198조에 따른 인구 50만 이상 대도시는 (　　), 그 밖의 시·군 및 자치구는 (　　) 이내에서 그 지방자치단체의 조례로 정하는 수 이상의 (　　) 이상의 주민이 연대 서명하여 그 지방자치단체와 그 장의 권한에 속하는 사무의 처리가 법령에 위반되거나 공익을 현저히 해친다고 인정되면 시·도의 경우에는 (　　)에게, 시·군 및 자치구의 경우에는 (　　)에게 감사를 청구할 수 있다.

① 19세 – 300명 – 200명 – 150명 – 19세 – 대통령 – 주무부장관
② 18세 – 200명 – 150명 – 100명 – 18세 – 주무부장관 – 시·도지사
③ 19세 – 300명 – 250명 – 200명 – 19세 – 대통령 – 주무부장관
④ 18세 – 300명 – 200명 – 150명 – 18세 – 주무부장관 – 시·도지사

08

다음 중 매트릭스(matrix)구조에 대한 설명으로 가장 옳지 않은 것은?

① 개인들이 다양한 경험을 통해 전문기술의 개발과 넓은 안목을 갖출 수 있다.
② 기능부서 통제권한의 계층은 수평적으로 흐르고, 사업부서 간 조정권한의 계층은 수직적으로 흐르게 된다.
③ 구성원 간의 역할갈등, 역할모호성, 과업조정의 어려움 등이 발생할 우려가 있다.
④ 경직화되어 가는 대규모 관료제 조직에 융통성을 부여해 줄 수 있다.

09

탈신공공관리(post–NPM)의 아이디어들로 묶인 것으로 가장 옳은 것은?

> ㄱ. 총체적 정부 또는 연계형 정부
> ㄴ. 민간위탁과 민영화의 확대
> ㄷ. 민간·공공부문의 파트너십 강조
> ㄹ. 정부부문 내 경쟁 원리 도입
> ㅁ. 중앙의 정치·행정적 역량 강화
> ㅂ. 환경적·역사적·문화적 요소에의 유지

① ㄱ, ㄴ, ㅁ, ㅂ
② ㄴ, ㄷ, ㄹ, ㅁ
③ ㄱ, ㄷ, ㅁ, ㅂ
④ ㄷ, ㄹ, ㅁ, ㅂ

10

예산이론에 대한 설명 중 가장 옳지 않은 것은?

① 계획예산제도는 점증모형에 의한 예산결정이다.
② 총체주의는 자원배분의 최적화를 통한 사회후생의 극대화를 추구한다.
③ 합리모형은 예산을 탄력적으로 활용하여 경기변동에 대응하는 재정정책적 기능을 수행한다.
④ 점증주의는 정치적 협상과 타협 등 정치적 합리성을 중시한다.

11

SWOT 분석을 기초로 한 전략에서 방향전환 전략으로 가장 옳은 것은?

① SO 전략
② WO 전략
③ ST 전략
④ WT 전략

12

다음 중 조직의 성과관리에 대한 설명으로 가장 옳지 <u>않은</u> 것은?

① 목표관리제는 성과에 대한 지나친 몰입으로 너무 쉬운 목표를 채택하거나 중요하지 않은 목표를 채택하도록 유도할 수 있다.

② 성과관리제는 평가 대상자 간의 과열경쟁과 다른 부서 및 개인과의 협력적 활동에 대한 부정적 태도가 강화됨으로써 조직 전반의 성과수준이 저하될 수 있다.

③ 목표관리제는 개인목표와 조직목표의 통합을 촉진해 목표달성에 유리하게 조직을 재구조화할 수 있다.

④ 성과관리제는 행정조직의 성과평가과정에서 즉각적인 환류가 용이하다.

13

다음 중 호프스테드(Hofstede)가 비교한 문화의 비교차원과 가장 옳지 <u>않은</u> 것은?

① 불확실성의 회피   ② 보편주의 대 특수주의
③ 개인주의 대 집단주의   ④ 장기성향 대 단기성향

14

다음 중 신중앙집권화와 관련된 특징에 대한 설명으로 가장 옳지 <u>않은</u> 것은?

① 행정구역의 광역화가 나타날 수 있다.
② 중앙-지방 간의 관계는 기능적·협력적 관계이다.
③ 지방정부의 자율성을 상대적으로 제한할 수 있다.
④ 세계화와 신자유주의가 신중앙집권화를 촉진하였다.

15

다음 중 신공공관리론에 대한 설명으로 가장 옳지 <u>않은</u> 것은?

① 시장에 대한 규제는 완화하지만 관료에 대한 규정과 규제는 강화한다.
② 현대국가의 팽창과 복지국가에 대한 비판의 성격이 강하다.
③ 시장주의와 신관리주의의 개념이 합해진 것으로 볼 수 있다.
④ 시장화의 방법으로는 민영화, 민간위탁 등을 활용한다.

16

다음 성인지예산에 대한 설명으로 가장 옳지 <u>않은</u> 것은?

① 「국가재정법」에서는 성인지예산서와 성인지결산서 작성을 의무화하고 있다.
② 성인지예산제도는 기금에도 적용하고 있다.
③ 성인지예산제도는 성 중립적(gender neutral) 관점에 기반하고 있다.
④ 세입뿐만 아니라 세출에 대해서도 차별철폐를 추구한다.

17

다음 중 정부실패와 관련한 설명으로 가장 옳지 <u>않은</u> 것은?

① 니스카넨(Niskanen)은 관료조직이 자기 부처의 예산을 극대화하여 권한을 확대하고자 하는 이기적 행위가 있음을 경험적으로 입증하였다.

② 파킨슨(Parkinson)은 공무원 규모는 업무량에 상관없이 증가한다고 주장했다.

③ 피콕-와이즈만(Peacock-Wiseman)은 공공지출과정을 분석하여 공공지출이 불연속적으로 증대되는 과정을 설명하였다.

④ 바그너(Wagner)는 경제성장과 관계없이 국민총생산에서 공공지출이 높아진다는 공공지출 증가의 법칙을 주장하였다.

18

다음 중 조직이론에 대한 설명으로 가장 옳지 <u>않은</u> 것은?

① 자원의존이론은 환경에 능동적인 조직의 특성을 강조한다.

② 공동체 생태학이론은 조직 간의 관계에 대해 논의를 전개한다.

③ 구조적 상황이론은 환경에 적응하는 조직의 구조 실체를 강조한다.

④ 조직군 생태학이론은 조직의 주도적 선택을 강조한다.

19

동기이론에 대한 다음 설명 중 가장 옳지 <u>않은</u> 것은?

① 애덤스(Adams)는 자신의 노력과 그 결과로 얻어지는 보상과의 관계를 다른 사람의 것과 비교해 상대적으로 느끼는 공평한 정도가 행동동기에 영향을 준다고 본다.

② 앨더퍼(Alderfer)는 상위욕구가 만족되지 않거나 좌절될 때 하위욕구를 더욱 충족시키고자 한다고 주장하였다.

③ 허즈버그(Herzberg)는 불만요인이 충족된다고 만족을 보장하는 것은 아니지만 불만족이 충족되면 동기가 유발될 수 있다고 본다.

④ 해크만과 올드햄(Hackman & Oldham)의 직무특성이론에 의하면 직무특성을 결정하는 변수로 기술다양성, 직무정체성, 직무중요성, 자율성, 환류를 들고 있다.

20

다음 중 도시 공공서비스의 공급 체계에 대한 설명으로 가장 옳지 <u>않은</u> 것은?

① 중앙 또는 지방정부가 직접 공급하는 서비스는 중앙정부가 해야 할 사무는 「정부조직법」에서 지방정부의 사무는 「지방자치법」에서 규정하고 있으며, 각 정부 간의 업무가 명확히 확정되어 있다.

② 행정사무를 민간에게 완전히 이양하지 않고 행정기관이 그에 관한 권한을 보유하고 있으면서 해당 민간업체로 하여금 자신의 명의와 책임하에 그 행정사무를 처리하게 하는 민간 부분과의 계약을 통해 도시 공공서비스를 공급하기도 한다.

③ 도시의 경제개발과정에서 지방자치단체와 민간기업이 서로 합의하여 공통의 목적을 설정하고 협력하는 관민 파트너십을 통해 공공서비스를 공급하기도 한다.

④ 도시행정에서 시민들에 대한 공공서비스의 공급은 전통적으로 중앙정부나 지방정부에 의해 직접 공급되는 것이 일반적이다.

21

피터스(B. Guy Peters)의 거버넌스 유형 중 계층제를 문제로 진단하고, 관리측면에서 총체적 품질관리나 팀제를 중시하며, 구조 면에서는 평면조직으로의 개편을 통해서 상하단계를 줄이려고 하는 모형으로 다음 중 가장 옳은 것은?

① 신축적 정부모형   ② 참여적 정부모형

③ 시장적 정부모형   ④ 탈규제적 정부모형

22

우리나라 「지방자치법」 제11조에서 정하는 사무배분의 원칙에 대한 설명으로 가장 옳지 <u>않은</u> 것은?

① 국가는 지방자치단체가 사무를 종합적·자율적으로 수행할 수 있도록 국가와 지방자치단체 간 또는 지방자치단체 상호 간의 사무를 주민의 편익증진, 집행의 효과 등을 고려하여 서로 중복되지 아니하도록 배분하여야 한다.

② 국가는 지역주민생활과 밀접한 관련이 있는 사무는 원칙적으로 시·군 및 자치구의 사무로, 시·군 및 자치구가 처리하기 어려운 사무는 시·도의 사무로, 시·도가 처리하기 어려운 사무는 국가의 사무로 각각 배분하여야 한다.

③ 국가가 지방자치단체에 사무를 배분하거나 지방자치단체가 사무를 다른 지방자치단체에 재배분할 때에는 사무를 배분받거나 재배분받는 지방자치단체가 그 사무를 자기의 책임하에 종합적으로 처리할 수 있도록 관련 사무를 포괄적으로 배분하여야 한다.

④ 국가 및 지방자치단체는 민간부문의 자율성을 존중하여 국가 또는 지방자치단체의 관여를 최소화하여야 하며, 민간의 행정참여기회를 확대하여야 한다.

23

다음 중 신제도주의에 대한 설명으로 가장 옳지 않은 것은?

① 사회학적 제도주의는 제도의 변화에서 개인의 역할을 전혀 인정하지 않는다.

② 역사적 제도주의는 제도의 횡단적 측면을 중시하면서 국가 간에 어떻게 유사한 제도의 형태를 취하는가에 관심을 갖는다.

③ 역사적 제도주의는 주로 국가 간 비교사례연구를 통한 귀납적 방법으로 이론화를 시도하였다.

④ 합리적 선택제도주의는 방법론적 개인주의를 취하는 반면 사회학적 제도주의는 방법론적 전체주의의 입장을 취한다.

24

정보화 사회로 진입하면서 산업구조의 변화, 질적 성장에 대한 요구 증대, 저출산·고령화로 인한 인구구조 변화, 민주주의 발전에 따른 지방정부의 역할 강화 등의 복합적인 여러 사회변화가 일어나고 있으며 이러한 변화 속에서 형평성에 대한 관심이 증대되고 있다. 다음 중 사회적 형평성과 관련된 설명으로 가장 옳은 것은?

① 대표관료제는 수평적 형평성을 확보하기 위함이다.

② 롤스(J. Rawls)는 원초적 상태하에서 합리적 인간의 최대극소화 원리에 따른다고 한다.

③ 정부의 환경보존사업에 필요한 비용을 공채 발행으로 조달하여 다음 세대에게 그 부담을 전가하는 것은 수직적 형평성에 해당한다.

④ 형평성은 총체적 효용 개념을 강조한다.

25

도시행정 및 계획의 새로운 패러다임 이론에 대한 설명으로 가장 옳지 <u>않은</u> 것은?

① '어반빌리지(urban village)'는 스프롤현상 및 공공공간 부족 문제를 해결하기 위하여 대두되었다.

② '뉴어바니즘(new urbanism)'은 근린주구가 중심이 되는 도시개발 패턴으로 혼합토지이용체계를 원칙으로 한다.

③ '스마트 성장(smart growth)'은 도시의 무계획적인 확산을 방지하고 환경과 커뮤니티를 고려한 경제적 성장을 지향한다.

④ '압축도시(compact city)'는 공간이용과 토지이용의 고도화로 효율적인 도시의 모습을 제안한다.

빠른 정답표 ▶ 분석해설편 P.2
정답과 해설 ▶ 분석해설편 P.142

끝이 좋아야 시작이 빛난다.

– 마리아노 리베라(Mariano Rivera)

여러분의 작은 소리
에듀윌은 크게 듣겠습니다.

본 교재에 대한 여러분의 목소리를 들려주세요.

공부하시면서 어려웠던 점, 궁금한 점,

칭찬하고 싶은 점, 개선할 점, 어떤 것이라도 좋습니다.

에듀윌은 여러분께서 나누어 주신 의견을

통해 끊임없이 발전하고 있습니다.

에듀윌 도서몰 book.eduwill.net

• 부가학습자료 및 정오표: 에듀윌 도서몰 → 도서자료실
• 교재 문의: 에듀윌 도서몰 → 문의하기 → 교재(내용, 출간) / 주문 및 배송

2024 에듀윌 군무원 18개년 기출문제집 행정학

발 행 일	2023년 11월 23일 초판
편 저 자	남진우
펴 낸 이	양형남
펴 낸 곳	(주)에듀윌
등록번호	제25100–2002–000052호
주 소	08378 서울특별시 구로구 디지털로34길 55
	코오롱싸이언스밸리 2차 3층

www.eduwill.net

대표전화 1600-6700

문번	연습용			
1	①	②	③	④
2	①	②	③	④
3	①	②	③	④
4	①	②	③	④
5	①	②	③	④
6	①	②	③	④
7	①	②	③	④
8	①	②	③	④
9	①	②	③	④
10	①	②	③	④
11	①	②	③	④
12	①	②	③	④
13	①	②	③	④
14	①	②	③	④
15	①	②	③	④
16	①	②	③	④
17	①	②	③	④
18	①	②	③	④
19	①	②	③	④
20	①	②	③	④
21	①	②	③	④
22	①	②	③	④
23	①	②	③	④
24	①	②	③	④
25	①	②	③	④

(위 표와 동일한 형태의 답안 표가 총 6개 반복됨 — 각 블록: 문번 1~25, 연습용 ①②③④)

컴퓨터용 흑색사인펜만 사용

성 명	본인 성명 기재
자 성 명 필	
응 시 직 렬	

응 시 번 호

⓪ ① ② ③ ④ ⑤ ⑥ ⑦ ⑧ ⑨
⓪ ① ② ③ ④ ⑤ ⑥ ⑦ ⑧ ⑨
⓪ ① ② ③ ④ ⑤ ⑥ ⑦ ⑧ ⑨
⓪ ① ② ③ ④ ⑤ ⑥ ⑦ ⑧ ⑨
⓪ ① ② ③ ④ ⑤ ⑥ ⑦ ⑧ ⑨
⓪ ① ② ③ ④ ⑤ ⑥ ⑦ ⑧ ⑨
⓪ ① ② ③ ④ ⑤ ⑥ ⑦ ⑧ ⑨
⑥ ⑦

※ 시험감독관 서명
(성명을 정자로 기재할 것)

적색볼펜만 사용

응시자 준수사항

□ 답안지 작성요령

1. 특정란 OCR 스캐너 판독결함에 따라 신출됩니다, 모든 기재 및 표기사항은 "컴퓨터용 흑색 사인펜"을 사용하여 반드시 〈보기〉의 올바른 표기 방식으로 답안을 직접해야 합니다.
이를 준수하지 않아 발생하는 불이익(득점 등)은 응시자 본인 책임입니다.
특히, 답안 전부 채우지 않고 점만 찍어 표기한 경우, 변점 등으로 두 개 이상의 답란에 표기한 경우 등에는 불이익(득점 등)을 받을 수 있으니 유의하시기 바랍니다.
우, 농도가 얇은 컴퓨터용 사인펜을 사용하여 답안을 흐리게 표기한 경우 등에는 불이익(득점 등)을 받을 수 있으니 유의하시기 바랍니다.

〈보기〉　올바른 표기: ●　　잘못된 표기: ◐ ⊗ ⊖ ① ① ② ③

2. 적색볼펜, 연필, 사프펜 등 펜의 종류와 상관없이 예비표기를 하여 중복 답안으로 판독될 경우에는 불이익을 받을 수 있으므로 각별히 주의하시기 바랍니다.

3. 답안지를 받으면 상단에 인쇄된 성명, 응시직렬, 응시지역, 시험장소, 응시번호, 생년월일이 응시자 본인의 정보와 일치하는지 확인하시기 바랍니다.

가. (책　형) 응시자는 시험 시작 전 감독관 지시에 따라 문제책 앞면의 인쇄된 책형을 확인한 후, 답안지 책형란에 해당 책형(1개)을 "●"로 표기하여야 합니다.
※ 책형 및 인적사항을 기재하지 않을 경우 불이익(답안지 무효 처리)을 받을 수 있습니다.

나. (필적감정용 기재) 예시문과 동일한 내용을 본인의 필적으로 직접 작성해야 합니다.

다. (자필성명) 본인의 한글성명을 정자로 직접 기재하여야 합니다.

라. (교체답안지 작성) 답안지를 교체하면 반드시 교체답안지 상단 책형란에 해당 책형(1개)을 "●"로 표기하고, 필적감정용 기재란, 성명, 응시직렬, 응시지역, 시험장소, 응시번호, 생년월일을 빠짐없이 기재(표기)해야 하며, 작성한 답안지는 1인 1매만 유효합니다.

4. 시험이 시작되면 문제책과 표지의 과목순서의 일치 여부, 문제 누락 · 파손 등 문제책 인쇄상태를 반드시 확인하여야 합니다.

5. 답안은 반드시 문제책 표지의 과목순서에 맞추어 표기하여야 하며, 과목 순서를 바꾸어 표기한 경우에도 문제책 표지의 과목순서대로 채점되므로 각별히 유의하시기 바랍니다.

6. 답안을 잘못 표기하였을 경우에는 답안지를 교체하여 작성하거나 수정테이프를 사용하여 수정할 수 있습니다.
－ 표기한 답안을 수정하는 경우에는 응시자 본인이 가져온 수정테이프를 사용하여 답안을 잘못 그 숫자에 "●"로 표기해야 하며, 단, 미세 표기하였을 경우에는 답안지를 교체하거나 수정테이프를 사용하여 수정할 수 있습니다.
－ 불은 수정테이프 등은 사용 불가)

7. 답안지는 훼손 · 오염되거나 불완전한 수정처리로 인해 발생하는 문제는 응시자 본인에게 책임이 있으므로 답안지 상단의 타이밍 마크(▮▮▮▮)를 절대 훼손해서는 안 됩니다.

□ 부정행위 등 금지

1. 시험시작 전까지 문제내용을 보아서는 안 됩니다.

2. 시험시간 중 일체의 통신기기(휴대전화, 태블릿PC, 스마트시계, 이어폰, 등) 및 전자기기(전자계산기, 전자사전 등)를 소지할 수 없습니다.

3. 응시표에 출력사항 외의 시험과 관련된 내용이 인쇄 또는 메모된 응시표를 시험시간 중 소지하고 있는 경우 답안지 무효 처리를 받을 수 있으며, 특히 부정한 자료로 판단되는 경우에는 5년간 공무원 임용시험 응시자격 정지 처분을 받을 수 있습니다.

4. 시험종료 후에도 계속하여 답안지를 작성하거나, 시험감독관의 답안지 제출 지시에 불응할 경우에는 무효처리를 받게 됩니다.
－ 답안 책형 및 인적사항 등 모든 기재(표기) 사항 작성은 시험종료 전까지 해당 시험실에서 완료하여야 하며, 특히 답안지 교체 작성 시 누락되는 항목이 없도록 유의하시기 바랍니다.

5. 답안 기재가 끝났더라도 시험종료 후 시험감독관의 답안지 제출 지시가 있을 때까지 답안지를 제출할 수 없으며, 사용

6. 그 밖에 공고문의 응시자 준수사항이나 시험감독관의 정당한 지시 등을 따르지 않는 경우 부정행위자로 간주될 수 있습니다.

에듀윌에서 꿈을 이룬
합격생들의 진짜 합격스토리

에듀윌 강의·교재·학습시스템의 우수성을
합격으로 입증하였습니다!

김○은 국가직 9급 일반행정직 최종 합격

에듀윌만의 탄탄한 커리큘럼 덕분에 공시 3관왕 달성

혼자서 공부하다 보면 지금쯤 뭘 해야 하는지, 내가 잘하고 있는지 걱정이 될 때가 있는데 에듀윌 커리큘럼은 정말 잘 짜여 있어 고민할 필요 없이 그대로 따라가면 되는 시스템이었습니다. 커리큘럼이 기본이론-심화이론-단원별 문제풀이-기출 문제풀이-파이널로 풍부하게 구성되어 인강만으로도 국가직, 지방직, 군무원 3개 직렬에 충분히 합격할 수 있었습니다. 혼자 공부하다 보면 내 위치를 스스로 가늠하기 어려운데, 매달 제공되는 에듀윌 모의고사를 통해서 제 수준이 어느 정도인지 파악할 수 있어서 좋았습니다.

황○규 국가직 9급 세무직 최종 합격

아케르 시스템으로 생활 패턴까지 관리해 주는 에듀윌

공무원 시험을 준비하려고 마음먹었을 때 에듀윌이 가장 먼저 떠올랐습니다. 특히 에듀윌 학원은 교수님 선택 폭도 넓고 세무직은 현강에서 스터디까지 해 주기 때문에 선택했습니다. 학원에서는 옆에 앉은 학생들의 공부하는 모습을 보면서 자극을 받고 집중해서 공부할 수 있었습니다. 무엇보다 잘 짜인 에듀윌 학원 커리큘럼과 매니저님들의 스케줄 관리, 아케르 출석 체크를 활용한 규칙적인 생활 패턴 덕분에 합격할 수 있었다고 생각합니다.

편○혁 일반 순경 최종 합격

에듀윌의 강의 + 교재 + 집중 관리로 경찰 공무원 합격

에듀윌 학원의 매니저님과 파트장님이 일대일로 밀착 관리해 주시고 게을러지지 않게끔 도움을 많이 주셨습니다. 그리고 교수님들이 수업 시간에 친절하고 자세하게 설명해 주셔서 초반에 어려움 없이 학업을 이어갈 수 있었습니다. 또한, 에듀윌 경찰 교재의 내용이 좋아서 다른 교재를 학습하지 않고도 합격할 수 있었습니다. 열심히 하다 보면 붙는다는 말이 처음에는 미덥지 않았지만, 열심히 하다 보니까 합격까지 오게 되었습니다. 여러분들도 에듀윌을 믿고 따라가다 보면 분명히 합격할 수 있을 것입니다.

다음 합격의 주인공은 당신입니다!

더 많은
합격스토리

합격자 수 2,100% 수직 상승!
매년 놀라운 성장

에듀윌 공무원은 '합격자 수'라는 확실한 결과로 증명하며
지금도 기록을 만들어 가고 있습니다.

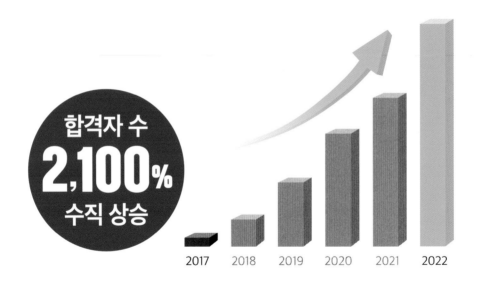

합격자 수
2,100%
수직 상승

2017　2018　2019　2020　2021　2022

합격자 수를 폭발적으로 증가시킨 군무원 0원 평생패스

합격 시 0원 100% 환급	+	합격할 때까지 전 강좌 무제한 수강	+	7·9급군무원 전 직렬 완벽 대비!

※ 환급내용은 상품페이지 참고. 상품은 변경될 수 있음.

상품
페이지

* 2017/2022 에듀윌 공무원 과정 최종 환급자 수 기준

PART 01 | 9급 군무원 행정학

2023

01	④	02	②	03	②	04	①	05	②
06	①	07	④	08	②	09	③	10	①
11	④	12	③	13	④	14	②	15	①
16	③	17	④	18	①	19	②	20	③
21	④	22	①	23	④	24	③	25	③

2022

01	③	02	②	03	④	04	①	05	③
06	②	07	③	08	④	09	②	10	④
11	④	12	③	13	①	14	④	15	②
16	③	17	①	18	④	19	②	20	③
21	①	22	②③	23	①	24	④	25	①

2021

01	③	02	④	03	①	04	④	05	④
06	②	07	①	08	②	09	②	10	④
11	③	12	②	13	③	14	④	15	④
16	①	17	①	18	②	19	②	20	④
21	①	22	③	23	④	24	①	25	③

2020

01	①	02	①	03	④	04	②	05	①
06	③	07	③	08	②	09	④	10	①
11	③	12	②	13	③	14	②④	15	정답 없음
16	④	17	①	18	①	19	②	20	③④
21	④	22	①③	23	③	24	①	25	②

2019(추가채용)

01	②	02	③	03	④	04	④	05	④
06	③	07	②	08	③	09	③	10	④
11	③	12	①	13	④	14	④	15	①
16	④	17	③	18	②	19	③	20	②
21	①	22	③	23	①	24	②	25	④

2019

01	③	02	③	03	③	04	③	05	②
06	③	07	①	08	③	09	①	10	③
11	②	12	②	13	③	14	②	15	③
16	②	17	②	18	①	19	①	20	③
21	①	22	④	23	①	24	③	25	③

2018

01	④	02	④	03	①	04	④	05	③
06	①	07	①	08	②	09	②	10	①
11	①	12	④	13	④	14	①	15	①
16	③	17	③	18	④	19	①	20	④
21	②	22	②	23	①	24	④	25	④

2017

01	①	02	③	03	③	04	④	05	①
06	③	07	④	08	④	09	②	10	④
11	③	12	②	13	④	14	②	15	③
16	②	17	④	18	③	19	③	20	①
21	③	22	①	23	①	24	④	25	④

2016

01	①	02	④	03	②	04	①	05	①
06	②	07	①	08	④	09	②	10	②
11	①	12	④	13	④	14	①	15	④
16	②	17	④	18	①	19	④	20	③
21	①	22	③	23	②	24	②	25	②

2015

01	①	02	②	03	②	04	④	05	①
06	②	07	③	08	①	09	②	10	②
11	④	12	①	13	③	14	④	15	③
16	③	17	③	18	④	19	①	20	①
21	④	22	④	23	①	24	③	25	④

2014

01	③	02	②	03	④	04	④	05	②
06	②	07	④	08	④	09	②	10	②
11	②	12	④	13	④	14	①	15	③
16	②	17	①	18	④	19	③	20	②
21	④	22	②	23	①	24	②	25	③

2013

01	④	02	③	03	②	04	①	05	④
06	③	07	④	08	①	09	①	10	②
11	④	12	②	13	③	14	③	15	②
16	④	17	③	18	④	19	③	20	③
21	③	22	②	23	①	24	③	25	④

2012

01	①	02	②	03	①	04	④	05	②
06	④	07	①	08	④	09	③	10	①
11	④	12	②	13	①	14	③	15	③
16	③	17	④	18	③	19	②	20	②
21	①	22	①	23	①	24	②	25	②

2011

01	①	02	①	03	③	04	④	05	③
06	①	07	③	08	④	09	①	10	④
11	③	12	④	13	①	14	①	15	④
16	①	17	②	18	②	19	①	20	④
21	①	22	④	23	①	24	③	25	②

2010

01	③	02	②	03	③	04	②	05	②
06	③	07	④	08	①	09	④	10	②
11	④	12	②	13	②	14	③	15	③
16	②	17	④	18	④	19	②	20	④
21	②	22	①	23	④	24	③	25	③

2009

01	③	02	③	03	④	04	③	05	②
06	①	07	①	08	③	09	④	10	③
11	④	12	①	13	①	14	①	15	④
16	④	17	③	18	③	19	④	20	①
21	③	22	④	23	③	24	①	25	②

2008

01	③	02	②	03	③	04	④	05	①
06	②	07	②	08	③	09	④	10	①
11	④	12	①	13	④	14	②	15	④
16	③	17	③	18	①	19	④	20	④
21	①	22	②	23	④	24	④	25	②

2007

01	④	02	①	03	②	04	④	05	④
06	③	07	①	08	③	09	④	10	①
11	②	12	④	13	③	14	①	15	④
16	③	17	①	18	②	19	①	20	③
21	④	22	③	23	④	24	④	25	③

2006

01	②	02	③	03	④	04	③	05	①
06	③	07	③	08	④	09	①	10	②
11	②	12	②	13	④	14	①	15	②
16	②	17	④	18	②	19	③	20	③
21	①	22	③	23	①	24	④	25	④

PART 02 | 7급 군무원 행정학

2023

01	③	02	①	03	②	04	④	05	③
06	④	07	①	08	③	09	②	10	①
11	④	12	②	13	②	14	②	15	④
16	③	17	①	18	①	19	③	20	③
21	②	22	④	23	①	24	②	25	④

2022

01	①	02	③	03	①	04	④	05	②
06	③	07	④	08	②	09	③	10	①
11	②	12	④	13	②	14	④	15	①
16	③	17	④	18	④	19	③	20	①
21	②	22	④	23	②	24	③	25	①

분석해설편 200% 활용법

1 철저한 기출분석으로
출제경향 파악 먼저!

전체 난이도 및 합격선, 기출총평, 영
역별 출제비중을 확인하여 해당 기출
의 전체적인 윤곽을 잡으세요!

2 문항별로 면밀한
분석은 필수!

문항 분석을 통해 문항별 난이도와
출제 빈도수를 확인하고, 고난도 문
항과 지엽적 문항은 더 꼼꼼히 해설
을 확인하세요!

3 개념 카테고리로
개념 연계학습 가능!

헷갈리거나 모르는 이론은 개념 카테
고리를 통해 연계학습을 해보세요!

? 공무원 시험 병행 준비 수험생이라면?

공무원 시험, 타 직렬 시험과 같이 준비하는 수험생을 위해 교수님께서 직접 비교분석하였습니다.
공무원 시험에 비해 어떤 유형이 다르게 출제되는지 확인하세요!

PART 01

9급 군무원 행정학

9급 군무원 행정학

❙ 전체 난이도 및 합격선

전체 난이도	합격선
上	88점

❙ 기출총평

공무원 기출문제와 유사한 문제가 다수 출제되었다.

- 영역별 – 행정학 전 영역을 골고루 출제하였으나, 기초이론의 비중이 약간 높은 편이었다.
- 내용별 – 신구(新舊)문제가 적절히 조화되었으며, 임파워먼트는 앞으로도 출제될 가능성이 높은 개념이다.
- 법령별 – 「지방자치법」, 「개방형 직위 규정」, 「국가재정법」 등 빈출 법령 위주로 출제되었다.
- 수험대책 – 점증모형, 시민사회조직, 전략적 인적자원관리 등은 공무원 기출문제와 동일 또는 유사하게 출제되었다. 따라서 최근 공무원 기출문제를 숙지할 필요가 있다.

❙ 영역별 출제비중

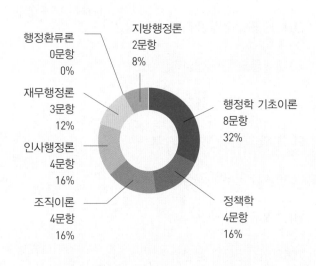

- 행정환류론 0문항 0%
- 지방행정론 2문항 8%
- 재무행정론 3문항 12%
- 행정학 기초이론 8문항 32%
- 인사행정론 4문항 16%
- 조직이론 4문항 16%
- 정책학 4문항 16%

❙ 문항 분석

	카테고리	출제수	정답률
1	기초이론 > 행정학이론 발달 > 비교행정론	2회	60%
2	조직이론 > 조직관리론 > 동기부여이론	8회	80%
3	정책학 > 정책학 기초이론 > 정책유형의 분류	6회	63%
4 (고난도 TOP2)	조직이론 > 조직관리론 > 조직관리	1회	36%
5	정책학 > 정책의제설정론 > 정책의제의 개념	1회	75%
6	재무행정론 > 재무행정 기초이론 > 준예산제도	1회	86%
7	재무행정론 > 재무행정 기초이론 > 추가경정예산	4회	58%
8	지방행정론 > 지방행정 기초이론 > 지방자치의 기능	1회	76%
9	기초이론 > 행정학이론 발달 > 뉴거버넌스론	5회	77%
10	기초이론 > 행정학이론 발달 > 신공공관리론(NPM)	12회	85%
11	기초이론 > 현대행정의 변천 > 시장실패	5회	65%
12	정책학 > 정책집행론 > 정책집행의 유형	3회	76%
13 (고난도 TOP3)	정책학 > 정책결정이론모형 > 점증모형	1회	47%
14	기초이론 > 현대행정의 변천 > 공공서비스의 민영화	3회	73%
15	기초이론 > 현대행정의 변천 > 시민사회조직	1회	63%
16	인사행정론 > 인사행정 기초이론 > 엽관주의	5회	69%
17	인사행정론 > 인사행정 기초이론 > 전략적 인적자원관리	1회	80%
18	재무행정론 > 예산제도론 > 성과주의예산제도(PBS)	3회	60%
19	기초이론 > 행정의 개념 > 정책(policy)	1회	63%
20	기초이론 > 현대행정의 변천 > 정부규제	2회	80%
21 (고난도 TOP1)	조직이론 > 조직구조론 > 애드호크라시(Adho-cracy)	6회	33%
22	조직이론 > 조직변동(혁신)론 > 임파워먼트(em-powerment)	1회	70%
23	인사행정론 > 공직 분류 > 고위공무원단	3회	63%
24	인사행정론 > 인사행정 기초이론 > 직업공무원제	5회	62%
25	지방행정론 > 지방자치단체 운영체계 > 지역에서의 행정서비스 전달주체	1회	78%

※ **고난도 TOP1** 은 해당 회차에서 정답률이 가장 낮은 문항입니다.

기출문제편 ▶ P.18

01	④	02	②	03	②	04	①	05	②
06	①	07	④	08	②	09	③	10	①
11	④	12	③	13	④	14	②	15	①
16	③	17	④	18	①	19	②	20	③
21	④	22	①	23	④	24	③	25	③

01 정답 ④

| 기초이론 > 행정학이론 발달 > 비교행정론 | 정답률 60% |

| 정답해설 |

④ 선택률 60% 비교행정론은 세계 여러 나라의 다양한 행정체제의 모든 실제적 자료를 활용하여 행정현상의 변수와 동이성(同異性)을 발견하고, 여러 행정체제에 적용될 수 있는 행정이론을 검증·확장하기 위한 일련의 체계적·과학적 행정연구 및 분석을 의미한다. 따라서 비교행정론은 각국의 행정에 대한 비교연구를 통해 행정학의 과학성을 높이고 일반화된 행정이론을 개발하기 위한 노력의 일환으로 대두되었으며, 행정학의 기술성보다는 과학성을 강조한다.

02 정답 ②

| 조직이론 > 조직관리론 > 동기부여이론 | 정답률 80% |

| 정답해설 |

② 선택률 80% 허즈버그(F. Herzberg)는 인간의 욕구 차원을 불만과 만족으로 구분하고 불만을 일으키는 요인(위생요인)과 만족을 주는 요인(동기요인)은 서로 다르다는 욕구충족요인 이원론을 제시하였다. 동기요인(만족요인)은 직무와 구성원 사이의 관계에 관한 것으로, 더 나은 직무수행과 노력을 위한 동기부여의 요인이 되며 이러한 것이 갖추어지지 않더라도 불만족을 유발하지는 않는다고 한다. 반면 불만요인(위생요인)은 그러한 요인이 없으면 구성원에게 불만족을 유발하지만 그것이 갖추어져 있어도 구성원의 직무수행의 동기를 유발시키지는 못한다. 따라서 허즈버그의 욕구충족론에 의하면 위생요인(hygiene factor)이 아니라 동기요인(motivation factor)이 충족되는 경우 동기가 부여된다.

03 정답 ②

| 정책학 > 정책학 기초이론 > 정책유형의 분류 | 정답률 63% |

| 정답해설 |

② 선택률 63% 종합소득세, 임대주택, 노령연금은 분배정책이 아니라 재분배정책의 사례에 해당한다. 로위(T. J. Lowi)는 정책 유형을 분배정책, 규제정책, 재분배정책, 구성정책으로 분류하였다. 한편 ③번 상징정책은 로위가 제시한 정책 유형에 해당하지 않지만, 복수정답으로 인정되지는 않았다.

04 고난도 TOP2 정답 ①

| 조직이론 > 조직관리론 > 조직관리 | 정답률 36% |

| 정답해설 |

① 선택률 36% 조직관리 전략이 전반적으로 단순한 인간관에서 복잡 인간관으로 변화하고 있다. 따라서 조직은 구성원 간의 다양한 목표를 조직목표와 조화하는 관리전략을 수립한다.

05 정답 ②

| 정책학 > 정책의제설정론 > 정책의제의 개념 | 정답률 75% |

| 정답해설 |

② 선택률 75% 다양한 사회문제 중에서 정부가 적극적으로 개입하여 해결하기 위해 채택한 문제를 정책의제(policy agenda)라 한다.

06 정답 ①

| 재무행정론 > 재무행정 기초이론 > 준예산제도 | 정답률 86% |

| 정답해설 |

① 선택률 86% 현재 우리나라에서 새로운 회계연도 개시 때까지 국회 예산심의가 이루어지지 않았을 때(예산 불성립 시)에 적용하는 예산제도는 준예산제도이다.

법령 「대한민국헌법」 제54조 ① 국회는 국가의 예산안을 심의·확정한다.

② 정부는 회계연도마다 예산안을 편성하여 회계연도 개시 90일 전까지 국회에 제출하고, 국회는 회계연도 개시 30일 전까지 이를 의결하여야 한다.

③ 새로운 회계연도가 개시될 때까지 예산안이 의결되지 못한 때에는 정부는 국회에서 예산안이 의결될 때까지 다음의 목적을 위한 경비는 전년도 예산에 준하여 집행할 수 있다.

1. 헌법이나 법률에 의하여 설치된 기관 또는 시설의 유지·운영
2. 법률상 지출의무의 이행
3. 이미 예산으로 승인된 사업의 계속

07 정답 ④

| 재무행정론 > 재무행정 기초이론 > 추가경정예산 | 정답률 58% |

| 정답해설 |

④ 선택률 58% 정부는 국회에서 추가경정예산안이 확정되기 전에 이를 미리 배정하거나 집행할 수 없다.

법령 「국가재정법」 제89조(추가경정예산안의 편성) ① 정부는 다음 각 호의 어느 하나에 해당하게 되어 이미 확정된 예산에 변경을 가할 필요가 있는 경우에는 추가경정예산안을 편성할 수 있다.

1. 전쟁이나 대규모 재해(「재난 및 안전관리 기본법」 제3조에서 정의한 자연재난과 사회재난의 발생에 따른 피해를 말한다)가 발생한 경우
2. 경기침체, 대량실업, 남북관계의 변화, 경제협력과 같은 대내·외 여건에 중대한 변화가 발생하였거나 발생할 우려가 있는 경우
3. 법령에 따라 국가가 지급하여야 하는 지출이 발생하거나 증가하는 경우

② 정부는 국회에서 추가경정예산안이 확정되기 전에 이를 미리 배정하거나 집행할 수 없다.

08
정답 ②

| 지방행정론 > 지방행정 기초이론 > 지방자치의 기능 | 정답률 76% |

| 정답해설 |

② **선택률 76%** 지방자치가 발달할 경우 지방자치단체가 주민의 요구에 따른 행정활동이 이루어져 행정의 대응성을 제고할 수는 있지만, 지역 간 행정의 통일성을 확보하기는 어렵다. 지역 간 행정의 통일성 확보는 지방자치보다는 중앙집권의 장점에 해당한다.

09
정답 ③

| 기초이론 > 행정학이론 발달 > 뉴거버넌스론 | 정답률 77% |

| 정답해설 |

③ **선택률 77%** 뉴거버넌스(New Governance)는 국민을 단순히 고객으로만 보는 것을 넘어 국정의 파트너로 보며, 정부·시장·시민사회 간의 협력적 파트너십과 유기적 결합관계를 중시한다. 따라서 행정과 정치의 관계를 일원론적으로 보는 경향이 강하다.

10
정답 ①

| 기초이론 > 행정학이론 발달 > 신공공관리론(NPM) | 정답률 85% |

| 정답해설 |

① **선택률 85%** 신공공관리론은 1980년대 이후 영미국가들을 중심으로 등장한 이론으로, 신자유주의(시장주의)와 신관리주의가 결합한 이론이다. 시장주의는 신자유주의이념에 기초하여 가격 메커니즘과 경쟁원리를 활용한 공공서비스 제공, 고객지향적 공공서비스 제공을 중시한다. 신관리주의는 행정과 경영의 유사성에 대한 인식에 기초하여 기업의 경영원리와 관리기법을 행정에 도입·접목하여 정부의 성과 향상과 관리의 효율성을 제고하는 것을 강조한다. 이에 따라 기업가정신, 성과에 기초한 관리, 권한이양, 품질관리기법, 인센티브 메커니즘, 마케팅기법, 고객만족 경영기법 등을 행정에 도입하는 방안들이 논의된다. 따라서 신공공관리론의 특징은 시장원리 도입으로서 경쟁 도입과 고객지향의 확대이다.

| 오답해설 |

② **선택률 6%** 급격한 행정조직 축소로 행정의 공동화(空洞化)가 발생한다.

③ **선택률 4%** 정부, 시장, 시민사회의 평등한 관계를 중시하는 것은 신공공관리론이 아니라 뉴거버넌스이다.

④ **선택률 5%** 신공공관리론은 과정보다 결과에 가치를 둔다.

11
정답 ④

| 기초이론 > 현대행정의 변천 > 시장실패 | 정답률 65% |

| 정답해설 |

④ **선택률 65%** 불완전경쟁에 대해서는 보조금 혹은 공적 공급이 아니라 정부규제로 대응할 수 있다.

더 알아보기 ▶ 시장실패에 대한 정부의 대응방식

구분	공적 공급 (조직)	공적 유도 (보조금)	정부규제 (권위)
공공재의 존재	○(정부)		
외부효과의 발생		○ (외부경제)	○ (외부불경제)
자연독점	○(공기업)		○ (가격·생산량규제)
불완전경쟁			○ (경쟁유도)
정보의 비대칭성		○ (공개 시 유인)	○ (공개 의무)

12
정답 ③

| 정책학 > 정책집행론 > 정책집행의 유형 | 정답률 76% |

| 정답해설 |

③ **선택률 76%** 고전적 기술자형은 정책결정자가 집행과정에 대해서 엄격하게 통제를 하는 것을 의미하며, 정책집행자는 약간의 정책적 재량만을 갖는 유형이다.

| 오답해설 |

① **선택률 11%** 재량적 실험가형, ② **선택률 4%** 기술적 위임형, ④ **선택률 9%** 협상형에 해당한다.

13 고난도 TOP 3
정답 ④

| 정책학 > 정책결정이론모형 > 점증모형 | 정답률 47% |

| 정답해설 |

④ **선택률 47%** 점증모형은 합리모형의 완전한 정보를 비판하고 등장한 모형이다. 따라서 정보접근성은 점증모형의 논리적 근거(점증모형에 따른 정책결정이 정당화되는 근거)로 가장 거리가 먼 내용이다.

군무원 VS 공무원 비교분석

2014년 국가직 9급 기출문제와 유사하게 출제되었다. 점증모형은 자주 출제되는 영역이므로 논리적 근거를 숙지할 필요가 있다.

14 정답 ②

| 기초이론 > 현대행정의 변천 > 공공서비스의 민영화 | 정답률 73% |

| 정답해설 |

② 선택률 73% 자원봉사는 서비스의 생산과 관련된 현금지출에 대해서만 보상받고 직접적인 보수를 받지 않으면서 정부를 위해 봉사하는 사람들을 활용하는 방식이다. 즉, 자원봉사는 직접적인 보수는 물론 간접적인 보수도 허용되지 않는다.

15 정답 ①

| 기초이론 > 현대행정의 변천 > 시민사회조직 | 정답률 63% |

| 정답해설 |

① 선택률 63% 비정부조직이 생산하는 공공재나 집합재의 생산비용을 정부가 지원하는 경우에는 정부와 대체적 관계가 아니라 보완적 관계를 형성한다.

군무원 vs 공무원 비교분석

2010년 국가직 9급 기출문제와 동일하게 출제되었다. 뉴거버넌스론의 등장에 따른 정부와 시민사회조직의 관계를 숙지할 필요가 있다.

16 정답 ③

| 인사행정론 > 인사행정 기초이론 > 엽관주의 | 정답률 69% |

| 정답해설 |

③ 선택률 69% 정의 안정성과 중립성에 도움이 되는 것은 엽관제 공무원제도(spoil system)가 아니라 실적제 공무원제도(merit system)이다. 엽관주의에서는 정권이 바뀔 때마다 공무원이 교체됨으로써 행정의 계속성·안정성·지속성·중립성이 위협을 받게 되었기 때문에, 행정의 능률성과 전문성이 향상될 수 없다.

17 정답 ④

| 인사행정론 > 인사행정 기초이론 > 전략적 인적자원관리 | 정답률 80% |

| 정답해설 |

④ 선택률 80% 전략적 인적자원관리(strategic human resource management)는 조직의 궁극적인 목표를 좀 더 효과적으로 달성하기 위한 조직의 전략과 조직구성원의 욕구를 통합시키는 적극적인 인적자원관리를 의미한다. 따라서 개인의 욕구는 조직의 전략적 목표달성을 위해 희생하는 것이 아니라 조직은 개인의 욕구와 조직의 전략적 요구를 동시에 충족시키는 방향으로 인적자원을 관리해야 한다.

군무원 vs 공무원 비교분석

2017년 국가직 9급 기출문제와 동일하게 출제되었다. 전략적 인적자원관리의 등장원인과 주요 내용을 숙지할 필요가 있다.

18 정답 ①

| 재무행정론 > 예산제도론 > 성과주의예산제도(PBS) | 정답률 60% |

| 정답해설 |

① 선택률 60% 프로그램을 이용하여 장기적인 계획과 연차별 예산이 유기적으로 연계되는 것은 성과주의 예산(PBS, Performance Budgeting System)이 아니라 계획예산(PPBS, Planning Programming Budgeting System)이다.

19 정답 ②

| 기초이론 > 행정의 개념 > 정책(policy) | 정답률 63% |

| 정답해설 |

② 선택률 63% 정치행정일원론에 기초한 통치기능설과 밀접한 관련이 있다. 정치행정이원론은 행정의 핵심을 집행으로 보는 반면, 정치행정일원론은 행정의 핵심을 정책(결정)이라고 본다.

20 정답 ③

| 기초이론 > 현대행정의 변천 > 정부규제 | 정답률 80% |

| 정답해설 |

③ 선택률 80% 경제적 규제는 기업의 본원적 활동(기업설립, 가격결정 등)에 관한 규제이다. 한편, 사회적 규제는 기업의 사회적 행동(사회적 영향을 야기하는 기업행동, 환경오염 등)에 대한 규제를 말한다.

21 고난도 TOP 1 정답 ④

| 조직이론 > 조직구조론 > 애드호크라시(Adhocracy) | 정답률 33% |

| 정답해설 |

④ 선택률 33% 네트워크조직이란 조직의 자체 기능은 핵심역량 위주로 합리화하고, 여타 기능은 외부기관들과 계약관계를 통해 수행하는 조직구조 방식이다. 따라서 네트워크조직은 전체 기능을 포괄하는 조직을 중심에 놓는 것이 아니라 조직의 자체 기능은 핵심역량 위주로 합리화하고, 여타 기능은 다수의 협력체를 묶어 일을 수행하는 조직형태이다.

22 정답 ①

| 조직이론 > 조직변동(혁신)론 > 임파워먼트(empowerment) | 정답률 70% |

| 정답해설 |

① 선택률 70% 조직개혁에 있어서 임파워먼트(empowerment)는 변화의 장애가 되는 요소를 제거하여 구성원들이 변화의 비전과 전략을 직접 행동으로 옮길 수 있도록 힘을 실어주고 실행에 옮기는 것이다.

군무원 ⓥⓢ 공무원 비교분석

임파워먼트(empowerment)는 공무원에서 출제된 적이 없으며, 군무원에서 처음으로 출제된 문제이다. 앞으로 출제가능성이 높은 주제이므로 그 주요 내용을 숙지할 필요가 있다.

23

| 인사행정론 > 공직 분류 > 고위공무원단 | 정답률 63% |

| 정답해설 |

④ 선택률 63% 고위공무원단제도는 개방형직위제도와 공모직위제도를 두고 있다. 개방형직위제도는 공직 내부와 외부에서 선발이 가능하나, 경력개방형 직위는 공직 외부에서만 적격자를 선발한다.

법령 「개방형 직위 및 공모 직위의 운영 등에 관한 규정」 제3조(개방형 직위의 지정) ① 「국가공무원법」 제28조의4 제1항에 따라 「공무원임용령」 제2조 제3호에 따른 소속장관은 소속 장관별로 법 제2조의2 제2항 각 호의 고위공무원단 직위 총수의 100분의 20의 범위에서 개방형 직위를 지정하되, 중앙행정기관과 소속 기관 간 균형을 유지하도록 하여야 한다.

② 소속 장관은 중앙행정기관의 실장·국장 밑에 두는 보조기관 또는 이에 상응하는 직위 총수의 100분의 20의 범위에서 개방형 직위를 지정하되, 그 실시 성과가 크다고 판단되는 기관, 공무원의 종류 또는 직무 분야 등을 고려하여야 한다.

③ 소속 장관은 제1항 및 제2항에 따른 개방형 직위 중 특히 공직 외부의 경험과 전문성을 적극 활용할 필요가 있는 직위를 공직 외부에서만 적격자를 선발하는 개방형 직위(이하 "경력개방형 직위"라 한다)로 지정할 수 있다.

제5조(개방형 직위 선발시험) ① 소속 장관은 개방형 직위에 임용되는 공무원을 선발하려는 경우에는 공직 내부와 외부에서 다음 각 호의 어느 하나에 해당하는 사람을 대상으로 공개모집한 후 제6조 제1항에 따른 개방형 직위 중앙선발시험위원회가 실시하는 선발시험을 거쳐야 한다. 다만, 경력개방형 직위는 공무원이 아닌 사람을 대상으로 공개모집한다.

  1. 임용예정 직위의 직무내용과 관련된 자격증을 가지고 관련 분야에서 소속 장관이 정하는 기간 동안 근무하거나 연구한 경력이 있는 사람

  2. 임용예정 직위의 직무내용과 같거나 관련되는 분야에서 소속 장관이 정하는 기간 동안 근무하거나 연구한 경력이 있는 사람

24

| 인사행정론 > 인사행정 기초이론 > 직업공무원제 | 정답률 62% |

| 정답해설 |

③ 선택률 62% 미국에서는 펜들턴법(pendleton act)을 시작으로 공개경쟁채용시험 등 실적주의 원칙이 도입되었으며 직위분류제를 채택하고 있다.

더 알아보기 ▶ 펜들턴법의 주요 내용

- 초당적·독립적 중앙인사위원회의 설치
- 공개경쟁시험에 의한 임용
- 시보제도
- 제대군인에 대한 특혜의 인정
- 정치활동·정치헌금의 금지
- 인사위원회는 개선건의안을 대통령을 통하여 의회에 제출할 것

25

| 지방행정론 > 지방자치단체 운영체계 > 지역에서의 행정서비스 전달주체 | 정답률 78% |

| 정답해설 |

③ 선택률 78% 지방자치단체는 법인이다. 따라서 지방자치단체는 독자적인 법인격이 있으며, 국가의 위임사무나 자치사무를 수행한다.

법령 「지방자치법」 제3조(지방자치단체의 법인격과 관할) ① 지방자치단체는 법인으로 한다.

9급 군무원 행정학

I 전체 난이도 및 합격선

전체 난이도	합격선
上	80점

I 기출총평

지엽적인 문제들이 다수 출제되어 체감 난도가 지나치게 높았을 것이다.

- 영역별 – 비교적 고르게 출제된 편이나 지방행정론의 출제비중이 약간 높았고, 재무행정론의 출제비중이 약간 낮았다.
- 내용별 – 틀에 박힌 빈출문제보다는 지엽적인 문제가 다수 출제되었다. 지능형 정부, 시민단체 해석의 관점, 주민자치위원회와 주민자치회는 처음 출제되었으며, 공직동기이론, 켈리(Kelly)의 귀인이론은 자주 출제되는 문제가 아니라서 다소 어렵게 느껴졌을 것으로 판단된다.
- 법령별 – 「지방자치법」의 전면 개정으로 새로 제정된 「주민조례발안에 관한 법률」에서 조례의 제정과 개폐 청구에 관한 문제가 출제되었다.
- 수험대책 – 지능형 정부, 공직동기이론, 켈리(Kelly)의 귀인이론은 다시 출제될 가능성이 높으므로 반드시 관련 이론을 숙지하여야 한다.

I 영역별 출제비중

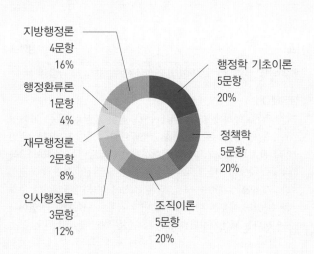

지방행정론
4문항
16%

행정환류론
1문항
4%

재무행정론
2문항
8%

인사행정론
3문항
12%

조직이론
5문항
20%

정책학
5문항
20%

행정학 기초이론
5문항
20%

I 문항 분석

	카테고리	출제수	정답률
1	재무행정론 > 예산과정론 > 국가재정운용계획	1회	46%
2	정책학 > 기획이론 > 전략기획	2회	51%
3	정책학 > 정책결정이론모형 > 혼합모형	3회	63%
4	행정환류론 > 행정개혁(정부혁신) > 행정개혁의 저항	2회	80%
5	정책학 > 정책학 기초이론 > 정책결정요인론	1회	68%
6	지방행정론 > 지방자치단체 운영체계 > 자치권	4회	62%
7	지방행정론 > 주민참여제도 > 우리나라 주민참여제도	8회	68%
8	정책학 > 정책학 기초이론 > 정책유형의 분류	6회	59%
9	인사행정론 > 인사행정의 3대 변수 > 시보임용	2회	56%
10	조직이론 > 조직관리론 > 공직동기이론	1회	88%
11	조직이론 > 조직구조론 > 관료제	5회	44%
고난도 TOP1 12	기초이론 > 행정의 개념 > 정치·행정 이원론	3회	32%
13	기초이론 > 행정이념 > 공익	2회	50%
14	기초이론 > 행정이념 > 투명성	1회	100%
15	지방행정론 > 정부 간 관계 > 정부 간 관계 모형	2회	53%
16	기초이론 > 현대행정의 변천 > 시민사회	1회	68%
17	지방행정론 > 지방행정 기초이론 > 지방자치위원회와 주민자치회	1회	50%
18	기초이론 > 현대행정의 변천 > 행정환경	1회	97%
19	조직이론 > 조직구조론 > 애드호크라시(adhocracy)	6회	68%
고난도 TOP2 20	조직이론 > 조직정보론 > 지능형 정부	1회	38%
21	인사행정론 > 인사행정의 3대 변수 > 귀인이론	2회	50%
22	인사행정론 > 인사행정 기초이론 > 우리나라 중앙인사기관	4회	84%
고난도 TOP3 23	조직이론 > 조직구조론 > 조직기술	1회	41%
24	정책학 > 정책평가론 > 정책평가의 방법	1회	77%
25	재무행정론 > 예산과정론 > 예산심의	5회	65%

※ 고난도 TOP1 은 해당 회차에서 정답률이 가장 낮은 문항입니다.

01	③	02	②	03	④	04	①	05	③
06	②	07	③	08	④	09	②	10	④
11	④	12	③	13	①	14	④	15	②
16	③	17	①	18	④	19	②	20	③
21	①	22	②③	23	①	24	④	25	①

01
정답 ③

재무행정론 > 예산과정론 > 국가재정운용계획　　　정답률 46%

| 정답해설 |

③ 선택률 46% 국가재정운용계획은 정부가 수립하여 회계연도 개시 120일 전까지 국회에 제출하나 국회가 심의하여 확정하지는 않는다. 즉, 국가재정운용계획은 예산안과 함께 국회에 제출되지만 국회가 예산안처럼 심의하여 확정하지는 않는다.

법령 「국가재정법」 제7조(국가재정운용계획의 수립 등) ① 정부는 재정운용의 효율화와 건전화를 위하여 매년 해당 회계연도부터 5회계연도 이상의 기간에 대한 재정운용계획(이하 "국가재정운용계획"이라 한다)을 수립하여 회계연도 개시 120일 전까지 국회에 제출하여야 한다.

군무원 VS 공무원 비교분석

국가재정운용계획의 국회 심의 여부는 과거에 출제된 적이 없는 개념으로, 2022년 군무원 9급과 2022년 국회직 8급에서 처음 출제되었으나 앞으로도 출제 가능성이 높은 개념이다. 국가재정운용계획은 예산안과 함께 국회에 제출되지만 국회가 예산안처럼 심의하여 확정하지는 않는다는 점을 유의하도록 한다.

02
정답 ②

정책학 > 기획이론 > 전략기획　　　정답률 51%

| 정답해설 |

② 선택률 51% 전략기획은 불확실한 미래에 체계적이고 능동적으로 대응하기 위한 전략을 만드는 과정이다. 따라서 상대적으로 정치 및 경제 등이 안정한 환경 속에서 유용성이 높다. 즉, 정치 및 경제 등이 불안정한 환경에서는 전략기획을 수립하기가 곤란하다. 전략기획은 급변하는 환경변화를 체계적으로 분석하고 조직 내부의 현황을 종합적으로 진단하여 조직의 비전과 미션을 구체화하고, 우선순위가 높은 핵심적인 실행 대안을 선택하는 과정을 거쳐 실천가능성이 높은 기획을 실현하는 것을 말한다.
전략기획의 핵심적인 과정은 전략적 기획에 대한 합의, 미션과 비전의 확인, 환경분석(SWOT), 주요 전략적 이슈분석, 전략적 기획의 평가이다.

03
정답 ④

정책학 > 정책결정이론모형 > 혼합모형　　　정답률 63%

| 정답해설 |

④ 선택률 63% 드로어(Dror)가 제시한 최적모형은 합리모형에서 강조하는 경제적 합리성과 초합리성을 함께 고려하는 최적치 중심의 규범적 모형이다. 현실 여건이 합리성을 제약하므로 경제적 합리성과 더불어 육감, 직관, 판단력, 창의력, 영감과 같은 초합리적 요인(초합리성)을 고려하며, 양적 분석뿐만 아니라 질적 분석도 고려한다. 합리모형의 한계를 극복하기 위해 '합리모형'과 '점증모형'의 강점을 취하고자 한 모형은 에치오니(Etzioni)의 혼합모형이다.

더 알아보기 ▶ 정책결정모형의 주요 내용 비교

구분	결정기준	학자	한계	집단모형
합리모형 (경제학)	• 경제적 합리성 • 인간의 전지전능성(완전한 정보)	경제학자 (CBA)	• 이상적=비현실적 • 인간의 한계	• 공공선택모형 • Allison의 제1모형
만족모형	• 제한된 합리성 • 심리적 만족도	Simon & March	• 주관적, 보수적 • 모형의 일반화 곤란	• 연합모형, 회사모형 • Allison의 제2모형
점증모형	• 제한된+정치적 합리성 • 현재보다 나은 수준	Lindblom & Wildavsky	• 보수적, 선진국형 • 개도국 적용 곤란	• 쓰레기통모형 • Allison의 제3모형
혼합모형	• 기본-합리모형-숲 • 부분-점증모형-나무	Etzioni	혼합에 불과	
최적모형	• 합리모형+초합리성 • 환류 강조	Dror	• 합리모형의 한계 답습 • 초합리성의 개념 모호	

04
정답 ①

행정환류론 > 행정개혁(정부혁신) > 행정개혁의 저항　　　정답률 80%

| 정답해설 |

① 선택률 80% 행정개혁을 담당하는 조직의 중복성 혹은 가외성(redundancy)의 존재는 행정개혁에 대한 저항이 나타나는 원인이나 요인으로 보기 어렵다. 행정개혁을 담당하는 조직이 중복적으로 존재하거나 가외적인 조직이 존재한다면 하나의 조직이 행정개혁에 실패하는 경우, 다른 조직에 의해 행정개혁이 추진될 수 있기 때문에 행정개혁에 대한 저항이 나타나는 원인이나 요인보다는 행정개혁의 저항을 극복하는 방안에 해당한다.

05 정답 ③

정책학 > 정책학 기초이론 > 정책결정요인론   정답률 68%

| 정답해설 |

③ 선택률 68% 정책결정요인론은 정치체제가 지니는 정량적(양적) 변수가 아니라 정성적(질적) 변수를 포함하지 않는다는 비판을 받는다. 즉, 정책결정요인론은 계량화가 곤란한 정치적 변수는 과소평가되고, 계량화가 용이한 경제적 변수에 대해서만 과대평가되었다는 비판을 받는다.

06 정답 ②

지방행정론 > 지방자치단체 운영체계 > 자치권   정답률 62%

| 정답해설 |

② 선택률 62% 지방자치단체는 주민에 대하여 형벌을 정할 수는 없으나, 형벌의 '성격'을 지닌 벌칙(과태료)은 정할 수 있다. 또한 법률의 위임이 있는 경우 벌칙을 정할 수 있다.

법령 「지방자치법」 제28조(조례) ① 지방자치단체는 법령의 범위에서 그 사무에 관하여 조례를 제정할 수 있다. 다만, 주민의 권리 제한 또는 의무 부과에 관한 사항이나 벌칙을 정할 때에는 법률의 위임이 있어야 한다.

제34조(조례 위반에 대한 과태료) ① 지방자치단체는 조례를 위반한 행위에 대하여 조례로써 1천만 원 이하의 과태료를 정할 수 있다.

② 제항에 따른 과태료는 해당 지방자치단체의 장이나 그 관할 구역의 지방자치단체의 장이 부과·징수한다.

07 정답 ③

지방행정론 > 주민참여제도 > 우리나라 주민참여제도   정답률 68%

| 정답해설 |

③ 선택률 68% 주민은 지방자치단체의 장이 아니라 지방의회에 조례의 제정과 개폐를 청구할 수 있다.

법령 「주민조례발안에 관한 법률」 제2조(주민조례청구권자) 18세 이상의 주민으로서 다음 각 호의 어느 하나에 해당하는 사람(「공직선거법」 제18조에 따른 선거권이 없는 사람은 제외한다. 이하 "청구권자"라 한다)은 해당 지방자치단체의 의회(이하 "지방의회"라 한다)에 조례를 제정하거나 개정 또는 폐지할 것을 청구(이하 "주민조례청구"라 한다)할 수 있다.

1. 해당 지방자치단체의 관할 구역에 주민등록이 되어 있는 사람
2. 「출입국관리법」 제10조에 따른 영주(永住)할 수 있는 체류자격 취득일 후 3년이 지난 외국인으로서 같은 법 제34조에 따라 해당 지방자치단체의 외국인등록대장에 올라 있는 사람

08 정답 ④

정책학 > 정책학 기초이론 > 정책유형의 분류   정답률 59%

| 정답해설 |

④ 선택률 59% 정부가 집단 간에 재산, 소득, 권리 등의 배정을 변동시켜 그들로부터 자원을 획득하는 정책은 재분배정책이다. 추출

정책은 정부가 국내 또는 국제적 환경으로부터 정부의 서비스에 대한 비용 또는 대가로서 재화나 사람, 서비스 등과 같은 자원을 추출하는 정책을 말한다. 국가 정책적 목표에 의해 일반 국민에게 인적·물적 자원을 부담시키는 정책이다. 예 징세, 징병, 물자 수용, 토지 수용 등

09 정답 ②

인사행정론 > 인사행정의 3대 변수 > 시보임용   정답률 56%

| 정답해설 |

② 선택률 56% 시보공무원도 공무원법상 공무원에 해당한다. 따라서 시보기간 동안 보직을 부여받을 수 있다.

| 오답해설 |

① 선택률 11% 시보기간 동안은 신분이 보장되지 않지만, 그 기간은 공무원 경력에 포함된다.

③ 선택률 15% 시보기간 동안에 징계로 해임처분을 받게 되면, 향후 3년간 다시 공무원으로 임용될 수 없는 결격사유에 해당한다.

④ 선택률 18% 시보기간 동안은 신분이 보장되지 않지만, 징계처분에 대한 소청심사청구를 할 수 있다.

법령 「국가공무원법」 제29조(시보 임용) ① 5급 공무원(제4조 제2항에 따라 같은 조 제1항의 계급 구분이나 직군 및 직렬의 분류를 적용하지 아니하는 공무원 중 5급에 상당하는 공무원을 포함한다. 이하 같다)을 신규 채용하는 경우에는 1년, 6급 이하의 공무원을 신규 채용하는 경우에는 6개월간 각각 시보(試補)로 임용하고 그 기간의 근무성적·교육훈련성적과 공무원으로서의 자질을 고려하여 정규 공무원으로 임용한다. 다만, 대통령령 등으로 정하는 경우에는 시보 임용을 면제하거나 그 기간을 단축할 수 있다.

② 휴직한 기간, 직위해제 기간 및 징계에 따른 정직이나 감봉 처분을 받은 기간은 제1항의 시보 임용 기간에 넣어 계산하지 아니한다.

③ 시보 임용 기간 중에 있는 공무원이 근무성적·교육훈련성적이 나쁘거나 이 법 또는 이 법에 따른 명령을 위반하여 공무원으로서의 자질이 부족하다고 판단되는 경우에는 제68조와 제70조에도 불구하고 면직시키거나 면직을 제청할 수 있다. 이 경우 구체적인 사유 및 절차 등에 필요한 사항은 대통령령 등으로 정한다.

10 정답 ④

조직이론 > 조직관리론 > 공직동기이론   정답률 88%

| 정답해설 |

④ 선택률 88% 공직동기이론은 1980년대 이후 급격히 확산된 신공공관리론의 외재적 보상에 의한 동기부여를 비판하고 등장하였다. 즉, 공직동기이론은 신공공관리론에서 강조하는 이기적인 개인의 전제나 성과급 등을 통한 외재적 보상의 중요성보다는 공공부문 종사자가 갖고 있는 내적 동기요인의 제고를 강조한다.

개념 차원	특징
합리적 차원	• 공공정책에 대한 호감도와 매력 • 정책형성과정의 참여 • 특정 이해관계에 대한 지지
규범적 차원	• 공익에 대한 몰입 • 공익에 대한 봉사 욕구 • 사회적 형평성의 추구 • 의무와 정부 전체에 대한 충성
정서(감성)적 차원	• 정책의 사회적 중요성에 기인한 정책 몰입 • 선의의 애국심

군무원 vs 공무원 비교분석

공직동기이론은 2021년 국가직 9급에서 출제되었고, 최근 공무원 시험에서 출제비중이 높아지고 있는 개념이다. 특히, 신공공관리론(NPM)을 비판하고 등장한 이론이라는 점에서 앞으로도 출제 가능성이 높은 개념이므로 반드시 숙지하여야 한다.

11

정답 ④

조직이론 > 조직구조론 > 관료제　　　　　　정답률 44%

| 정답해설 |

④ 선택률 44% 관료제는 수직적 계층제와 수평적 전문화를 특징으로 한다. 따라서 관료제의 구성원들은 조직 전반의 일반적인 업무에 대해 책임을 지는 것이 아니라, 본인이 수행한 업무나 부하직원 관리에 대한 책임을 진다.

12 고난도 TOP 1

정답 ③

기초이론 > 행정의 개념 > 정치·행정 이원론　　　　정답률 32%

| 정답해설 |

③ 선택률 32% 정치·행정 이원론은 정치로부터 행정의 독자성을 강조하면서, 과학적 관리법에 기반한 행정관리론적 관점을 지지한다. 정치·행정 이원론과 관련이 있는 것은 과학적 관리법과 행정관리론이며, 행태주의는 정치·행정 새이원론과 관련이 있다.

13

정답 ①

기초이론 > 행정이념 > 공익　　　　　　　　　정답률 50%

| 정답해설 |

① 선택률 50% 공익이 인식 가능한 행동결정의 유용한 안내자 역할을 한다는 입장은 실체설이다. 공익의 실체설과 과정설은 구분하는 핵심은 공익의 선험적 존재 여부이다. 실체설은 공익이 선험적으로 존재한다고 보는 데 비해, 과정설은 공익을 하나의 실체라기보다 다수의 이익들이 조정되면서 얻어진 결과로 본다. 따라서 '공익을 인식 가능한 행동결정의 유용한 안내자 역할을 한다는 입장'은 공익의 선험적 존재를 인정하기 때문에 실체설에 해당한다.

14

정답 ④

기초이론 > 행정이념 > 투명성　　　　　　　정답률 100%

| 정답해설 |

④ 선택률 100% 공무원 부패를 방지하기 위해 가장 중요한 가치로서 인식되는 것은 투명성이다. 투명성은 정부의 의사결정과 집행과정 등 다양한 공적 활동이 정부 외부로 명확하게 드러나는 것을 의미한다. 투명성에서 가장 중요한 요소는 '공개'이며, 투명성은 단순히 정보공개의 소극적 개념에 머물지 않고 정부 외부에 존재하는 사람들에게 정보에 용이하게 접근할 수 있는 권한의 보장까지 포함한다는 점에서 적극적인 개념이다. 따라서 투명성은 공무원 부패를 방지하기 위한 가장 중요한 가치이며, 주된 특징으로 투명성과 관련이 깊은 가치 개념인 청렴성과의 이해충돌 문제를 들 수 있다.

더 알아보기 ▶ 투명성의 종류

과정 투명성	정부 내에서 이루어지는 많은 의사결정과정이 개방적이고 투명하게 이루어져야 함 예 정부의 의사결정과정에 민간인이 참여, 민원처리과정을 온라인으로 공개하는 것
결과 투명성	의사결정이 투명하게 이루어졌다고 해서, 행정결과의 정당성이나 공정성이 확보되는 것은 아니므로 결정된 의사결정이 제대로 집행되었는지를 확인할 수 있게 결과의 투명성을 확보하는 것이 중요함 예 시민 옴부즈만제도
조직 투명성	조직 자체의 개방성과 공개성을 의미하며, 각급 행정기관들이 공시제도를 도입하거나 정보 공개를 확대하는 것은 조직 투명성을 증대시키기 위한 방안들에 해당됨 예 인터넷 홈페이지를 통해 정부조직의 각종 규정, 정책, 고시, 입찰 등 해당 기관의 운영과 관련된 내용을 자세히 공개하는 것

15

정답 ②

지방행정론 > 정부 간 관계 > 정부 간 관계 모형　　정답률 53%

| 정답해설 |

② 선택률 53% 영국의 중앙·지방관계는 중세 귀족사회에서 지주와 그 지주의 명을 받아 토지와 소작권을 관리하는 마름(steward)의 관계에 가깝다고 하여 지주-마름 모형을 제시한 것은 챈들러(J. A. Chandler)이다. 그리피스(J. A. Griffith)는 지도 및 감독방식을 기준으로 중앙·지방 간의 역학관계를 자유방임형, 규제형, 장려형으로 구분하였다.

더 알아보기 ▶ 그리피스(Griffith)의 관계 모형

자유방임형	중앙정부가 지방자치단체에 대한 관여를 최소화하고, 지방자치단체는 중앙의 지시보다는 스스로 시행착오를 통해 지식과 능력을 습득해 나갈 수 있다는 견해
규제형	행정서비스의 표준화를 유지하고 지방자치단체에 국가의 정책을 강요하는 유형

장려형	중앙이 지방자치단체를 설득하고 강요하여 그들의 정책을 채택하게 하고, 그 정책의 효율적 집행을 확보하려는 것으로 사전적·권력적 감독보다는 비권력적 지도 방식을 사용하는 유형

16 정답 ③

기초이론 > 현대행정의 변천 > 시민사회	정답률 68%

| 정답해설 |

③ 선택률 68% 개인의 자유를 중시하는 전통적 자유주의와 개인의 책임을 강조하는 보수주의를 절충한 입장을 취하고 있는 것은 다원주의가 아니라 공동체주의이다. 다원주의에서는 사회적 다원성을 전제로 하는 시민사회와 시민단체의 등장을 효과적으로 설명한다. 다만, 다원주의적 입장에서도 1980~1990년대 이후 성장한 시민단체의 활동에 대한 설명의 틀로서는 제한적이라는 비판적인 지적도 있다. 당시의 시민단체들은 국가와 정부에 대한 근본적 문제 제기의 성격을 띠고 있기 때문이다. 즉, 억압의 주체로서 국가와 정부에 대한 저항의 성격이 강하기 때문에, 보완재로서의 의미로 시민단체를 설명하는 다원주의적 입장에서 이 상황을 설명하기에는 부족하다는 것이다.

17 정답 ①

지방행정론 > 지방행정 기초이론 > 지방자치위원회와 주민자치회	정답률 50%

| 정답해설 |

① 선택률 50% 주민자치위원회위원은 읍·면·동장이 위촉하고, 주민자치회위원은 시·군·구청장이 위촉한다.

법령 「지방자치분권 및 지역균형발전에 관한 특별법」 제40조(주민자치회의 설치 등) ① 풀뿌리자치의 활성화와 민주적 참여의식 고양을 위하여 읍·면·동에 해당 행정구역의 주민으로 구성되는 주민자치회(이하 "자치회"라 한다)를 둘 수 있다.

② 제1항에 따라 자치회가 설치되는 경우 관계 법령, 조례 또는 규칙으로 정하는 바에 따라 지방자치단체 사무의 일부를 자치회에 위임하거나 위탁할 수 있다.

③ 자치회는 다음 각 호의 업무를 수행한다.
  1. 자치회 구역 내의 주민화합 및 발전을 위한 사항
  2. 지방자치단체가 위임하거나 위탁하는 사무의 처리에 관한 사항
  3. 그 밖에 관계 법령, 조례 또는 규칙에서 위임하거나 위탁한 사항

④ 자치회의 위원은 조례로 정하는 바에 따라 지방자치단체의 장이 위촉한다.

⑤ 제4항에 따라 위촉된 위원은 그 직무를 수행할 때에는 지역사회에 대한 봉사자로서 정치적 중립을 지켜야 하며 권한을 남용하여서는 아니 된다.

⑥ 자치회의 설치 시기, 구성, 재정 등 자치회의 설치 및 운영에 필요한 사항은 따로 법률로 정한다.

⑦ 행정안전부장관은 자치회의 설치 및 운영에 참고하기 위하여 자치회를 시범적으로 설치·운영할 수 있으며, 이를 위한 행정적·재정적 지원을 할 수 있다.

더 알아보기 ▶ 주민자치위원회와 주민자치회

구분	주민자치위원회	주민자치회
법적 근거	「지방자치법」 및 관련 조례	지방분권법 및 관련 조례
위상	읍·면·동 자문기구	주민자치 협의·실행 기구
위촉권자	읍·면·동장	시·군·구청장
대표성	지역 유지 중심, 대표성 미약	주민 대표성 확보
기능	주민자치센터 프로그램 운영 및 심의(문화, 복지, 편익 기능 등)	주민자치사무, 협의 및 자문사무, 지방자치단체가 위임·위탁하는 사무처리 등
재정	읍·면·동사무소 지원 외에 별도 재원이 거의 없음	자체재원(회비, 수익·위탁사업 수입, 사용료 등), 기부금도 다양
지방자치단체와의 관계	읍·면·동 주도로 운영	대등한 협력적 관계

군무원 🆚 공무원 비교분석

주민자치위원회와 주민자치회는 일반 공무원 시험에서 출제된 적이 없는 개념으로, 2022년 군무원 9급에서 처음 출제된 개념이다. 기존의 주민자치위원회를 주민자치회로 대체·변경하는 추세이므로 그 차이를 정확하게 비교하여 주민자치회의 특징과 장점을 숙지해 두어야 한다.

18 정답 ④

기초이론 > 현대행정의 변천 > 행정환경	정답률 97%

| 정답해설 |

④ 선택률 97% 한국사회는 현재 공동체의식이 약하기 때문에 사회환경은 복잡하거나 불확실할 가능성이 높다. 즉, 한국사회는 과거에 비해 최근 공동체의식이 약해졌으며, 사회환경은 정보화, 세계화, 저출산 고령사회 등으로 인해 복잡하거나 불확실할 가능성이 높아졌다.

19 정답 ②

조직이론 > 조직구조론 > 애드호크라시(adhocracy)	정답률 68%

| 정답해설 |

② 선택률 68% 탈관료화 현상의 하나로 등장한 애드호크라시(adhocracy)는 구조적으로 낮은 수준의 복잡성, 낮은 수준의 공식화, 낮은 수준의 집권화를 특징으로 한다. 애드호크라시로 분류되는 조직유형은 매트릭스조직, 태스크포스, 프로젝트팀, 네트워크조직 등이다. 애드호크라시는 고도의 창의성과 환경적응성이 필요한 상황에서 유효한 조직으로, 조직목표 달성을 위해 다양한 전문지식이 필요한 업무를 처리하기 위해 모인 다수 전문요원의 협력이 필요한 상황에서 잘 활용된다. 애드호크라시의

단점은 다양한 전문요원의 집합이기 때문에 업무처리과정에서 갈등과 비협조가 일어나고, 창의적인 업무수행과정에서 직원들이 심적 스트레스를 많이 받는다는 것이다. 또한 조직화가 신속하게 이루어지지 않고 표준화되어 있지 않기 때문에 표준화된 관료제에 비해 비효율성이 발견되기도 한다.

20 고난도 TOP 2
정답 ③

조직이론 > 조직정보론 > 지능형 정부   정답률 38%

| 정답해설 |

③ 선택률 38% 생애주기별 맞춤형 서비스를 제공하는 것은 기존 전자정부이며, 지능형 정부는 일상틈새+생애주기별 비서형 서비스를 제공한다. 지능형 전자정부란 인공지능, 빅데이터, 사물인터넷 등 지능정보기술을 활용하여 국민 중심으로 정부서비스를 최적화하고 스스로 일하는 방식을 혁신하며, 국민과 함께 국정 운영을 실현함으로써 안전하고 편안한 상생의 사회를 만드는 더 지털 신정부를 의미한다.

더 알아보기 ▶ 전자정부와 지능형 정부

구분	전자정부	지능형 정부
정책결정	정부 주도	국민 주도
행정업무	• 국민·공무원 문제 제기 → 개선 • 현장 행정: 단순업무 처리 중심	• 문제 자동 인지 → 스스로 대안 제시 → 개선 • 현장 행정: 복합문제 해결 가능
서비스 목표	양적·효율적 서비스 제공	• 질적·공감적 서비스 제공 • 공동생산
서비스 내용	생애주기별 맞춤형	일상틈새 + 생애주기별 비서형
서비스 전달방식	온라인+모바일 채널	수요 기반 온·오프라인 멀티채널

군무원 vs 공무원 비교분석

지능형 정부의 특징은 일반 공무원 시험에서 출제된 적이 없는 개념으로, 2022년 군무원 9급에서 처음 출제되었으나 앞으로도 출제 가능성이 매우 높은 개념이다. 기존 전자정부와 비교하여 지능형 정부의 특징을 정확하게 숙지해 두어야 한다.

21
정답 ①

인사행정론 > 인사행정의 3대 변수 > 귀인이론   정답률 50%

| 정답해설 |

① 선택률 50% 판단대상 외 동일한 사람들이 동일한 상황에서 동일한 행동을 보이는 정도(합의성, consensus)가 높다면, 그 행동의 원인을 외적 요소에 귀인하는 경향이 나타난다. 판단대상 외 다른 사람들이 다른 상황에서 동일한 행동을 보이는 정도가 높다는 것은 합의성이 높은 경우이다. 합의성이 높은 경우 외적 요소에, 합의성이 낮은 경우 내적 요소에 귀인하는 경향이 나타난다. 예를 들어, 판단대상뿐만 아니라 다른 사람들도 특정 개그맨을 보고 웃었다면 그 특정 개그맨의 개그가 재미있었기 때문에 웃은 것이므로 그 행동의 원인을 외적 요소에 귀인한다고 볼 수 있다. 반면, 다른 사람들은 특정 개그맨을 보고 웃지 않았는데 판단대상만 웃었다면 그 판단대상인 사람이 잘 웃는 성격을 가지고 있기 때문에 그 행동의 원인을 내적 요소에 귀인한다고 볼 수 있다.

| 오답해설 |

② 선택률 23% 특이성(distinctiveness), ③ 선택률 15% 일관성(consistency), ④ 선택률 12% 합의성에 대한 설명이다.

더 알아보기 ▶ 켈리(Kelly)의 귀인이론(attribution theory)

귀인이론은 인간이 우리 자신이나 다른 사람의 행동을 관찰한 후, 그러한 행동을 합의성, 일관성, 그리고 특이성을 기준으로 평가한다. 합의성은 동일한 상황에 처한 여러 사람들이 같은 방식으로 행동하는 정도를 말하고, 일관성은 같은 사람이 다른 시간에도 동일하게 행동하는 정도이며, 특이성이란 같은 사람이 다른 상황에서도 동일한 방식으로 행동하는 정도를 말한다.

관찰	해석	원인의 귀속
개인의 행동	합의성	높음 – 외적
		낮음 – 내적
	일관성	높음 – 내적
		낮음 – 외적
	특이성	높음 – 외적
		낮음 – 내적

군무원 vs 공무원 비교분석

켈리(Kelly)의 귀인이론은 2018년 국가직 7급 인사조직론, 2020년 군무원 7급에서 출제되었다. 인사조직론은 행정학과 독립된 별개의 과목이므로 과목의 특성상 약간 난도가 높은 문제로 출제될 수 있다. 그러나 군무원 9급과 7급에서 모두 출제되었으므로 이론의 핵심을 정확하게 정리해 두어야 한다.

22

인사행정론 > 인사행정 기초이론 > 우리나라 중앙인사기관   정답률 84%

| 정답해설 |

②③ 선택률 24% 선택률 60% 1999년 설치된 중앙인사위원회는 대통령 소속의 합의제 중앙인사기관이다. 따라서 중앙인사위원회는 '비독립형' 합의제 기관으로 행정자치부와 업무를 분담하였으며, 2004년부터는 중앙인사위원회로 통합되어 정부 인사기능이 일원화되었다. 또한 2008년 중앙인사위원회의 폐지 이후 2013년까지 행정안전부를 거쳐 안전행정부로 인사관리기능이 '비독립형' 단독제 기관으로 통합되어 운영되었다.

23

고난도 TOP3

조직이론 > 조직구조론 > 조직기술   정답률 41%

| 정답해설 |

① 선택률 41% 기술(technology)은 조직 내에서 투입물을 산출물로 변화시키는 과정 또는 방법으로, 일상적인 기술일수록 복잡성은 낮고 공식성은 높을 가능성이 있다. 기술과 집권화의 관계는 상관도가 낮은데, 기술이 집권화에 미치는 영향은 다른 변수의 개입으로 달라지기 때문이다. 예를 들어, 조직문화가 집권적이면 기술발달이 집권을 가속화하고, 조직문화가 분권적이면 기술발달이 분권을 가속화할 수 있다. 따라서 기술발달에 의해 집권 또는 분권이 결정된다는 기술결정론보다 조직문화에 의해 집권 또는 분권이 결정된다는 문화결정론이 더 설득력을 얻고 있다.

24

정책학 > 정책평가론 > 정책평가의 방법   정답률 77%

| 정답해설 |

④ 선택률 77% 심층면담 및 참여관찰 등의 방법에 의존하는 것은 양적 평가방법이 아니라 질적 평가방법이다. 정책을 평가하기 위한 양적 평가방법은 정책대안과 정책산출 및 영향 간에 어떠한 인과관계가 있는지를 분석하는 평가로서 연역적 방법을 활용한다. 계량적 기법을 응용하여 수치화된 지표를 통해 정책의 결과를 측정하며 통계, 실적치, 비율 등 수치화되어 있는 소위 강성자료(hard data)들이 활용된다. 양적 평가방법은 평가되는 자료의 특성상 평가자의 주관이 개입될 여지가 적어 객관적인 평가가 수행될 수 있다. 정책을 평가하기 위한 질적 평가방법은 정책사업 수행 과정의 난이도, 수치화하여 측정이 어려운 사업결과 또는 산출물 등 계량적으로 측정하기 어려운 분야에 대한 평가를 위해 활용되며 주로 귀납적 방법이 활용된다. 질적 평가방법은 그 특성상 연구자의 주관이 개입될 여지가 있으며, 주로 면접, 심층면담, 참여 관찰, 관찰 현장 확인 등을 통해 축적된 연성자료(soft data)들이 활용된다.

25

재무행정론 > 예산과정론 > 예산심의   정답률 65%

| 정답해설 |

① 선택률 65% 정부의 시정연설 후에 국회에서 예비심사와 종합심사를 거쳐서 본회의에서 심의하고 의결을 한다. 즉, 국회에 예산안이 제출되면 본회의에서 정부의 시정연설이 있은 후 상임위원회의 예비심사와 예산결산특별위원회의 종합심사를 거쳐 최종적으로 본회의에서 예산이 확정된다.

법령 「국회법」제84조(예산안·결산의 회부 및 심사) ① 예산안과 결산은 소관 상임위원회에 회부하고, 소관 상임위원회는 예비심사를 하여 그 결과를 의장에게 보고한다. 이 경우 예산안에 대해서는 본회의에서 정부의 시정연설을 듣는다.

② 의장은 예산안과 결산에 제1항의 보고서를 첨부하여 이를 예산결산특별위원회에 회부하고 그 심사가 끝난 후 본회의에 부의한다. 결산의 심사 결과 위법하거나 부당한 사항이 있는 경우에 국회는 본회의 의결 후 정부 또는 해당 기관에 변상 및 징계조치 등 그 시정을 요구하고, 정부 또는 해당 기관은 시정 요구를 받은 사항을 지체 없이 처리하여 그 결과를 국회에 보고하여야 한다.

9급 군무원 행정학

I 전체 난이도 및 합격선

전체 난이도	합격선
上	84점

I 기출총평

일부 문제에서 난해한 지문들이 출제되어 체감 난도는 다소 높았을 것이다.

- 영역별 – 전 영역에서 비교적 고르게 출제되었으나 기초이론과 재무행정론의 출제비중이 높았으며, 정책학의 출제비중이 낮았다.
- 내용별 – 신경향 문제나 최근 강조되는 이론은 출제되지 않았다. 또한 단체자치에 관한 문제는 논란의 여지가 있다. 이러한 문제는 소거법으로 대처할 수 있도록 각 개념의 특징을 정확히 구분해 두도록 한다.
- 법령별 – 「공직자윤리법」에서 한 문제가 출제되어 법령과 이론의 조화에 실패하였다. 「공직자윤리법」은 자주 출제되는 빈출 법령이므로 주요 내용을 암기하도록 한다.
- 수험대책 – '출제를 위한 출제'로 보이는 문제가 일부 있었지만 대부분의 문제는 빈출 영역에서 출제되었으므로 빈출 개념은 반드시 숙지하도록 한다.

I 영역별 출제비중

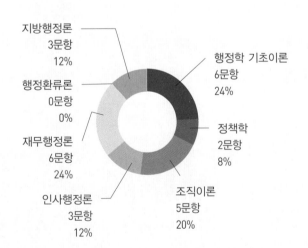

지방행정론 3문항 12%

행정환류론 0문항 0%

재무행정론 6문항 24%

인사행정론 3문항 12%

행정학 기초이론 6문항 24%

정책학 2문항 8%

조직이론 5문항 20%

I 문항 분석

	카테고리	출제수	정답률
1	기초이론 > 행정학이론 발달 > 신제도주의	4회	69%
2 (고난도 TOP 1)	조직이론 > 조직구조론 > 관료제	5회	44%
3	재무행정론 > 예산과정론 > 정부회계	5회	72%
4	기초이론 > 행정의 개념 > 행정과 경영	6회	91%
5	기초이론 > 행정이념 > 형평성	2회	97%
6	기초이론 > 행정학이론 발달 > 신공공관리론(NPM)	12회	81%
7	조직이론 > 조직관리론 > 욕구충족요인 이원론	2회	81%
8	기초이론 > 행정학이론 발달 > 생태론	4회	58%
9	정책학 > 정책학 기초이론 > 정책의 개념	1회	73%
10	인사행정론 > 근무규율 > 「공직자윤리법」상 공무원의 의무	6회	77%
11	정책학 > 정책학 기초이론 > 조합주의	2회	85%
12 (고난도 TOP 3)	조직이론 > 조직관리론 > 리더십이론	7회	52%
13	조직이론 > 조직구조론 > 매트릭스구조	4회	62%
14	재무행정론 > 예산제도론 > 계획예산제도(PPBS)	6회	71%
15	인사행정론 > 공직 분류 > 직위분류제와 계급제	15회	64%
16	인사행정론 > 인사행정 기초이론 > 직업공무원제	5회	76%
17	재무행정론 > 예산과정론 > 예산심의	5회	63%
18	재무행정론 > 예산제도론 > 품목별예산제도(LIBS)	1회	71%
19	지방행정론 > 지방행정 기초이론 > 지방분권	1회	85%
20 (고난도 TOP 2)	지방행정론 > 지방행정 기초이론 > 단체자치와 주민자치	2회	51%
21	재무행정론 > 예산제도론 > 예산결정이론	2회	70%
22	지방행정론 > 지방재정 > 지방수입의 지표	1회	61%
23	조직이론 > 조직구조론 > 조직이론과 인간관	1회	81%
24	기초이론 > 행정학이론 발달 > 공공선택론	4회	71%
25	재무행정론 > 예산과정론 > 예산편성	3회	67%

※ **고난도 TOP 1** 은 해당 회차에서 정답률이 가장 낮은 문항입니다.

01	③	02	④	03	①	04	④	05	④
06	②	07	①	08	②	09	②	10	④
11	③	12	②	13	③	14	④	15	③
16	①	17	①	18	②	19	②	20	④
21	①	22	③	23	④	24	①	25	③

기출문제편 ▶ P.28

01

정답 ③

기초이론 > 행정학이론 발달 > 신제도주의 　　정답률 69%

| 정답해설 |

③ 선택률 69% 신제도주의는 제도를 개인과 조직, 국가의 성패에 영향을 미치는 중요한 변수로 파악하지만, 제도가 개인과 조직, 국가의 성패를 결정한다고 보는 것은 아니다. 즉, 신제도주의는 제도가 개인과 조직, 국가의 성패에 일방적으로 영향을 미치는 것은 아니며, 제도 또한 개인과 조직, 국가의 영향을 받는다고 본다.

02 고난도 TOP1

정답 ④

조직이론 > 조직구조론 > 관료제 　　정답률 44%

| 정답해설 |

④ 선택률 44% 막스 베버(Max Weber)는 행정조직 발전에 대한 패러다임(paradigm)의 관점에서 관료제 모형을 제시한 것이 아니라 현대사회의 보편적인 조직모형으로 제시하였다. 즉, 막스 베버는 목표달성에 가장 합리적 조직으로 관료제 모형을 제시하였다. 따라서 관료제는 행정조직에 국한된 모형이 아니라 공·사 조직을 포함한 모든 조직에 적용될 수 있는 현대사회의 보편적인 조직모형에 해당한다.

03

정답 ①

재무행정론 > 예산과정론 > 정부회계 　　정답률 72%

| 정답해설 |

① 선택률 72% 발생주의 회계제도에 대한 설명으로 옳은 것은 가, 라이다.

| 오답해설 |

② 선택률 5%　③ 선택률 14%　④ 선택률 9%

나. 발생주의 회계제도는 자산재평가를 통해 부채규모와 총자산의 파악이 용이하다.

다. 현금이 거래되는 시점을 중심으로 기록하는 것은 현금주의 회계제도이다. 발생주의 회계에서는 경제적·재무적 자원의 변동이 발생하는 시점을 거래로 인식하고 회계처리를 한다.

04

정답 ④

기초이론 > 행정의 개념 > 행정과 경영 　　정답률 91%

| 정답해설 |

④ 선택률 91% 행정은 엄격한 법적 규제를 받지만, 경영은 행정에 비해 법적 규제가 상대적으로 덜 엄격하다.

더 알아보기 ▶ 행정과 경영

구분	행정(공공부문)	경영(기업)
목적	• 공익 추구(다원성) • 국가의 생존과 경제·사회발전에 대한 책임 • 정의와 형평 등의 사회가치 비중이 큼	이윤극대화(단일성)
법적 규제	엄격한 법적 규제(행정의 경직성)	직접적인 법적 규제 적용 안 됨
정치권력적 성격	• 본질적으로 정치적 성격 • 공권력을 배경으로 한 행정기능 수행 • 정당, 의회, 이익단체, 국민의 통제	• 정치로부터 분리 • 강제력과 권력 수단 없음
평등성	모든 국민은 법 앞에 평등	고객 간 차별대우 용이
독점성	• 경쟁자 없는 독점성 • 행정서비스 질 저하 우려	• 자유로운 시장 진입 → 경쟁관계 • 고객지향적 제품 서비스
관할 및 영향 범위	• 모든 국민이 대상 • 포괄적	• 고객관계 범위 내에 한정 • 경제 분야

군무원 vs 공무원 비교분석

행정과 경영의 관계는 일반 공무원 시험보다 군무원 시험에서 출제비중이 높은 이론이다. 따라서 양자의 유사점과 차이점을 정확하게 구분하여야 한다.

05

정답 ④

기초이론 > 행정이념 > 형평성 　　정답률 97%

| 정답해설 |

④ 선택률 97% 수평적 형평성이란 동등한 것을 동등하게 취급하는 것(모든 선거권자는 한 표의 투표권을 행사할 수 있음), 수직적 형평성이란 동등하지 않은 것을 서로 다르게 취급하는 것(가정형편이 어려운 학생에게 장학금을 지급하는 것, 대표관료제 등)을 의미한다.

06

| 기초이론 > 행정학이론 발달 > 신공공관리론(NPM) | 정답률 81% |

| 정답해설 |

② 선택률 81% 신공공관리는 시장주의(신자유주의)와 신관리주의를 결합해 전통적인 관료제 패러다임의 한계를 극복하고 작은 정부를 구현하기 위해 개발된 정부 운영 및 개혁에 관한 이론이다. 따라서 신공공관리는 작지만 시장지향적인 효율적인 정부를 만들 수 있는 개혁 방안에 관심을 갖는다.

더 알아보기 ▶ 신공공관리론(NPM)의 개념

- 시장주의는 신자유주의 이념에 기초하여 시장의 핵심인 경쟁과 선택을 정부관료제에 도입하자는 것이다. 따라서 신공공관리에서는 수익자 부담 원칙의 강화, 민간부문 상호 간 경쟁 원리를 활용한 민간위탁과 민영화의 확대, 정부부문 내 경쟁 원리 도입, 규제 완화 등을 행정개혁의 방향으로 제시하고 있다.
- 신관리주의는 행정과 경영의 유사성에 기초하여 기업의 경영 원리와 관리기법들을 행정에 도입함으로써 정부의 성과 향상과 관리의 효율성을 제고하는 것을 강조한다. 따라서 기업가 정신, 성과에 기초한 관리, 권한 이양, 품질관리 기법, 인센티브 메커니즘, 마케팅 기법, 고객만족 경영기법 등을 행정에 도입하는 방안이 논의된다.

07

| 조직이론 > 조직관리론 > 욕구충족요인 이원론 | 정답률 81% |

| 정답해설 |

① 선택률 81% 설문을 주장한 학자는 허즈버그(F. Herzberg)이다. 허즈버그는 인간의 욕구 차원을 불만과 만족으로 구분하고 불만을 일으키는 요인(불만요인)과 만족을 주는 요인(만족요인)은 서로 다르다는 욕구충족요인 이원론을 제시하였다. 따라서 만족의 반대는 불만족이 아니고 만족이 없다는 것이며, 불만족의 반대는 만족이 아니라 불만족이 없다는 것이다.

| 오답해설 |

② 아지리스(C. Argyris)는 인간의 퍼스낼리티(personality)·성격이 미성숙 상태로부터 성숙 상태로 변화하며 조직의 구성원을 성숙한 인간으로 관리하여야 한다고 주장하였다.

③ 매슬로우(A. H. Maslow)는 인간의 욕구는 다섯 계층으로 이루어지며 하위 욕구로부터 상위 욕구로 발달한다고 보았다.

④ 브룸(V. H. Vroom)은 동기부여가 보상의 내용이나 실체보다는 조직구성원이 보상에 대해서 얼마나 매력을 느끼고 있는가에 달려 있다고 보았으며, 동기부여의 강도는 유의성(V), 수단성(I), 기대감(E)의 곱의 함수라고 하였다.

더 알아보기 ▶ 허즈버그(Herzberg)의 욕구충족요인 이원론

불만요인(위생요인)	만족요인(동기요인)
〈직무의 조건·환경〉	〈직무 자체〉
• 조직의 정책·방침·관리	• 직무상의 성취
• 감독	• 직무성취에 대한 인정
• 근무(작업)조건	• 보람 있는 일
• 보수	• 책임의 증대
• 대인관계(상사와의 인간관계)	• 발전·성장
• 복지시설	• 승진·자아계발

군무원 vs 공무원 비교분석

군무원 시험은 일반 공무원 시험에 비해 학자를 물어보는 문제가 자주 출제된다. 따라서 주요 학자의 이론은 반드시 기억해 두어야 한다.

08

| 기초이론 > 행정학이론 발달 > 생태론 | 정답률 58% |

| 정답해설 |

② 선택률 58% 행정변수 중에서 특히 사람의 행태(behavior)를 연구대상으로 하는 것은 행태론적 접근방법이다. 생태론적 접근방법은 행정변수 중에서 특히 환경을 연구대상으로 한다. 생태론적 접근방법을 행정학에 도입한 가우스(Gaus)는 행정에 영향을 미치는 환경적 요인으로 주민(people), 장소(place), 물리적 기술(physical technology), 사회적 기술(social technology), 욕구와 이념(wishes & ideas), 재난(catastrophe), 인물 또는 개성(personality) 등을 제시하였다. 또한 리그스(Riggs)는 사회 이원론에 입각하여 구조·기능적 분석을 활용한 행정의 비교연구 모형으로 농업사회와 산업사회의 모형을 제시하고, 행정에 영향을 미치는 환경요인을 다섯 가지(정치, 경제, 사회구조, 이념, 대화)로 나누어 행정행태와 관련지으면서 고찰하였다.

09

| 정책학 > 정책학 기초이론 > 정책의 개념 | 정답률 73% |

| 정답해설 |

② 선택률 73% 정책은 바람직한 사회상태를 이룩하려는 정책목표와 이를 달성하기 위해 필요한 정책수단에 대하여, 권위 있는 정부기관이 공식적으로 결정한 기본방침이다. 정책목표는 무엇이 바람직한 상태인가를 판단하는 가치판단에 의존하기 때문에 주관적이며, 규범적인 성격을 지니고 있다. 따라서 정부의 정책은 공정성(형평성)과 가치지향성을 지향한다.

10 정답 ④

인사행정론 > 근무규율 > 「공직자윤리법」상 공무원의 의무   정답률 77%

| 정답해설 |

④ 선택률 77% 우리나라 「공직자윤리법」에 규정된 내용은 주식백지
신탁, 퇴직공직자의 취업제한, 선물신고, 재산등록 및 공개 등이
며, 상벌사항 공개는 해당하지 않는다.

법령 「공직자윤리법」 제14조의4(주식의 매각 또는 신탁) ① 등록의
무자 중 제10조 제1항에 따른 공개대상자와 기획재정부 및 금융위원회
소속 공무원 중 대통령령으로 정하는 사람(이하 "공개대상자 등"이라 한
다)은 본인 및 그 이해관계자(제4조 제1항 제2호 또는 제3호에 해당하는
사람을 말하되, 제4조 제1항 제3호의 사람 중 제12조 제4항에 따라 재산
등록사항의 고지를 거부한 사람은 제외한다. 이하 같다) 모두가 보유한
주식의 총 가액이 1천만 원 이상 5천만 원 이하의 범위에서 대통령령으
로 정하는 금액을 초과할 때에는 초과하게 된 날(공개대상자 등이 된 날
또는 제6조의3 제1항·제2항에 따른 유예사유가 소멸된 날 현재 주식의
총 가액이 1천만 원 이상 5천만 원 이하의 범위에서 대통령령으로 정하
는 금액을 초과할 때에는 공개대상자 등이 된 날 또는 유예사유가 소멸
된 날을, 제14조의5 제6항에 따라 주식백지신탁 심사위원회에 직무관련
성 유무에 관한 심사를 청구할 때에는 직무관련성이 있다는 결정을 통
지받은 날을, 제14조의12에 따른 직권 재심사 결과 직무관련성이 있다는
결정을 통지받은 경우에는 그 통지를 받은 날을 말한다)부터 2개월 이내
에 다음 각 호의 어느 하나에 해당하는 행위를 직접 하거나 이해관계자
로 하여금 하도록 하고 그 행위를 한 사실을 등록기관에 신고하여야 한
다. 다만, 제14조의5 제7항 또는 제14조의12에 따라 주식백지신탁 심사
위원회로부터 직무관련성이 없다는 결정을 통지받은 경우에는 그러하
지 아니하다.

제15조(외국 정부 등으로부터 받은 선물의 신고) ① 공무원(지방의회의
원을 포함한다. 이하 제22조에서 같다) 또는 공직유관단체의 임직원은
외국으로부터 선물(대가 없이 제공되는 물품 및 그 밖에 이에 준하는 것
을 말하되, 현금은 제외한다. 이하 같다)을 받거나 그 직무와 관련하여
외국인(외국단체를 포함한다. 이하 같다)에게 선물을 받으면 지체 없이
소속 기관·단체의 장에게 신고하고 그 선물을 인도하여야 한다. 이들의
가족이 외국으로부터 선물을 받거나 그 공무원이나 공직유관단체 임직
원의 직무와 관련하여 외국인에게 선물을 받은 경우에도 또한 같다.

제17조(퇴직공직자의 취업제한) ① 제3조 제1항 제1호부터 제12호까지
의 어느 하나에 해당하는 공직자와 부당한 영향력 행사 가능성 및 공정
한 직무수행을 저해할 가능성 등을 고려하여 국회규칙, 대법원규칙, 헌
법재판소규칙, 중앙선거관리위원회규칙 또는 대통령령으로 정하는 공무
원과 공직유관단체의 직원(이하 이 장에서 "취업심사대상자"라 한다)은
퇴직일부터 3년간 다음 각 호의 어느 하나에 해당하는 기관(이하 "취업
심사대상기관"이라 한다)에 취업할 수 없다. 다만, 관할 공직자윤리위원
회로부터 취업심사대상자가 퇴직 전 5년 동안 소속하였던 부서 또는 기
관의 업무와 취업심사대상기관 간에 밀접한 관련성이 없다는 확인을 받
거나 취업승인을 받은 때에는 취업할 수 있다.

11 정답 ③

정책학 > 정책학 기초이론 > 조합주의   정답률 85%

| 정답해설 |

③ 선택률 85% 정책결정에서 정부의 능동적 역할을 중시하며, 정부와
이익집단과의 상호 협력을 보다 중시하는 이론이 조합주의이다.

더 알아보기 ▶ 조합주의(corporatism)

- 조합주의라는 용어는 1920∼1930년대 유럽에서 파시스트 조합주의가
기업가들을 일방적으로 이롭게 할 목적으로 파시스트 당원들을 노조의
대표로 받아들이도록 한 후, 이들 노동자 대표를 기업가 대표들과 유착
하도록 강제적으로 이끈 데에서 기인한다. 파시스트 조합주의는 사회
적인 통합을 지나치게 강조한 나머지 자본주의 사회의 가장 기본적인
요소인 경쟁과 갈등의 존재를 무시해 버렸다. 이에 제2차 세계대전을
계기로 파시스트 국가가 패망하면서 잊힌 정치 용어가 되었다.
- 조합주의가 새로이 등장하게 된 것은 제2차 세계대전 후 유럽 각국이
정부 주도의 관료적 경제계획을 수립·집행하면서 미국과는 상이한 자
본주의 체제를 구축하면서부터이다. 이들 유럽 국가에서는 기업가 단
체의 대표, 노동자 단체의 대표, 정부의 대표가 3자 연합을 통하여 주
요 경제정책을 결정하는 이른바 3자 협의체제가 발전되었는데, 여기에
는 조합주의적 요소가 상당히 포함되어 있었다.

12 고난도 TOP3 정답 ②

조직이론 > 조직관리론 > 리더십이론   정답률 52%

| 정답해설 |

② 선택률 52% 권위와 최종책임을 위임하며 부하가 의사결정에 참여
하도록 하는 것은 자유방임형 리더십에 해당한다. 민주형 리더
십은 권한을 위임하며 부하가 의사결정에 참여하도록 하는 쌍방
향 의사전달의 특징을 지닌다. 하지만 최종책임을 부하에게 위
임하는 것은 아니다.

더 알아보기 ▶ 화이트와 리피트(White & Lippitt)의 리더십 유형

권위형	지도자가 혼자서 주요한 결정을 내리고 부하에게 명령·지시하는 유형이며, 직무수행에 중점을 둠
민주형	부하를 적극적으로 참여시켜 주요한 정책이나 문제를 함께 검토하고 해결책을 모색하며, 인간관계에 중점을 두는 유형
자유방임형	지도자가 결정권을 대폭적으로 위임하여 부하가 업무수행의 목표를 확립하도록 하는 유형이며, 사실상 리더십으로서는 의미가 없음

13 정답 ③

조직이론 > 조직구조론 > 매트릭스구조	정답률 62%

| 정답해설 |

③ 선택률 62% 매트릭스구조(matrix structure)는 기능구조와 사업구조의 화학적 결합을 시도하는 조직구조이다. 조직환경이 복잡해짐에 따라 기능부서의 기술적 전문성이 요구되는 동시에 사업부서의 신속한 대응성의 필요가 증대되면서 등장한 조직형태이다. 즉, 기능구조는 전문가의 집합으로 전문성을 살릴 수 있으나 조정이 어렵고, 사업구조는 전문가의 조정은 용이하나 비용이 중복된다는 문제가 있어 양자의 장점을 채택한 조직구조인 것이다.

14 정답 ④

재무행정론 > 예산제도론 > 계획예산제도(PPBS)	정답률 71%

| 정답해설 |

④ 선택률 71% 계획예산제도(PPBS)는 하향식 예산 접근으로 중앙집권적인 기획기능이 강화되어 과도한 중앙집권화를 초래하고 하부기구의 자주성이 상실되기 쉽다. 따라서 참여적(민주적) 관리와 가장 관련이 없는 제도이다.

군무원 ⅦS 공무원 비교분석

자주 출제되는 유형은 아니지만 2017년 서울시 사회복지직 9급에서 이와 유사한 유형의 문제가 출제된 바 있다. 따라서 최근 일반 공무원 시험의 출제경향을 파악해 신경향 문제에 대비하여야 한다.

15 정답 ③

인사행정론 > 공직 분류 > 직위분류제와 계급제	정답률 64%

| 정답해설 |

③ 선택률 64% 직위분류제는 전체 조직업무를 체계적으로 분업화하고 한 사람의 적정 업무량을 부여하는 제도이다. 하지만 조직상 위계에서 고려하는 것은 아니다. 즉, 직위분류제는 조직상 위계보다는 직무를 중심으로 공직을 분류하는 제도이다.

16 정답 ①

인사행정론 > 인사행정 기초이론 > 직업공무원제	정답률 76%

| 정답해설 |

① 선택률 76% 직업공무원제는 공직이 유능하고 젊은 인재에게 개방되어 있고 업적에 따라 명예로운 높은 지위로 승진하는 기회가 보장되어, 공직근무를 보람 있는 생애로 생각하고 평생을 공직에 바치도록 조직·운영되는 공무원제도를 말한다. 따라서 직업공무원제는 계급제와 폐쇄형 공무원제 및 일반행정가주의를 지향한다. 반면, 개방형 인사제도는 공직의 모든 계급이나 직위와 상관없이 공직 내외부로부터의 신규채용이 허용되는 공직구조를 의미한다. 공직충원의 개방성을 확대하면 장기복무를 장려하기 어렵기 때문에 직업공무원제 확립을 저해할 수 있다. 직업공무원제를 확립하기 위해서는 공직충원의 폐쇄형을 채택해야 한다.

17 정답 ①

재무행정론 > 예산과정론 > 예산심의	정답률 63%

| 정답해설 |

① 선택률 63% 예산과정 중에서 재정민주주의(fiscal democracy)와 가장 관련이 깊은 것은 예산심의이다. 예산심의란 의회가 행정감독권과 재정감독권을 행사하여 행정부가 수행할 사업 계획의 효율성을 검토하고 예산을 확정하는 것으로, 재정민주주의를 실현하는 과정이다. 재정민주주의는 재정주권이 납세자인 국민에게 있다는 것을 의미하며, 재정운영과정에 국민을 참여시키고 관련되는 정보를 공개하여 그 결과에 대해 책임을 지는 것을 뜻한다. 재정민주주의를 국민의 재정선호(fiscal preference)에 일치하는 예산집행이라고 주장한 학자는 스웨덴 경제학자 빅셀(Wicksell)이며, 최근 논의되고 있는 예산감시 시민운동도 재정민주주의의 실현을 위한 것이라고 할 수 있다.

군무원 ⅦS 공무원 비교분석

그동안 일반 공무원 시험에서는 출제된 적이 없는, 기본적이지만 참신한 문제이다. 예산과정의 전체적 흐름을 파악하는 것이 중요하다.

18 정답 ②

재무행정론 > 예산제도론 > 품목별예산제도(LIBS)	정답률 71%

| 정답해설 |

② 선택률 71% 품목별예산제도(line-item budget)는 세입과 세출을 표시하면서 기관의 운영과 행정활동에 소요되는 품목을 나열해 금전적으로 표시한 것이다. 방만하게 지출될 수 있는 예산항목에 대해 개별 부서의 지출을 통제하고, 공무원들로 하여금 회계적 책임에 민감하도록 회계검사를 수행하는 것이 품목별 예산체제의 기본 목적이다.

| 오답해설 |

① 선택률 9% 성과주의예산제도는 업무단위 비용과 업무량의 파악을 통해 효율성을 높이고자 한다.

③ 선택률 6% 새로운 성과주의예산제도는 결과(outcome)에 관심이 있으며 이를 통해 효과성을 높이고자 한다.

④ 선택률 14% 계획예산제도는 목표와 예산의 연결을 통해 효율성(합리적 자원배분)을 높이고자 한다.

19
정답 ②

지방행정론 > 지방행정 기초이론 > 지방분권	정답률 85%

| 정답해설 |

② 선택률85% 지방분권은 지역 간 격차를 유발할 수 있다. 반면, 중앙집권은 중앙정부에 의한 엄격한 재정·행정적 통제를 통해 지역 간 격차를 완화할 수 있는 장점이 있다.

20 고난도 TOP 2
정답 ④

지방행정론 > 지방행정 기초이론 > 단체자치와 주민자치	정답률 51%

| 정답해설 |

④ 선택률51% 단체자치에 대한 설명으로 가, 나, 다, 라 모두 옳은 것이라는 ④가 최종정답으로 발표되었다. 하지만 단체자치는 중앙정부와 지방자치단체의 관계를 권력적 감독관계로, 주민자치는 기능적 협력관계로 보는 것이 일반적이므로 '다'의 경우 논란의 여지가 있다. 이러한 문제는 소거법으로 대처할 수 있도록 각 개념의 특징을 정확히 구분해 두도록 한다.

더 알아보기 ▶ 주민자치와 단체자치

구분	주민자치(영·미형)	단체자치(대륙형)
기초 사상	민주적 정치분권사상	중앙집권사상
채택 국가	영국, 미국	독일, 프랑스, 일본, 한국
자치권의 본질	천부적 권리(고유권설)	실정법상의 권리(전래권설)
자치의 중점	주민과의 협력관계	국가와의 권력관계
자치의 의미	정치적 의미	법률적 의미
중시하는 권리	주민의 권리(주민의 참여)	자치단체의 권능(자치권)
권한 부여 방식	개별적 수권주의	포괄적 위임주의
사무의 구분	구분 없음(고유사무)	고유사무, 위임사무
자치단체의 성격	단일적 성격(자치단체)	이중적 성격(자치단체·국가의 하급기관)
중앙통제 방식	입법·사법통제 중심	행정통제 중심
자치권의 범위	광범위	협소
지방세제	독립세 중심	부가세 중심
지방정부의 구조	기관통합형(내각제와 유사)	기관대립형(대통령제와 유사)
우월적 지위	의결기관 우월주의	집행기관 우월주의
민주주의와 관계	인정	부정

21
정답 ①

재무행정론 > 예산제도론 > 예산결정이론	정답률 70%

| 정답해설 |

① 선택률70% 욕구체계이론은 예산과 관련된 이론이 아니라 동기부여이론이다.

| 오답해설 |

② 선택률4% 윌로비와 서메이어(Wiloughby & Thurmaier)의 다중합리성모형은 복수의 합리성 기준이 중앙예산실의 예산분석가들에게 미치는 영향을 주로 미시적으로 분석하는 과정적 접근방법(process approach)에 근거한다. 따라서 정부예산의 성공을 위해서는 예산과정 각 단계에서의 예산활동과 행태를 구분해야 한다고 주장하였으며, 예산과정과 정책과정 간의 연계점(nexus)의 인식틀을 제시하기 위해 킹던(Kingdon)의 정책결정모형과 루빈(Rubin)의 실시간 예산운영모형(real time budgeting)을 통합하고자 하였다.

③ 선택률17% 단절균형이론(punctuated equilibrium theory)은 예산 재원의 배분 형태가 항상 일정하게 유지되는 것이 아니라 특정 사건이나 상황에 따라 균형 상태에서 급격한 변화가 발생하는 단절 현상이 발생하고, 이후 다시 균형을 지속한다는 예산이론이다. 이 모형은 예산이 전년 대비 일정 정도의 변화에 그친다는 점증주의이론의 한계를 비판하면서 제시되었다. 다만, 사후적인 분석으로서는 적절하지만, 단절균형이 발생할 수 있는 시점을 예측하지 못하기 때문에 미래지향적 측면에서는 한계가 있는 접근이다.

④ 선택률9% 점증주의는 전년도의 예산액을 기준으로 다음 연도의 예산액을 결정하는 방법으로, 이해관계자 간의 타협·갈등·투쟁·흥정을 거쳐 그들의 이익이 조절된 정치적 합리성을 강조한다. 따라서 예산과정 참여자들 간의 협의의 정도가 좋은 예산의 기준이 되며, 이해관계자의 타협과 조정을 강조하므로 소폭적 변동은 가능하나 급격한 변동은 곤란하다.

22
정답 ③

지방행정론 > 지방재정 > 지방수입의 지표	정답률 61%

| 정답해설 |

③ 선택률61% 지방재정 지표 중 총세입(總歲入)에서 자율적으로 사용 가능한 재원의 비율을 나타내는 것은 재정자주도이다. 재정자주도는 일반회계 세입에서 자주재원과 지방교부세를 합한 일반재원의 비중으로, 생계급여 등 사회복지 분야에서의 차등보조율을 설계할 때 사용된다.

| 오답해설 |

① 재정자립도는 일반회계예산에서 지방세와 세외수입이 차지하는 비율을 의미한다. 즉, 총세입(總歲入)에서 자주재원의 비율을 나타내는 것이며, [(지방세+세외수입−지방채)÷일반회계예산]×100으로 구한다.

④ 재정력지수는 지방교부세 산정기준으로 '기준재정수요액'과 '기준재정수입액'의 비율이다.

23

| 조직이론 > 조직구조론 > 조직이론과 인간관 | 정답률 81% |

| 정답해설 |

④ 선택률 81% 관료제하에서 구성원들은 인간으로서의 감정이나 충동을 멀리하는 비정의적 행동(impersonal conduct)이 기대된다. 즉, 관료제는 직무 면, 자원 및 시설 면으로 공과 사는 엄격히 분리된다. 이상적인 관료제는 증오나 열정 없이 형식주의적인 비정의성(impersonality)의 정신에 따라 움직인다. 이는 합리적인 결정을 내리기 위해서는 부하들과 고객과의 감정적 연계를 피해야 한다는 것이며, 관료들은 법규 적용 등 임무수행에서 개인적 친분관계나 상대방의 지위 등에 구애됨이 없이 공평무사하게 임하여야 한다는 것이다. 따라서 관료들은 민원인에 따라 업무를 차별적으로 처리하여서는 안 되며, 법률에 따라 공평하게 처리하여야 한다.

24

정답 ①

| 기초이론 > 행정학이론 발달 > 공공선택론 | 정답률 71% |

| 정답해설 |

① 선택률 71% 공공선택론(public choice theory)은 방법론적 집단(전체)주의가 아니라 방법론적 개인(개체)주의를 지향한다. 공공선택론은 방법론적 개인(개체)주의(methodological individualism)에 입각하여 합리적·이기적 경제인을 가정한다. 즉, 분석의 기본단위는 개인이며, 각 개인은 합리적 경제인(연역적 접근)으로 자기이익을 추구한다고 본다. 따라서 공공선택론은 사회를 유기체가 아니라 개개인의 결합으로 파악하며, 개인의 효용이 증가하면 사회적 효용이 증가한다고 본다.

25

정답 ③

| 재무행정론 > 예산과정론 > 예산편성 | 정답률 67% |

| 정답해설 |

③ 선택률 67% 총액배분·자율편성제도는 기획재정부가 경제사회 여건 변화와 국가발전전략에 입각한 5개년 재원배분계획(국가재정운용계획)에 근거하여, 연도별 재정규모, 분야별·중앙관서별·부문별 지출한도를 제시함으로써 정책과 우선순위에 입각한 전략적 재원배분을 도모하는 제도이다. 이후 각 부처는 소관 정책과 우선순위에 입각해 자율적으로 지출한도 내에서 사업별로 재원을 배분한다. 따라서 총액배분·자율편성제도는 기획재정부가 부처예산요구 총액의 적정성을 집중적으로 심의하는 것이 아니라 국가재정운용계획에 근거하여 각 부처의 지출한도를 제시하는 것이다.

[법령] 「국가재정법」 제7조(국가재정운용계획의 수립 등) ① 정부는 재정운용의 효율화와 건전화를 위하여 매년 해당 회계연도부터 5회계연도 이상의 기간에 대한 재정운용계획(이하 "국가재정운용계획"이라 한다)을 수립하여 회계연도 개시 120일 전까지 국회에 제출하여야 한다.

제29조(예산안편성지침의 통보) ① 기획재정부장관은 국무회의의 심의를 거쳐 대통령의 승인을 얻은 다음 연도의 예산안편성지침을 매년 3월 31일까지 각 중앙관서의 장에게 통보하여야 한다.

② 기획재정부장관은 제7조의 규정에 따른 국가재정운용계획과 예산편성을 연계하기 위하여 제1항의 규정에 따른 예산안편성지침에 중앙관서별 지출한도를 포함하여 통보할 수 있다.

9급 군무원 행정학

┃ 전체 난이도 및 합격선

전체 난이도	합격선
上	84점

┃ 기출총평

지엽적인 문제와 출제 의도에 많은 아쉬움이 남은 시험이었다.

- 영역별 – 행정학 전 영역에서 골고루 출제되었으나, 기초이론의 출제비중이 다소 높았으며, 정책학의 비중이 다소 낮았다.
- 내용별 – 신구(新舊) 문제가 적절히 조화를 이루었으며, 윈터(S. Winter)의 정책집행성과 주요 변수, 시·군 통합의 긍정적 효과가 처음 출제되었고, 레비트(H. Levitt)가 제시하는 조직 혁신의 주요 대상 변수가 오랜만에 출제되어 다소 생소했을 것으로 보인다.
- 법령별 – 「국가공무원법」과 「공무원임용령」상 시간선택제 채용 공무원, 「국가공무원법」과 「개방형 직위 및 공모직위의 운영 등에 관한 규정」상 공무원의 임용, 「공직자윤리법」상 재산등록 및 공개, 「국가재정법」상 이용과 이체, 「지방자치법」상 주민직접참여제도와 행정특례, 「지방세특례제한법」상 조세지출예산제도에 관한 규정을 숙지한다.
- 수험대책 – 몇몇 문제를 제외하고는 빈출문제가 출제되었다. 따라서 매번 출제되는 빈출문제를 반드시 숙지하여야 한다.

┃ 영역별 출제비중

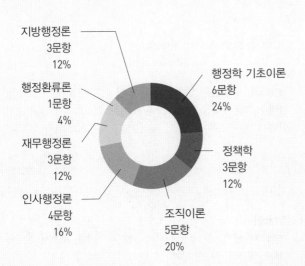

- 지방행정론 3문항 12%
- 행정환류론 1문항 4%
- 재무행정론 3문항 12%
- 인사행정론 4문항 16%
- 조직이론 5문항 20%
- 정책학 3문항 12%
- 행정학 기초이론 6문항 24%

┃ 문항 분석

	카테고리	출제수	정답률
1	기초이론 > 행정학이론 발달 > 행정학의 기술성과 과학성	1회	61%
2	기초이론 > 행정이념 > 능률성(효율성)	4회	56%
3	조직이론 > 조직변동(혁신)론 > 조직 혁신의 대상 변수	1회	51%
4	지방행정론 > 지방자치단체 운영체계 > 지방자치단체의 사무배분	2회	79%
5	기초이론 > 행정학이론 발달 > 신행정론(후기행태론)	4회	86%
6	정책학 > 정책결정이론모형 > 만족모형	1회	61%
7	조직이론 > 조직구조론 > 공기업의 민영화	2회	60%
8	재무행정론 > 재무행정 기초이론 > 조세지출예산제도	1회	86%
고난도 TOP1 9	조직이론 > 조직 기초이론 > 에치오니(Etzioni)의 조직목표 유형	1회	32%
고난도 TOP2 10	기초이론 > 행정학이론 발달 > 과학적 관리론	1회	35%
11	조직이론 > 조직구조론 > 매트릭스구조	4회	80%
12	조직이론 > 조직 기초이론 > 파슨스(Parsons)의 조직유형	1회	51%
13	인사행정론 > 공직 분류 > 시간선택제 채용 공무원	1회	85%
14	재무행정론 > 예산과정론 > 예산집행의 신축성 유지방안	8회	72%
15	기초이론 > 행정이념 > 현대 행정이념	1회	100%
고난도 TOP3 16	정책학 > 정책집행론 > 윈터(Winter)의 정책집행성과 변수	1회	36%
17	지방행정론 > 지방행정 기초이론 > 시·군 통합	1회	71%
18	기초이론 > 행정의 개념 > 진보주의	1회	80%
19	행정환류론 > 행정책임과 통제 > 옴부즈만(ombudsman)제도	2회	60%
20	인사행정론 > 인사행정의 3대 변수 > 임용	1회	85%
21	재무행정론 > 예산과정론 > 예산집행의 신축성 유지방안	7회	78%
22	지방행정론 > 주민참여제도 > 우리나라 주민참여제도	8회	76%
23	인사행정론 > 인사행정 기초이론 > 엽관주의	5회	88%
24	정책학 > 정책학 기초이론 > 정책유형의 분류	6회	73%
25	인사행정론 > 근무규율 > 「공직자윤리법」상 공무원의 의무	6회	66%

※ 고난도 TOP1 은 해당 회차에서 정답률이 가장 낮은 문항입니다.

01	①	02	①	03	④	04	②	05	①
06	③	07	③	08	②	09	④	10	①
11	③	12	②	13	③	14	②④	15	정답 없음
16	④	17	①	18	①	19	②	20	③④
21	④	22	①③	23	③	24	①	25	②

01

정답 ①

| 기초이론 > 행정학이론 발달 > 행정학의 기술성과 과학성 | 정답률 61% |

| 정답해설 |

① 선택률 61% 사이먼(H. Simon)이 'practice'란 용어로 지칭한 기술성은 정해진 목표를 어떻게 효율적으로 달성하는가 하는 방법을 의미한다. 반면, 왈도(D. Waldo)가 'art' 또는 'professional'이란 용어로 지칭한 기술성은 행정의 활동 자체를 처방하고 치료하는 행위를 의미한다.

군무원 vs 공무원 비교분석

기존의 공무원 시험에서는 볼 수 없었던 문제이다. 행정학의 기술성에 대한 왈도와 사이먼의 개념 차이를 정확하게 구분해야 한다.

02

정답 ①

| 기초이론 > 행정이념 > 능률성(효율성) | 정답률 56% |

| 정답해설 |

① 선택률 56% 사회적 형평성은 디목(M. Dimock)의 사회적 능률보다는 롤즈(J. Rawls)의 정의론과 관련이 있다.

03

정답 ④

| 조직이론 > 조직변동(혁신)론 > 조직 혁신의 대상 변수 | 정답률 51% |

| 정답해설 |

④ 선택률 51% 레비트(H. Levitt)가 제시하는 조직 혁신의 주요 대상 변수는 구조, 인간, 업무(과업), 기술이다.

군무원 vs 공무원 비교분석

과거 일반 공무원 시험에서 가끔 출제되었던 이론이다. 워낙 오래전에 출제된 이론이므로 다소 생소하게 느껴질 수 있으나, 개념만 알면 쉽게 해결할 수 있으므로 해당 문제를 풀면서 개념까지 확실히 정리해 두도록 한다.

04

정답 ②

| 지방행정론 > 지방자치단체 운영체계 > 지방자치단체의 사무배분 | 정답률 79% |

| 정답해설 |

② 선택률 79% 인구 30만 이상의 도시는 지방자치단체의 사무배분에서 특례가 적용되지 않는다.

법령 「지방자치법」 제196조(자치구의 재원) 특별시장이나 광역시장은 「지방재정법」에서 정하는 바에 따라 해당 지방자치단체의 관할구역의 자치구 상호 간의 재원을 조정하여야 한다.

제197조(특례의 인정) ① 서울특별시의 지위·조직 및 운영에 대해서는 수도로서의 특수성을 고려하여 법률로 정하는 바에 따라 특례를 둘 수 있다.

② 세종특별자치시와 제주특별자치도의 지위·조직 및 행정·재정 등의 운영에 대해서는 행정체제의 특수성을 고려하여 법률로 정하는 바에 따라 특례를 둘 수 있다.

제198조(대도시 등에 대한 특례 인정) ① 서울특별시·광역시 및 특별자치시를 제외한 인구 50만 이상 대도시의 행정, 재정 운영 및 국가의 지도·감독에 대해서는 그 특성을 고려하여 관계 법률로 정하는 바에 따라 특례를 둘 수 있다.

05

정답 ①

| 기초이론 > 행정학이론 발달 > 신행정론(후기행태론) | 정답률 86% |

| 정답해설 |

① 선택률 86% 행정학에서 가치에 관한 연구가 본격적으로 관심을 끌기 시작한 학문적 계기는 신행정론에서 형평성을 강조하면서부터이다. 인식론적 근거로서 논리실증주의를 신봉하는 행태론은 과학적 연구를 위해 가치와 사실을 구분하고, 과학적 연구의 대상이 될 수 없는 가치판단은 배제하고 객관적 사실을 연구하는 가치중립성을 강조한다. 반면, 신행정론(후기행태론)은 행태론의 과학적 연구방법을 비판하고 사회적 약자를 위한 형평성을 강조하는 가치평가적 연구를 지향한다.

06

정답 ③

| 정책학 > 정책결정이론모형 > 만족모형 | 정답률 61% |

| 정답해설 |

③ 선택률 61% 경제인은 합리적·분석적 결정을, 행정인은 직관, 영감에 기초한 결정을 한다고 보는 것은 드로어(Dror)의 최적모형이다.

07

정답 ③

| 조직이론 > 조직구조론 > 공기업의 민영화 | 정답률 60% |

| 정답해설 |

③ 선택률 60% 민영화는 경쟁을 위해서 하는 것이다. 따라서 경쟁의 심화는 민영화에 대한 문제점으로 보기 어렵다.

08
정답 ②

재무행정론 > 재무행정 기초이론 > 조세지출예산제도　정답률 86%

| 정답해설 |

② 선택률 86% 지방재정에는 지방세지출제도(지방세지출보고서)가 도입되어 있다.

법령 「지방세특례제한법」 제5조(지방세지출보고서의 작성) ① 지방자치단체의 장은 지방세 감면 등 지방세 특례에 따른 재정 지원의 직전 회계연도의 실적과 해당 회계연도의 추정 금액에 대한 보고서(이하 "지방세지출보고서"라 한다)를 작성하여 지방의회에 제출하여야 한다.
② 지방세지출보고서의 작성방법 등에 관하여는 행정안전부장관이 정한다.

09 고난도 TOP1
정답 ④

조직이론 > 조직 기초이론 > 에치오니(Etzioni)의 조직목표 유형　정답률 32%

| 정답해설 |

④ 선택률 32% 에치오니(A. Etzioni)의 조직목표 유형은 질서 목표, 경제적 목표, 문화적 목표이다. 질서 목표는 강제적 조직이, 경제적 목표는 공리적 조직이, 문화적 목표는 규범적 조직이 담당한다고 보았다.

더 알아보기 ▶ 에치오니(Etzioni)의 조직 분류

관여의 종류 권력의 종류	소외적 관여	타산적 관여	도덕적 관여
강제적 권력	강제적 조직		
보수적(공리적) 권력		공리적 조직	
규범적 권력			규범적 조직

10 고난도 TOP2
정답 ①

기초이론 > 행정학이론 발달 > 과학적 관리론　정답률 35%

| 정답해설 |

① 선택률 35% 테일러(F. W. Taylor)는 과학적 관리의 핵심을 '분업'에 두고, 노동자가 발전된 과학적 방법에 따라 작업이 되도록 한다.

11
정답 ③

조직이론 > 조직구조론 > 매트릭스구조　정답률 80%

| 정답해설 |

③ 선택률 80% 매트릭스조직은 이중의 명령 및 보고체제가 허용된다. 또한 조직의 성과를 저해하는 권력투쟁이 발생하기 쉽고, 조직구성원 간 원만한 인간관계 형성이 곤란하다.

12
정답 ②

조직이론 > 조직 기초이론 > 파슨스(Parsons)의 조직유형　정답률 51%

| 정답해설 |

② 선택률 51% 파슨스(T. Parsons)의 조직유형 중 조직체제의 목표달성기능과 관련된 유형은 정치조직이다. 파슨스는 체제의 기능을 AGIL 기능 기준으로 분류(Adaptation-적응기능, Goal attainment-목표달성기능, Integration-통합기능, Latent pattern maintenance-체제유지기능)하였고, 이에 따라 조직의 유형을 경제적 생산조직, 정치조직, 통합조직, 형상유지조직으로 분류하였다.

더 알아보기 ▶ 파슨스(Parsons)와 카츠-칸(Katz&Kahn)의 조직유형 비교

구분	파슨스(Parsons)	카츠-칸(Katz&Kahn)
적응기능	경제적 생산조직(회사, 공기업 등)	적응조직(연구소, 조사기관, 대학 등)
목표달성기능	정치조직(행정기관, 정당 등)	경제적·생산적 조직(산업조직)
통합기능	통합조직(사법기관, 경찰, 정신병원 등)	정치적·관리적 조직(행정기관, 정당, 노동조합, 압력단체 등)
체제유지기능	형상유지조직(학교, 종교단체 등)	형상유지조직(학교, 종교단체 등)

13
정답 ③

인사행정론 > 공직 분류 > 시간선택제 채용 공무원　정답률 85%

| 정답해설 |

③ 선택률 85% 통상적인 근무시간보다 짧은 시간(주 15~35시간)을 근무하는 공무원으로서 일반 공무원처럼 시험을 통해 채용되고 정년이 보장되는 공무원은 시간선택제 채용 공무원이다.

법령 「국가공무원법」 제26조의2(근무시간의 단축 임용 등) 국가기관의 장은 업무의 특성이나 기관의 사정 등을 고려하여 소속 공무원을 대통령령 등으로 정하는 바에 따라 통상적인 근무시간보다 짧게 근무하는 공무원으로 임용 또는 지정할 수 있다.

법령 「공무원임용령」 제3조의3(시간선택제 채용 공무원의 임용) ① 임용권자 또는 임용제청권자는 법 제26조의2에 따라 통상적인 근무시간보다 짧은 시간을 근무하는 일반직 공무원(임기제 공무원은 제외한다)을 신규채용할 수 있다.
② 제1항에 따라 채용된 공무원(이하 "시간선택제 채용 공무원"이라 한다)의 주당 근무시간은 「국가공무원 복무규정」 제9조에도 불구하고 15시간 이상 35시간 이하의 범위에서 임용권자 또는 임용제청권자가 정한다. 이 경우 근무시간을 정하는 방법 및 절차 등은 인사혁신처장이 정한다.
③ 시간선택제 채용 공무원을 통상적인 근무시간 동안 근무하는 공무원으로 임용하는 경우에는 어떠한 우선권도 인정하지 아니한다.

14

| 재무행정론 > 예산과정론 > 예산집행의 신축성 유지방안 | 정답률 72% |

| 정답해설 |

② 선택률52% ④ 선택률20% 정부조직 개편으로 예산을 조직 간 상호 이용하는 것으로 예산의 원칙 중 목적 외 사용 금지 원칙의 예외인 것은 예산의 이용과 이체이다.

법령 「국가재정법」 제47조(예산의 이용·이체) ② 기획재정부장관은 정부조직 등에 관한 법령의 제정·개정 또는 폐지로 인하여 중앙관서의 직무와 권한에 변동이 있는 때에는 그 중앙관서의 장의 요구에 따라 그 예산을 상호 이용하거나 이체(移替)할 수 있다.

15

정답 없음

| 기초이론 > 행정이념 > 현대 행정이념 | 정답률 100% |

| 정답해설 |

① 선택률18% ② 선택률14% ③ 선택률3% ④ 선택률65%

가답안은 ①로 발표되었으나 논란이 있어 '정답 없음'으로 처리한 문제이다. 행정학은 정부(국가)나 정부(국가)의 활동을 연구하는 학문이다. 따라서 행정학은 국가관을 입법국가, 행정국가, 신(탈)행정국가로 분류하는 것이 일반적이다. 행정학에서 '현대적'은 국가관에 따라 '행정국가'를 의미하는 경우가 일반적인데, 이 경우 민주성과 가외성은 행정국가에서 강조된 현대적 행정이념에 해당하지만, 신뢰성(사회자본으로 발달), 성찰성은 정부실패 이후 강조된 이념이므로 현대적 행정이념에 해당하지 않는다.

'현대적'이 종종 정부실패 이후를 의미하는 경우가 있다. 이 경우 신뢰성(사회자본으로 발달), 성찰성은 정부실패 이후 강조된 이념이므로 현대적 행정이념에 해당하지만, 민주성과 가외성은 행정국가에서 강조된 이념이므로 현대적 행정이념에 해당하지 않는다. 즉, '현대적'을 어느 쪽으로 보더라도 정답이 2개가 되는 것이다. 다만, 출제자는 민주성을 '전통적' 행정이념에 해당하는 것으로 보고 출제한 것으로 생각된다. 하지만 '전통적' 행정이념은 입법국가에서 강조된 '합법성'이 대표적이다. 따라서 정답 이의제기 이후 최종적으로 '정답 없음'으로 처리되었다.

16 고난도 TOP3

정답 ④

| 정책학 > 정책집행론 > 윈터(Winter)의 정책집행성과 변수 | 정답률 36% |

| 정답해설 |

④ 선택률36% 윈터(S. Winter)가 제시하는 정책집행성과를 좌우하는 주요 변수는 정책형성과정의 특성, 조직 내 혹은 조직 상호 간의 집행행태, 일선집행관료의 행태, 정책대상집단의 행태이다.

17

정답 ①

| 지방행정론 > 지방행정 기초이론 > 시·군 통합 | 정답률 71% |

| 정답해설 |

① 선택률71% 시·군 통합의 긍정적 효과로는 규모의 경제 실현, 생활권과 행정권의 일치, 광역적 문제의 효과적 해결 등이 있다. 시·군이 통합되면 행정구역이 광역화되기 때문에 행정의 대응성을 저하시킨다.

군무원 vs 공무원 비교분석

기존의 공무원 시험에서는 볼 수 없었던 문제이다. 최근 시·군 통합에 관한 논의가 활발해지고 있어 매우 시사적인 문제이므로 주의깊게 살펴보도록 한다.

18

정답 ①

| 기초이론 > 행정의 개념 > 진보주의 | 정답률 80% |

| 정답해설 |

① 선택률80% 조세 감면 확대는 보수주의 정부에서 선호하는 정책이다.

더 알아보기 ▶ 진보주의와 보수주의

구분	진보주의	보수주의
인간관	• 경제인관 부정 • 욕구, 협동, 오류 가능성 여지가 있는 인간관	합리이고 이기적인 경제인관
가치판단	• 적극적 자유를 열렬히 옹호 • 평등을 증진시키기 위해 실질적인 정부개입 허용	정부로부터 소극적 자유 강조
시장과 정부에 대한 평가	• 효율과 공정, 번영과 진보에 대한 자유시장 잠재력 인정 • 시장결함과 윤리적 결여 인정 • 시장실패는 정부 치유책에 의해 수정 가능	• 자유시장에 대한 신념 • 정부 불신: 정부는 개인 자유를 위태롭게 하고 경제조건을 악화시키는 전제적 횡포
선호하는 정책	• 소외집단을 위한 정책(소수민족 기회 확보) • 공익 목적의 정부규제 • 조세제도를 통한 소득재분배	• 소외집단의 지원정책 비선호 • 경제적 규제완화 • 시장지향정책 • 조세 감면 또는 완화
비고	복지국가, 혼합자본주의, 진보주의, 규제된 자본주의, 개혁주의	자유방임적 자본주의

19

정답 ②

행정환류론 > 행정책임과 통제 > 옴부즈만(ombudsman)
제도 정답률 60%

| 정답해설 |

② 선택률 60% 행정이 전문성과 복잡성을 띠게 된 현대 행정국가 시대에는 외부 통제가 점차 약화되고 있다. 따라서 스웨덴에서 처음 도입된 옴부즈만(ombudsman)제도는 외부 통제의 한계를 보완하기 위해서 행정부에 시정을 촉구하거나 건의함으로써 국민의 권리를 구제하는 제도이며, 대부분의 국가에서는 입법부에 소속되어 있다.

20

정답 ③④

인사행정론 > 인사행정의 3대 변수 > 임용 정답률 85%

| 정답해설 |

③ 선택률 19% ④ 선택률 66% 국가직은 고위공무원단을 포함한 1~3급에 해당하는 직위 중 20%를 개방형 직위로 간주한다.
※ 가답안은 ④가 답이었으나 5급 공무원으로의 승진임용의 경우에는 승진시험을 거치도록 하되, 필요하다고 인정하면 대통령령 등으로 정하는 바에 따라 승진심사위원회의 심사를 거쳐 임용할 수 있기 때문에 ③도 복수정답으로 인정되었습니다.

법령 「국가공무원법」 제28조의4(개방형 직위) ① 임용권자나 임용제청권자는 해당 기관의 직위 중 전문성이 특히 요구되거나 효율적인 정책 수립을 위하여 필요하다고 판단되어 공직 내부나 외부에서 적격자를 임용할 필요가 있는 직위에 대하여는 개방형 직위로 지정하여 운영할 수 있다. 이 경우 「정부조직법」 등 조직 관계 법령에 따라 1급부터 3급까지의 공무원 또는 이에 상당하는 공무원으로 보할 수 있는 직위(고위공무원단 직위를 포함하며, 실장·국장 밑에 두는 보조기관 또는 이에 상당하는 직위는 제외한다) 중 임기제 공무원으로도 보할 수 있는 직위(대통령령으로 정하는 직위는 제외한다)는 개방형 직위로 지정된 것으로 본다.

제40조(승진) ① 승진임용은 근무성적평정·경력평정, 그 밖에 능력의 실증에 따른다. 다만, 1급부터 3급까지의 공무원으로의 승진임용 및 고위공무원단 직위로의 승진임용의 경우에는 능력과 경력 등을 고려하여 임용하며, 5급 공무원으로의 승진임용의 경우에는 승진시험을 거치도록 하되, 필요하다고 인정하면 대통령령 등으로 정하는 바에 따라 승진심사위원회의 심사를 거쳐 임용할 수 있다.

법령 「개방형 직위 및 공모직위의 운영 등에 관한 규정」 제3조(개방형 직위의 지정) ① 「국가공무원법」(이하 "법"이라 한다) 제28조의4 제1항에 따라 「공무원임용령」 제2조 제3호에 따른 소속 장관(이하 "소속 장관"이라 한다)은 소속 장관별로 법 제2조의2 제2항 각 호의 고위공무원단 직위(이하 "고위공무원단 직위"라 한다) 총수의 100분의 20의 범위에서 개방형 직위를 지정하되, 중앙행정기관과 소속 기관 간 균형을 유지하도록 하여야 한다.

21

정답 ④

재무행정론 > 예산과정론 > 예산집행의 신축성 유지방안 정답률 78%

| 정답해설 |

④ 선택률 78% 예산의 재배정은 예산집행의 신축성을 확보하기 위한 제도가 아니라, 예산집행의 재정통제를 확보하기 위한 제도이다.

22

정답 ①③

지방행정론 > 주민참여제도 > 우리나라 주민참여제도 정답률 76%

| 정답해설 |

① 선택률 19% ③ 선택률 57% 우리나라 「지방자치법」이 인정하는 주민직접참여제도는 주민투표, 주민감사청구, 주민발안(조례의 제정과 개폐 청구), 주민소송, 주민소환 등이 있다. 주민참여예산은 「지방재정법」에서 인정하고 있으며, 주민총회는 현재 인정되지 않는 제도이다.

법령 「지방자치법」 제18조(주민투표) ① 지방자치단체의 장은 주민에게 과도한 부담을 주거나 중대한 영향을 미치는 지방자치단체의 주요 결정사항 등에 대하여 주민투표에 부칠 수 있다.
② 주민투표의 대상·발의자·발의요건, 그 밖에 투표절차 등에 관한 사항은 따로 법률로 정한다.

제19조(조례의 제정과 개정·폐지 청구) ① 주민은 지방자치단체의 조례를 제정하거나 개정하거나 폐지할 것을 청구할 수 있다.
② 조례의 제정·개정 또는 폐지 청구의 청구권자·청구대상·청구요건 및 절차 등에 관한 사항은 따로 법률로 정한다.

제21조(주민의 감사 청구) ① 지방자치단체의 18세 이상의 주민으로서 다음 각 호의 어느 하나에 해당하는 사람(「공직선거법」 제18조에 따른 선거권이 없는 사람은 제외한다. 이하 이 조에서 "18세 이상의 주민"이라 한다)은 시·도는 300명, 제198조에 따른 인구 50만 이상 대도시는 200명, 그 밖의 시·군 및 자치구는 150명 이내에서 그 지방자치단체의 조례로 정하는 수 이상의 18세 이상의 주민이 연대 서명하여 그 지방자치단체와 그 장의 권한에 속하는 사무의 처리가 법령에 위반되거나 공익을 현저히 해친다고 인정되면 시·도의 경우에는 주무부장관에게, 시·군 및 자치구의 경우에는 시·도지사에게 감사를 청구할 수 있다.
  1. 해당 지방자치단체의 관할 구역에 주민등록이 되어 있는 사람
  2. 「출입국관리법」 제10조에 따른 영주(永住)할 수 있는 체류자격 취득일 후 3년이 경과한 외국인으로서 같은 법 제34조에 따라 해당 지방자치단체의 외국인등록대장에 올라 있는 사람

제25조(주민소환) ① 주민은 그 지방자치단체의 장 및 지방의회의원(비례대표 지방의회의원은 제외한다)을 소환할 권리를 가진다.
② 주민소환의 투표 청구권자·청구요건·절차 및 효력 등에 관한 사항은 따로 법률로 정한다.

23

| 인사행정론 > 인사행정 기초이론 > 엽관주의 | 정답률 88% |

| 정답해설 |

③ **선택률 88%** 엽관주의 인사제도가 필요한 이유는 관직의 특권화를 배제하고, 국민의 요구에 대한 관료적 대응성을 향상하기 위해서이다.

24

정답 ①

| 정책학 > 정책학 기초이론 > 정책유형의 분류 | 정답률 73% |

| 정답해설 |

① **선택률 73%** 정부기관 개편은 구성정책의 사례에 해당하나, 국경일의 제정은 상징정책의 사례에 해당한다.

25

정답 ②

| 인사행정론 > 근무규율 > 「공직자윤리법」상 공무원의 의무 | 정답률 66% |

| 정답해설 |

② **선택률 66%** 재산등록의무자는 4급 이상의 일반직 국가공무원 및 지방공무원과 이에 상당하는 보수를 받는 별정직 공무원이다.

법령 「공직자윤리법」 제3조(등록의무자) ① 다음 각 호의 어느 하나에 해당하는 공직자(이하 "등록의무자"라 한다)는 이 법에서 정하는 바에 따라 재산을 등록하여야 한다.

1. 대통령·국무총리·국무위원·국회의원 등 국가의 정무직 공무원
2. 지방자치단체의 장, 지방의회의원 등 지방자치단체의 정무직 공무원
3. 4급 이상의 일반직 국가공무원(고위공무원단에 속하는 일반직 공무원을 포함한다) 및 지방공무원과 이에 상당하는 보수를 받는 별정직 공무원(고위공무원단에 속하는 별정직 공무원을 포함한다)
4. 대통령령으로 정하는 외무공무원과 4급 이상의 국가정보원 직원 및 대통령경호처 경호공무원
5. 법관 및 검사
6. 헌법재판소 헌법연구관
7. 대령 이상의 장교 및 이에 상당하는 군무원
8. 교육공무원 중 총장·부총장·대학원장·학장(대학교의 학장을 포함한다) 및 전문대학의 장과 대학에 준하는 각종 학교의 장, 특별시·광역시·특별자치시·도·특별자치도의 교육감 및 교육장
9. 총경(자치총경을 포함한다) 이상의 경찰공무원과 소방정 이상의 소방공무원
10. 제3호부터 제7호까지 및 제9호의 공무원으로 임명할 수 있는 직위 또는 이에 상당하는 직위에 임용된 「국가공무원법」 제26조의5 및 「지방공무원법」 제25조의5에 따른 임기제 공무원
11. 「공공기관의 운영에 관한 법률」에 따른 공기업의 장·부기관장·상임이사 및 상임감사, 한국은행의 총재·부총재·감사 및 금융통화위원회의 추천직 위원, 금융감독원의 원장·부원장·부원장보 및 감사, 농업협동조합중앙회·수산업협동조합중앙회의 회장 및 상임감사
12. 제3조의2에 따른 공직유관단체의 임원

12의2. 「한국토지주택공사법」에 따른 한국토지주택공사 등 부동산 관련 업무나 정보를 취급하는 대통령으로 정하는 공직유관단체의 직원
13. 그 밖에 국회규칙, 대법원규칙, 헌법재판소규칙, 중앙선거관리위원회규칙 및 대통령령으로 정하는 특정 분야의 공무원과 공직유관단체의 직원

제3조의2(공직유관단체) ① 제9조 제2항 제8호에 따른 정부 공직자윤리위원회는 정부 또는 지방자치단체의 재정지원 규모, 임원선임 방법 등을 고려하여 다음 각 호에 해당하는 기관·단체를 공직유관단체로 지정할 수 있다.

1. 한국은행
2. 공기업
3. 정부의 출자·출연·보조를 받는 기관·단체, 그 밖에 정부 업무를 위탁받아 수행하거나 대행하는 기관·단체
4. 「지방공기업법」에 따른 지방공사·지방공단 및 지방자치단체의 출자·출연·보조를 받는 기관·단체, 그 밖에 지방자치단체의 업무를 위탁받아 수행하거나 대행하는 기관·단체
5. 임원 선임 시 중앙행정기관의 장 또는 지방자치단체의 장의 승인·동의·추천·제청 등이 필요한 기관·단체나 중앙행정기관의 장 또는 지방자치단체의 장이 임원을 선임·임명·위촉하는 기관·단체

제4조(등록대상재산) ① 등록의무자가 등록할 재산은 다음 각 호의 어느 하나에 해당하는 사람의 재산(소유 명의와 관계없이 사실상 소유하는 재산, 비영리법인에 출연한 재산과 외국에 있는 재산을 포함한다. 이하 같다)으로 한다.

1. 본인
2. 배우자(사실상의 혼인관계에 있는 사람을 포함한다. 이하 같다)
3. 본인의 직계존속·직계비속. 다만, 혼인한 직계비속인 여성과 외증조부모, 외조부모, 외손자녀 및 외증손자녀는 제외한다.

9급 군무원 행정학(추가채용)

Ⅰ 전체 난이도 및 합격선

전체 난이도	합격선
中	88점

Ⅰ 기출총평

몇몇 문제를 제외하고는 빈출문제가 출제되었다.

• 영역별 – 행정학 전 영역에서 골고루 출제되었으나, 정책학과 조직이론의 비중이 낮았고, 인사행정론의 비중이 조금 높았다.

• 내용별 – 신구(新舊) 문제가 적절히 조화를 이루었으며, 퇴직공직자의 업무취급 제한, 군무원, 시민중심적 e-거버넌스 등은 처음 출제되었으나, 이를 제외하고는 예년과 비슷한 수준의 출제를 보이고 있다.

• 법령별 – 「국가공무원법」상 고위공무원단제도, 「공직자윤리법」상 퇴직공직자의 취업제한, 「군무원인사법」상 군무원의 대우, 결격사유, 보수, 「국가재정법」상 특별회계, 예산제출시한, 「지방자치법」상 광역행정 방식, 지방자치법령상 외국인의 주민참여제도, 「국세기본법」상 국세의 종류, 「지방교부세법」상 교부세의 종류와 주요 내용에 관한 규정을 숙지한다.

• 수험대책 – 몇몇 문제를 제외하고는 빈출문제가 출제되었다. 따라서 매번 출제되는 문제들은 반드시 숙지하여야 한다.

Ⅰ 영역별 출제비중

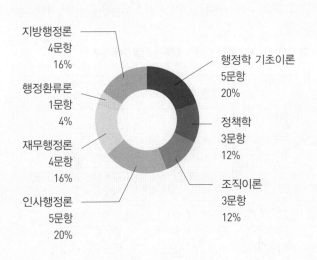

지방행정론 4문항 16%
행정환류론 1문항 4%
재무행정론 4문항 16%
인사행정론 5문항 20%
행정학 기초이론 5문항 20%
정책학 3문항 12%
조직이론 3문항 12%

Ⅰ 문항 분석

	카테고리	출제수	정답률
1	재무행정론 > 재무행정 기초이론 > 특별회계예산	1회	84%
2 고난도 TOP3	기초이론 > 행정학이론 발달 > 피터스(Peters)의 새로운 국정관리모형	3회	47%
3	정책학 > 정책학 기초이론 > 정책유형의 분류	6회	94%
4	기초이론 > 행정학이론 발달 > 신공공관리론(NPM)	12회	82%
5	정책학 > 정책집행론 > 일선관료제	2회	71%
6	조직이론 > 조직 기초이론 > 애드호크라시(adho—cracy)	6회	84%
7	기초이론 > 현대행정의 변천 > 현대행정의 특징	1회	66%
8	재무행정론 > 재무행정 기초이론 > 전통적 예산원칙	5회	72%
9	재무행정론 > 예산과정론 > 예산집행의 신축성 유지방안	8회	84%
10	인사행정론 > 인사행정 기초이론 > 독립합의형 중앙인사기관	1회	81%
11	정책학 > 정책평가론 > 외적 타당성 저해요인	1회	85%
12	인사행정론 > 공직 분류 > 고위공무원단	3회	82%
13	지방행정론 > 정부 간 관계 > 광역행정의 처리방식	1회	77%
14	기초이론 > 현대행정의 변천 > 시장실패의 원인과 대응방안	5회	67%
15 고난도 TOP1	인사행정론 > 근무규율 > 「공직자윤리법」상 공무원의 의무	6회	27%
16	인사행정론 > 인사행정 기초이론 > 직업공무원제	5회	89%
17	지방행정론 > 지방재정 > 국세와 지방세	1회	48%
18	조직이론 > 조직정보론 > 전자거버넌스(e-gover—nance)	3회	60%
19 고난도 TOP2	지방행정론 > 지방재정 > 지방교부세	2회	28%
20	재무행정론 > 재무행정 기초이론 > 「국가재정법」상의 예산	1회	79%
21	행정환류론 > 행정책임과 통제 > 책임성	1회	68%
22	기초이론 > 행정학이론 발달 > 행태론	5회	86%
23	인사행정론 > 공직 분류 > 군무원	1회	60%
24	조직이론 > 조직구조론 > 조직구조의 변수	3회	82%
25	지방행정론 > 주민참여제도 > 우리나라 주민참여제도	8회	59%

※ 고난도 TOP1 은 해당 회차에서 정답률이 가장 낮은 문항입니다.

01	②	02	③	03	④	04	④	05	④
06	③	07	②	08	③	09	③	10	④
11	③	12	①	13	④	14	④	15	①
16	④	17	③	18	②	19	③	20	③
21	①	22	③	23	①	24	②	25	④

01

정답 ②

재무행정론 > 재무행정 기초이론 > 특별회계예산 　　정답률 84%

| 정답해설 |

② `선택률 84%` 특별회계는 일반회계와 구분하여 회계처리를 하기 때문에 재정운용의 탄력성과 능률성을 제고하는 반면, 예산팽창을 효과적으로 통제하지 못해 재정 인플레이션을 유발할 수도 있다.

`법령` 「국가재정법」 제4조(회계구분) ① 국가의 회계는 일반회계와 특별회계로 구분한다.

② 일반회계는 조세수입 등을 주요 세입으로 하여 국가의 일반적인 세출에 충당하기 위하여 설치한다.

③ 특별회계는 국가에서 특정한 사업을 운영하고자 할 때, 특정한 자금을 보유하여 운용하고자 할 때, 특정한 세입으로 특정한 세출에 충당함으로써 일반회계와 구분하여 회계처리할 필요가 있을 때에 법률로써 설치하되, 별표 1에 규정된 법률에 의하지 아니하고는 이를 설치할 수 없다.

02 `고난도 TOP3`

정답 ③

기초이론 > 행정학이론 발달 > 피터스(Peters)의 새로운 국정관리모형 　　정답률 47%

| 정답해설 |

③ `선택률 47%` 탈규제적 정부모형은 공공부문이 점차 관료화되면서 발생한 규정과 번문욕례(red-tape)의 폐해를 지적한다. 즉, 탈규제적 정부모형은 시장규제 완화를 통한 시장 활성화를 추구하는 것이 아니라, 공공관리자의 행정행위에 대한 내부규제를 완화함으로써 공무원의 잠재력과 혁신가적 에너지를 표출시켜 조직효과성을 제고할 수 있다는 입장이다.

더 알아보기 ▶ 피터스(Peters)의 새로운 국정관리모형

구분	전통적 정부모형	시장적 정부모형	참여적 정부모형	신축적 정부모형	탈내부규제 정부모형
기존 정부의 문제점	전근대적 권위	독점	계층제	조직의 영속성·경직성	내부규제
구조의 개혁방안	계층제 (관료제)	분권화, 공기업화, 책임운영기관, 지방분권	수평적 조직, 평면조직, 자문위원회	가상조직, 임시과제단, 준(비)정부기구	-
관리의 개혁방식	직업공무원제, 절차적 통제	성과급, 목표관리제, 민간기법 도입	TQM, 팀제, 권한위임	가변적·적응적 인사관리, 임시직	재량권 부여, 공직윤리 강조

| 정책 결정의 개혁방안 | 정치·행정 이원론(정치-행정의 구분) | 내부시장, 시장적 유인 | 전문가 회의, 협상, 협의 | 실험 | 기업가적 정부 |
| 공익의 기준 | 안정성, 평등 | 비용 최소화 | 참여, 협의 | 저비용, 조정 | 창의성, 활동주의 |

03

정답 ④

정책학 > 정책학 기초이론 > 정책유형의 분류 　　정답률 94%

| 정답해설 |

④ `선택률 94%` 분배정책은 특정 개인, 집단, 지역주민들 또는 국민의 일부에게 권리나 이익 또는 서비스를 배분하는 내용을 지닌 정책으로, 정부가 적극적으로 국민들이 필요로 하는 재화와 서비스를 산출·제공하는 것을 그 내용으로 하며, 모두가 수혜자가 된다는 면에서 집행과정에서 반발과 갈등의 강도가 가장 적은 정책유형이다.

04

정답 ④

기초이론 > 행정학이론 발달 > 신공공관리론(NPM) 　　정답률 82%

| 정답해설 |

④ `선택률 82%` 신공공관리론(NPM)은 시장주의와 신관리주의를 결합한 이론이다. 시장주의는 신자유주의 이념에 기초하여 가격 메커니즘과 경쟁원리를 활용한 공공서비스 제공, 고객 지향적 공공서비스 제공을 중시한다. 신관리주의는 행정과 경영의 유사성에 대한 인식에 기초하여 기업의 경영원리와 관리기법을 행정에 도입·접목하여 정부의 성과 향상과 관리의 효율성을 제고하는 것을 강조한다. 이에 따라 기업가정신, 성과에 기초한 관리, 권한이양, 품질관리기법, 인센티브 메커니즘, 마케팅기법, 고객만족경영기법 등을 행정에 도입하는 방안들이 논의된다. 따라서 신공공관리론(NPM)은 내부 규제를 완화하고 경쟁원리를 강조한다.

더 알아보기 ▶ 전통적 관료제 정부와 기업가적 정부

구분	전통적 관료제 정부	기업가적 정부 (신공공관리론)
정부의 역할	노젓기 역할	방향잡기 역할
정부의 활동	직접적인 서비스 제공	할 수 있는 권한 부여
행정의 가치	형평성, 민주성	경제성, 효율성, 효과성
서비스	독점적 공급	경쟁도입: 민영화, 민간위탁 등
공급방식	행정 메커니즘	시장 메커니즘
행정관리 기제	법령, 규칙 중심 관리	임무 중심 관리

| 행정관리방식 | • 투입 중심 예산
• 지출 지향
• 사후 대처(수습 중심의 재해대책)
• 명령과 통제 | • 성과 연계 예산
• 수익 창출
• 예측과 예방
• 참여와 팀워크 및 네트워크 관리 |
| 행정주도 주체 및 책임성 | 관료 및 행정기관 중심, 계층제적 책임 확보 | 고객 중심, 참여적 대응성 확보 |

05 정답 ④

| 정책학 > 정책집행론 > 일선관료제 | 정답률 71% |

| 정답해설 |

④ **선택률 71%** 립스키(Lipsky)는 업무수행과정에서 시민과 직접적으로 접촉하며 업무수행상 상당한 재량을 보유하는 공무원을 '일선관료'라 하며, 그 구성원의 상당 부분이 일선관료로서 구성되는 공공서비스 기관을 '일선관료제'라고 규정하고 있다. 사회복지요원, 경찰, 교사 등이 일선관료에 포함된다. 일선관료제의 특징으로는 서면 처리적 업무보다는 대면 처리적 업무가 주이고, 고객을 범주화하여 선별한다. 또한 많은 재량을 행사하고, 업무과다와 자원의 부족에 직면한다. 따라서 일선(집행)관료는 집행현장에서 재량이 적지 않다.

더 알아보기 ▶ 일선관료제의 특징

• 서면 처리적 업무보다는 대면 처리적 업무가 주이다.
• 고객을 범주화하여 선별한다.
• 많은 재량을 행사한다.
• 업무과다와 자원의 부족에 직면한다.

06 정답 ③

| 조직이론 > 조직 기초이론 > 애드호크라시(adhocracy) | 정답률 84% |

| 정답해설 |

③ **선택률 84%** 애드호크라시(adhocracy)는 관료제(bureaucracy)의 결함을 보완하고자 등장한 임시적·동태적·유기적 조직을 총칭하는 개념으로, 토플러(Toffler)가 『미래의 충격』이라는 저서에서 최초로 사용한 바 있다. 애드호크라시(adhocracy)의 주요 형태로는 프로젝트조직, 태스크포스조직, 매트릭스조직 등이 있다. 귤릭조직은 해당되지 않는다.

07 정답 ②

| 기초이론 > 현대행정의 변천 > 현대행정의 특징 | 정답률 66% |

| 정답해설 |

② **선택률 66%** 행정기구의 확대 및 공무원 수의 증가는 현대행정의 기능적·질적 특징이 아니라, 구조적·양적 특징에 해당한다.

더 알아보기 ▶ 현대행정의 특징

현대행정의 구조적·양적 특징	현대행정의 기능적·질적 특징
• 행정기능의 확대·강화(근본적 특징) • 행정기구의 확대와 준공공기관의 증가 • 공무원의 증가와 파킨슨의 법칙 • 재정규모의 증가 • 공기업의 증가 • 막료기관의 확충 • 신중앙집권화 경향에 따른 국고보조금 지출의 증대 등	• 행정의 전문화·기술화 • 행정의 조정·통합의 중시 • 행정조사·통계의 적극적 활용 • 정책결정 및 기획의 중시 • 컴퓨터 및 관리과학의 이용 • 행정조직의 동태화(adhocracy) • 예산의 기획지향성 • 행정의 광역화(광역행정) • 신중앙집권화 • 행정책임과 (내부)통제의 중시 및 행정평가제도의 발달

08 정답 ③

| 재무행정론 > 재무행정 기초이론 > 전통적 예산원칙 | 정답률 72% |

| 정답해설 |

③ **선택률 72%** 예산 통일성 원칙은 특정한 세입을 특정한 세출에 충당하여서는 안 된다는 원칙이다. 즉, 국가의 모든 수입은 일단 국고에 편입된 후에 모든 지출이 이루어져야 한다는 것을 의미한다. 이 원칙을 달리 표현한다면, 조세를 포함한 모든 정부 수입이 일단 국고에 귀속되었다가 이곳에서 정부의 모든 지출이 이루어져야 한다는 것이다. 그 예외로서 목적세, 특별회계예산, 기금, 수입대체경비 등이 있다. 반면, 추가경정예산은 예산은 구조 면에서 단일한 것이어야 한다는 예산 단일성 원칙의 예외에 해당한다.

09 정답 ③

| 재무행정론 > 예산과정론 > 예산집행의 신축성 유지방안 | 정답률 84% |

| 정답해설 |

③ **선택률 84%** 배정과 재배정은 예산집행의 재정통제방안에 해당한다.

더 알아보기 ▶ 예산집행의 재정통제방안과 신축성 유지방안

예산집행의 재정통제방안	예산집행의 신축성 유지방안
• 예산의 배정(配定)·재배정(再配定) • 지출원인행위(支出原因行爲)의 통제와 내부통제 • 정원 및 보수의 통제 • 국고채무부담행위의 통제 • 예비타당성조사와 총사업비관리	• 예산의 이용(移用)과 전용(轉用) • 예산의 이체(移替) • 예산의 이월(移越) • 예비비(豫備費) • 계속비(繼續費) • 국고채무부담행위(國庫債務負擔行爲) • 수입대체경비 • 총액계상예산제도 • 예산의 긴급배정(회계연도 개시 전 예산배정) • 예산성과금 • 기타(대통령의 재정에 관한 긴급명령권, 추가경정예산, 준예산, 총괄예산, 수입지출의 특례 등)

10

정답 ④

| 인사행정론 > 인사행정 기초이론 > 독립합의형 중앙인사기관 | 정답률 81% |

| 정답해설 |

④ 선택률81% 독립합의형 중앙인사기관은 합의성으로 인해 인사행정의 책임소재가 불명확하다.

구분	합의성	단독성
독립성	독립합의형	독립단독형
비독립성	비독립합의형	비독립단독형

더 알아보기 ▶ 독립합의형의 장단점

장점	단점
• 엽관주의의 영향력을 배제함으로써 인사행정의 공정성을 확보하여 실적주의를 발전시키는 데 유리함 • 합의제에 의한 신중한 의사결정을 할 수 있음 • 중요한 이익집단의 요구를 균형 있게 수용할 수 있음	• 책임소재가 불분명해짐 • 의사결정이 지연됨 • 행정수반으로부터 인사관리 수단을 박탈함으로써 정책을 강력하게 추진할 수 없음

11

정답 ③

| 정책학 > 정책평가론 > 외적 타당성 저해요인 | 정답률 85% |

| 정답해설 |

③ 선택률85% 크리밍효과와 호손효과는 정책평가의 외적 타당성 저해요인에 해당한다.

더 알아보기 ▶ 내적 타당성 저해요인과 외적 타당성 저해요인

내적 타당성 저해요인	외적 타당성 저해요인
• 역사효과(history effect) • 통계적 회귀요소(regression artifact) • 성숙효과(maturation effect) • 선정요소(selection effect) • 피실험자 상실(experimental mortality, 상실요소) • 실험(testing)효과(측정요소) • 측정도구의 변화(instrumentation) • 선발과 성숙의 상호작용 • 처치와 상실의 상호작용	• 실험조작의 반응효과(호손효과) • 크리밍효과 • 실험조작과 측정의 상호작용 • 표본의 대표성 부족 • 다수적 처리에 의한 간섭

12

정답 ①

| 인사행정론 > 공직 분류 > 고위공무원단 | 정답률 82% |

| 정답해설 |

① 선택률82% 고위공무원단에 속하는 공무원은 국가공무원에는 있지만 지방공무원에는 없는 공무원이다.

더 알아보기 ▶ 「국가공무원법」과 「지방공무원법」상의 공무원의 구분

「국가공무원법」	「지방공무원법」
제2조(공무원의 구분) ① 국가공무원(이하 "공무원"이라 한다)은 경력직 공무원과 특수경력직 공무원으로 구분한다. ② "경력직 공무원"이란 실적과 자격에 따라 임용되고 그 신분이 보장되며 평생 동안(근무기간을 정하여 임용하는 공무원의 경우에는 그 기간 동안을 말한다) 공무원으로 근무할 것이 예정되는 공무원을 말하며, 그 종류는 다음 각 호와 같다. 1. 일반직 공무원: 기술 · 연구 또는 행정 일반에 대한 업무를 담당하는 공무원 2. 특정직 공무원: 법관, 검사, 외무공무원, 경찰공무원, 소방공무원, 교육공무원, 군인, 군무원, 헌법재판소 헌법연구관, 국가정보원의 직원, 경호공무원과 특수 분야의 업무를 담당하는 공무원으로서 다른 법률에서 특정직 공무원으로 지정하는 공무원 ③ "특수경력직 공무원"이란 경력직 공무원 외의 공무원을 말하며, 그 종류는 다음 각 호와 같다. 1. 정무직 공무원 가. 선거로 취임하거나 임명할 때 국회의 동의가 필요한 공무원 나. 고도의 정책결정 업무를 담당하거나 이러한 업무를 보조하는 공무원으로서 법률이나 대통령령(대통령비서실 및 국가안보실의 조직에 관한 대통령령만 해당한다)에서 정무직으로 지정하는 공무원 2. 별정직 공무원: 비서관 · 비서 등 보좌업무 등을 수행하거나 특정한 업무 수행을 위하여 법령에서 별정직으로 지정하는 공무원 제2조의2(고위공무원단) ① 국가의 고위공무원을 범정부적 차원에서 효율적으로 인사관리하여 정부의 경쟁력을 높이기 위하여 고위공무원단을 구성한다.	제2조(공무원의 구분) ① 지방자치단체의 공무원(지방자치단체가 경비를 부담하는 지방공무원을 말하며, 이하 "공무원"이라 한다)은 경력직 공무원과 특수경력직 공무원으로 구분한다. ② "경력직 공무원"이란 실적과 자격에 따라 임용되고 그 신분이 보장되며 평생 동안(근무기간을 정하여 임용하는 공무원의 경우에는 그 기간 동안을 말한다) 공무원으로 근무할 것이 예정되는 공무원을 말하며, 그 종류는 다음 각 호와 같다. 1. 일반직 공무원: 기술 · 연구 또는 행정 일반에 대한 업무를 담당하는 공무원 2. 특정직 공무원: 공립 대학 및 전문대학에 근무하는 교육공무원, 교육감 소속의 교육전문직원 및 자치경찰공무원과 그 밖에 특수 분야의 업무를 담당하는 공무원으로서 다른 법률에서 특정직 공무원으로 지정하는 공무원 ③ "특수경력직 공무원"이란 경력직 공무원 외의 공무원을 말하며, 그 종류는 다음 각 호와 같다. 1. 정무직 공무원 가. 선거로 취임하거나 임명할 때 지방의회의 동의가 필요한 공무원 나. 고도의 정책결정업무를 담당하거나 이러한 업무를 보조하는 공무원으로서 법령 또는 조례에서 정무직으로 지정하는 공무원 2. 별정직 공무원: 비서관 · 비서 등 보좌업무 등을 수행하거나 특정한 업무 수행을 위하여 법령에서 별정직으로 지정하는 공무원

13

정답 ④

지방행정론 > 정부 간 관계 > 광역행정의 처리 방식   정답률 77%

| 정답해설 |

④ 선택률 77% 우리나라의 광역행정 방식으로는 사무의 위탁, 행정협의회, 지방자치단체 조합 등이 있다. 민영화는 우리나라의 광역행정 방식에 해당하지 않는다.

법령 「지방자치법」 제168조(사무의 위탁) ① 지방자치단체나 그 장은 소관 사무의 일부를 다른 지방자치단체나 그 장에게 위탁하여 처리하게 할 수 있다.

제169조(행정협의회의 구성) ① 지방자치단체는 2개 이상의 지방자치단체에 관련된 사무의 일부를 공동으로 처리하기 위하여 관계 지방자치단체 간의 행정협의회(이하 "협의회"라 한다)를 구성할 수 있다. 이 경우 지방자치단체의 장은 시·도가 구성원이면 행정안전부장관과 관계 중앙행정기관의 장에게, 시·군 또는 자치구가 구성원이면 시·도지사에게 이를 보고하여야 한다.

제176조(지방자치단체조합의 설립) ① 2개 이상의 지방자치단체가 하나 또는 둘 이상의 사무를 공동으로 처리할 필요가 있을 때에는 규약을 정하여 지방의회의 의결을 거쳐 시·도는 행정안전부장관의 승인, 시·군 및 자치구는 시·도지사의 승인을 받아 지방자치단체조합을 설립할 수 있다. 다만, 지방자치단체조합의 구성원인 시·군 및 자치구가 2개 이상의 시·도에 걸쳐 있는 지방자치단체조합은 행정안전부장관의 승인을 받아야 한다. ② 지방자치단체조합은 법인으로 한다.

14

정답 ④

기초이론 > 현대행정의 변천 > 시장실패의 원인과 대응 방안   정답률 67%

| 정답해설 |

④ 선택률 67% X-비효율성은 시장실패의 원인이 아니라 정부실패의 원인에 해당한다. X-비효율성이 발생할 경우 민영화, 정부보조 삭감 및 규제완화로 문제해결이 가능하다.

더 알아보기 ▶ 시장·정부실패에 대한 정부의 대응방식

• 시장실패에 대한 정부의 대응방식

구분	공적 공급 (조직)	공적 유도 (보조금)	정부규제 (권위)
공공재의 존재	○ (정부)		
외부효과의 발생		○ (외부경제)	○ (외부불경제)
자연독점	○ (공기업)		○ (가격·생산량 규제)
불완전경쟁			○ (경쟁유도)
정보의 비대칭성		○ (공개 시 유인)	○ (공개 의무)

• 정부실패에 대한 정부의 대응방식

구분	민영화	정부보조 삭감	규제완화
사적 목표의 설정(내부성)	○		
X-비효율·비용체증	○	○	○
파생적 외부효과		○	○
권력의 편재 (포획·지대추구)	○		○

15 고난도 TOP1

정답 ①

인사행정론 > 근무규율 > 「공직자윤리법」상 공무원의 의무   정답률 27%

| 정답해설 |

① 선택률 27% 「공직자윤리법」 제18조의2 제2항의 내용이다.

법령 「공직자윤리법」 제17조(퇴직공직자의 취업제한) ② 제1항 단서의 밀접한 관련성의 범위는 취업심사대상자가 퇴직 전 5년 동안 소속하였던 부서의 업무가 다음 각 호의 어느 하나에 해당하는 업무인 경우를 말한다.

1. 직접 또는 간접으로 보조금·장려금·조성금 등을 배정·지급하는 등 재정보조를 제공하는 업무
2. 인가·허가·면허·특허·승인 등에 직접 관계되는 업무
3. 생산방식·규격·경리 등에 대한 검사·감사에 직접 관계되는 업무
4. 조세의 조사·부과·징수에 직접 관계되는 업무
5. 공사, 용역 또는 물품구입의 계약·검사·검수에 직접 관계되는 업무
6. 법령에 근거하여 직접 감독하는 업무
7. 취업심사대상기관이 당사자이거나 직접적인 이해관계를 가지는 사건의 수사 및 심리·심판과 관계되는 업무
8. 그 밖에 국회규칙, 대법원규칙, 헌법재판소규칙, 중앙선거관리위원회규칙 또는 대통령령으로 정하는 업무

③ 제2항에도 불구하고 다음 각 호의 어느 하나에 해당하는 취업심사대상자(이하 "기관업무기준 취업심사대상자"라 한다)에 대하여는 퇴직 전 5년간 소속하였던 기관의 업무가 제2항 각 호의 어느 하나에 해당하는 경우에 밀접한 관련성이 있는 것으로 본다.

1. 제10조 제1항 각 호에 따른 공개대상자
2. 고위공무원단에 속하는 공무원 중 제1호에 따른 공개대상자 외의 공무원
3. 2급 이상의 공무원
4. 공직유관단체의 임원
5. 그 밖에 국회규칙, 대법원규칙, 헌법재판소규칙, 중앙선거관리위원회규칙 또는 대통령령으로 정하는 특정분야의 공무원과 공직유관단체의 직원

제18조의2(퇴직공직자의 업무취급 제한) ① 모든 공무원 또는 공직유관단체 임직원은 다른 법률에 특별한 규정이 있는 경우를 제외하고는 재직 중에 직접 처리한 제17조 제2항 각 호의 업무를 퇴직 후에 취급할 수 없다. ② 기관업무기준 취업심사대상자는 다른 법률에 특별한 규정이 있는 경우를 제외하고는 퇴직 전 2년부터 퇴직할 때까지 근무한 기관이 취업한 취업심사대상기관에 대하여 처리하는 제17조 제2항 각 호의 업무를 퇴직한 날부터 2년 동안 취급할 수 없다.

공무원 시험에서는 출제된 적이 없는 매우 깊이 있는 문제이다. 퇴직공직자의 취업 제한은 여러 번 출제되었지만 퇴직공직자의 업무취급 제한은 처음 출제되는 문제이다.

16 정답 ④

| 인사행정론 > 인사행정 기초이론 > 직업공무원제 | 정답률 89% |

| 정답해설 |

④ 선택률 89% 직업공무원제란 우수한 젊은 인재들을 공직에 유치하고, 그들이 공직에 근무하는 것을 명예로 인식하고 정년 퇴임 시까지 장기간에 걸쳐 성실하게 근무하도록 하는 임용제도이다. 직업공무원제는 원칙적으로 젊은 인재를 최하위 계급으로 임용해, 장기간에 걸쳐 근무하도록 하면서 단계적으로 승진시킨다. 응시자의 학력과 연령은 엄격히 제한되며, 선발 기준으로는 전문적인 직무 수행 능력보다는 장기적인 발전 가능성을 중시한다. 그리고 상위 계급은 원칙적으로 승진에 의해 충원되며, 외부로부터의 유입은 허용되지 않는다. 따라서 직업공무원제는 계급제와 폐쇄형 임용 체계 및 일반행정가를 중시하는 본질적인 특성을 지니고 있다.

17 정답 ③

| 지방행정론 > 지방재정 > 국세와 지방세 | 정답률 48% |

| 정답해설 |

③ 선택률 48% 국세이면서 간접세에 해당하는 것은 ㄴ. 부가가치세, ㄹ. 주세, ㅁ. 개별소비세로 3개이다.

더 알아보기 ▶ 국세(내국세)의 세목

보통세		목적세
직접세	간접세	
• 소득세	• 부가가치세	• 교육세
• 법인세	• 개별소비세	• 농어촌특별세
• 상속세	• 주세	
• 증여세	• 인지세	
• 종합부동산세	• 증권거래세	

18 정답 ②

| 조직이론 > 조직정보론 > 전자거버넌스(e-governance) | 정답률 60% |

| 정답해설 |

② 선택률 60% 시민중심적 e-거버넌스의 최종적 의사결정 양식은 다수의 통합적 의사결정이다.

더 알아보기 ▶ 시민중심적 거버넌스의 본질과 특성

구분	전통적 통치	거버넌스	시민중심적 거버넌스
의사결정 양식	소수의 중앙집권적 의사결정	확산된 분권적 의사결정	다수의 통합적 의사결정
거버넌스 방향성	대의적 간접 민주주의	다원적 협의 민주주의	다수적 직접 민주주의
가치	• 효율성(efficiency) • 대응성(responsiveness)	• 효율성(efficiency) • 민주성(democracy) • 대응성(responsiveness)	• 민주성(democracy) • 효율성(efficiency) • 민주적 관리(democratic management)
의사결정 주체	정부 중심	단일 허브형 네트워크 중심	시민 및 시장으로 구성된 다중 허브형 네트워크 중심
의사소통 방향	원심형	구심형	동시다발적 경쟁형

* 『한국에서의 시민중심적 e-거버넌스의 형성과 발전』(김혁, 2007)

군무원 🆚 공무원 비교분석

공무원 시험에서는 출제된 적이 없는 매우 깊이 있는 문제이다. 시민중심적 e-거버넌스는 전자정부의 출제비중 증가로 앞으로도 출제될 수 있는 유형의 문제이다.

19 고난도 TOP2 정답 ③

| 지방행정론 > 지방재정 > 지방교부세 | 정답률 28% |

| 정답해설 |

③ 선택률 28% 기초지방자치단체(시, 군, 구)의 세원인 종합토지세가 국세인 종합부동산세로 전환되면서 만들어진 것이 부동산교부세이므로, 부동산교부세는 기초지방자치단체에 전액 교부하여야 한다. 다만, 기초자치단체가 없는 세종특별자치시와 제주특별자치도에 교부될 수 있으나, 인천광역시를 비롯한 나머지 광역지방자치단체에는 부동산교부세가 교부될 수 없다.

| 오답해설 |

① 선택률 42% 소방안전교부세는 「개별소비세법」에 따라 담배에 부과하는 개별소비세를 재원으로 한다. 따라서 경기도가 주민들에게 소방안전교부세를 부과하는 것은 아니다.

② 선택률 10% 특별교부세는 특정한 사유가 발생할 경우에 교부한다. 따라서 울산광역시에 특정한 사유가 발생하면 특별교부세가 교부될 수 있다.

④ 선택률 20% 분권교부세는 폐지(2014. 12. 31.)되었다. 지방소방공무원의 국가소방공무원 전환에 따른 소방인력 충원을 지원하기 위하여 소방안전교부세의 재원을 담배에 부과하는 개별소비세 총액의 100분의 20에 해당하는 금액에서 100분의 45에 해당하는 금액으로 인상하고, 소방안전교부세의 목적에 지방자치단체의 소방 인력 운용을 추가하며, 소방안전교부세 중 담배에 부과하는 개별소비세 총액의 100분의 20을 초과하는 부분은 소방 인

력의 인건비로 우선 충당하도록 하였다.

법령 「지방교부세법」 제4조(교부세의 재원) ① 교부세의 재원은 다음 각 호로 한다.

1. 해당 연도의 내국세(목적세 및 종합부동산세, 담배에 부과하는 개별소비세 총액의 100분의 45 및 다른 법률에 따라 특별회계의 재원으로 사용되는 세목의 해당 금액은 제외한다. 이하 같다) 총액의 1만분의 1,924에 해당하는 금액
2. 「종합부동산세법」에 따른 종합부동산세 총액
3. 「개별소비세법」에 따라 담배에 부과하는 개별소비세 총액의 100분의 45에 해당하는 금액
4. 제5조 제3항에 따라 같은 항 제1호의 차액을 정산한 금액
5. 제5조 제3항에 따라 같은 항 제2호의 차액을 정산한 금액
6. 제5조 제3항에 따라 같은 항 제3호의 차액을 정산한 금액

② 교부세의 종류별 재원은 다음 각 호와 같다.

1. 보통교부세: (제1항 제1호의 금액+제1항 제4호의 정산액) × 100분의 97
2. 특별교부세: (제1항 제1호의 금액+제1항 제4호의 정산액) × 100분의 3
4. 부동산교부세: 제1항 제2호의 금액+제1항 제5호의 정산액
5. 소방안전교부세: 제1항 제3호의 금액+제1항 제6호의 정산액

제9조(특별교부세의 교부) ① 특별교부세는 다음 각 호의 구분에 따라 교부한다.

1. 기준재정수요액의 산정방법으로는 파악할 수 없는 지역 현안에 대한 특별한 재정수요가 있는 경우: 특별교부세 재원의 100분의 40에 해당하는 금액
2. 보통교부세의 산정기일 후에 발생한 재난을 복구하거나 재난 및 안전관리를 위한 특별한 재정수요가 생기거나 재정수입이 감소한 경우: 특별교부세 재원의 100분의 50에 해당하는 금액
3. 국가적 장려사업, 국가와 지방자치단체 간에 시급한 협력이 필요한 사업, 지역 역점시책 또는 지방행정 및 재정운용 실적이 우수한 지방자치단체에 재정 지원 등 특별한 재정수요가 있을 경우: 특별교부세 재원의 100분의 10에 해당하는 금액

② 행정안전부장관은 지방자치단체의 장이 제1항 각 호에 따른 특별교부세의 교부를 신청하는 경우에는 이를 심사하여 특별교부세를 교부한다. 다만, 행정안전부장관이 필요하다고 인정하는 경우에는 신청이 없는 경우에도 일정한 기준을 정하여 특별교부세를 교부할 수 있다.

제9조의3(부동산교부세의 교부) ① 부동산교부세는 지방자치단체에 전액 교부하여야 한다.

② 제1항에 따른 부동산교부세의 교부기준은 지방자치단체의 재정여건이나 지방세 운영상황 등을 고려하여 대통령령으로 정한다.

제9조의4(소방안전교부세의 교부) ① 행정안전부장관은 지방자치단체의 소방 인력 운용, 소방 및 안전시설 확충, 안전관리 강화 등을 위하여 소방안전교부세를 지방자치단체에 전액 교부하여야 한다. 이 경우 소방 분야에 대해서는 소방청장의 의견을 들어 교부하여야 한다.

법령 「지방교부세법 시행령」 제10조의3(부동산교부세의 교부기준 등) ① 법 제9조의3 제2항에 따른 부동산교부세의 교부기준은 다음 각 호와 같다.

1. 특별자치시·시·군 및 자치구: 다음 각 목의 기준 및 비중에 따라 산정한 금액
   가. 재정여건: 100분의 50
   나. 사회복지: 100분의 35
   다. 지역교육: 100분의 10

라. 부동산 보유세 규모: 100분의 5

2. 제주특별자치도: 부동산교부세 총액의 1천분의 18에 해당하는 금액

20
정답 ③

| 재무행정론 > 재무행정 기초이론 > 「국가재정법」상의 예산 | 정답률 79% |

| 정답해설 |

③ 선택률 79% 행정부는 예산안을 회계연도 개시 120일 전까지 국회에 제출하여야 한다.

법령 「국가재정법」 제7조(국가재정운용계획의 수립 등) ① 정부는 재정운용의 효율화와 건전화를 위하여 매년 해당 회계연도부터 5회계연도 이상의 기간에 대한 재정운용계획(이하 "국가재정운용계획"이라 한다)을 수립하여 회계연도 개시 120일 전까지 국회에 제출하여야 한다.

② 국가재정운용계획에는 다음 각 호의 사항이 포함되어야 한다.

1. 재정운용의 기본방향과 목표
2. 중기 재정전망 및 그 근거
3. 분야별 재원배분계획 및 투자방향
4. 재정규모증가율 및 그 근거
4의2. 의무지출(재정지출 중 법률에 따라 지출의무가 발생하고 법령에 따라 지출규모가 결정되는 법정지출 및 이자지출을 말하며, 그 구체적인 범위는 대통령령으로 정한다)의 증가율 및 산출내역
4의3. 재량지출(재정지출에서 의무지출을 제외한 지출을 말한다)의 증가율에 대한 분야별 전망과 근거 및 관리계획
4의4. 세입·세외수입·기금수입 등 재정수입의 증가율 및 그 근거
5. 조세부담률 및 국민부담률 전망
6. 통합재정수지[일반회계, 특별회계 및 기금을 통합한 재정통계로서 순(純) 수입에서 순 지출을 뺀 금액을 말한다. 이하 같다] 전망과 관리계획. 다만, 통합재정수지에서 제외되는 기금은 국제기구에서 권고하는 기준에 준하여 대통령령으로 정한다.
8. 그 밖에 대통령령으로 정하는 사항

제17조(예산총계주의) ① 한 회계연도의 모든 수입을 세입으로 하고, 모든 지출을 세출로 한다.

② 제53조에 규정된 사항을 제외하고는 세입과 세출은 모두 예산에 계상하여야 한다.

제19조(예산의 구성) 예산은 예산총칙·세입세출예산·계속비·명시이월비 및 국고채무부담행위를 총칭한다.

제33조(예산안의 국회제출) 정부는 제32조의 규정에 따라 대통령의 승인을 얻은 예산안을 회계연도 개시 120일 전까지 국회에 제출하여야 한다.

21
정답 ①

| 행정환류론 > 행정책임과 통제 > 책임성 | 정답률 68% |

| 정답해설 |

① 선택률 68% 프리드리히(C. Friedrich)는 관료의 내면적 기준에 의한 내재적 책임을 강조하고, 파이너(H. Finer)는 법률, 입법부, 사법부, 국민 등에 의한 통제 등은 외부적 힘에 의한 통제로 확보되는 외재적 책임을 강조한다.

구분		기관통제의 원천 (Source of Agency Control)	
		내부	외부
통제의 정도	높음	관료적 책임성	법률적 책임성
	낮음	전문적 책임성	정치적 책임성

㉠ 관료적 책임성
- 조직의 통제가 높고, 관료통제의 원천이 내부에 있는 경우이다.
- 자율성이 적은 개별 관료에 대한 통제와 감독이 중요하다.
- 규칙, 규제, 명령, 감독자의 책임 권한이 중요한 변수이다.

㉡ 법률적 책임성
- 조직의 통제가 높고, 관료통제의 원천이 외부에 있는 경우이다.
- 주어진 법적 의무사항에 대한 준수 여부를 감독하고 평가하는 합법성에 대한 관리를 중시한다.
- 외부감시자의 역할이 중요하다.

㉢ 전문적 책임성
- 조직의 통제가 낮고, 관료통제의 원천이 내부에 있는 경우이다.
- 정부조직 내에서 관료의 전문성과 자율성이 조직 운영의 중요한 요소가 된다.
- 투입요소보다는 개인과 조직의 사후적 성과에 대한 관리를 통해 책임성을 담보하게 된다.

㉣ 정치적 책임성
- 조직의 통제가 낮고, 관료통제의 원천이 외부에 있는 경우이다.
- 대통령, 국회의원, 이익단체 등 주요 이해관계자들의 필요와 요구를 충족시키는가가 가장 중요한 요소이다.
- 선거구민에 대한 반응성이 중요하다.

22

정답 ③

기초이론 > 행정학이론 발달 > 행태론 　　　　정답률 86%

| 정답해설 |

③ 선택률 86% 행태론적 접근방법은 과학적 연구를 위해 가치개입 (value-laden)을 배제한다.

| 오답해설 |

① 선택률 3% 행태론적 접근방법은 인식론적 기초를 논리실증주의 (logical positivism)에 둔다.

② 선택률 7% 행태론적 접근방법은 과학적 연구를 위해 계량분석법 (quantitative analysis)을 강조한다.

④ 선택률 4% 행태론적 접근방법은 다양한 인간행태의 규칙성을 가정한다. 즉, 행태의 규칙성, 상관성 및 인과성을 경험적으로 입증하고 설명할 수 있다고 본다.

23

정답 ①

인사행정론 > 공직 분류 > 군무원 　　　　정답률 60%

| 정답해설 |

① 선택률 60% 군무원의 봉급에 관한 사항은 대통령령으로 정한다.

법령 「군무원인사법」 제24조(보수) ① 군무원의 봉급에 관한 사항은 대통령령으로 정한다.

② 군무원은 봉급 외에 대통령령으로 정하는 바에 따라 수당을 받을 수 있다.

법령 「공무원보수규정」 제1조(목적) 이 영은 「국가공무원법」, 「헌법재판소법」, 「외무공무원법」, 「경찰공무원법」, 「의무경찰대 설치 및 운영에 관한 법률」, 「소방공무원법」, 「의무소방대설치법」, 「교육공무원법」, 「군인보수법」, 「군무원인사법」, 「국가정보원직원법」 및 「군법무관 임용 등에 관한 법률」에 따라 국가공무원의 보수에 관한 사항을 규정함을 목적으로 한다.

| 오답해설 |

② 선택률 14% 「군무원인사법」 제4조의 내용이다.

법령 「군무원인사법」 제4조(대우) 군무원은 군인에 준하는 대우를 하며 그 계급별 기준은 대통령령으로 정한다.

③ 선택률 6% 「국가공무원법」 제2조의 내용이다.

법령 「국가공무원법」 제2조(공무원의 구분) ① 국가공무원(이하 "공무원"이라 한다)은 경력직 공무원과 특수경력직 공무원으로 구분한다.

② "경력직 공무원"이란 실적과 자격에 따라 임용되고 그 신분이 보장되며 평생 동안(근무기간을 정하여 임용하는 공무원의 경우에는 그 기간 동안을 말한다) 공무원으로 근무할 것이 예정되는 공무원을 말하며, 그 종류는 다음 각 호와 같다.

　1. 일반직 공무원: 기술·연구 또는 행정 일반에 대한 업무를 담당하는 공무원

　2. 특정직 공무원: 법관, 검사, 외무공무원, 경찰공무원, 소방공무원, 교육공무원, 군인, 군무원, 헌법재판소 헌법연구관, 국가정보원의 직원, 경호공무원과 특수 분야의 업무를 담당하는 공무원으로서 다른 법률에서 특정직 공무원으로 지정하는 공무원

④ 선택률 20% 「군무원인사법」 제10조의 내용이다.

법령 「군무원인사법」 제10조(결격사유) 다음 각 호의 어느 하나에 해당하는 사람은 군무원에 임용될 수 없다.

　1. 대한민국의 국적을 가지지 아니한 사람

　2. 대한민국 국적과 외국 국적을 함께 가지고 있는 사람

　3. 「국가공무원법」 제33조 각 호의 어느 하나에 해당하는 사람

군무원 vs 공무원 비교분석

공무원 시험에서는 출제된 적이 없는 매우 깊이 있는 문제이다. 일반 공무원 시험에서는 나오기 어려운, 오직 군무원 시험에서만 출제될 수 있는 문제이다.

24
정답 ②

조직이론 > 조직구조론 > 조직구조의 변수   정답률 82%

| 정답해설 |

② 선택률 82% 조직의 규모가 커질수록 구성원들의 공식화가 높아진다.

더 알아보기 ▶ 조직구조의 기본변수와 상황변수

구분	복잡성	공식화	집권화
규모	↑	↑	↓
(일상적) 기술	↓	↑	↑
(동태적) 환경	↓	↓	↓

25
정답 ④

지방행정론 > 주민참여제도 > 우리나라 주민참여제도   정답률 59%

| 정답해설 |

④ 선택률 59% ㄱ. 주민투표, ㄴ. 조례의 제정과 개정·폐지 청구권, ㄷ. 주민소송, ㄹ. 주민소환, ㅁ. 주민감사청구, ㅂ. 정보공개청구는 모두 일정한 자격을 갖춘 외국인에게 허용된다.

법령 「주민투표법」 제5조(주민투표권) ① 18세 이상의 주민 중 제6조 제1항에 따른 투표인명부 작성기준일 현재 다음 각 호의 어느 하나에 해당하는 사람에게는 주민투표권이 있다. 다만, 「공직선거법」 제18조에 따라 선거권이 없는 사람에게는 주민투표권이 없다.

  1. 그 지방자치단체의 관할 구역에 주민등록이 되어 있는 사람

  2. 출입국관리 관계 법령에 따라 대한민국에 계속 거주할 수 있는 자격(체류자격변경허가 또는 체류기간연장허가를 통하여 계속 거주할 수 있는 경우를 포함한다)을 갖춘 외국인으로서 지방자치단체의 조례로 정한 사람

법령 「지방자치법」 제19조(조례의 제정과 개정·폐지 청구) ① 주민은 지방자치단체의 조례를 제정하거나 개정하거나 폐지할 것을 청구할 수 있다.

② 조례의 제정·개정 또는 폐지 청구의 청구권자·청구대상·청구요건 및 절차 등에 관한 사항은 따로 법률로 정한다.

제21조(주민의 감사 청구) ① 지방자치단체의 18세 이상의 주민으로서 다음 각 호의 어느 하나에 해당하는 사람(「공직선거법」 제18조에 따른 선거권이 없는 사람은 제외한다. 이하 이 조에서 "18세 이상의 주민"이라 한다)은 시·도는 300명, 제198조에 따른 인구 50만 이상 대도시는 200명, 그 밖의 시·군 및 자치구는 150명 이내에서 그 지방자치단체의 조례로 정하는 수 이상의 18세 이상의 주민이 연대 서명하여 그 지방자치단체와 그 장의 권한에 속하는 사무의 처리가 법령에 위반되거나 공익을 현저히 해친다고 인정되면 시·도의 경우에는 주무부장관에게, 시·군 및 자치구의 경우에는 시·도지사에게 감사를 청구할 수 있다.

  1. 해당 지방자치단체의 관할 구역에 주민등록이 되어 있는 사람

  2. 「출입국관리법」 제10조에 따른 영주(永住)할 수 있는 체류자격 취득일 후 3년이 경과한 외국인으로서 같은 법 제34조에 따라 해당 지방자치단체의 외국인등록대장에 올라 있는 사람

제22조(주민소송) ① 제21조 제1항에 따라 공금의 지출에 관한 사항, 재산의 취득·관리·처분에 관한 사항, 해당 지방자치단체를 당사자로 하는 매매·임차·도급 계약이나 그 밖의 계약의 체결·이행에 관한 사항 또는 지방세·사용료·수수료·과태료 등 공금의 부과·징수를 게을리한 사항을 감사 청구한 주민은 다음 각 호의 어느 하나에 해당하는 경우에 그 감사 청구한 사항과 관련이 있는 위법한 행위나 업무를 게을리한 사실에 대하여 해당 지방자치단체의 장(해당 사항의 사무처리에 관한 권한을 소속 기관의 장에게 위임한 경우에는 그 소속 기관의 장을 말한다. 이하 이 조에서 같다)을 상대방으로 하여 소송을 제기할 수 있다.

법령 「주민조례발안에 관한 법률」 제2조(주민조례청구권자) 18세 이상의 주민으로서 다음 각 호의 어느 하나에 해당하는 사람(「공직선거법」 제18조에 따른 선거권이 없는 사람은 제외한다. 이하 "청구권자"라 한다)은 해당 지방자치단체의 의회(이하 "지방의회"라 한다)에 조례를 제정하거나 개정 또는 폐지할 것을 청구(이하 "주민조례청구"라 한다)할 수 있다.

  1. 해당 지방자치단체의 관할 구역에 주민등록이 되어 있는 사람

  2. 「출입국관리법」 제10조에 따른 영주(永住)할 수 있는 체류자격 취득일 후 3년이 지난 외국인으로서 같은 법 제34조에 따라 해당 지방자치단체의 외국인등록대장에 올라 있는 사람

법령 「주민소환에 관한 법률」 제3조(주민소환투표권) ① 제4조 제1항의 규정에 의한 주민소환투표인명부 작성기준일 현재 다음 각 호의 어느 하나에 해당하는 자는 주민소환투표권이 있다.

  1. 19세 이상의 주민으로서 당해 지방자치단체 관할구역에 주민등록이 되어 있는 자(「공직선거법」 제18조의 규정에 의하여 선거권이 없는 자를 제외한다)

  2. 19세 이상의 외국인으로서 「출입국관리법」 제10조의 규정에 따른 영주의 체류자격 취득일 후 3년이 경과한 자 중 같은 법 제34조의 규정에 따라 당해 지방자치단체 관할구역의 외국인등록대장에 등재된 자

법령 「공공기관의 정보공개에 관한 법률」 제5조(정보공개 청구권자)

① 모든 국민은 정보의 공개를 청구할 권리를 가진다.

② 외국인의 정보공개 청구에 관하여는 대통령령으로 정한다.

9급 군무원 행정학

▍전체 난이도 및 합격선

전체 난이도	합격선
中	84점

▍기출총평

일반 공무원 시험에서는 출제되었으나 군무원 시험에서는 출제된 적이 없었던 개념이 다수 출제되었다.

- 영역별 – 행정학 전 영역에서 골고루 출제되었다.
- 내용별 – 신구(新舊) 문제가 적절히 조화를 이루었다. 대통령의 권한, 정부개혁은 새롭게 출제된 문제이고 행정(학), 성인지예산, 집단적 의사결정기법, 집단사고 등은 일반 공무원 시험에서는 이미 출제되었던 개념이다.
- 법령별 – 「방송통신위원회의 설치 및 운영에 관한 법률」상 방송통신위원회의 소속, 「국가공무원법」상 공무원의 구분, 「공무원 성과평가 등에 관한 규정」상 근무성적평정, 「국가재정법」상 성인지예산제도에 관한 규정을 숙지한다.
- 수험대책 – 일반 공무원 시험에서는 출제되었으나 군무원 시험에서는 출제된 적이 없었던 개념이 다수 출제되었다. 따라서 군무원뿐만 아니라 일반 공무원 기출문제에도 관심을 가져야 한다.

▍영역별 출제비중

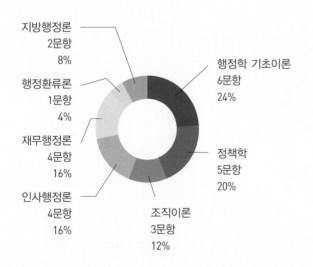

지방행정론
2문항
8%

행정환류론
1문항
4%

재무행정론
4문항
16%

인사행정론
4문항
16%

조직이론
3문항
12%

행정학 기초이론
6문항
24%

정책학
5문항
20%

▍문항 분석

	카테고리	출제수	정답률
1	기초이론 > 행정학이론 발달 > 행정(학)	2회	66%
2	정책학 > 정책의제설정론 > 콥과 로스(Cobb & Ross)의 정책의제설정모형	2회	80%
3	지방행정론 > 지방행정 기초이론 > 지방자치의 장단점	1회	73%
고난도 TOP 2 4	지방행정론 > 지방자치단체 운영체계 > 지방자치단체의 계층구조	2회	60%
고난도 TOP 3 5	재무행정론 > 예산제도론 > 계획예산제도(PPBS)	6회	61%
6	행정환류론 > 행정개혁(정부혁신) > 우리나라의 행정개혁	1회	67%
7	인사행정론 > 인사행정 기초이론 > 직업공무원제	5회	64%
8	정책학 > 정책집행론 > 하향적·상향적 접근방법	2회	83%
9	인사행정론 > 인사행정의 3대 변수 > 근무성적평정	1회	75%
10	기초이론 > 행정학이론 발달 > 행태론	5회	73%
고난도 TOP 1 11	인사행정론 > 인사행정 기초이론 > 실적주의	4회	55%
12	조직이론 > 조직구조론 > 우리나라 정부조직	4회	88%
13	조직이론 > 조직구조론 > 학습조직	2회	68%
14	정책학 > 정책학 기초이론 > 정책과정의 참여자	2회	84%
15	재무행정론 > 재무행정 기초이론 > 전통적 예산원칙	5회	71%
16	기초이론 > 행정학이론 발달 > 신제도주의	4회	92%
17	조직이론 > 조직구조론 > 조직구조의 변수	3회	90%
18	재무행정론 > 재무행정 기초이론 > 성인지예산	2회	83%
19	기초이론 > 행정학이론 발달 > 신공공서비스론(NPS)	3회	76%
20	인사행정론 > 공직 분류 > 인사제도	1회	88%
21	재무행정론 > 예산과정론 > 예산심의	5회	83%
22	기초이론 > 행정학이론 발달 > 공공선택론	4회	81%
23	기초이론 > 현대행정의 변천 > 사회자본(사회적 자본)	3회	92%
24	정책학 > 정책결정이론모형 > 지명반론자기법	1회	89%
25	정책학 > 정책분석론 > 집단사고	1회	74%

※ **고난도 TOP 1** 은 해당 회차에서 정답률이 가장 낮은 문항입니다.

기출문제편 ▶ P.41

01	③	02	③	03	③	04	③	05	②
06	③	07	①	08	③	09	①	10	③
11	②	12	②	13	③	14	②	15	③
16	②	17	②	18	①	19	①	20	③
21	①	22	④	23	①	24	③	25	③

01

정답 ③

| 기초이론 > 행정학이론 발달 > 행정(학) | 정답률 66% |

| 정답해설 |

③ 선택률 66% 미국의 초기 행정학은 정부활동의 논리 기반과 수단에 대한 지식을 경영학에서 도입했다. 정치는 의사결정의 영역이고 행정은 정치에서 결정된 내용을 집행한다는 정치·행정 이원론(politics-administration dichotomy)이 행정학의 초기 입장이었다. 당시 행정이 지향하는 기본 가치인 절약과 능률(economy & efficiency)을 위한 논리와 수단은 경영에서 도입되었다.

| 오답해설 |

① 선택률 12% 행정을 공공문제 해결을 위한 정부나 공공조직의 기능과 역할로 보는 관점은 공행정과 사행정을 구분하는 공·사행정 이원론, 정치·행정 일원론이다.

② 선택률 12% 윌슨(W. Wilson)은 1887년 발표한 『행정의 연구』에서 행정은 관리의 영역(field of business)에 해당하며, 행정은 정치의 고유 영역 밖에 존재하고 행정문제는 정치문제가 아니라고 주장하였다.

④ 선택률 10% 행정이 지향하는 기본 가치인 절약과 능률(economy & efficiency)을 위한 논리와 수단은 경영에서 도입되었다.

02

정답 ③

| 정책학 > 정책의제설정론 > 콥과 로스(Cobb & Ross)의 정책의제설정모형 | 정답률 80% |

| 정답해설 |

③ 선택률 80% 〈보기〉는 콥과 로스(Cobb & Ross)의 의제설정모형 중에서 내부접근형에 해당한다.

| 오답해설 |

① 선택률 10% 외부주도형은 정부 밖에 있는 집단이 자신들에게 피해를 주고 있는 사회문제를 정부가 해결해 줄 것을 요구하여 이를 사회쟁점화하고 공중의제로 전환시켜 결국 정부의제로 채택하도록 하는 의제설정과정이다.

② 선택률 4% 동원형은 외부주도형과 정반대로 정부 내의 정책결정자들에 의하여 주도되는 경우로, 주로 정치지도자들의 지시에 의하여 사회문제가 바로 정부의제로 채택되고, 일반대중의 지지를 얻어 정책의 집행을 성공적으로 이끌기 위해서 정부의 PR 활동을 통해 공중의제가 된다.

④ 선택률 6% 굳히기형은 대중적 지지가 높을 때 국가가 의제설정을 주도하는 모형이다.

03

정답 ③

| 지방행정론 > 지방행정 기초이론 > 지방자치의 장단점 | 정답률 73% |

| 정답해설 |

③ 선택률 73% 지방자치는 효율성을 제고할 수는 있지만 형평성은 저하된다.

| 오답해설 |

① 선택률 6% 지방자치는 중앙의 통제를 완화하여 다양성을 존중할 수 있다.

② 선택률 17% 지방자치는 자원의 효율적 배분에 기여할 수 있다.

④ 선택률 4% 지방자치는 참여 확대를 통해 대응성을 제고할 수 있다.

04 고난도 TOP 2

정답 ③

| 지방행정론 > 지방자치단체 운영체계 > 지방자치단체의 계층구조 | 정답률 60% |

| 정답해설 |

③ 선택률 60% 단층제는 광역자치단체가 존재하지 않으므로 기초자치단체에 대한 중앙정부의 직접적인 지시와 감독으로 중앙집권화의 우려가 있으며, 더 나아가 중앙정부의 비대화가 나타날 수 있다.

| 오답해설 |

① 선택률 12% 광역자치단체가 존재하지 않으므로 중앙정부와 지역주민들과의 의사소통 거리가 단축된다.

② 선택률 8% 주민생활행정에 대한 책임소재가 더 명확해진다.

④ 선택률 20% 다층제에 비해 자치단체의 자치권, 지역의 특수성 및 개별성을 더 존중한다.

05 고난도 TOP 3

정답 ②

| 재무행정론 > 예산제도론 > 계획예산제도(PPBS) | 정답률 61% |

| 정답해설 |

② 선택률 61% 계획예산제도(PPBS)는 운영 면에서 전문성이 요구되고 집권적이므로 구성원들의 참여가 제한된다.

| 오답해설 |

① 선택률 13% 합리주의에 입각한 계획예산제도(PPBS)는 정치적 합리성보다는 경제적 합리성을 더 중시한다.

③ 선택률 10% 부서별 자원배분이 아닌, 부서의 경계를 초월한 정책 또는 프로그램별로 자원배분이 이루어진다.

④ 선택률 16% 목표 달성을 위한 대안 사업을 분석할 때 환류(feedback)가 이루어진다.

06
정답 ③

| 정답해설 |

③ **선택률 67%** 우리나라의 행정개혁 순서는 '행정쇄신위원회(김영삼 정부), 정부혁신지방분권위원회(노무현 정부), 정부3.0(박근혜 정부), 열린 혁신(문재인 정부)'이다.

군무원 VS 공무원 비교분석

공무원 시험에서는 출제된 적이 없는 매우 깊이 있는 문제이다. 우리나라의 행정개혁의 순서를 숙지할 필요가 있다.

07
정답 ①

| 정답해설 |

① **선택률 64%** 최근 세계 각국은 전통적인 직업공무원제의 문제점을 극복하기 위해 개방형 임용제도와 계약제 임용제도, 성과급과 예산성과금, 고위공무원단제도, 공무원의 신분보장 완화 등을 도입하고 있다.

반면, 공무원직장협의회는 「공무원직장협의회의 설립·운영에 관한 법률」에 따라 공무원의 근무 환경 개선, 업무 능률 향상 및 고충 처리 등을 위해 설립된 협의 기구로, 직업공무원제 개혁방안으로 직접적인 관련이 없다.

08
정답 ③

| 정답해설 |

③ **선택률 83%** 정책목표의 집행과정 동안 우선순위가 변하지 않고 안정적이어야 한다.

| 오답해설 |

① **선택률 5%** 정책결정의 내용은 타당한 인과이론에 바탕을 둔 것이어야 한다. 이는 기술적 타당성이라고도 하며 정책목표와 정책수단 간의 인과관계를 포함한다.

② **선택률 3%** 법령이 정확한 정책지침을 갖고 있어야 하며 대상집단의 순응을 극대화하도록 구성되어야 한다.

④ **선택률 9%** 결정된 정책에 대해 행정부와 입법부를 포함한 다수의 이해관계 집단으로부터 지속적인 지지를 받아야 한다.

09
정답 ①

| 정답해설 |

① **선택률 75%** 5급 이하 공무원은 근무성적평가를 적용한다.

법령 「공무원 성과평가 등에 관한 규정」 제7조(평가 대상) 4급 이상

공무원(고위공무원단에 속하는 공무원을 포함한다)과 연구관·지도관(「연구직 및 지도직 공무원의 임용 등에 관한 규정」 제9조에 따른 연구관 및 지도관은 제외한다) 및 전문직 공무원에 대한 근무성적평정은 성과계약 등 평가에 의한다. 다만, 소속 장관은 5급 이하 공무원 및 우정직 공무원 중 성과계약 등 평가가 적합하다고 인정하는 공무원에 대해서도 성과계약 등 평가를 실시할 수 있다.

제12조(근무성적평가의 대상) 5급 이하 공무원, 우정직 공무원, 「연구직 및 지도직 공무원의 임용 등에 관한 규정」(이하 "연구직 및 지도직 규정" 이라 한다) 제9조에 따른 연구직 및 지도직 공무원에 대한 근무성적평정은 근무성적평가에 의한다.

10
정답 ③

| 정답해설 |

③ **선택률 73%** 행태주의는 외부자극에 대해 인간행태의 규칙성을 가정하는 수동적 인간관에 입각하고 있다.

| 오답해설 |

① **선택률 18%** 인간행태를 연구하기 위해서 종합학문적 성격을 가진다.

② **선택률 4%** 가치판단을 배제하는 과학적 연구방법의 적용을 강조한다.

④ **선택률 5%** 가치와 사실을 분리하고 가치판단을 배제하는 가치중립성을 강조한다.

11 고난도 TOP 1
정답 ②

| 정답해설 |

② **선택률 55%** ㉡, ㉢은 실적주의와 관련이 없다.

㉡ 고위공무원의 정치적 임용을 활성화하는 것은 실적주의와 엽관주의를 절충한 적극적 인사행정이다.

㉢ 행정의 대응성과 책임성 확보에 유리한 것은 엽관주의이다.

| 오답해설 |

① **선택률 9%** ③ **선택률 12%** ④ **선택률 24%**

㉠ 실적주의는 정치적 중립을 통해 행정의 전문화에 기여한다.

㉣ 실적주의의 수단적 가치는 능률성이지만, 궁극적 가치는 민주성과 형평성이다.

12
정답 ②

| 정답해설 |

② **선택률 88%** 방송통신위원회는 대통령 소속 위원회이다. 공정거래위원회, 금융위원회, 국민권익위원회는 국무총리 소속 위원회이다.

법령 「방송통신위원회의 설치 및 운영에 관한 법률」 제3조(위원회의 설치) ① 방송과 통신에 관한 규제와 이용자 보호 등의 업무를 수행하기 위하여 대통령 소속으로 방송통신위원회(이하 "위원회"라 한다)를 둔다.

13
정답 ③

| 조직이론 > 조직구조론 > 학습조직 | 정답률 68% |

| 정답해설 |

③ 선택률 68% 학습조직은 리더에게는 구성원들이 공유할 수 있는 미래비전 창조의 역할이 요구되며, 구성원들에게는 권한 강화(empowerment)를 강조한다. 따라서 중간관리자의 기능 강화는 학습조직의 특징으로 보기 어렵다.

14
정답 ②

| 정책학 > 정책학 기초이론 > 정책과정의 참여자 | 정답률 84% |

| 정답해설 |

② 선택률 84% 역대 대통령은 당선과 함께 청와대 규모를 줄여 정부 부처에 대한 간섭을 최소화하고 국무총리와 장관의 리더십이 발휘될 수 있도록 한다는 것을 강조하였다. 하지만 정권 말로 갈수록 청와대의 규모는 커지고 부처에 대한 간섭은 증가하였다.

| 오답해설 |

① 선택률 9% 우리나라 정부구성은 대통령제를 기반으로 국무총리, 행정부의 법률안 제출권, 의원과 장관의 겸직 등 의원내각제적 요소를 가미하고 있다.

③ 선택률 4% 대통령 소속 정당이 다수당의 지위를 상실하면 레임덕 현상(lame duck, 임기말 증후군, 권력 누수 현상)이 가속화된다. 레임덕 현상은 대통령 등 정치 지도자의 지도력이 임기 말에 떨어지는 현상을 의미한다.

④ 선택률 3% 우리나라는 5년 단임 대통령제를 채택하고 있어 '시간'이라는 자원이 매우 중요하다. 대통령은 임기 초반에 자신의 철학을 강하게 밀어붙이는 경향이 있는데, 이러한 행태는 대통령 당선 직후부터 인수위원회가 행정부의 업무 보고를 받는 데에서부터 바로 시작된다.

군무원 ⚔ 공무원 비교분석

공무원 시험에서는 출제된 적이 없는 매우 깊이 있는 문제이다. 대통령은 행정에 가장 큰 영향력을 행사하는 행위자이므로 대통령의 권한과 관련된 내용을 숙지하여야 한다.

15
정답 ③

| 재무행정론 > 재무행정 기초이론 > 전통적 예산원칙 | 정답률 71% |

| 정답해설 |

③ 선택률 71% ㉠ 이용과 전용, ㉣ 예비비는 예산의 한정성 원칙의 예외에 해당한다.

| 오답해설 |

① 선택률 9% ② 선택률 4% ④ 선택률 16%

㉡ 기금은 단일성의 원칙의 예외에 해당한다.

㉢ 신임예산은 공개성의 원칙의 예외에 해당한다.

16
정답 ②

| 기초이론 > 행정학이론 발달 > 신제도주의 | 정답률 92% |

| 정답해설 |

② 선택률 92% 신제도주의는 공식적인 법과 제도만이 아니라 비공식적 절차, 관례, 관습 등을 제도의 범주에 포함한다.

| 오답해설 |

① 선택률 1% 제도적 동형화에는 강압적 동형화(힘의 우위를 지닌 조직의 영향을 받아 닮아 가는 것 예 협력업체가 거래하는 대기업을 닮아가는 것), 모방적 동형화(불확실성 속에서 좀 더 앞서가는 누군가를 따라 함으로써 닮아 가는 것 예 성공적 관행을 벤치마킹하는 것), 규범적 동형화(교육기관이나 전문가의 의견 또는 자문을 통해 조직이 서로 닮아 가는 것) 등이 있다.

③ 선택률 3% 역사적 신제도주의는 제도의 지속성과 경로의존성을 강조한다.

④ 선택률 4% 신제도주의는 비공식적 절차, 관례, 관습 등을 제도에 포함하기 때문에 구제도론보다 더 동적이라고 할 수 있다.

17
정답 ②

| 조직이론 > 조직구조론 > 조직구조의 변수 | 정답률 90% |

| 정답해설 |

② 선택률 90% 공식화는 직무의 표준화를 의미한다. 따라서 공식화가 낮아지면 조직 구성원들의 재량권은 늘어난다.

18
정답 ①

| 재무행정론 > 재무행정 기초이론 > 성인지예산 | 정답률 83% |

| 정답해설 |

① 선택률 83% 성인지예산은 예산편성, 집행과정에서 남녀에게 미치는 효과를 고려하여 남녀 차별 없이 평등하게 혜택을 받을 수 있도록 하는 제도이다. 즉, 남성과 여성의 동등한 참여를 보장하고 남성과 여성의 요구와 관점을 고르게 통합하여 의도하지 않는 성차별이 초래되지 않도록 하는 것이다. 따라서 여성 위주의 예산편성과 집행이라고 보기는 어렵다.

법령 「국가재정법」 제26조(성인지예산서의 작성) ① 정부는 예산이 여성과 남성에게 미칠 영향을 미리 분석한 보고서[이하 "성인지(性認知) 예산서"라 한다]를 작성하여야 한다.

② 성인지예산서에는 성평등 기대효과, 성과목표, 성별 수혜분석 등을 포함하여야 한다.

제57조(성인지결산서의 작성) ① 정부는 여성과 남성이 동등하게 예산의 수혜를 받고 예산이 성차별을 개선하는 방향으로 집행되었는지를 평가하

는 보고서(이하 "성인지결산서"라 한다)를 작성하여야 한다.

② 성인지결산서에는 집행실적, 성평등 효과분석 및 평가 등을 포함하여야 한다.

제68조의2(성인지 기금운용계획서의 작성) ① 정부는 기금이 여성과 남성에게 미칠 영향을 미리 분석한 보고서(이하 "성인지 기금운용계획서"라 한다)를 작성하여야 한다.

② 성인지 기금운용계획서에는 성평등 기대효과, 성과목표, 성별 수혜분석 등을 포함하여야 한다.

제73조의2(성인지 기금결산서의 작성) ① 정부는 여성과 남성이 동등하게 기금의 수혜를 받고 기금이 성차별을 개선하는 방향으로 집행되었는지를 평가하는 보고서(이하 "성인지 기금결산서"라 한다)를 작성하여야 한다.

② 성인지 기금결산서에는 집행실적, 성평등 효과분석 및 평가 등을 포함하여야 한다.

법령 「양성평등기본법」 제15조(성별영향평가) ① 국가와 지방자치단체는 제정·개정을 추진하는 법령(법률·대통령령·총리령·부령 및 조례·규칙을 말한다)과 성평등에 중대한 영향을 미칠 수 있는 계획 및 사업 등이 성평등에 미치는 영향을 평가(이하 이 조에서 "성별영향평가"라 한다)하여야 한다.

② 성별영향평가의 대상·방법·시기 등에 필요한 사항은 따로 법률에서 정한다.

19 정답 ①

| 기초이론 > 행정학이론 발달 > 신공공서비스론(NPS) | 정답률 76% |

| 정답해설 |

① 선택률76% 관료의 역할을 공공기업가로 보는 것은 신공공서비스론(NPS)이 아니라 신공공관리론(NPM)이다.

20 정답 ③

| 인사행정론 > 공직 분류 > 인사제도 | 정답률 88% |

| 정답해설 |

③ 선택률88% ㉠ 경찰공무원은 경력직 공무원 중 특정직 공무원이다.
㉣ 국가직과 지방직 공무원 모두 「공무원연금법」의 적용을 받는다.

법령 「국가공무원법」 제2조(공무원의 구분) ① 국가공무원(이하 "공무원"이라 한다)은 경력직 공무원과 특수경력직 공무원으로 구분한다.

② "경력직 공무원"이란 실적과 자격에 따라 임용되고 그 신분이 보장되며 평생 동안 공무원으로 근무할 것이 예정되는 공무원을 말하며, 그 종류는 다음 각 호와 같다.

1. 일반직 공무원: 기술·연구 또는 행정 일반에 대한 업무를 담당하는 공무원
2. 특정직 공무원: 법관, 검사, 외무공무원, 경찰공무원, 소방공무원, 교육공무원, 군인, 군무원, 헌법재판소 헌법연구관, 국가정보원의 직원, 경호공무원과 특수 분야의 업무를 담당하는 공무원으로서 다른 법률에서 특정직 공무원으로 지정하는 공무원

③ "특수경력직 공무원"이란 경력직 공무원 외의 공무원을 말하며, 그 종류는 다음 각 호와 같다.

1. 정무직 공무원

가. 선거로 취임하거나 임명할 때 국회의 동의가 필요한 공무원

나. 고도의 정책결정 업무를 담당하거나 이러한 업무를 보조하는 공무원으로서 법률이나 대통령령(대통령비서실 및 국가안보실의 조직에 관한 대통령령만 해당한다)에서 정무직으로 지정하는 공무원

2. 별정직 공무원: 비서관·비서 등 보좌업무 등을 수행하거나 특정한 업무 수행을 위하여 법령에서 별정직으로 지정하는 공무원

제2조의2(고위공무원단) ① 국가의 고위공무원을 범정부적 차원에서 효율적으로 인사관리하여 정부의 경쟁력을 높이기 위하여 고위공무원단을 구성한다.

법령 「공무원연금법」 제3조(정의) ① 이 법에서 사용하는 용어의 뜻은 다음과 같다.

1. "공무원"이란 공무에 종사하는 다음 각 목의 어느 하나에 해당하는 사람을 말한다.

가. 「국가공무원법」, 「지방공무원법」, 그 밖의 법률에 따른 공무원. 다만, 군인과 선거에 의하여 취임하는 공무원은 제외한다.

나. 그 밖에 국가기관이나 지방자치단체에 근무하는 직원 중 대통령령으로 정하는 사람

| 오답해설 |

① 선택률 5% ② 선택률 1% ④ 선택률 6%

㉡ 차관은 특수경력직 공무원 중 정무직 공무원이다.
㉢ 국가직 공무원만 고위공무원단이 운영되고 있다.

21 정답 ①

| 재무행정론 > 예산과정론 > 예산심의 | 정답률 83% |

| 정답해설 |

① 선택률83% 우리나라는 대통령중심제이기 때문에 의원내각제보다 예산심의과정이 엄격하다.

| 오답해설 |

④ 선택률5% 국회는 정부의 동의 없이 정부가 제출한 지출예산 각 항의 금액을 증액할 수 없다.

법령 「헌법」 제57조 국회는 정부의 동의 없이 정부가 제출한 지출예산 각 항의 금액을 증가하거나 새 비목을 설치할 수 없다.

22 정답 ④

| 기초이론 > 행정학이론 발달 > 공공선택론 | 정답률 81% |

| 정답해설 |

④ 선택률81% 공공선택이론은 시장실패를 극복하기 위한 정부의 시장개입이 오히려 자원배분을 왜곡하여 정부실패를 유발하였다고 본다.

23

| 기초이론 > 현대행정의 변천 > 사회자본(사회적 자본) | 정답률 92% |

| 정답해설 |

① 선택률 92% 사회적 자본은 지속적인 교환과정을 거쳐서 유지되고 재생산된다. 따라서 사회적 자본은 사용할수록 감소하는 것이 아니다.

24

| 정책학 > 정책결정이론모형 > 지명반론자기법 | 정답률 89% |

| 정답해설 |

③ 선택률 89% 〈보기〉는 지명반론자기법(devil's advocate method) 에 관한 설명이다.

| 오답해설 |

① 선택률 4% 델파이기법(delphi method)은 미래예측을 위해 전문가집단(델파이집단)을 활용하는 의사결정방법이다.

② 선택률 2% 브레인스토밍(brainstorming)은 여러 사람에게 하나의 주제에 대해 아이디어를 무작위로 제시하도록 해 좋은 아이디어를 발굴하는 방법이다. 대부분의 조직에서 실시하는 아이디어 회의는 브레인스토밍 방식이다.

④ 선택률 5% 명목집단기법(nominal group technique)은 관련자들로 하여금 의사결정에 참여하지 않은 채 서면으로 대안에 대한 아이디어를 제출하게 하고, 모든 아이디어가 제시된 이후 토의를 거쳐 투표로 의사결정을 하는 기법이다. 집단구성원 간 의사소통이 이루어지지 않기 때문에 이들은 명목적으로만 집단이 된다.

25

| 정책학 > 정책분석론 > 집단사고 | 정답률 74% |

| 정답해설 |

③ 선택률 74% 집단사고(group think)는 응집력 있는 집단의 구성원들일수록 토론이나 논쟁을 통해 좋은 결정을 도출하기보다는 한 방향으로 쉽게 의견의 일치를 보이는 현상으로, 이의 제기나 대안 제시를 억제하고 구성원들이 내린 어떤 결정이 최선이라고 믿고 합리화하려는 경향이 있다. 따라서 반대의견이나 비판적인 대안이 제시되지 못하는 것이 집단사고에서 발생할 수 있는 현상이다.

2018 2018.08.11. 국방부(육·해·공군) 시행

9급 군무원 행정학

┃ 전체 난이도 및 합격선

전체 난이도	합격선
下	88점

┃ 기출총평

보직관리의 기준, 중앙인사관장기관 등 다소 생소한 내용이 출제되었다.

- 영역별 – 2017년도 시험과 마찬가지로 인사행정론의 출제비중이 높았고, 기초이론에서는 1문항밖에 출제되지 않았다는 점이 특징적이다.
- 내용별 – 신구(新舊) 문제가 적절히 조화되었으나, 인사행정론에서 보직관리의 기준, 중앙인사관장기관 등 다소 생소한 내용의 문제가 출제되었다. 이 문제들은 체감 난이도가 높았을 것으로 예상되나, 이를 제외하고는 예년과 비슷한 수준의 난이도였다.
- 법령별 – 「정부조직법」상 보조기관, 「국가공무원법」상 직위분류제에서 사용되는 용어, 중앙인사관장기관의 장과 공무원의 의무, 「공무원임용령」상 보직관리의 기준, 「국가재정법」상 추가경정예산의 편성사유, 「공공기관의 운영에 관한 법률」상 공공기관의 구분과 지정, 지방자치법령상 계층구조에 관한 규정을 숙지한다.
- 수험대책 – 영역별로 빈출된 문제를 반드시 숙지하고, 법령 문제의 출제비중이 높았던 만큼 주요 법령의 조문을 반드시 기억하여야 한다.

┃ 영역별 출제비중

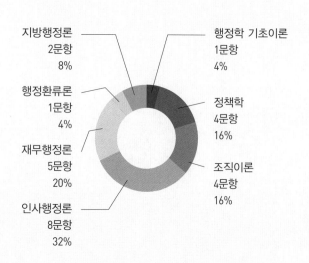

지방행정론
2문항
8%

행정환류론
1문항
4%

재무행정론
5문항
20%

인사행정론
8문항
32%

행정학 기초이론
1문항
4%

정책학
4문항
16%

조직이론
4문항
16%

┃ 문항 분석

	카테고리	출제수	정답률
1	정책학 > 정책학 기초이론 > 정책네트워크모형	3회	87%
2	조직이론 > 조직구조론 > 보조기관(계선기관)과 보좌기관(막료기관)	4회	83%
고난도 TOP1 3	인사행정론 > 인사행정의 3대 변수 > 보직관리	1회	48%
4	인사행정론 > 근무규율 > 「공직자윤리법」상 공무원의 의무	6회	84%
5	정책학 > 정책의제설정론 > 콥과 로스(Cobb & Ross)의 정책의제설정모형	2회	69%
6	조직이론 > 조직 기초이론 > 조정기제	2회	85%
7	정책학 > 정책분석론 > 목표의 변동	1회	68%
8	지방행정론 > 지방자치단체 운영체계 > 지방자치계층	1회	60%
고난도 TOP3 9	지방행정론 > 정부 간 관계 > 중앙통제	1회	52%
10	인사행정론 > 인사행정 기초이론 > 대표관료제	7회	66%
11	재무행정론 > 예산과정론 > 예산집행의 신축성 유지방안	8회	85%
12	재무행정론 > 재무행정 기초이론 > 현대적 예산원칙	1회	72%
13	기초이론 > 행정학이론 발달 > 신공공관리론(NPM)	12회	77%
고난도 TOP2 14	인사행정론 > 인사행정 기초이론 > 우리나라 인사기관	2회	51%
15	인사행정론 > 공직 분류 > 직위분류제와 계급제	15회	75%
16	재무행정론 > 재무행정 기초이론 > 예산과 계획	1회	93%
17	조직이론 > 조직구조론 > 네트워크구조	4회	69%
18	재무행정론 > 재무행정 기초이론 > 「공공기관의 운영에 관한 법률」	1회	95%
19	정책학 > 정책의제설정론 > 무의사결정론	3회	84%
20	행정환류론 > 행정개혁(정부혁신) > 행정개혁의 접근방법	2회	69%
21	인사행정론 > 인사행정 기초이론 > 엽관주의와 실적주의	9회	75%
22	재무행정론 > 재무행정 기초이론 > 추가경정예산	4회	93%
23	조직이론 > 조직 기초이론 > 거래비용이론	1회	68%
24	인사행정론 > 공직 분류 > 개방형 인사제도	1회	90%
25	인사행정론 > 공직 분류 > 직위분류제	10회	65%

※ 고난도 TOP1 은 해당 회차에서 정답률이 가장 낮은 문항입니다.

01	④	02	④	03	①	04	④	05	③
06	①	07	①	08	②	09	②	10	①
11	①	12	④	13	④	14	①	15	①
16	③	17	③	18	④	19	①	20	④
21	②	22	②	23	①	24	④	25	④

기출문제편 ▶ P.45

01
정답 ④

정책학 > 정책학 기초이론 > 정책네트워크모형　　정답률 87%

| 정답해설 |

④ 선택률 87% 이슈네트워크가 네거티브섬 게임(negative-sum game)을 하는 반면, 정책공동체는 포지티브섬 게임(positive-sum game)을 한다.

| 오답해설 |

② 선택률 2% 정책공동체란 로즈(Rhodes)가 주장한 일종의 가변적 서비스연계망으로서, 정책문제에 대하여 전문지식을 가진 구성원들이 신뢰와 협조하에 정책에 참여하는 것이다. 즉, 정책공동체란 특정한 정책 분야에 대한 전문지식이 있는 학자, 연구원, 전문가, 관료 등이 공식적·비공식적으로 접촉하면서 형성된 하나의 공동체를 말한다.

더 알아보기 ▶ 이슈네트워크와 정책공동체

구분	이슈네트워크 (issue network)	정책공동체 (policy community)
정책 행위자	• 다양한 행위자, 이슈에 따라 수시로 변동(이익집단, 전문가, 언론, 비조직화된 개인 등 모든 이해관계자) • 개방적·유동적	• 공식적·조직화된 행위자에 한정(공무원, 연구원, 교수, 위원 등) • 폐쇄적·안정적·지속적
상호관계	• 상호경쟁적이며 상호의 존성이 약함 • 권력의 편차가 심함 • 연합형성전략 • negative-sum 게임	• 상호협력적이며 상호의 존성이 강함 • 비교적 균등한 권력 • positive-sum 게임
참여의 목적	• 자기이익 극대화 → 이해 공유도 낮음 • 이슈의 성격에 따라 이합집산	정책에 대한 기본적 이해의 공유와 협조 → 이해 공유도 높음
유형의 구조화	개별행위자들로서 특별한 구조가 미형성	빈번한 상호작용, 안정된 구조적 관계로 유형화(언어, 가치관, 문화 등의 공유)
정책결정	정책결정과정에서 정책내용이 많이 변경됨 → 예측 곤란	처음의 정책내용대로 정책결정 → 예측 용이
정책집행	결정된 정책내용과 다르게 집행되는 경우가 많음	결정된 정책내용과 크게 다르지 않음

02
정답 ④

조직이론 > 조직구조론 > 보조기관(계선기관)과 보좌기관
(막료기관)　　정답률 83%

| 정답해설 |

④ 선택률 83% 「정부조직법」상 차관은 보조기관이지만, 차관보는 보좌기관이다.

법령 「정부조직법」 제2조(중앙행정기관의 설치와 조직 등) ③ 중앙행정기관의 보조기관은 이 법과 다른 법률에 특별한 규정이 있는 경우를 제외하고는 차관·차장·실장·국장 및 과장으로 한다.
⑤ 행정각부에는 대통령령으로 정하는 특정 업무에 관하여 장관과 차관을 직접 보좌하기 위하여 차관보를 둘 수 있으며, 중앙행정기관에는 그 기관의 장, 차관·차장·실장·국장 밑에 정책의 기획, 계획의 입안, 연구·조사, 심사·평가 및 홍보 등을 통하여 그를 보좌하는 보좌기관을 대통령령으로 정하는 바에 따라 둘 수 있다. 다만, 과에 상당하는 보좌기관은 총리령 또는 부령으로 정할 수 있다.

03 고난도 TOP1
정답 ①

인사행정론 > 인사행정의 3대 변수 > 보직관리　　정답률 48%

| 정답해설 |

① 선택률 48% 직렬 및 직류는 공무원의 인적요건에 따른 보직관리의 기준에 해당한다.

법령 「공무원임용령」 제43조(보직관리의 기준) ② 임용권자 또는 임용제청권자는 소속 공무원을 보직할 때 다음 각 호에서 정한 직위의 직무요건과 소속 공무원의 인적요건을 고려하여 적재적소(適材適所)에 임용하여야 하며, 「직무분석규정」에 따른 직무분석, 이 영 제10조의3에 따른 역량평가 또는 「공무원 성과평가 등에 관한 규정」 제28조에 따른 다면평가를 실시한 경우 그 결과를 활용할 수 있다.
　1. 직위의 직무요건
　　가. 직위의 주요 업무활동
　　나. 직위의 성과책임
　　다. 직무수행의 난이도
　　라. 직무수행요건
　2. 공무원의 인적요건
　　가. 직렬 및 직류
　　나. 윤리의식 및 청렴도
　　다. 보유 역량의 수준
　　라. 경력, 전공 분야 및 훈련실적
　　마. 그 밖의 특기사항

군무원 vs 공무원 비교분석

보직관리의 기준을 파악하는 이 문제의 경우, 일반 공무원 시험에서는 단 한 번도 출제된 적이 없는 매우 깊이 있는 문제에 해당한다. 직위의 직무요건과 공무원의 인적요건을 구분하여 정리하여야 한다.

04

| 인사행정론 > 근무규율 > 「공직자윤리법」상 공무원의 의무 | 정답률 84% |

| 정답해설 |

④ <u>선택률 84%</u> 공무원이 외국 정부로부터 영예나 증여를 받을 경우에는 대통령의 허가를 받아야 한다.

> 법령 「국가공무원법」 제62조(외국 정부의 영예 등을 받을 경우) 공무원이 외국 정부로부터 영예나 증여를 받을 경우에는 대통령의 허가를 받아야 한다.

| 오답해설 |

① <u>선택률 4%</u> ② <u>선택률 1%</u> ③ <u>선택률 11%</u> 「국가공무원법」에 규정되어 있다.

> 법령 「국가공무원법」 제57조(복종의 의무) 공무원은 직무를 수행할 때 소속 상관의 직무상 명령에 복종하여야 한다.
>
> 제60조(비밀 엄수의 의무) 공무원은 재직 중은 물론 퇴직 후에도 직무상 알게 된 비밀을 엄수(嚴守)하여야 한다.
>
> 제63조(품위 유지의 의무) 공무원은 직무의 내외를 불문하고 그 품위가 손상되는 행위를 하여서는 아니 된다.

05

| 정책학 > 정책의제설정론 > 콥과 로스(Cobb & Ross)의 정책의제설정모형 | 정답률 69% |

| 정답해설 |

③ <u>선택률 69%</u> 〈보기〉는 콥(Cobb)이 제시한 정책의제설정모형 중 내부접근형에 관한 설명이다. 내부접근형은 동원형처럼 정책담당자들에 의해 자발적으로 정책의제화가 진행되지만, 동원형과 다른 점은 외부 국민들과는 관계없이 정부관료제 내부에서 정책의제화가 이루어지며 공중의제가 형성되지 않는다는 것이다. 또한 내부접근형은 국민이 사전에 알면 곤란한 문제나 시간적 여유가 없을 때, 의도적으로 국민을 무시하는 정부에서 나타날 수 있으며, 일반대중에게 알려지는 것을 피하려고 하므로 일종의 음모형에 속한다.

| 오답해설 |

① <u>선택률 21%</u> 외부주도형은 정책담당자가 아닌 외부 사람들의 주도에 의해 특정 문제를 정부가 해결해야 할 문제로 받아들이게 되는 경우로, 이익집단이 발달하고 정부가 외부의 요구에 민감하게 반응하는 정치체제에서 주로 나타나기 때문에 다원화된 선진국의 정책의제설정과정에서 주로 나타난다.

② <u>선택률 8%</u> 동원형은 정부 내의 정책결정자들이 주도하여 정책의제를 채택하는 경우로, 정부가 민간을 동원하여 의제를 설정하는 것이다. 동원형은 전문가의 영향력이 크고 정책결정과정과 내용이 좀 더 분석적이며, 일반대중의 지지를 얻어 정책의 집행을 성공적으로 이끌기 위해서 정부의 PR활동을 통해 공중의제가 된다.

④ <u>선택률 2%</u> 굳히기형은 메이(May)의 의제설정모형 중 하나로, 대중적 지지가 높을 때 국가가 의제설정을 주도하는 모형이다.

06

| 조직이론 > 조직 기초이론 > 조정기제 | 정답률 85% |

| 정답해설 |

① <u>선택률 85%</u> 규칙은 수평적 조정기제가 아니라 수직적 조정기제에 해당한다. 수평적 조정기제에는 정보시스템, 직접접촉, 임시작업단(task force), 프로젝트 매니저, 프로젝트 팀, 연락역할 담당자 등이 있으며, 수직적 조정기제에는 계층제, 규칙과 계획, 계층직위의 추가, 수직정보 시스템 등이 있다.

군무원 VS 공무원 비교분석

> 조정기제는 최근 군무원 시험과 일반 공무원 시험에서 출제비중이 높아지고 있다. 수직적 조정기제와 수평적 조정기제의 각 특징을 구분하여 숙지하여야 한다.

07

| 정책학 > 정책분석론 > 목표의 변동 | 정답률 68% |

| 정답해설 |

① <u>선택률 68%</u> 목표의 전환이란 조직목표를 왜곡하는 현상으로, 본래 목표가 상실되고 오히려 본래의 목표를 달성하기 위한 수단이 목표로 바뀌는 현상을 말한다. 즉, 조직의 목표가 수단에 의해서 희생되는 현상을 말하며, 목표의 항구성과는 관련이 없다.

| 오답해설 |

② <u>선택률 15%</u> 유형적 목표의 추구는 목표의 전환의 원인으로, 무형적 목표의 추상적·개괄적 성격으로 인하여 유형적 목표에 치중하게 된다는 것을 말한다.

08

| 지방행정론 > 지방자치단체 운영체계 > 지방자치계층 | 정답률 60% |

| 정답해설 |

② <u>선택률 60%</u> 제주특별자치도와 세종특별자치시는 그 관할구역에 지방자치단체인 시와 군, 자치구를 두지 않는다. 따라서 자치계층 측면에서 단층제로 운용되고 있어 자치계층과 행정계층이 일치하지 않는다. 즉, 제주특별자치도와 세종특별자치시는 자치계층은 하나이지만 행정계층은 3~4개로, 자치계층과 행정계층이 일치하지 않는다.

> 법령 「제주특별자치도 설치 및 국제자유도시 조성을 위한 특별법」 제10조(행정시의 폐지·설치·분리·합병 등) ① 제주자치도는 「지방자치법」 제2조 제항 및 제3조 제2항에도 불구하고 그 관할구역에 지방자치단체인 시와 군을 두지 아니한다.

> 법령 「세종특별자치시 설치 등에 관한 특별법」 제6조(설치 등) ① 정부의 직할(直轄)로 세종특별자치시를 설치한다.
>
> ② 세종특별자치시의 관할구역에는 「지방자치법」 제2조 제1항 제2호의 지방자치단체를 두지 아니한다.

| 오답해설 |

① 선택률 10% ③ 선택률 18% ④ 선택률 12% 「지방자치법」 제3조, 제13조, 제197조에 규정되어 있다.

법령 「지방자치법」 제3조(지방자치단체의 법인격과 관할) ③ 특별시·광역시 또는 특별자치시가 아닌 인구 50만 이상의 시에는 자치구가 아닌 구를 둘 수 있고, 군에는 읍·면을 두며, 시와 구(자치구를 포함한다)에는 동을, 읍·면에는 리를 둔다.

제13조(지방자치단체의 사무 범위) ① 지방자치단체는 관할구역의 자치사무와 법령에 따라 지방자치단체에 속하는 사무를 처리한다.

② 제1항에 따른 지방자치단체의 사무를 예시하면 다음 각 호와 같다. 다만, 법률에 이와 다른 규정이 있으면 그러하지 아니하다.

제197조(특례의 인정) ① 서울특별시의 지위·조직 및 운영에 대해서는 수도로서의 특수성을 고려하여 법률로 정하는 바에 따라 특례를 둘 수 있다.

---

09 고난도 TOP3   정답 ②

| 지방행정론 > 정부 간 관계 > 중앙통제 | 정답률 52% |

| 정답해설 |

② 선택률 52% 중앙정부는 위법·부당한 명령·처분의 시정명령 및 취소·정지를 할 수 있고, 지방자치단체의 장은 이에 이의가 있을 때에는 '대법원'에 소를 제기할 수 있다.

법령 「지방자치법」 제188조(위법·부당한 명령이나 처분의 시정) ① 지방자치단체의 사무에 관한 지방자치단체의 장(제103조 제2항에 따른 사무의 경우에는 지방의회의 의장을 말한다. 이하 이 조에서 같다)의 명령이나 처분이 법령에 위반되거나 현저히 부당하여 공익을 해친다고 인정되면 시·도에 대해서는 주무부장관이, 시·군 및 자치구에 대해서는 시·도지사가 기간을 정하여 서면으로 시정할 것을 명하고, 그 기간에 이행하지 아니하면 이를 취소하거나 정지할 수 있다.

② 주무부장관은 지방자치단체의 사무에 관한 시장·군수 및 자치구의 구청장의 명령이나 처분이 법령에 위반되거나 현저히 부당하여 공익을 해침에도 불구하고 시·도지사가 제1항에 따른 시정명령을 하지 아니하면 시·도지사에게 기간을 정하여 시정명령을 하도록 명할 수 있다.

③ 주무부장관은 시·도지사가 제2항에 따른 기간에 시정명령을 하지 아니하면 제2항에 따른 기간이 지난 날부터 7일 이내에 직접 시장·군수 및 자치구의 구청장에게 기간을 정하여 서면으로 시정할 것을 명하고, 그 기간에 이행하지 아니하면 주무부장관이 시장·군수 및 자치구의 구청장의 명령이나 처분을 취소하거나 정지할 수 있다.

④ 주무부장관은 시·도지사가 시장·군수 및 자치구의 구청장에게 제1항에 따라 시정명령을 하였으나 이를 이행하지 아니한 데 따른 취소·정지를 하지 아니하는 경우에는 시·도지사에게 기간을 정하여 시장·군수 및 자치구의 구청장의 명령이나 처분을 취소하거나 정지할 것을 명하고, 그 기간에 이행하지 아니하면 주무부장관이 이를 직접 취소하거나 정지할 수 있다.

⑤ 제1항부터 제4항까지의 규정에 따른 자치사무에 관한 명령이나 처분에 대한 주무부장관 또는 시·도지사의 시정명령, 취소 또는 정지는 법령을 위반한 것에 한정한다.

⑥ 지방자치단체의 장은 제1항, 제3항 또는 제4항에 따른 자치사무에 관한 명령이나 처분의 취소 또는 정지에 대하여 이의가 있으면 그 취소처분 또는 정지처분을 통보받은 날부터 15일 이내에 대법원에 소를 제기할 수 있다.

제189조(지방자치단체의 장에 대한 직무이행명령) ① 지방자치단체의 장이 이 법령에 따라 그 의무에 속하는 국가위임사무나 시·도위임사무의 관리와 집행을 명백히 게을리하고 있다고 인정되면 시·도에 대해서는 주무부장관이, 시·군 및 자치구에 대해서는 시·도지사가 기간을 정하여 서면으로 이행할 사항을 명령할 수 있다.

제190조(지방자치단체의 자치사무에 대한 감사) ① 행정안전부장관이나 시·도지사는 지방자치단체의 자치사무에 관하여 보고를 받거나 서류·장부 또는 회계를 감사할 수 있다. 이 경우 감사는 법령 위반사항에 대해서만 한다.

군무원 VS 공무원 비교분석

「지방자치법」의 국가의 지도·감독은 군무원 시험과 일반 공무원 시험에서 출제비중이 매우 높은 내용에 해당한다. 「지방자치법」의 조문을 반드시 숙지하여 선지별 세부 내용을 혼동하지 않아야 한다.

---

10   정답 ①

| 인사행정론 > 인사행정 기초이론 > 대표관료제 | 정답률 66% |

| 정답해설 |

① 선택률 66% 대표관료제 이론은 출신성분과 인간의 행동 간에는 밀접한 관련성이 있음을 전제로 한다. 즉, 관료가 자기 출신집단의 가치와 이익을 정책결정에 반영시키는 데 노력하고, 자신이 선호하는 개인적 정책가치의 극대화를 추구하며, 정책관료의 가치관·태도가 출신집단 또는 일반 국민의 가치관·태도와 유사하면 정책의 대응성이 보다 더 제고된다는 것을 전제하고 있다. 따라서 대표관료제는 내부통제가 용이해지며 책임성 제고에 기여한다.

| 오답해설 |

② 선택률 5% 지역별, 성별 임용할당제(employment quota system)를 통해 소외집단이나 소수집단의 공직취임기회를 부여하여 사회적 형평성을 제고할 수 있다.

③ 선택률 12% 공무원들이 출신집단별로 구성되어 출신집단의 이익을 반영하는 과정에서 집단이기주의를 유발할 수 있다.

④ 선택률 17% 지역별, 성별 임용할당제는 「헌법」상의 평등원리에 어긋나며 역차별의 문제가 있지만, 많은 나라에서 도입하고 있다.

---

11   정답 ①

| 재무행정론 > 예산과정론 > 예산집행의 신축성 유지방안 | 정답률 85% |

| 정답해설 |

① 선택률 85% 회계연도 개시 전 예산배정인 긴급배정은 예산집행의 신축성 유지방안이지만, 배정과 재배정은 지출영역과 시기를 통제하는 제도로 예산집행과정에서 재정통제를 위한 방안에 해당한다.

군무원 VS 공무원 비교분석

예산집행의 신축성 유지방안은 군무원 시험과 일반 공무원 시험에서 출제비중이 매우 높다. 재정통제와 신축성 유지방안을 비교하여 그 차이점을 중심으로 반드시 숙지하여 구분할 수 있어야 한다.

12

재무행정론 > 재무행정 기초이론 > 현대적 예산원칙	정답률 72%

| 정답해설 |

④ 선택률72% 명확성의 원칙은 스미스(Smith)가 주장한 현대적 예산 원칙이 아니라 노이마르크(Neumark)가 주장한 전통적 예산원 칙으로, 예산은 합리적 관점에서 분류되고 명료·정확하게 표시 되어 모든 시민들이 이해할 수 있는 것이어야 한다는 것을 말한다.

| 오답해설 |

① 선택률7% 행정부 재량의 원칙은 입법부의 심의는 엄격해야 하나 의결은 총괄예산 정도의 대체적인 한정에 그치도록 함으로써 입 법부의 정치적 방침에 위배되지 않는 한 구체적인 사항은 행정 부의 재량에 맡겨야 한다는 것을 말한다.

② 선택률17% 보고의 원칙은 예산의 편성·심의·집행은 정부의 각 행정기관으로부터 올라온 재정보고 및 업무보고에 근거를 두어 야 한다는 것을 말한다.

③ 선택률4% 적절한 수단구비의 원칙은 행정부가 예산에 관한 책임 을 다하기 위해서는 적절한 수단을 구비하고 있어야 한다는 것 을 말한다. 행정수반은 직접 감독하에 유능한 공무원이 배치되 어 있는 예산기관을 가져야 하며, 예산배정 및 예비비 계상에 관 한 권한 등을 포함하여 필요한 권한이 부여되어 있어야 한다.

13

정답 ④

기초이론 > 행정학이론 발달 > 신공공관리론(NPM)	정답률 77%

| 정답해설 |

④ 선택률77% 기업가적 정부를 표방하는 신공공관리론(NPM)은 정 부혁신의 방향으로 수익자 부담의 원칙 강화, 민영화 확대, 규제 완화 등을 제시한다.

14 고난도 TOP 2

정답 ①

인사행정론 > 인사행정 기초이론 > 우리나라 인사기관	정답률 51%

| 정답해설 |

① 선택률51% 법원의 중앙인사관장기관의 장은 대법원장이 아니라 법원행정처장이다.

[법령] 「국가공무원법」 제6조(중앙인사관장기관) ① 인사행정에 관한 기본 정책의 수립과 이 법의 시행·운영에 관한 사무는 다음 각 호의 구분 에 따라 관장(管掌)한다.

　　1. 국회는 국회사무총장

　　2. 법원은 법원행정처장

　　3. 헌법재판소는 헌법재판소 사무처장

　　4. 선거관리위원회는 중앙선거관리위원회 사무총장

　　5. 행정부는 인사혁신처장

| 오답해설 |

② 선택률8% 국회의 중앙인사관장기관의 장은 국회사무총장이다.

③ 선택률21% 헌법재판소의 중앙인사관장기관의 장은 헌법재판소 사 무처장이다.

④ 선택률20% 행정부의 중앙인사관장기관의 장은 인사혁신처장이다.

15

정답 ①

인사행정론 > 공직 분류 > 직위분류제와 계급제	정답률 75%

| 정답해설 |

① 선택률75% 직위분류제는 공무원의 신분이 특정 직위나 직무와 연결되어 있기 때문에 기구개편 등의 영향을 크게 받아 신분보 장의 위험을 받기 쉬워 행정의 안정성·계속성이 저해된다. 반 면, 계급제는 공무원이 기구개편에 의한 영향을 받지 않으므로 신분보장이 강하여 행정의 안정성을 확보할 수 있다.

| 오답해설 |

③ 선택률13% 직위분류제는 동일한 직렬에 따라 전보·승진이 이루 어지므로, 인사배치의 신축성이 결여된다.

더 알아보기 ▶ 직위분류제와 계급제

구분	직위분류제	계급제
분류기준	직무의 종류·곤란도·책 임도	개인의 능력·자격
인사관리	• 직무 중심 • 실적 중심 인사관리	• 사람 중심 • 연공서열 중심 인사관리
채용시험	직무와 관련됨(합리적)	직무와 관련이 적음(비합 리적)
보수체계	• 직무급(동일 직무·동일 보수) • 높은 보수 형평성	• 생활급(연공서열급) • 낮은 보수 형평성
인사배치	비융통성	융통성
행정계획	단기계획에 적합	장기계획에 적합
교육훈련	전문성(훈련이 직무와 관련)	일반성(훈련이 직무와 관 련 적음)
전문성	• 전문행정가 중심 • 종합적 시각 확보 곤란	• 일반행정가 중심 • 종합적 시각 확보 가능
협조·조정	저해	원활
충원방식	개방형	폐쇄형
신분보장	약함	강함
발달배경	산업사회	농업사회
채택국가	미국, 호주, 캐나다, 필리핀	영국, 프랑스, 독일, 일본

16

정답 ③

재무행정론 > 재무행정 기초이론 > 예산과 계획	정답률 93%

| 정답해설 |

③ 선택률93% 예산편성 시 계획담당자는 장기적 계획과 단기적 예 산을 유기적으로 연결하기 위하여 장기적 관점을 가지지만, 예 산담당자는 장기적 계획보다는 단기적 예산에 관심을 두기 때문 에 단기적 관점을 가진다.

17

정답 ③

| 조직이론 > 조직구조론 > 네트워크구조 | 정답률 69% |

| 정답해설 |

③ **선택률 69%** 네트워크조직은 계약관계에 있는 외부기관을 직접 통제하기 어렵기 때문에 제품의 안정적 공급과 품질관리에 어려움이 있을 수 있다.

18

정답 ④

| 재무행정론 > 재무행정 기초이론 > 「공공기관의 운영에 관한 법률」 | 정답률 95% |

| 정답해설 |

④ **선택률 95%** 국무총리가 아니라, 기획재정부장관이 공공기관을 공기업·준정부기관과 기타 공공기관으로 구분하여 지정한다.

법령 「공공기관의 운영에 관한 법률」 제5조(공공기관의 구분) ① 기획재정부장관은 공공기관을 다음 각 호의 구분에 따라 지정한다.

　1. 공기업·준정부기관: 직원 정원, 수입액 및 자산규모가 대통령령으로 정하는 기준에 해당하는 공공기관
　2. 기타 공공기관: 제1호에 해당하는 기관 이외의 기관

② 제1항 제1호에도 불구하고 기획재정부장관은 다른 법률에 따라 책임경영체제가 구축되어 있거나 기관 운영의 독립성, 자율성 확보 필요성이 높은 기관 등 대통령령으로 정하는 기준에 해당하는 공공기관은 기타 공공기관으로 지정할 수 있다.

③ 기획재정부장관은 제1항의 규정에 따라 공기업과 준정부기관을 지정하는 경우 총수입액 중 자체수입액이 차지하는 비중이 대통령령으로 정하는 기준 이상인 기관은 공기업으로 지정하고, 공기업이 아닌 공공기관은 준정부기관으로 지정한다.

④ 기획재정부장관은 제1항 및 제3항의 규정에 따른 공기업과 준정부기관을 다음 각 호의 구분에 따라 세분하여 지정한다.

　1. 공기업
　　가. 시장형 공기업: 자산규모와 총수입액 중 자체수입액이 대통령령으로 정하는 기준 이상인 공기업
　　나. 준시장형 공기업: 시장형 공기업이 아닌 공기업
　2. 준정부기관
　　가. 기금관리형 준정부기관: 「국가재정법」에 따라 기금을 관리하거나 기금의 관리를 위탁받은 준정부기관
　　나. 위탁집행형 준정부기관: 기금관리형 준정부기관이 아닌 준정부기관

19

정답 ①

| 정책학 > 정책의제설정론 > 무의사결정론 | 정답률 84% |

| 정답해설 |

① **선택률 84%** 무의사결정은 지배세력의 기득권을 침해하는 요구를 고의적으로 묵살하는 것을 말한다. 따라서 무의사결정은 정책결정자의 무관심과 무능력으로 인해 발생하는 것은 아니다. 정책결정자들의 무관심으로 말미암아 쟁점화되지 못하는 정책문제

는 정책과정에 제약을 가하지 않는다는 면에서 무의사결정과 구별되어야 한다.

20

정답 ④

| 행정환류론 > 행정개혁(정부혁신) > 행정개혁의 접근방법 | 정답률 69% |

| 정답해설 |

④ **선택률 69%** 과학적 관리기법에 입각하여 업무수행과정에 치중하면서 관리기술의 개선에 중점을 두는 접근방법은 관리·기술적 접근방법이다. 관리·기술적 접근방법은 업무수행과정에서 능률을 향상시키기 위해 새로운 행정기술이나 장비를 도입하거나 관리과학(MS), 운영연구(OR), 체제분석(SA) 등의 계량화 기법을 활용한다. 구조적 접근방법은 조직의 구조적 설계를 개선함으로써 행정개혁의 목적을 달성하는 접근방법으로, 전통적 조직이론에 입각하여 주로 공식조직의 내부구조 개선·합리화에 중점을 두는 접근방법이다.

21

정답 ②

| 인사행정론 > 인사행정 기초이론 > 엽관주의와 실적주의 | 정답률 75% |

| 정답해설 |

② **선택률 75%** 실적주의는 직위분류제 확립에 기여하였으며(ㄱ), 엽관주의는 행정의 민주화에 기여하였다(ㄷ).

| 오답해설 |

① **선택률 7%** ③ **선택률 6%** ④ **선택률 12%**

ㄴ. 직위분류제는 전문행정가 양성에 기여하였으며, 유능한 일반행정가 확보가 어렵다.
ㄹ. 엽관주의는 행정의 민주성을 위해서 부분적으로 사용되고 있다.

22

정답 ②

| 재무행정론 > 재무행정 기초이론 > 추가경정예산 | 정답률 93% |

| 정답해설 |

② **선택률 93%** 교부세의 정산 등에 사용하거나 출연한 금액을 제외한 세계잉여금은 추가경정예산안의 편성에 사용할 수 있으나, 「국가재정법」상 추가경정예산의 편성사유에는 포함되지 않는다.

법령 「국가재정법」 제89조(추가경정예산안의 편성) ① 정부는 다음 각 호의 어느 하나에 해당하게 되어 이미 확정된 예산에 변경을 가할 필요가 있는 경우에는 추가경정예산안을 편성할 수 있다.

　1. 전쟁이나 대규모 재해(「재난 및 안전관리 기본법」 제3조에서 정의한 자연재난과 사회재난의 발생에 따른 피해를 말한다)가 발생한 경우
　2. 경기침체, 대량실업, 남북관계의 변화, 경제협력과 같은 대내·외 여건에 중대한 변화가 발생하였거나 발생할 우려가 있는 경우
　3. 법령에 따라 국가가 지급하여야 하는 지출이 발생하거나 증가하는 경우

② 정부는 국회에서 추가경정예산안이 확정되기 전에 이를 미리 배정하거나 집행할 수 없다.

제90조(세계잉여금 등의 처리 및 사용계획) ⑤ 제2항부터 제4항까지의 규정에 따라 사용하거나 출연한 금액을 제외한 세계잉여금은 추가경정예산안의 편성에 사용할 수 있다.

23 정답 ①

| 조직이론 > 조직 기초이론 > 거래비용이론 | 정답률 68% |

| 정답해설 |

① 선택률 68% 조정비용이 거래비용보다 클 때 외부화(outsourcing)가 이루어지며, 거래비용이 조정비용보다 클 때 내부화(insourcing)가 이루어진다. 즉, 시장의 자발적인 교환행위에서 발생하는 거래비용이 조직 내부의 조정비용보다 클 때 거래비용의 최소화를 위하여 거래의 내부화가 이루어진다.

24 정답 ④

| 인사행정론 > 공직 분류 > 개방형 인사제도 | 정답률 90% |

| 정답해설 |

④ 선택률 90% 개방형 인사제도는 폐쇄형 인사제도에 비해 국민의 요구에 민감하게 대응하며, 행정에 대한 민주적 통제가 보다 용이하다.

25 정답 ④

| 인사행정론 > 공직 분류 > 직위분류제 | 정답률 65% |

| 정답해설 |

④ 선택률 65% 직무의 성질이 유사한 직렬의 군은 직군이다. 직류는 동일한 직렬 내에서 담당 분야가 동일한 직무의 군을 말한다.

법령 「국가공무원법」 제5조(정의) 이 법에서 사용하는 용어의 뜻은 다음과 같다.

1. "직위(職位)"란 1명의 공무원에게 부여할 수 있는 직무와 책임을 말한다.
2. "직급(職級)"이란 직무의 종류·곤란성과 책임도가 상당히 유사한 직위의 군을 말한다.
3. "정급(定級)"이란 직위를 직급 또는 직무등급에 배정하는 것을 말한다.
4. "강임(降任)"이란 같은 직렬 내에서 하위 직급에 임명하거나 하위 직급이 없어 다른 직렬의 하위 직급으로 임명하거나 고위공무원단에 속하는 일반직공무원(제4조 제2항에 따라 같은 조 제1항의 계급 구분을 적용하지 아니하는 공무원은 제외한다)을 고위공무원단 직위가 아닌 하위 직위에 임명하는 것을 말한다.
5. "전직(轉職)"이란 직렬을 달리하는 임명을 말한다.
6. "전보(轉補)"란 같은 직급 내에서의 보직 변경 또는 고위공무원단 직위 간의 보직 변경(제4조 제2항에 따라 같은 조 제1항의 계급 구분을 적용하지 아니하는 공무원은 고위공무원단 직위와 대통령령으로 정하는 직위 간의 보직 변경을 포함한다)을 말한다.
7. "직군(職群)"이란 직무의 성질이 유사한 직렬의 군을 말한다.
8. "직렬(職列)"이란 직무의 종류가 유사하고 그 책임과 곤란성의 정도가 서로 다른 직급의 군을 말한다.
9. "직류(職類)"란 같은 직렬 내에서 담당 분야가 같은 직무의 군을 말한다.
10. "직무등급"이란 직무의 곤란성과 책임도가 상당히 유사한 직위의 군을 말한다.

| 오답해설 |

① 선택률 4% 직위의 예로는 'ㅇㅇ실장, ㅇㅇ국장, ㅇㅇ과장, ㅇㅇ담당' 등이 있다.
② 선택률 14% 직급의 예로는 '행정사무관, 행정주사, 행정주사보, 행정서기, 행정서기보' 등이 있다.
③ 선택률 17% 직렬의 예로는 '세무직렬, 관세직렬, 교정직렬' 등이 있다.

군무원 VS 공무원 비교분석

직위분류제에서 사용되는 직위, 직급, 직렬, 등급 등의 용어는 모든 행정학 시험에서 출제빈도가 매우 높은 영역이다. 따라서 「국가공무원법」 제5조에 규정된 용어를 반드시 숙지하여야 한다.

9급 군무원 행정학

I 전체 난이도 및 합격선

전체 난이도	합격선
下	88점

I 기출총평

학자와 이론을 연결하는 문제가 최초로 등장하였다.

• 영역별 – 인사행정론에서 7문항이나 출제되었다는 점이 특징적이다. 2016년도 시험에서 3문항이 출제된 것에 비하면 출제비중이 상당히 높아졌음을 알 수 있다.

• 내용별 – 신구(新舊) 문제가 적절히 조화를 이루었으나, 일반 공무원 시험에서는 거의 출제되지 않던 학자와 이론을 연결하는 유형의 문제가 출제되었다. 이 문항은 체감 난도가 높았을 것이나, 이를 제외하고는 예년과 비슷한 수준의 난이도였다. 또한 가외성에 대한 내용이 2016년 시험에 이어 또 출제되었다.

• 법령별 – 「국가공무원법」상 직위분류제에서 사용되는 용어와 징계의 종류, 「국가공무원법」과 「개방형 직위 및 공모직위의 운영 등에 관한 규정」상 공모직위 제도, 「공직자윤리법」상 의무에 관한 규정을 숙지한다.

• 수험대책 – 영역별 빈출문제를 반드시 숙지하고, 처음으로 출제되었던 학자와 이론을 연결하는 문제에 대비하여야 한다.

I 영역별 출제비중

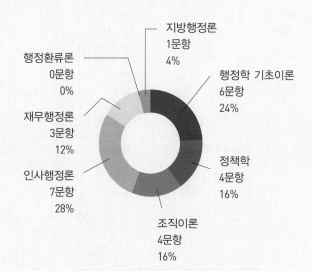

지방행정론
1문항
4%

행정환류론
0문항
0%

재무행정론
3문항
12%

인사행정론
7문항
28%

조직이론
4문항
16%

행정학 기초이론
6문항
24%

정책학
4문항
16%

I 문항 분석

	카테고리	출제수	정답률
1	재무행정론 > 예산제도론 > 계획예산제도(PPBS)	6회	73%
2	정책학 > 정책집행론 > 하향적·상향적 접근방법	2회	78%
3	조직이론 > 조직구조론 > 사업구조	1회	77%
4	재무행정론 > 예산과정론 > 정부회계	5회	93%
5	기초이론 > 행정학이론 발달 > 신공공관리론(NPM)	12회	93%
6	기초이론 > 행정학이론 발달 > 행정이론	1회	82%
7	기초이론 > 행정이념 > 가외성	3회	85%
8	인사행정론 > 공직 분류 > 직위분류제와 계급제	15회	86%
9	기초이론 > 현대행정의 변천 > 시장실패의 원인	5회	91%
10	기초이론 > 현대행정의 변천 > 재화의 특성	1회	92%
11	조직이론 > 조직관리론 > 동기부여이론	8회	85%
12	인사행정론 > 공직 분류 > 직위분류제	10회	75%
13	정책학 > 정책학 기초이론 > 로위(Lowi)의 정책유형 분류	2회	96%
14	인사행정론 > 인사행정 기초이론 > 실적주의	4회	68%
15	지방행정론 > 지방행정 기초이론 > 단체자치와 주민자치	2회	62%
16	정책학 > 정책분석론 > 비용편익분석	2회	76%
17	인사행정론 > 근무규율 > 징계제도	2회	90%
18	정책학 > 정책학 기초이론 > 조합주의	2회	71%
19	조직이론 > 조직구조론 > 비공식조직	1회	86%
고난도 TOP3 ▶ 20	조직이론 > 조직관리론 > 리더십이론	7회	58%
21	기초이론 > 현대행정의 변천 > 행정국가의 형성요인	1회	86%
고난도 TOP2 ▶ 22	인사행정론 > 공직 분류 > 공모직위	1회	51%
23	재무행정론 > 예산제도론 > 신성과주의 예산	1회	66%
고난도 TOP1 ▶ 24	인사행정론 > 근무규율 > 「공직자윤리법」상 공무원의 의무	6회	37%
25	인사행정론 > 인사행정 기초이론 > 직위분류제와 계급제	15회	83%

※ **고난도 TOP1** 은 해당 회차에서 정답률이 가장 낮은 문항입니다.

01	①	02	③	03	③	04	④	05	①
06	③	07	④	08	④	09	②	10	④
11	③	12	②	13	④	14	②	15	③
16	②	17	④	18	③	19	③	20	①
21	③	22	①	23	①	24	④	25	④

01

정답 ①

| 재무행정론 > 예산제도론 > 계획예산제도(PPBS) | 정답률 73% |

| 정답해설 |

① 선택률 73% 품목별예산제도(LIBS)와 성과주의예산제도(PBS)는 점증주의에 입각한 예산제도이나, 계획예산제도(PPBS)와 영기준예산제도(ZBB)는 합리주의에 입각한 예산제도이다.

| 오답해설 |

② 성과주의예산제도(PBS)는 예산을 기능, 사업계획 및 활동을 바탕으로 분류·편성함으로써 업무수행의 성과를 명백히 하려는 예산제도로 자원배분의 효율성을 중시한다.

③ 영기준예산제도(ZBB)는 전(前) 회계연도의 예산에 구애됨이 없이 정부의 모든 사업활동에 대해 영기준(Zero-Base)을 적용하여 그 능률성과 효과성 및 중요성 등을 체계적으로 분석함으로써, '우선순위'를 결정하고 그에 따라 실행예산을 편성·결정하는 예산제도로 국민부담의 경감과 자원난의 극복에 도움을 준다.

④ 품목별예산제도(LIBS)는 정부지출의 대상이 되는 물품 또는 품목(인건비, 물건비, 여비 등)을 기준으로 하는 예산제도로 예산의 통제기능을 충족시키기 위해 고안되었다.

02

정답 ③

| 정책학 > 정책집행론 > 하향적·상향적 접근방법 | 정답률 78% |

| 정답해설 |

③ 선택률 78% 상향적 집행은 집행자(일선집행관료)의 전문성이 반영된다.

| 오답해설 |

① 선택률 4% 하향적 집행에 관한 설명이다. 하향적 집행에서는 정책목표의 집행과정 동안 우선순위가 변하지 않고 안정적이어야 한다.

② 선택률 13% 하향적 집행에 관한 설명이다. 하향적 집행에서는 유능하고 헌신적인 관료가 집행을 담당해야 한다.

④ 선택률 5% 상향적 집행은 일선집행관료의 재량권을 확대하고 통제를 완화한다.

더 알아보기 ▶ 하향적 집행과 상향적 집행

하향적 집행	• 정책결정의 내용은 타당한 인과이론에 바탕을 둔 것이어야 함. 이는 기술적 타당성이라고도 하며 정책목표와 정책수단 간의 인과관계를 포함함 • 법령이 정확한 정책지침을 갖고 있어야 하며, 대상 집단의 순응을 극대화하도록 구성되어야 함 • 유능하고 헌신적인 관료가 집행을 담당해야 함 • 결정된 정책에 대해 행정부와 입법부를 포함한 다수의 이해관계 집단으로부터 지속적인 지지를 받아야 함 • 정책목표의 집행과정 동안 우선순위가 변하지 않고 안정적이어야 함
상향적 집행	• 분명하고 일관된 정책목표의 존재가능성을 부인하고, 정책목표 대신 집행문제의 해결에 논의의 초점을 맞춤 • 집행의 성공 또는 실패의 판단기준은 '정책결정권자의 의도에 얼마나 순응하였는가'가 아니라 '일선집행관료의 바람직한 행동이 얼마나 유발되었는가'임 • 말단 집행계층부터 차상위계층으로 올라가면서 바람직한 행동과 조직운용절차를 유발하기 위해 필요한 재량과 자원을 파악함 • 일선집행관료의 재량권을 확대하고 통제를 완화함

03

정답 ③

| 조직이론 > 조직구조론 > 사업구조 | 정답률 77% |

| 정답해설 |

③ 선택률 77% 사업구조는 산출물에 기반한 사업부서화 방식의 조직구조 유형으로, 산출물구조, 사업부제 구조, 전략사업단위라고도 한다. 조직의 전체 업무를 기능부서별로 분류한 것은 사업구조가 아니라 기능구조이다.

더 알아보기 ▶ 기능구조와 사업구조의 장단점

구분	기능구조	사업구조
장점	• 중복과 낭비를 예방하고 기능 내에서 규모의 경제 구현 • 유사 기능을 수행하는 조직구성원 간 분업을 통해 전문기술을 발전시킴	• 사업부서 내의 기능 간 조정이 용이하고 신속한 환경변화에 적합 • 특정 산출물별로 운영되기 때문에 고객만족도 제고 • 성과책임의 소재가 분명해 성과관리 체제에 유리 • 조직구성원들의 목표가 기능구조보다 포괄적으로 형성 • 의사결정의 분권화
단점	• 각 기능부서들 간의 조정과 협력이 요구되는 환경에 적응하기 곤란 • 의사결정의 상위 집중화로 최고관리층의 업무부담 증가 • 기능전문화에 따른 비효율	• 산출물별 기능의 중복에 따른 규모의 불경제와 비효율 • 사업부서 내의 조정은 용이하지만, 사업부서 간의 조정은 곤란 • 사업부서 간 경쟁이 심화될 경우 조직 전반적인 목표 달성 곤란 • 각 기능에 맞는 기술 개발 곤란

04

| 재무행정론 > 예산과정론 > 정부회계 | 정답률 93% |

| 정답해설 |

④ 선택률93% 복식부기에서 현금주의를 적용하는 것이 불가능한 것은 아니지만, 복식부기에서는 주로 발생주의를 적용한다. 복식부기는 발생주의에 따라 거래의 기록을 차변과 대변에 기록하고, 이중기록·계산이 되도록 하여 자동적으로 오류를 발견할 수 있는 자기검증기능을 갖고 있다. 정부회계제도를 기장방식(단식부기/복식부기)과 인식기준(현금주의/발생주의)에 의해 유형화해서 보았을 때, 현금주의/단식부기 형태인 Ⅰ유형과 발생주의/복식부기 형태인 Ⅳ유형이 전형적인 형태이다. Ⅰ유형은 가계부와 정부회계에서 볼 수 있는 유형이고, Ⅳ유형은 기업회계에서 사용하고 있는 유형이다. 반면에 Ⅱ유형과 Ⅲ유형은 절충적 형태이다. 현금주의 기준에 의한 복식부기제도(Ⅲ유형)는 현금 기준 재무상태 변동표, 금융기관 재무제표 일부에서 보듯이 현실적으로 운용이 가능하다. 그러나 발생주의 기준에 의한 단식부기제도(Ⅱ유형)는 실제적인 운용이 불가능하다. 왜냐하면, 단식부기에서는 자산, 부채, 자본을 별도로 인식하지 않으므로 발생주의에 의한 단식부기로는 기장이 불가능하기 때문이다. 따라서 발생주의 회계 기준의 도입은 복식부기제도 도입이 전제되어야만 가능하다. 다시 말해서, 발생주의 회계를 도입하기 위해서는 복식부기제도의 도입이 선행되어야 하는 것이다.

기장방식＼인식기준	현금주의	발생주의
단식부기	Ⅰ	Ⅱ
복식부기	Ⅲ	Ⅳ

군무원 VS 공무원 비교분석

최근 일반 공무원 시험에서는 정부회계와 관련하여 단식부기와 복식부기, 현금주의와 발생주의의 출제비중이 매우 높게 나타나고 있다. 따라서 군무원 시험에서도 출제비중이 높아질 것으로 예상되므로, 특히 회계제도의 연결 부분을 주의해서 숙지하여야 한다.

05

| 기초이론 > 행정학이론 발달 > 신공공관리론(NPM) | 정답률 93% |

| 정답해설 |

① 선택률93% 신공공관리론(NPM)은 기업가적 정부를 지향하며 시민을 고객으로 본다. 또한 정부의 역할로서 노젓기보다는 방향잡기를 강조한다.

| 오답해설 |

② 선택률2% ③ 선택률2% ④ 선택률3% 전통적인 관료제 정부의 특징에 해당한다.

더 알아보기 ▶ 전통적 관료제 정부와 신공공관리론

구분	전통적 관료제 정부	신공공관리론 (기업가적 정부)
정부의 역할	노젓기 역할	방향잡기 역할
정부의 활동	직접적인 서비스 제공	할 수 있는 권한 부여
행정의 가치	형평성, 민주성	경제성, 효율성, 효과성
서비스	독점적 공급	경쟁 도입(민영화, 민간위탁 등)
공급방식	행정 메커니즘	시장 메커니즘
행정관리 기제	법령, 규칙 중심 관리	임무 중심 관리
행정관리 방식	• 투입 중심 예산 • 지출지향 • 사후 대처(수습 중심의 재해 대책) • 명령과 통제	• 성과연계 예산 • 수익창출 • 예측과 예방 • 참여와 팀워크 및 네트워크 관리
행정주도 주체 및 책임성	• 관료 및 행정기관 중심 • 계층제적 책임 확보	• 고객 중심 • 참여적 대응성 확보

06

| 기초이론 > 행정학이론 발달 > 행정이론 | 정답률 82% |

| 정답해설 |

③ 선택률82% 『정책과 행정』에서 행정의 정책결정을 강조한 애플비(Appleby)는 "현실의 정부에서 정치와 행정의 관계는 정합·연속·순환적이기 때문에 양자를 구별하는 것은 적절하지 않다."라고 주장한 정치·행정 일원론의 대표적 학자이다.

| 오답해설 |

① 선택률12% 버나드(Barnard), 사이먼(Simon), 니그로(Nigro) 등은 행정행태론의 대표적 학자로, 행정행태론은 인간이 어떤 가치관, 태도, 동기를 가지고 있는가를 알아보기 위하여 면접이나 설문조사 등의 사회·심리학적 접근을 통하여 개인의 행태를 객관적·실증적으로 분석한다.

② 선택률3% 윌슨(Wilson)은 19세기 이후 제퍼슨-잭슨철학에 입각한 엽관제의 비효율을 극복하기 위하여 진보주의 운동과 행정의 탈정치화를 강조한 정치·행정 이원론의 대표적 학자이다.

④ 선택률3% 가우스(Gaus)는 유기체로서의 조직이 환경과 상호작용을 하면서 조직의 효율성을 높인다는 생태론의 대표적 학자이다. 가우스는 행정에 영향을 미치는 환경요인으로 국민(people), 장소(place), 물리적 기술(physical technology), 사회적 기술(social technology), 욕구와 이념(wishes & ideas), 재난(catastrophe), 인물 또는 개성(personality) 등 7가지를 제시하였다.

군무원 VS 공무원 비교분석

일반 공무원 시험에서는 학자와 이론을 연결하는 문제가 잘 출제되지 않지만, 군무원 시험의 경우 최근 들어 빈번하게 출제되고 있다. 따라서 주요 학자와 그 이론을 연결해서 정리해 둘 필요가 있다.

07

기초이론 > 행정이념 > 가외성　　　　　　　　　정답률 85%

| 정답해설 |

④ 선택률 85% 행정이 불확실한 상황을 극복하기 위해서는 중첩적인 부분, 즉 가외적인 장치를 허용하여야 한다. 가외성은 현대사회의 복잡성으로 인한 불확실성을 극복하기 위해 등장한 개념이다. 따라서 불확실성과 가외성은 비례관계에 있고, 가외적 장치를 설치하여 불확실성을 완화할 수 있다.

더 알아보기 ▶ 가외성의 특성

- 중첩성(overlapping): 동일한 기능이 여러 기관에서 혼합적으로 수행되는 상태로, 여러 조직이 중복적으로 상호의존성을 가지면서 공동관리하는 현상을 말한다. 예 새마을 사업, 인간의 소화작용 등
- 반복성(duplication): 동일한 기능을 여러 기관들이 독자적인 상태에서 수행하는 것을 말한다. 예 자동차의 2중 브레이크 장치, 정보제공 업무를 다른 기관들이 서로 간섭하지 않고 독립적인 입장에서 담당하는 경우 등
- 등전위현상(동등잠재력, equipotentiality): 주된 조직단위의 기능이 장애·마비가 일어날 때 다른 보조적 조직단위가 주된 조직단위의 기능을 인수하여 수행하는 것을 말한다. 예 주된 조명장치가 고장 났을 때 보조조명 장치를 사용하는 경우 등

08

정답 ④

인사행정론 > 공직 분류 > 직위분류제와 계급제　　　정답률 86%

| 정답해설 |

④ 선택률 86% 계급제는 개인의 능력·자격을 기준으로 분류하며, 직위분류제는 직무의 종류·곤란도·책임도를 기준으로 분류하는데, 인사배치는 계급제가 융통적이고, 직위분류제는 비융통적이다.

| 오답해설 |

① 선택률 8% 보수행정의 형평성은 계급제가 낮으며, 직위분류제는 높다.

② 선택률 3% 관리자의 리더십은 계급제가 높으며, 직위분류제는 낮다.

③ 선택률 3% 신분보장은 계급제가 강하며, 직위분류제는 약하다.

더 알아보기 ▶ 직위분류제와 계급제

구분	직위분류제	계급제
분류기준	직무의 종류·곤란도·책임도	개인의 능력·자격
인사관리	• 직무 중심 • 실적 중심 인사관리	• 사람 중심 • 연공서열 중심 인사관리
채용시험	직무와 관련됨(합리적)	직무와 관련이 적음(비합리적)
보수체계	• 직무급(동일 직무·동일 보수) • 높은 보수 형평성	• 생활급(연공서열급) • 낮은 보수 형평성
인사배치	비융통성	융통성

행정계획	단기계획에 적합	장기계획에 적합
교육훈련	전문성(훈련이 직무와 관련)	일반성(훈련이 직무와 관련 적음)
전문성	• 전문행정가 중심 • 종합적 시각 확보 곤란	• 일반행정가 중심 • 종합적 시각 확보 가능
협조·조정	저해	원활
충원방식	개방형	폐쇄형
신분보장	약함	강함
발달배경	산업사회	농업사회
채택국가	미국, 호주, 캐나다, 필리핀	영국, 프랑스, 독일, 일본

09

정답 ②

기초이론 > 현대행정의 변천 > 시장실패의 원인　　정답률 91%

| 정답해설 |

② 선택률 91% 시장실패(market failure)는 경제활동을 자유시장기구에 맡길 때, 효율적 자원배분 및 균등한 소득분배를 실현하지 못하는 상황을 의미한다. 시장실패의 원인으로는 불완전경쟁(자연독점), 규모의 경제, 정보의 불완전성, 외부효과(외부경제), 공공재 등이 있다. 내부성은 공익과 무관한 내부조직 목표에 치중하는 현상으로, 정부실패의 원인에 해당한다.

10

정답 ④

기초이론 > 현대행정의 변천 > 재화의 특성　　　정답률 92%

| 정답해설 |

④ 선택률 92% 가치재(merit goods)는 배제성과 경합성이 있는 사적재(시장재, 민간재)이다. 따라서 가치재는 무임승차의 문제가 발생하지 않는다.

| 오답해설 |

① 선택률 0% 공유재(common pool goods)는 공유지의 비극으로 과잉소비 문제가 발생(부의 외부효과)하므로 정부규제가 필요하다.

② 선택률 3% 공공재(public goods)는 비경합성과 비배제성으로 인해 무임승차의 문제가 발생할 수 있다.

③ 선택률 5% 요금재(toll goods)는 비배제성으로 인해 시장에서 공급될 수 있지만, 규모의 경제에 따른 자연독점이 발생할 가능성이 있다.

더 알아보기 ▶ 가치재와 공공재

가치재(사적재)	공공재
• 배제성과 경합성 • 무임승차의 문제 발생 × • 의무교육, 임대주택 등	• 비배제성과 비경합성 • 무임승차의 문제 발생 ○ • 국방, 외교, 치안 등

11
정답 ③

조직이론 > 조직관리론 > 동기부여이론　　　정답률 85%

| 정답해설 |

③ 선택률 85% 브룸(Vroom)의 기대이론은 동기부여이론 중 과정이론에 해당한다.

| 오답해설 |

① 선택률 3% ② 선택률 8% ④ 선택률 4% 매슬로우(Maslow)의 욕구단계이론, 허즈버그(Herzberg)의 욕구이원론, 앨더퍼(Elderfer)의 ERG이론은 동기부여이론 중 내용이론에 해당한다.

더 알아보기 ▶ 동기부여이론의 구분

내용이론 (content theory)	매슬로우(Maslow)의 욕구단계이론, 앨더퍼(Elderfer)의 ERG이론, 허즈버그(Herzberg)의 욕구이원론, 맥클리랜드(McClelland)의 성취동기이론, 해크만과 올드햄(Hackman & Oldham)의 직무특성이론 등
과정이론 (process theory)	브룸(Vroom)의 기대이론, 애덤스(Adams)의 공정성이론, 목표설정이론, 인지적 평가이론, 통제이론 등

12
정답 ②

인사행정론 > 공직 분류 > 직위분류제　　　정답률 75%

| 정답해설 |

② 선택률 75% 직렬은 직무의 종류는 유사하고 그 책임과 곤란성의 정도가 서로 다른 직급의 군을 말한다.

| 오답해설 |

① 선택률 7% 직급은 직무의 종류, 곤란성과 책임도가 상당히 유사한 직위의 군으로, 행정사무관, 행정주사, 행정주사보 등이 이에 해당한다.

③ 선택률 3% 직위는 1인의 공무원에게 부여할 수 있는 직무와 책임으로, ○○실장, ○○국장, ○○과장 등이 이에 해당한다.

④ 선택률 15% 직류는 동일한 직렬 내에서의 담당 분야가 동일한 직무의 군으로, 일반행정직류, 법무행정직류 등이 이에 해당한다.

더 알아보기 ▶ 직위분류

• 직위분류제의 구성요소

구분	내용	예시
직군 (occupational group)	직무의 성질이 유사한 직렬의 군	행정직군(= 행정직렬, 세무직렬 등), 기술직군, 관리운영직군, 우정직군 등
직렬 (series)	직무의 종류가 유사하고 그 책임과 곤란성의 정도가 상이한 직급의 군	행정직렬(= 일반행정직류, 법무행정직류, 국제통상직류 등), 세무직렬, 관세직렬, 교정직렬 등

직류 (sub-series)	동일한 직렬 내에서의 담당 분야가 동일한 직무의 군	(행정직렬 =) 일반행정직류, 법무행정직류, 국제통상직류 등
직무등급 (grade)	직무의 곤란성과 책임도가 상당히 유사한 직위의 군	(5급)사무관, (6급)주사, (7급)주사보, (8급)서기, (9급)서기보 등
직급(class)	직무의 종류·곤란성과 책임도가 상당히 유사한 직위의 군	행정사무관, 행정주사, 행정주사보, 행정서기, 행정서기보 등
직위(position)	1인의 공무원에게 부여할 수 있는 직무와 책임	○○실장, ○○국장, ○○과장, ○○담당 등

• 직무의 종류와 곤란도

구분	종류	곤란도	내용
직급	○	○	직무의 종류, 직무의 곤란도가 유사
직렬	○	×	직무의 종류는 유사, 직무의 곤란도가 상이
직무등급	×	○	직무의 종류는 상이, 직무의 곤란도와 책임도가 유사

13
정답 ④

정책학 > 정책학 기초이론 > 로위(Lowi)의 정책유형 분류　　　정답률 96%

| 정답해설 |

④ 선택률 96% 로위(Lowi)의 정책유형은 규제정책, 배분(분배)정책, 재분배정책, 구성정책이다. 상징정책은 알몬드와 포웰(Almond & Powell)의 정책유형에 해당한다.

더 알아보기 ▶ 학자별 정책분류

학자	정책분류
로위(Lowi)	배분/분배정책, 규제정책, 재분배정책, 구성정책
리플리와 프랭클린 (Ripley & Franklin)	배분/분배정책, 경쟁적 규제정책, 보호적 규제정책, 재분배정책
알몬드와 포웰 (Almond & Powell)	배분/분배정책, 규제정책, 추출정책, 상징정책
솔즈베리(Salisbury)	배분/분배정책, 규제정책, 재분배정책, 자율규제정책

14
정답 ②

인사행정론 > 인사행정 기초이론 > 실적주의　　　정답률 68%

| 정답해설 |

② 선택률 68% 정치지도자들의 행정통솔력을 강화시키는 데 기여할 수 있는 것은 실적주의가 아니라 엽관주의이다. 실적주의는 개인의 능력이나 자격, 적성에 기초한 실적을 임용기준으로 삼는 인사행정제도로서, 신분보장으로 인해 정치지도자들의 행정통솔력이 약화될 수 있다.

15

지방행정론 > 지방행정 기초이론 > 단체자치와 주민자치   정답률 62%

| 정답해설 |

③ 선택률 62% 포괄적 위탁주의는 단체자치에 해당하며, 나머지는
주민자치에 해당한다.
- ㉠ 자치는 주민자치에서는 정치적 의미이며, 단체자치에서는 법
  률적 의미를 갖는다.
- ㉢ 지방세제의 경우 주민자치는 독립세 중심이며, 단체자치는
  부가세 중심이다.
- ㉣ 주민자치는 영국, 미국에서 발달하였고, 단체자치는 독일, 프
  랑스, 일본, 한국에서 발달하였다.

| 오답해설 |

① 선택률 10% ② 선택률 4% ④ 선택률 24%
- ㉡ 권한 부여 방식에 있어서 주민자치는 개별적 수권주의이며,
  단체자치는 포괄적 위임주의이다.

더 알아보기 ▶ 주민자치와 단체자치

구분	주민자치(영·미형)	단체자치(대륙형)
기초 사상	민주적 정치분권사상	중앙집권사상
채택 국가	영국, 미국	독일, 프랑스, 일본, 한국
자치권의 본질	천부적 권리(고유권설)	실정법상의 권리(전래권설)
자치의 중점	주민과의 협력관계	국가와의 권력관계
자치의 의미	정치적 의미	법률적 의미
중시하는 권리	주민의 권리(주민의 참여)	자치단체의 권능(자치권)
권한 부여 방식	개별적 수권주의	포괄적 위임주의
사무의 구분	구분 없음(고유사무)	고유사무, 위임사무
자치단체의 성격	단일적 성격(자치단체)	이중적 성격(자치단체·국가의 하급기관)
중앙통제 방식	입법·사법통제 중심	행정통제 중심
자치권의 범위	광범위	협소
지방세제	독립세 중심	부가세 중심
지방정부의 구조	기관통합형(내각제와 유사)	기관대립형(대통령제와 유사)
우월적 지위	의결기관 우월주의	집행기관 우월주의
민주주의와 관계	인정	부정

16

정답 ②

정책학 > 정책분석론 > 비용편익분석   정답률 76%

| 정답해설 |

② 선택률 76% 효과성을 측정할 수 있는 것은 비용효과분석(CEA:
Cost-Effectiveness Analysis)이다. 비용편익분석(CBA)과 비
용효과분석의 가장 중요한 차이점은 비용과 편익(효과)이 화폐
가치(금전)로 표현되는지의 여부이다. 비용효과분석은 각 대안
의 소요비용과 그 효과를 대비하여 대안을 선택하는 기법으로,
효과인 목표달성도를 금액 이외의 계량적 척도로써 나타내게 되
며 화폐가치로 측정될 수 없는 분야에서 비용편익분석의 대안으
로 이용된다.

17

정답 ④

인사행정론 > 근무규율 > 징계제도   정답률 90%

| 정답해설 |

④ 선택률 90% 「국가공무원법」상 징계의 종류에는 견책, 감봉, 정직,
강등, 해임, 파면이 있다. 직권면직, 직위해제, 강임 등은 징계에
해당하지 않는다.

> 법령 「국가공무원법」 제79조(징계의 종류) 징계는 파면·해임·강등·
> 정직·감봉·견책(譴責)으로 구분한다.

18

정답 ③

정책학 > 정책학 기초이론 > 조합주의   정답률 71%

| 정답해설 |

③ 선택률 71% 조합주의(corporatism)는 다양한 집단 간 경쟁성보다
사회적인 통합을 지나치게 강조한 나머지 자본주의 사회의 가장
기본적인 요소인 경쟁과 갈등의 존재를 무시하였다. 조합주의라
는 용어는 1920~1930년대 유럽에서 파시스트 조합주의가 기업
가들을 일방적으로 이롭게 할 목적으로 파시스트 당원들을 노조
의 대표로 받아들이도록 한 후 이들 노동자 대표를 기업가 대표
들과 유착하도록 강제한 데서 기인한다. 파시스트 조합주의는
사회적인 통합을 지나치게 강조한 나머지 자본주의 사회의 가장
기본적인 요소인 경쟁과 갈등의 존재를 무시해 버린 것이다. 제
2차 세계대전을 계기로 파시스트 국가가 패망하면서 잊혀진 정
치 용어가 되었다. 조합주의가 새로이 등장하게 된 것은 제2차
세계대전 후 유럽 각국이 정부 주도의 관료적 경제계획을 수립·
집행하면서 미국과는 상이한 자본주의 체제를 구축하면서부터
이다. 이들 유럽 국가에서는 기업가 단체의 대표, 노동자 단체의
대표, 정부의 대표가 3자 연합을 통하여 주요 경제정책을 결정
하는 이른바 3자 협의체제가 발전되었는데, 여기에는 조합주의
적 요소가 상당히 포함되어 있었다.

19

조직이론 > 조직구조론 > 비공식조직	정답률 86%

| 정답해설 |

③ 선택률 86% 비공식조직은 공식조직의 경직성을 완화한다는 장점을 가지고 있다.

더 알아보기 ▶ 비공식조직의 장단점

장점 (순기능)	• 귀속감·인정감·만족감의 충족으로 사기를 제고하며 생산성을 향상시키는 데 기여함 • 욕구 불만의 배출구로서의 역할을 함 • 공식조직의 경직성 완화 및 보존 기능을 함 • 비공식적 의사전달의 통로로서의 역할을 함 • 구성원 간의 지식 및 경험의 공유와 협조를 통하여 업무의 능률적 수행에 도움을 줌 • 각 구성원 개개인에게 보다 의미 있는 현실적인 행동기준·규범을 확립해 줌 • 개인의 창의력 및 쇄신적 활동을 고취하는 환경을 마련해 줌 • 공식 지도자의 명령·능력의 결함을 보완하는 역할을 하며 공식 지도자의 업무를 경감해 줌
단점 (역기능)	• 비공식조직 간이나 비공식조직과 공식조직 간의 적대적 태도·감정으로 공식조직의 기능 장애 마비를 초래함 • 개인적 불안을 집단적 불안으로 확대시켜 공식조직을 와해시킬 가능성도 있음 • 비공식적 의사전달의 역기능이 문제가 됨 • 압력단체화할 우려와 정실행위가 만연화될 우려가 있음 • 행정인의 정치적 중립성을 저해함 • 조직 내부에 파벌화를 조장할 우려가 있음 • 조직의 공동 목표에 저항할 수 있음 • 사적 목표를 위해 악용할 수 있음

군무원 vs 공무원 비교분석

비공식조직은 일반 공무원 시험에서는 최근 거의 출제가 되지 않은 영역인 데 비해, 군무원 시험의 경우 비교적 최근에 출제된 영역이다. 일반 공무원 시험에서 최근 출제비중이 떨어지는 영역이라 하더라도 출제된 내용은 기출문제를 중심으로 빠짐없이 정리해 두어야 한다.

20 고난도 TOP3

조직이론 > 조직관리론 > 리더십이론	정답률 58%

| 정답해설 |

① 선택률 58% 블레이크와 머튼(Blake & Mouton)은 리더십 유형을 리더십 행태의 과업지향 및 인간관계 지향의 정도에 따라 ㉠ 1·9형(친목형), ㉡ 1·1형(무기력형), ㉢ 5·5형(절충형), ㉣ 9·9형(단합형 - 가장 이상적), ㉤ 9·1형(과업중심형)의 5가지로 분류하고 있다.

더 알아보기 ▶ 블레이크와 머튼(Blake & Mouton)의 관리유형도

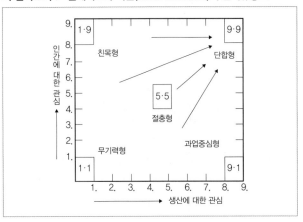

21

기초이론 > 현대행정의 변천 > 행정국가의 형성요인	정답률 86%

| 정답해설 |

③ 선택률 86% 행정관료의 재량이 늘어난 이유는 행정국가의 등장에 따른 의회지위의 약화, 정치·행정 일원론의 등장에 따른 정책결정권의 확대, 행정의 전문화, 외부통제의 약화 등이다. 입법부에 의한 입법통제, 사법부에 의한 사법통제 등 행정부에 대한 통제가 강화되면 오히려 행정의 재량권은 축소하게 된다.

22 고난도 TOP2

인사행정론 > 공직 분류 > 공모직위	정답률 51%

| 정답해설 |

① 선택률 51% 우리나라는 효율적인 정책 수립 또는 관리를 위하여 공모직위 제도를 통해 해당 기관 내부 또는 외부의 공무원 중에서 적격자를 채용할 수 있다.

| 오답해설 |

② 선택률 14% 고위공무원단 직위 총수의 100분의 30 이내에서 임용한다.

③ 선택률 16% 경력직 공무원(일반직·특정직)을 대상으로 하며, 별정직은 제외된다.

④ 선택률 19% 임용기간은 제한이 없다.

더 알아보기 ▶ 개방형 직위와 공모직위

구분	개방형 직위	공모직위
개념	전문성이 특히 요구되거나 효율적인 정책 수립을 위하여 필요하다고 판단되어 공직 내부나 외부에서 적격자를 임용할 필요가 있는 직위	효율적인 정책 수립 또는 관리를 위하여 해당 기관 내부 또는 외부의 공무원 중에서 적격자를 임용할 필요가 있는 직위

중앙	고위공무원단 직위와 과장급 직위 총수의 100분의 20의 범위에서	고위공무원단 직위 총수의 100분의 30과 과장급 직위 100분의 20의 범위에서(경력직)
지방	시·도별로 1급부터 5급, 시·군 및 자치구별로 2급부터 5급까지의 공무원 또는 이에 상당하는 공무원으로 보할 수 있는 직위 총수의 100분의 10의 범위에서	−
임기	5년의 범위에서(최소한 2년 이상)	−

23
정답 ①

재무행정론 > 예산제도론 > 신성과주의 예산　　　　정답률 66%

| 정답해설 |

① 선택률 66% 1950년대의 성과주의가 투입은 자동적으로 성과로 이어진다는 단선적 가정을 한다면, 1990년대의 신성과주의는 투입이 반드시 성과를 보장해 주지는 않는다는 복선적 가정을 한다.

더 알아보기 ▶ 1950년대 성과주의와 1990년대 신성과주의

구분	1950년대 성과주의	1990년대 신성과주의
성과정보	투입과 산출(능률성)	산출과 결과(효과성)
성과책임	정치적, 도덕적 책임	구체적, 보상적 책임
경로가정	투입은 자동으로 성과로 이어진다는 단선적 가정	투입이 반드시 성과를 보장해 주지는 않는다는 복선적 가정
성과관점	정부(공무원) 관점	고객(만족감) 관점
회계방식	불완전한 발생주의(사실상 현금주의)	완전한 발생주의
연계범위	예산제도에 국한	국정 전반에 연계(인사, 조직, 감사, 정책 등)

24 고난도 TOP1
정답 ④

인사행정론 > 근무규율 > 「공직자윤리법」상 공무원의 의무　　정답률 37%

| 정답해설 |

④ 선택률 37% 비밀 엄수의 의무는 「공직자윤리법」이 아니라, 「국가공무원법」에 규정되어 있다.

법령 「국가공무원법」 제60조(비밀 엄수의 의무) 공무원은 재직 중은 물론 퇴직 후에도 직무상 알게 된 비밀을 엄수(嚴守)하여야 한다.

| 오답해설 |

① 선택률 32% 「공직자윤리법」 제17조에 규정되어 있다.

법령 「공직자윤리법」 제17조(퇴직공직자의 취업제한) ① 제3조 제1항 제1호부터 제12호까지의 어느 하나에 해당하는 공직자와 부당한 영향력 행사 가능성 및 공정한 직무수행을 저해할 가능성 등을 고려하여 국회규칙, 대법원규칙, 헌법재판소규칙, 중앙선거관리위원회규칙 또는 대통령령으로 정하는 공무원과 공직유관단체의 직원(이하 이 장에서 "취업심사대상자"라 한다)은 퇴직일부터 3년간 다음 각 호의 어느 하나에 해당하는 기관(이하 "취업심사대상기관"이라 한다)에 취업할 수 없다. 다만, 관할 공직자윤리위원회로부터 취업심사대상자가 퇴직 전 5년 동안 소속하였던 부서 또는 기관의 업무와 취업심사대상기관 간에 밀접한 관련성이 없다는 확인을 받거나 취업승인을 받은 때에는 취업할 수 있다.

② 선택률 7% 「공직자윤리법」 제14조에 규정되어 있다.

법령 「공직자윤리법」 제14조(비밀 엄수) 재산등록업무에 종사하거나 종사하였던 사람 또는 직무상 재산등록사항을 알게 된 사람은 다른 사람에게 이를 누설하여서는 아니 된다.

③ 선택률 24% 「공직자윤리법」 제2조의2에 규정되어 있다.

법령 「공직자윤리법」 제2조의2(이해충돌 방지 의무) ① 국가 또는 지방자치단체는 공직자가 수행하는 직무가 공직자의 재산상 이해와 관련되어 공정한 직무수행이 어려운 상황이 일어나지 아니하도록 노력하여야 한다.

25
정답 ④

인사행정론 > 인사행정 기초이론 > 직위분류제와 계급제　　정답률 83%

| 정답해설 |

④ 선택률 83% 우리나라는 계급제를 기반으로 하여 직위분류제를 가미하였으며, 양자를 절충하여 고위공무원단제도로 발전시키고 있다.

9급 군무원 행정학

I 전체 난이도 및 합격선

전체 난이도	합격선
下	88점

I 기출총평

일반 공무원 시험에서 출제된 문제가 거의 그대로 출제되었다.

- 영역별 – 전 범위에서 골고루 출제되었으나, 지방행정론에서 5문항이 출제되었다. 지방행정론은 이전 시험까지는 4문항 출제가 최대치였던 것에 비해 출제비중이 다소 높게 나타났음을 알 수 있다.
- 내용별 – 신구(新舊) 문제가 적절히 조화를 이루었으며, 전자거버넌스, 우리나라 정부조직 등 일반 공무원 시험에서 이미 출제되었던 문제가 그대로 출제되거나 거의 유사하게 출제되었다. 몇몇 문제를 제외하고는 난도는 예년에 비해 약간 낮은 수준이었다.
- 법령별 – 「방송통신위원회의 설치 및 운영에 관한 법률」상 방송통신위원회의 소속, 「국가공무원법」상 공무원의 구분, 「지방자치법」상 주민감사청구와 지방자치단체장의 권한을 비롯한 주요 내용을 숙지한다.
- 수험대책 – 영역별로 빈출된 문제를 반드시 숙지하도록 한다.

I 영역별 출제비중

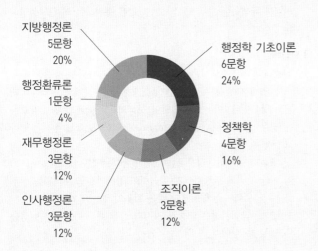

지방행정론
5문항
20%

행정환류론
1문항
4%

재무행정론
3문항
12%

인사행정론
3문항
12%

조직이론
3문항
12%

정책학
4문항
16%

행정학 기초이론
6문항
24%

I 문항 분석

	카테고리	출제수	정답률
1	인사행정론 > 공직 분류 > 특정직 공무원	4회	78%
2	정책학 > 정책의제설정론 > 체제이론	1회	67%
3 [고난도 TOP 1]	정책학 > 정책의제설정론 > 정책의제설정모형	2회	42%
4	기초이론 > 현대행정의 변천 > 사회자본(사회적 자본)	3회	80%
5	재무행정론 > 재무행정 기초이론 > 예산문화론	1회	73%
6	조직이론 > 조직정보론 > 전자거버넌스(e-governance)	3회	56%
7	인사행정론 > 인사행정 기초이론 > 대표관료제	7회	61%
8	지방행정론 > 정부 간 관계 > 특별지방행정기관	5회	91%
9 [고난도 TOP 3]	인사행정론 > 공직 분류 > 개방형 직위	2회	53%
10	재무행정론 > 예산과정론 > 예산심의	5회	56%
11	정책학 > 정책학 기초이론 > 정책네트워크모형	3회	54%
12	정책학 > 정책결정이론모형 > 최적모형	1회	72%
13	지방행정론 > 정부 간 관계 > 지방자치단체의 갈등	1회	58%
14	조직이론 > 조직구조론 > 우리나라 정부조직	4회	95%
15	조직이론 > 조직구조론 > 학습조직	2회	69%
16	기초이론 > 행정이념 > 가외성	3회	92%
17	기초이론 > 행정학이론 발달 > 뉴거버넌스론	5회	76%
18	행정환류론 > 행정책임과 통제 > 옴부즈만(ombu-dsman)제도	3회	79%
19	재무행정론 > 재무행정 기초이론 > 예산의 원칙	2회	60%
20	기초이론 > 행정학이론 발달 > 신행정론(후기행태론)	4회	77%
21	기초이론 > 현대행정의 변천 > 재화의 구분	2회	91%
22	지방행정론 > 지방자치단체 운영체계 > 지방자치단체장의 권한	1회	74%
23	기초이론 > 행정학이론 발달 > 공공관리론	1회	76%
24	지방행정론 > 주민참여제도 > 우리나라 주민참여제도	8회	87%
25 [고난도 TOP 2]	지방행정론 > 지방자치단체 운영체계 > 자치권	4회	52%

※ [고난도 TOP 1]은 해당 회차에서 정답률이 가장 낮은 문항입니다.

01	①	02	④	03	②	04	①	05	①
06	②	07	①	08	④	09	②	10	②
11	①	12	④	13	④	14	①	15	④
16	②	17	④	18	①	19	④	20	③
21	①	22	③	23	②	24	②	25	②

01
정답 ①

인사행정론 > 공직 분류 > 특정직 공무원 　정답률 78%

| 정답해설 |

① 선택률 78% 특정직은 특수 분야의 업무를 담당하는 공무원으로서, 경력직 공무원에 해당한다.

법령 「국가공무원법」 제2조(공무원의 구분) ① 국가공무원은 경력직 공무원과 특수경력직 공무원으로 구분한다.

② "경력직 공무원"이란 실적과 자격에 따라 임용되고 그 신분이 보장되며 평생 동안 공무원으로 근무할 것이 예정되는 공무원을 말하며, 그 종류는 다음 각 호와 같다.

　　1. 일반직 공무원: 기술·연구 또는 행정 일반에 대한 업무를 담당하는 공무원

　　2. 특정직 공무원: 법관, 검사, 외무공무원, 경찰공무원, 소방공무원, 교육공무원, 군인, 군무원, 헌법재판소 헌법연구관, 국가정보원의 직원, 경호공무원과 특수 분야의 업무를 담당하는 공무원으로서 다른 법률에서 특정직 공무원으로 지정하는 공무원

| 오답해설 |

② 선택률 11% ④ 선택률 5% 「국가공무원법」 제2조에 규정되어 있다.

법령 「국가공무원법」 제2조(공무원의 구분) ③ "특수경력직 공무원"이란 경력직 공무원 외의 공무원을 말하며, 그 종류는 다음 각 호와 같다.

　　1. 정무직 공무원

　　　가. 선거로 취임하거나 임명할 때 국회의 동의가 필요한 공무원

　　　나. 고도의 정책결정 업무를 담당하거나 이러한 업무를 보조하는 공무원으로서 법률이나 대통령령에서 정무직으로 지정하는 공무원

　　2. 별정직 공무원: 비서관·비서 등 보좌업무 등을 수행하거나 특정한 업무수행을 위하여 법령에서 별정직으로 지정하는 공무원

③ 선택률 6% 특정직은 각 개별 법률에 의해 별도의 계급(직급) 체계를 유지하고 있다.

02
정답 ④

정책학 > 정책의제설정론 > 체제이론 　정답률 67%

| 정답해설 |

④ 선택률 67% 체제이론은 외부환경으로부터 발생한 요구의 다양성보다는 정치체제의 능력상 한계로 인해 사회의 모든 문제가 체제 내로 투입되지 못한다고 주장한다. 즉, 정치·행정체제도 유기체와 같이 능력상 한계가 있다고 설명한다.

더 알아보기 ▶ 체제이론의 주요 내용

㉠ 체제이론에 의하면 환경으로부터의 수많은 요구는 그대로 정책의제화되기는 어렵고, 일단 이슈로 전환됨으로써 더욱 용이하게 정책의제화될 수 있다. 왜냐하면 이슈로 전환됨으로써 이슈의 가시성(visibility)이 증대되고 관련되는 공중이 증가하기 때문이다. 그러나 요구 또는 이슈가 정책의제화되려면 정치체제의 문지기(gatekeeper)를 통과해야 한다.

　• 정치체제의 문지기란 환경에서의 요구 또는 이슈를 정치체제를 들여보내느냐 안 보내느냐를 결정하는 개인이나 집단을 의미한다. 이러한 정치체제의 문지기로는 대통령을 비롯하여 고위공무원, 국회의원, 정당 간부 등을 들 수 있다.

　• 그러나 무수한 사회적 요구나 이슈가 모두 체제의 문지기를 통과하는 것은 아니고, 그 일부만 문지기를 통과하여 정책의제화된다. 이와 같이 되는 이유는 문지기의 입장에서 봐서 체제가 능력상의 한계가 있기 때문에 투입을 억제하여, 즉 정책의제의 숫자를 줄여서 정치체제가 부담하고 있는 전체 부하 업무량을 줄이기 위해서이다.

㉡ 체제이론은 어떠한 사회문제가 왜 정책의제로 채택이 되고, 다른 의제는 방치되는가에 대한 해답을 얻으려고 노력한다. 체제이론은 이 문제에 대해서 직접적인 해답을 주지는 않고, 다만 체제의 과중한 부담을 피하기 위해 소수의 사회문제만이 정책의제로 채택되는데, 그 중에서도 체제의 문지기가 선호하는 사회문제가 정책의제로 채택이 될 확률이 높게 나타난다. 그러나 어떤 문제를 체제의 문지기가 선호하게 되는 것인지에 대한 종합적인 설명은 없다.

03 고난도 TOP1
정답 ②

정책학 > 정책의제설정론 > 정책의제설정모형 　정답률 42%

| 정답해설 |

② 선택률 42% 동원모형은 정부 내의 정책결정자들이 주도하여 정책의제를 채택하는 경우로, 정부가 민간을 동원하여 의제를 설정하는 것이다.

| 오답해설 |

① 선택률 8% 외부주도형은 정책담당자가 아니라 외부 사람들의 주도에 의해 특정 문제를 정부가 해결해야 할 문제로 받아들이게 되는 경우이다. 이는 외부집단이 정책의제 채택을 정부에 강요하는 경우이므로, 허쉬만(Hirshman)은 이를 '강요된 정책문제'라고 하였다.

③ 선택률 47% 내부접근형은 관료집단이나 외부집단에 의해 주도되어 이들이 최고 결정자에게 접근하여 정책의제로 채택되는 경우로, 주도 세력이 동원형보다 낮은 지위에 있는 고위관료이다.

④ 선택률 3% 굳히기형은 대중적 지지가 높을 때 국가가 의제설정을 주도하는 모형이다.

더 알아보기 ▶ 정책의제설정모형의 비교

• 동원형과 내부접근형

구분	동원형	내부접근형
유사점	외부주도형보다 정부의 의제화가 용이	
차이점	• 주도 세력이 최고통치자 또는 고위정책결정자 • 정부의제가 되고 난 후에 정부의 PR을 통해 공중의제화	• 주도 세력이 동원형보다 낮은 지위에 있는 고위 관료 • 공중의제화를 막고 정책 내용을 대중에게 알리지 않으려 함

• 메이(May)의 의제설정모형

정책의제 설정의 주도자 ＼ 대중의 관여 정도	높음	낮음
민간	외부주도형	내부접근형
정부	굳히기형	동원형

04

정답 ①

기초이론 > 현대행정의 변천 > 사회자본(사회적 자본)　　정답률 80%

| 정답해설 |

① 선택률 80% 과거의 물물교환이나 시장경제에서의 교환은 합리적 경제주체를 전제로 한 동등한 가치의 등가교환이었다. 반면 1990년 이후 뉴거버넌스의 등장에 따라 신뢰가 강조되면서 등장한 사회자본(사회적 자본)에서의 교환은 동등한 가치의 등가교환을 의미하지 않는다. 시장적 교환관계는 제로섬(zero-sum)을 의미하지만, 사회자본의 사회적 교환관계는 포지티브섬(positive-sum)을 의미하기 때문이다.

| 오답해설 |

② 선택률 1% 사회자본은 지속적으로 유지하려는 노력을 해야 유지되고 재생산되는 자본이다.

③ 선택률 4% 사회자본은 이것이 없이는 불가능하거나 가외의 비용을 지불해야 얻을 수 있는 목적을 달성하게 하므로, 사회적 관계에서 거래비용을 감소시켜 주는 기능을 수행한다.

④ 선택률 15% 사회자본은 국가 간 대체성과 이동이 낮아 형성되기 어려운 반면, 한번 형성되면 장기간 지속된다.

군무원 🆚 공무원 비교분석

사회자본은 군무원 시험뿐만 아니라 모든 행정학 시험에서 최근 출제 비중이 매우 높게 나타나는 영역으로, 객관식 시험의 가장 전형적인 출제 유형은 대립형이다. 따라서 사회자본이 출제되었을 때, 그 대립적인 개념인 경제자본에 관한 내용을 고르는 연습을 하여야 한다.

05

정답 ①

재무행정론 > 재무행정 기초이론 > 예산문화론　　정답률 73%

| 정답해설 |

① 선택률 73% 예산결정문화론에서 선진국처럼 국가의 경제력이 크고, 예측가능성이 높은 경우는 점증적 행태이다.

| 오답해설 |

② 선택률 5% 보충적 행태는 경제력은 높지만 행정능력이 낮아 재정의 예측가능성이 떨어지는 경우에 발생하는 형태이다.

③ 선택률 11% 양입제출적 행태는 경제력은 작지만 예측가능성이 높은 경우에 발생하는 형태이다.

④ 선택률 11% 반복적 행태는 경제력이 낮고 예측가능성도 낮은 경우에 발생하는 형태이다.

더 알아보기 ▶ 예산형태의 분류

윌다브스키(Wildavsky)는 경제력(부의 정도)과 재원의 예측가능성의 정도에 따라 예산형태를 다음과 같이 분류하였다.

• **점증적 예산**: 경제력이 크고 예측가능성이 높은 경우에 발생하는 형태로, 경제력이 충분하고 재원의 예측성이 안정되어 있으므로 예산의 결정이 과거의 지출 수준에 의거하여 작은 변화만을 추구한다. 예 선진국, 미국 연방정부

• **양입제출(세입예산)**: 경제력은 작지만 예측가능성이 높은 경우에 발생하는 형태로, 예산의 세입능력을 초과할 수 없기 때문에 통제에 치중하는 예산결정을 하게 된다. 예 선진국의 도시정부, 미국 지방정부

• **보충적 예산**: 경제력은 높지만 행정능력이 낮아 재정의 예측가능성이 떨어지는 경우에 발생하는 형태로, 반복예산과 점증예산이 교체적으로 나타날 수 있다. 예 행정능력이 낮은 후진국, 정치적으로 불안정하지만 경제력이 높은 국가

• **반복적 예산**: 경제력이 낮고 예측가능성도 낮은 경우에 발생하는 형태이다. 경제력이 낮으므로 재원의 고갈을 방지하기 위해 예산의 급격한 변화를 추구하지 못하며, 낮은 예측가능성으로 인해 기존의 사업을 그대로 유지하는 예산결정을 하게 된다. 예 후진국

구분		경제력	
		큼	작음
재정의 예측 가능성	높음	점증적 예산 예 선진국	양입제출(세입예산) 예 선진국 도시정부
	낮음	보충적 예산 예 행정력 낮은 후진국	반복적 예산 예 후진국

06

정답 ②

조직이론 > 조직정보론 > 전자거버넌스(e-governance)　　정답률 56%

| 정답해설 |

② 선택률 56% UN(2008)에서는 전자거버넌스로서의 전자적 참여의 형태에 대해 '전자정보화 – 전자자문 – 전자결정'의 세 가지 형태로 진화·발전하는 것으로 보고 있다.

> ㉠ 전자정보화(E-Information) 단계
> - 정부기관의 웹사이트에서 각종 전자적 채널을 통해 정부기관의 다양한 정보가 공개되는 단계이다.
> - 이때는 다소 일방향적인 정보의 공개가 일어난다.
> ㉡ 전자자문(E-Consultation) 단계
> - 시민과 선거직 공무원 간의 상호소통이 이루어지고, 사이버 공간 상에서의 청원활동이 이루어지는 단계이다.
> - 선거직 공무원은 유권자들과 직접적으로 토론을 벌이며, 이러한 정책토론이 축적되고 그에 대한 피드백이 시민들에게 이루어진다.
> ㉢ 전자결정(E-Decision) 단계
> - 정부기관이 주요 정책과정에 시민들의 의견을 고려하여 반영하는 활동이 이루어진다.
> - 전 단계인 전자자문 단계에서의 자문활동이 단순히 자문활동에 그치는 것이 아니라 그러한 토론 결과로 인해 어떠한 정책결정에 직접적으로 반영되었는가에 대해 시민들에게 정보를 제공한다.

군무원 VS 공무원 비교분석

전자거버넌스로의 전자적 참여 형태에 관한 문제는 이미 2010년 서울시 9급, 2011년 국가직 9급에서 유사한 유형으로 출제되었다. 군무원 시험의 경우 이와 같이 기존 공무원 시험에서 출제되었던 문제가 약간 변형되어 출제되는 경우가 있다. 따라서 최근 일반 공무원 시험에서 새롭게 출제된 문제는 군무원 시험에서도 출제될 가능성이 높으므로, 반드시 해당 문제를 정확하게 숙지하여야 한다.

07 정답 ①

| 인사행정론 > 인사행정 기초이론 > 대표관료제 | 정답률 61% |

| 정답해설 |

① 선택률 61% 대표관료제는 인종·종교·성별·신분·계층·지역 등의 여러 기준에 의하여 분류되는 모든 사회집단들이 한 나라의 인구 전체 안에서 차지하는 비율에 맞게 관료조직의 직위들을 차지해야 한다는 원리가 적용되는 관료제로서, 행정의 대응성과 책임성을 제고하기 위하여 등장한 제도이다. 반면, 뉴거버넌스는 공공과 민간의 수평적 네트워크를 통해 공동체의 문제해결을 강조하는 이론이다. 따라서 대표관료제를 통해 시민의 의사가 정부운영에 반영된다면, 뉴거버넌스를 저해한다고 보기는 어렵다.

| 오답해설 |

② 선택률 6% 대표관료제는 공직임용에 개인의 능력·자격을 2차적인 기준으로 삼기 때문에 행정의 전문성과 생산성을 저해할 우려가 있다.

③ 선택률 6% 정부의 고위관료는 각계각층의 이익을 균형 있게 대변해 줄 수 있도록 다양한 출신 배경을 가지고 있어야 하는데, 폐쇄제에 의하여 관료제를 구성할 경우에는 특정한 지역·대학·성별 등에 의하여 구성될 수 있다. 따라서 대표관료제가 이를 보완할 수 있고, 이에 따라 국민의 다양한 요구에 대한 정부의 대응성을 제고한다.

④ 선택률 27% 현대행정에서 외부통제만으로는 비대해진 관료제를 효과적으로 통제하기 어려운 면이 있으므로 행정의 책임성과 대응성이 충분히 확보되지 못하는데, 대표관료제를 통해 효과적인 내부통제를 기할 수 있다. 대표관료제는 이처럼 행정에 대한 비공식 내부통제의 한 방안으로 기능한다.

08 정답 ④

| 지방행정론 > 정부 간 관계 > 특별지방행정기관 | 정답률 91% |

| 정답해설 |

④ 선택률 91% 특별지방행정기관은 중앙행정기관이 지방에서의 그 소관사무를 처리하기 위하여 그 하부기관으로서 지방에 설치한 행정기관으로, 국가업무 수행을 위해 국가의 지방사무소 역할을 하는 기관을 말한다. 특별지방행정기관의 설치는 국가업무의 효율적이고 광역적인 추진이라는 긍정적인 목적과 더불어 관리와 감독의 용이성이라는 부처이기주의적 목적이 결합되어 있다. 이에 따라 대다수 특별지방행정기관의 관할 범위가 지방자치단체의 경계를 초월하는 광역적 권역을 대상으로 하고 있으며, 특별지방행정기관의 수가 지방자치제의 실시 논의가 이루어졌던 1980년대 말에 급증하였는데, 이는 지방자치제가 실시되면 국가의 감독이나 통제의 수준 및 강도가 약화될 것을 우려하여 중앙부처에서 특별지방행정기관을 경쟁적으로 설치한 결과이다. 우리나라의 경우 지방해양수산청, 지방국토관리청, 지방산림청 등 다수의 특별지방행정기관이 설치되어 있다.

09 고난도 TOP3 정답 ②

| 인사행정론 > 공직 분류 > 개방형 직위 | 정답률 53% |

| 정답해설 |

② 선택률 53% 개방형 직위는 행정의 전문성과 효율적인 정책 수립을 위해 공직 내·외부에서 인재를 공개적으로 선발하는 제도이므로, 행정에 대한 민주적 통제가 용이하고 임용기회의 형평성을 제고한다. 반면, 공직사회의 불안과 사기 저하에 따른 생산성과 능률성 저하를 초래한다는 비판이 있다.

10 정답 ②

| 재무행정론 > 예산과정론 > 예산심의 | 정답률 56% |

| 정답해설 |

② 선택률 56% 우리나라의 예산심의절차는 '시정 연설 및 제안 설명 → 상임위원회의 예비심사 → 예산결산특별위원회의 종합심사 → 본회의의 의결'의 4단계로 이루어진다.

11

정답 ①

| 정책학 > 정책학 기초이론 > 정책네트워크모형 | 정답률 54% |

| 정답해설 |

① 선택률 54% 정책네트워크모형은 사회학이나 문화인류학의 연구에서 이용되어 왔던 네트워크 분석을 다양한 참여자들의 행위들로 특징짓는 정책과정의 연구에 적용하는 것으로, 기본적으로 행위자들 간의 관계를 중시한다. 따라서 정책네트워크는 개별구조보다 제도적인 구조를 고려한다.

| 오답해설 |

④ 선택률 15% 정책네트워크모형은 정책과정에 대한 사회 중심 접근방법(다원주의)과 국가 중심 접근방법(조합주의)이라는 이분법적 논리를 극복하기 위해서 등장하였다.

12

정답 ④

| 정책학 > 정책결정이론모형 > 최적모형 | 정답률 72% |

| 정답해설 |

④ 선택률 72% 최적모형은 경제적 합리성과 더불어 초합리성(직관, 영감 등)을 고려한다. 따라서 정책결정의 지침을 결정할 때 경제적 합리성과 더불어 초합리성까지 고려하기 때문에 종합적·전체적 시각을 강조하는 체제주의적 관점에서 정책결정이 이루어진다.

13

정답 ④

| 지방행정론 > 정부 간 관계 > 지방자치단체의 갈등 | 정답률 58% |

| 정답해설 |

④ 선택률 58% 인사교류의 활성화를 통해서 중앙정부와 지방정부 간의 소모적 갈등을 완화할 수 있다.

| 오답해설 |

① 선택률 19% 지방자치단체와 주민의 갈등을 해결하는 방법에는 공청회, 공람 등이 있다. 협의회와 협약은 지방자치단체 간의 갈등을 해결하는 방법에 해당한다.

② 선택률 12% 인사이동은 갈등해결 방법에 해당한다.

③ 선택률 11% 지방자치단체 간의 갈등은 분쟁조정위원회에서, 국가와 지방자치단체 간의 갈등은 행정협의조정위원회에서 다투는 것이 옳다.

14

정답 ①

| 조직이론 > 조직구조론 > 우리나라 정부조직 | 정답률 95% |

| 정답해설 |

① 선택률 95% 방송통신위원회는 대통령 소속이고, 나머지는 국무총리 소속이다.

법령 「방송통신위원회의 설치 및 운영에 관한 법률」 제3조(위원회의 설치) ① 방송과 통신에 관한 규제와 이용자 보호 등의 업무를 수행하기 위하여 대통령 소속으로 방송통신위원회를 둔다.

| 오답해설 |

② 선택률 1% ③ 선택률 2% ④ 선택률 2% 금융위원회, 국민권익위원회, 공정거래위원회는 국무총리 소속이다.

법령 「금융위원회의 설치 등에 관한 법률」 제3조(금융위원회의 설치 및 지위) ① 금융정책, 외국환업무 취급기관의 건전성 감독 및 금융감독에 관한 업무를 수행하게 하기 위하여 국무총리 소속으로 금융위원회를 둔다.

법령 「부패방지 및 국민권익위원회의 설치와 운영에 관한 법률」 제11조(국민권익위원회의 설치) ① 고충민원의 처리와 이에 관련된 불합리한 행정제도를 개선하고, 부패의 발생을 예방하며 부패행위를 효율적으로 규제하도록 하기 위하여 국무총리 소속으로 국민권익위원회를 둔다.

법령 「독점규제 및 공정거래에 관한 법률」 제54조(공정거래위원회의 설치) ① 이 법에 따른 사무를 독립적으로 수행하기 위하여 국무총리 소속으로 공정거래위원회를 둔다.

군무원 vs 공무원 비교분석

우리나라 정부조직과 관련된 이 문제는 기존 일반 공무원 시험에서 자주 출제되었던 내용을 변형하여 출제한 것이다. 이처럼 일반 공무원 시험에서 출제비중이 높은 문제는 어떤 형태로 변형되어 출제되더라도 응용할 수 있도록 관련 내용을 정확히 숙지하여야 한다.

15

정답 ④

| 조직이론 > 조직구조론 > 학습조직 | 정답률 69% |

| 정답해설 |

④ 선택률 69% 기능분립적 구조란 기능(영업, 생산 등)에 따라 부서화(영업부, 생산부 등)한 기능구조(기계적 구조, 관료제)를 의미한다. 학습조직은 유기적 조직의 한 유형으로서 전통적 조직유형(기계적 구조)의 대안으로 등장하였다. 학습조직은 문제지향적 학습과정, 집단적 학습의 강조, 의식적 학습의 자극과 규칙, 통찰력과 병렬적 학습을 강조한다. 즉, 학습조직은 모든 구성원이 문제 인지와 해결에 관여하면서 조직능력을 제고하기 위해 시행착오를 거치면서 지속적으로 실험을 할 수 있는 조직을 말하며, 집단적인 학습과정을 통해 조직행태를 변화시키는 조직이다.

더 알아보기 ▶ 기존조직과 학습조직

구분	기존조직	학습조직
계층단계	많음	적음
구조	분업원리, 수직적 구조	수평적, 과정적 중심
전문성	단기능적	다기능적
경계선	고정적	투과 기능적
공동체의식	통제에 의함	신뢰와 목표의 공유에 의함
관계	관료적	대등
권한의 소재	집중	분산
책임의 소재	책임의 전가	스스로 책임
정보활동	정보 독점	정보 공유

정보의 흐름	공식적 의사소통	비공식적 의사소통
변화에의 대응	지연, 경직	신속, 유연

16 정답 ②

기초이론 > 행정이념 > 가외성	정답률 92%

| 정답해설 |

② 선택률 92% 가외성은 미래의 불확실성을 극복하기 위하여 강조된 이념으로, 중첩성으로 인하여 경제성과 능률성을 저하시킨다. 가외성은 동일한 기능이 여러 기관에서 혼합적으로 수행되는 상태(중첩성), 동일한 기능을 여러 기관들이 독자적인 상태에서 수행(반복성), 주된 조직단위의 기능이 장애·마비가 일어날 때 다른 보조적 조직 단위가 주된 조직단위의 기능을 인수하여 수행(동등잠재력)하는 것이다. 가외성은 불확실성에 대한 적응성, 신뢰성, 정확성을 제고한다.

| 오답해설 |

① 선택률 5% 가외성은 동일한 기능이 여러 기관에서 혼합적으로 수행되는 상태인 중첩성이 있다.

③ 선택률 1% 동등잠재력 등은 위험사태에 대한 적응성을 증진시킨다.

④ 선택률 2% 가외성은 위기상황과 관련하여 정책오류 방지에 효과적이다. 따라서 불확실한 상황하에서 행정의 신뢰성을 제고한다.

17 정답 ④

기초이론 > 행정학이론 발달 > 뉴거버넌스론	정답률 76%

| 정답해설 |

④ 선택률 76% 법규 중심, 서비스의 직접적 제공(노젓기)은 전통적 관료제 정부에서 강조하며, 신공공관리론은 방향잡기를 강조한다. 이에 비해 공공과 민간의 네트워크를 강조하는 뉴거버넌스는 시민의 참여와 협력을 중시하는 네트워크 거버넌스를 의미한다. 따라서 뉴거버넌스는 올드거버넌스(전통적 관료제 정부)에 비해 공공기관보다 시민을 중시한다.

18 정답 ①

행정환류론 > 행정책임과 통제 > 옴부즈만(ombuds-man)제도	정답률 79%

| 정답해설 |

① 선택률 79% 스웨덴의 옴부즈만(ombudsman)은 입법부 소속의 공무원이며, 입법부에서 선출되므로 외부통제에 해당된다.

더 알아보기 ▶ 옴부즈만과 국민권익위원회

구분	옴부즈만(스웨덴)	국민권익위원회(우리나라)
공통점	• 무효·취소 불가(시정권고, 언론공표) • 위법, 부당(합법성·합목적성) • 적은 시간과 비용	
차이점	• 입법부 소속 • 외부통제 • 헌법기관 • 신청+직권조사	• 행정부 소속(국무총리) • 내부통제 • 법률기관 • 신청조사

19 정답 ④

재무행정론 > 재무행정 기초이론 > 예산의 원칙	정답률 60%

| 정답해설 |

④ 선택률 60% 정부조직 등에 관한 법령의 제정·개정 또는 폐지로 인하여 중앙관서의 직무와 권한에 변동이 있는 때에는 그 중앙관서의 장의 요구에 따라 기획재정부장관이 그 예산을 상호이용하거나 이체(移替)할 수 있다. 즉, 회계연도 이전에 국회에서 예산이 성립하였으나 그 이후 정부조직 등에 관한 법령의 제정·개정 또는 폐지로 인하여 중앙관서의 직무와 권한의 변동에 따라 이체를 하는 것이기 때문에 국회의 승인을 요하지는 않는다. 하지만 이를 사전의결(승인)의 원칙에 대한 예외라고 볼 수는 없으며, 사전의결 여부는 회계연도의 개시 전후를 기준으로 한다.

법령 「국가재정법」 제47조(예산의 이용·이체) ① 각 중앙관서의 장은 예산이 정한 각 기관 간 또는 각 장·관·항 간에 상호이용(移用)할 수 없다. 다만, 다음 각 호의 어느 하나에 해당하는 경우에 한정하여 미리 예산으로써 국회의 의결을 얻은 때에는 기획재정부장관의 승인을 얻어 이용하거나 기획재정부장관이 위임하는 범위 안에서 자체적으로 이용할 수 있다.

1. 법령상 지출의무의 이행을 위한 경비 및 기관운영을 위한 필수적 경비의 부족액이 발생하는 경우
2. 환율변동·유가변동 등 사전에 예측하기 어려운 불가피한 사정이 발생하는 경우
3. 재해대책 재원 등으로 사용할 시급한 필요가 있는 경우
4. 그 밖에 대통령령으로 정하는 경우

② 기획재정부장관은 정부조직 등에 관한 법령의 제정·개정 또는 폐지로 인하여 중앙관서의 직무와 권한에 변동이 있는 때에는 그 중앙관서의 장의 요구에 따라 그 예산을 상호이용하거나 이체(移替)할 수 있다.

| 오답해설 |

① 선택률 5% 한정성의 원칙이란 예산은 사용목적·금액 및 기간에서 명확한 한계가 있어야 한다는 것을 말한다. 이에 대한 예외로는 이월, 이용, 전용, 계속비, 예비비, 초과 지출, 과년도 지출 등이 있다.

② 선택률 15% 사전의결의 원칙이란 예산은 지출이 행하여질 기간에 앞서 의회에 의하여 심의·의결되어야 한다는 것을 말한다. 이에 대한 예외로는 준예산, 전용, 사고이월, 예비비, 재정상 긴급명령 등이 있다.

③ **선택률 20%** 완전성의 원칙이란 정부의 모든 수입과 지출은 예산에 계상되어야 한다는 것이다. 이에 대한 예외로는 순계예산, 기금, 수입대체경비의 초과수입·초과지출 등이 있다.

20

정답 ③

| 기초이론 > 행정학이론 발달 > 신행정론(후기행태론) | 정답률 77% |

| 정답해설 |

③ **선택률 77%** 후기 행태주의적 접근방법은 가치중립적인 과학적 연구보다 가치평가적인 정책연구를 지향하고 있으며, 정책학의 발전에 견인차 역할을 하였다. 행정학 분야에서도 1960년대 말부터 신행정론자들에 의해서 후기 행태주의 접근방법이 도입되기 시작했다. 따라서 행정학 분야에서도 정책지향적인 연구가 크게 일어났으며, 가치판단의 문제, 바람직한 사회를 위한 정책목표에 관한 문제, 새로운 행정이념으로서의 사회적 형평성 등의 문제에 많은 관심을 갖게 되었다. 나머지는 행태주의에 관한 설명에 해당한다.

| 오답해설 |

① **선택률 3%** 행태주의는 객관적 현상만을 연구대상으로 삼기 때문에 개인적인 경험은 의식적으로 제외된다.

② **선택률 8%** 행태주의는 개념의 조작적 정의를 통해 객관적인 측정 방법을 사용하며, 자료를 계량적 방법에 의해 분석하는 등 행정 행태에 관한 계량적 분석에 중점을 둔다.

④ **선택률 12%** 행태주의는 집단의 고유한 특성을 인정하지 않는 방법론적 개체주의의 입장을 취한다(미시적 접근).

21

정답 ①

| 기초이론 > 현대행정의 변천 > 재화의 구분 | 정답률 91% |

| 정답해설 |

① **선택률 91%** 경합성과 배제성의 특징을 모두 가지고 있는 재화는 시장재이다.

| 오답해설 |

② **선택률 3%** 공유재는 경합성과 비배제성을 갖는다.

③ **선택률 2%** 공공재는 비경합성과 비배제성을 갖는다.

④ **선택률 4%** 요금재는 비경합성과 배제성을 갖는다.

더 알아보기 ▶ 재화의 유형(Savas)

구분	비배제성(가격 ×)	배제성(가격 ○)
비경합성 (혼잡 ×)	(순수) 공공재(집합재) **예** 국방, 외교, 치안, 가로등, 등대	요금재 **예** 유선방송, 유료 고속도로
경합성 (혼잡 ○)	공유재 **예** 공동목초지, 코끼리, 고래	(순수) 시장재(민간재) **예** 소, 돼지, 닭

22

정답 ③

| 지방행정론 > 지방자치단체 운영체계 > 지방자치단체장의 권한 | 정답률 74% |

| 정답해설 |

③ **선택률 74%** 지방자치단체의 장은 지방의회에서 재의결된 사항이 법령에 위반된다고 인정되면 일시정지가 아니라, 대법원에 소(訴)를 제기할 수 있다.

법령 「지방자치법」 제120조(지방의회의 의결에 대한 재의 요구와 제소) ① 지방자치단체의 장은 지방의회의 의결이 월권이거나 법령에 위반되거나 공익을 현저히 해친다고 인정되면 그 의결사항을 이송받은 날부터 20일 이내에 이유를 붙여 재의를 요구할 수 있다.

② 제1항의 요구에 대하여 재의한 결과 재적의원 과반수의 출석과 출석의원 3분의 2 이상의 찬성으로 전과 같은 의결을 하면 그 의결사항은 확정된다.

③ 지방자치단체의 장은 제2항에 따라 재의결된 사항이 법령에 위반된다고 인정되면 대법원에 소(訴)를 제기할 수 있다. 이 경우에는 제192조 제4항을 준용한다.

| 오답해설 |

① **선택률 2%** ② **선택률 9%** ④ **선택률 15%** 「지방자치법」 제54조, 제114조, 제122조에 규정되어 있다.

법령 「지방자치법」 제54조(임시회) ① 지방의회의원 총선거 후 최초로 집회되는 임시회는 지방의회 사무처장·사무국장·사무과장이 지방의회의원 임기 개시일부터 25일 이내에 소집한다.

② 지방자치단체를 폐지하거나 설치하거나 나누거나 합쳐 새로운 지방자치단체가 설치된 경우에 최초의 임시회는 지방의회 사무처장·사무국장·사무과장이 해당 지방자치단체가 설치되는 날에 소집한다.

③ 지방의회의 의장은 지방자치단체의 장이나 조례로 정하는 수 이상의 지방의회의원이 요구하면 15일 이내에 임시회를 소집하여야 한다. 다만, 지방의회의 의장과 부의장이 부득이한 사유로 임시회를 소집할 수 없을 때에는 지방의회의원 중 최다선의원이, 최다선의원이 2명 이상인 경우에는 그 중 연장자의 순으로 소집할 수 있다.

④ 임시회 소집은 집회일 3일 전에 공고하여야 한다. 다만, 긴급할 때에는 그러하지 아니하다.

제114조(지방자치단체의 통합대표권) 지방자치단체의 장은 지방자치단체를 대표하고, 그 사무를 총괄한다.

제122조(지방자치단체의 장의 선결처분) ① 지방자치단체의 장은 지방의회가 지방의회의원이 구속되는 등의 사유로 제73조에 따른 의결정족수에 미달될 때와 지방의회의 의결사항 중 주민의 생명과 재산 보호를 위하여 긴급하게 필요한 사항으로서 지방의회를 소집할 시간적 여유가 없거나 지방의회에서 의결이 지체되어 의결되지 아니할 때에는 선결처분(先決處分)을 할 수 있다.

군무원 VS 공무원 비교분석

최근 군무원 시험이든 일반 공무원 시험이든 법령문제의 출제비중이 높아지고 있다. 법령문제의 경우 출제의 근거가 되는 법령의 조문을 정확하게 기억해 두어야 한다.

② 제1항에 따른 행정기구의 설치와 지방공무원의 정원은 인건비 등 대통령령으로 정하는 기준에 따라 그 지방자치단체의 조례로 정한다.

23

정답 ②

기초이론 > 행정학이론 발달 > 공공관리론　　　　정답률 **76%**

| 정답해설 |

② 선택률 76% 공공관리론(public management theory)은 행정조직의 운영과 관리에 기업적 경영 방식을 도입하여 행정의 성과와 실적을 중시하고자 하는 이론으로, 정부기능의 감축 및 민영화를 통해 정부의 경쟁력과 생산성을 높이고자 등장한 이론이다. 따라서 집단의 이익보다 개인의 이익을 중시하여 도덕적 해이, 역선택의 문제를 발생시킬 수 있다.

24

정답 ②

지방행정론 > 주민참여제도 > 우리나라 주민참여제도　　정답률 **87%**

| 정답해설 |

② 선택률 87% 다른 기관에서 감사하였거나 감사 중인 사항은 주민의 감사청구의 대상에서 제외한다.

법령 「지방자치법」 제21조(주민의 감사 청구) ① 지방자치단체의 18세 이상의 주민으로서 다음 각 호의 어느 하나에 해당하는 사람(「공직선거법」 제18조에 따른 선거권이 없는 사람은 제외한다. 이하 이 조에서 "18세 이상의 주민"이라 한다)은 시·도는 300명, 제198조에 따른 인구 50만 이상 대도시는 200명, 그 밖의 시·군 및 자치구는 150명 이내에서 그 지방자치단체의 조례로 정하는 수 이상의 18세 이상의 주민이 연대 서명하여 그 지방자치단체와 그 장의 권한에 속하는 사무의 처리가 법령에 위반되거나 공익을 현저히 해친다고 인정되면 시·도의 경우에는 주무부장관에게, 시·군 및 자치구의 경우에는 시·도지사에게 감사를 청구할 수 있다.
　1. 해당 지방자치단체의 관할 구역에 주민등록이 되어 있는 사람
　2. 「출입국관리법」 제10조에 따른 영주(永住)할 수 있는 체류자격 취득일 후 3년이 경과한 외국인으로서 같은 법 제34조에 따라 해당 지방자치단체의 외국인등록대장에 올라 있는 사람
② 다음 각 호의 사항은 감사 청구의 대상에서 제외한다.
　1. 수사나 재판에 관여하게 되는 사항
　2. 개인의 사생활을 침해할 우려가 있는 사항
　3. 다른 기관에서 감사하였거나 감사 중인 사항. 다만, 다른 기관에서 감사한 사항이라도 새로운 사항이 발견되거나 중요 사항이 감사에서 누락된 경우와 제22조 제1항에 따라 주민소송의 대상이 되는 경우에는 그러하지 아니하다.
　4. 동일한 사항에 대하여 제22조 제2항 각 호의 어느 하나에 해당하는 소송이 진행 중이거나 그 판결이 확정된 사항

25 고난도 TOP2

정답 ②

지방행정론 > 지방자치단체 운영체계 > 자치권　　　　정답률 **52%**

| 정답해설 |

② 선택률 52% 지방자치단체의 장이 행정기구의 설치 시에는 대통령의 확인을 받아야 하는 것이 아니라, 대통령령으로 정하는 기준에 따라 그 지방자치단체의 조례로 정해야 한다.

법령 「지방자치법」 제125조(행정기구와 공무원) ① 지방자치단체는 그 사무를 분장하기 위하여 필요한 행정기구와 지방공무원을 둔다.

9급 군무원 행정학

Ⅰ 전체 난이도 및 합격선

전체 난이도	합격선
中	84점

Ⅰ 기출총평

국고보조금, 경력개발 등 다소 생소한 내용이 출제되었다.

- 영역별 – 전 범위에서 골고루 출제되었으나, 기초이론에서 7문항이나 출제되어 예년도 시험에 비해 출제비중이 다소 높았다.
- 내용별 – 신구(新舊) 문제가 적절히 조화를 이루었으나, 국고보조금, 경력개발제도 등의 다소 생소한 문제가 출제되기도 하였다. 이를 제외하고는 빈출 개념이 주를 이루었으므로 까다로운 문제는 없었다.
- 법령별 – 「헌법」상 조세법률주의, 「정부조직법」상 보조기관과 외청의 소속, 「보조금 관리에 관한 법률」상 국고보조금에 관한 규정을 숙지한다.
- 수험대책 – 영역별 빈출문제를 반드시 숙지하고, 국고보조금, 경력개발 등은 생소하더라도 다시 출제될 가능성이 높으므로 반드시 숙지하여야 한다.

Ⅰ 영역별 출제비중

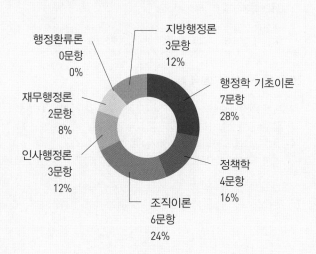

행정환류론 0문항 0%
지방행정론 3문항 12%
행정학 기초이론 7문항 28%
재무행정론 2문항 8%
인사행정론 3문항 12%
조직이론 6문항 24%
정책학 4문항 16%

Ⅰ 문항 분석

	카테고리	출제수	정답률
1	인사행정론 > 인사행정 기초이론 > 엽관주의	5회	93%
고난도 TOP1 2	재무행정론 > 예산제도론 > 영기준예산제도(ZBB)	4회	32%
3	지방행정론 > 지방자치단체 운영체계 > 지방자치단체의 기관구성	3회	83%
4	조직이론 > 조직 기초이론 > 조정기제	2회	96%
5	조직이론 > 조직 기초이론 > 대리인이론	3회	87%
6	지방행정론 > 지방재정 > 국고보조금	2회	81%
7	인사행정론 > 인사행정의 3대 변수 > 경력개발제도	1회	94%
8	지방행정론 > 정부 간 관계 > 특별지방행정기관	5회	83%
9	재무행정론 > 재무행정 기초이론 > 정부예산	2회	84%
고난도 TOP2 10	기초이론 > 행정학이론 발달 > 행태론과 생태론	9회	66%
11	조직이론 > 조직구조론 > 우리나라 정부조직	4회	81%
12	정책학 > 기획이론 > 국가기획과 민주주의	1회	71%
13	기초이론 > 행정학이론 발달 > 해밀턴주의(연방주의)	1회	80%
14	기초이론 > 행정의 개념 > POSDCoRB	1회	85%
15	조직이론 > 조직 기초이론 > 민츠버그(Mintzberg)의 조직유형	2회	82%
16	기초이론 > 행정학이론 발달 > 포스트모더니즘	2회	83%
17	정책학 > 정책학 기초이론 > 정책네트워크모형	3회	96%
18	정책학 > 정책분석론 > 제3종 오류	2회	86%
19	조직이론 > 조직구조론 > 애드호크라시(adho-cracy)	6회	91%
20	인사행정론 > 인사행정의 3대 변수 > 근무성적평정상의 오류	2회	83%
21	기초이론 > 행정의 개념 > 정치·행정 이원론	3회	86%
22	조직이론 > 조직구조론 > 보조기관(계선기관)과 보좌기관(막료기관)	4회	94%
23	기초이론 > 행정이념 > 형평성	2회	79%
고난도 TOP3 24	정책학 > 정책평가론 > 정책평가의 타당성과 신뢰성	2회	70%
25	기초이론 > 행정학이론 발달 > 뉴거버넌스론과 신공공관리론(NPM)	12회	86%

※ 고난도 TOP1 은 해당 회차에서 정답률이 가장 낮은 문항입니다.

01	①	02	②	03	②	04	④	05	①
06	②	07	③	08	①	09	②	10	②
11	④	12	①	13	③	14	④	15	③
16	③	17	③	18	④	19	①	20	①
21	④	22	④	23	①	24	③	25	④

01

정답 ①

| 인사행정론 > 인사행정 기초이론 > 엽관주의 | 정답률 93% |

| 정답해설 |

① 선택률 93% 엽관주의(spoils system)는 정당에의 충성도와 공헌도를 관직의 임용기준으로 삼는 인사행정제도이므로, 대통령 등 선출직 정치지도자들이 공무원을 통제하기가 용이하다.

| 오답해설 |

② 선택률 2% 정치와 행정의 밀착, 결탁으로 인하여 정치·행정의 부패와 행정기강의 문란을 초래하였다.

③ 선택률 3% 자격이나 경험을 갖춘 유능한 인물이 배제되고 인사행정이 정실화됨으로써 행정능률이 저하되었다.

④ 선택률 2% 정권이 바뀔 때마다 공무원이 교체됨으로써 행정의 계속성·안정성·지속성이 위협을 받게 되었기 때문에, 행정의 능률성과 전문성이 향상될 수 없었다.

02 고난도 TOP 1

정답 ②

| 재무행정론 > 예산제도론 > 영기준예산제도(ZBB) | 정답률 32% |

| 정답해설 |

② 선택률 32% 예산편성을 하나의 의사결정으로 통합하여 보다 합리적인 결정을 내릴 수 있도록 하는 것은 계획예산제도(PPBS: Planning Programming Budgeting System)이다. 계획예산제도는 장기적인 계획수립(Planning)과 단기적인 예산편성(Budgeting)을 프로그램 작성(Programming)을 통해 유기적으로 연관시킴으로써 자원배분에 관한 의사결정을 일관성 있게 합리적으로 하며, 예산을 통제적인 수단이나 관리를 위한 수단으로 이용하는 것이 아니라 정책결정의 도구로 이용하는 제도이다.

| 오답해설 |

③ 선택률 39% 영기준예산제도(ZBB: Zero Base Budgeting)는 전 회계연도의 예산에 구애됨이 없이 정부의 모든 사업활동에 대해 0기준(Zero-Base)을 적용하여 그 능률성과 효과성 및 중요성 등을 체계적으로 분석함으로써, '우선순위'를 결정하고 그에 따라 실행예산을 편성·결정하는 예산제도이다. 즉, 과거의 사업이나 예산에 기득권을 전혀 고려하지 않고 사업의 타당성을 엄밀하게 분석하여 이를 기초로 예산을 배정하는 방식이다. ZBB는 사업의 우선순위를 정기적으로 새로이 평가·결정하여 노력의 중복, 과다한 활동과 낭비를 배제할 수 있어 사업·예산의 효율성을 향상시킬 수 있다.

03

정답 ②

| 지방행정론 > 지방자치단체 운영체계 > 지방자치단체의 기관구성 | 정답률 83% |

| 정답해설 |

② 선택률 83% 기관통합형은 유럽에서 주로 채택하고 있으며, 기관대립형은 우리나라, 일본, 이탈리아 등에서 채택하고 있다.

| 오답해설 |

① 선택률 4% 기관통합형은 지방자치단체의 기관구성에서 정책의 결정기능과 집행기능을 모두 지방의회에 통합시키는 유형으로, 의원내각제와 유사하다. 정책결정과 집행의 유기적 관련성을 제고시킨다.

③ 선택률 2% ④ 선택률 11% 기관분리형은 의결기관과 집행기관이 분리되어 견제와 균형을 유지하는 방식으로, 대통령 중심제와 유사하다. 기관분리형은 의결기관과 집행기관 간의 견제와 균형의 원리에 의해 권력의 남용을 방지하고, 비판·감시기능을 할 수 있다는 장점이 있다.

04

정답 ④

| 조직이론 > 조직 기초이론 > 조정기제 | 정답률 96% |

| 정답해설 |

④ 선택률 96% 임시작업단은 수평적 연결 조정기제에 해당한다.

| 오답해설 |

① 선택률 0% ② 선택률 2% ③ 선택률 2% 계층제, 규칙과 계획, 계층직위의 추가, 수직정보 시스템 등은 수직적 연결을 위한 조정기제에 해당한다.

더 알아보기 ▶ 수직연결 조정기제와 수평연결 조정기제

수직적 연결을 위한 조정기제	계층제, 규칙과 계획, 계층직위의 추가, 수직정보 시스템 등
수평적 연결을 위한 조정기제	정보시스템, 직접 접촉, 임시작업단, 프로젝트 매니저, 프로젝트팀, 연락역할 담당자 등

군무원 VS 공무원 비교분석

2013년 국가직 7급에서 출제된 이후 군무원 시험과 일반 공무원 시험에서 출제비중이 높아지고 있는 영역이다. 수직적 조정기제와 수평적 조정기제를 대립적으로 비교하여 이해하여야 한다.

05

| 조직이론 > 조직 기초이론 > 대리인이론 | 정답률 87% |

| 정답해설 |

① **선택률 87%** 설문은 대리인이론에 관한 설명이다. 대리인이론은 주인인 시민의 권한위임을 받은 관료(대리인)가 정보의 비대칭성으로 인한 역선택과 도덕적 해이로 인해 시민의 통제에서 벗어나고, 시민이 관료를 통제하는 방법(『행정절차법』, 정보공개법, 내부고발자보호, 성과급, 시민참여확대 등)을 설명해 주는 데 적절한 이론이다.

| 오답해설 |

② **선택률 6%** 죄수의 딜레마란 각각 별실에 구금되어 있는 두 사람의 공범용의자가 문초하는 검사에게 범죄사실에 대하여 자백할 것인가의 여부, 자백하는 경우에는 어떻게 할 것인가(전략) 등과 그 결과인 검사의 구형(손실 또는 이득)을 둘러싸고 어떻게 해야 할 것인가와 관련하여 혼란을 겪는 상황에 비유되는 논리적 구조에 대한 것이다.

③ **선택률 6%** 철의 삼각(하위정부모형)은 비공식 참여자로 분류되는 이익집단과 공식적 참여자인 관료조직, 그리고 의회의 위원회 간의 연계적인 활동을 통한 정책의 결정과 집행에 주목하는 모형이다. 이러한 이익집단, 의회의 해당 (상임)위원회, 해당 관료조직의 3자 연합(철의 삼각)이 각 정책영역별로 정책의 결정과 집행에 영향을 미친다고 본다.

④ **선택률 1%** 공유(지)의 비극은 소유권(재산권)이 분명치 않은 자원을 모든 사람들이 공동으로 사용할 때, 비효율적 사용에 따른 자원고갈현상이 나타나는 것을 말한다. 즉, 대가의 지불 없이 자원의 사용이 가능한 경우(비배제성), 사용량은 적정수준을 초과하여 결정(과다소비)된다는 것이다. 이는 시장실패를 설명하기 위한 것으로, 공유의 비극과 같은 현상을 해결하기 위해 정부의 규제나 개입이 필요하다는 것을 설명하고자 한다.

06

| 지방행정론 > 지방재정 > 국고보조금 | 정답률 81% |

| 정답해설 |

② **선택률 81%** 보조금은 상당한 반대급부를 받지 아니하고 교부하는 급부금이므로, 보조금의 규모에 상응하는 현금화할 수 있는 담보가 있어야 보조금 수령이 가능한 것은 아니다.

법령 「보조금 관리에 관한 법률」 제2조(정의) 이 법에서 사용하는 용어의 뜻은 다음과 같다.
　　1. "보조금"이란 국가 외의 자가 수행하는 사무 또는 사업에 대하여 국가가 이를 조성하거나 재정상의 원조를 하기 위하여 교부하는 보조금, 부담금, 그 밖에 상당한 반대급부를 받지 아니하고 교부하는 급부금으로서 대통령령으로 정하는 것을 말한다.

07

| 인사행정론 > 인사행정의 3대 변수 > 경력개발제도 | 정답률 94% |

| 정답해설 |

③ **선택률 94%** 조직 차원에서 접근하는 경력개발제도의 과정은 '직무설계 → 경력설계 → 경력관리 → 평가 및 보완'으로 이루어지며, 〈보기〉의 ⓐ는 경력설계, ⓑ는 경력관리, ⓒ는 직무설계, ⓓ는 평가 및 보완에 관한 내용이다.

군무원 VS 공무원 비교분석

경력개발제도는 그동안 군무원 시험에서 한 번 출제되었고, 일반 공무원 시험에서도 출제비중이 낮은 영역이었다. 하지만 한국행정학회의 학술대회 자료 등을 분석해 봤을 때, 앞으로 출제가능성이 높아질 것으로 예상되는 영역이므로 주요 내용을 숙지하여야 한다.

08

| 지방행정론 > 정부 간 관계 > 특별지방행정기관 | 정답률 83% |

| 정답해설 |

① **선택률 83%** 특별지방행정기관은 지방의 고유사무를 수행하기 위해 설치한 기관이 아니라, 중앙행정기관이 지방에서의 그 소관사무를 처리하기 위하여 그 하부기관으로서 지방에 설치한 행정기관이다.

09

| 재무행정론 > 재무행정 기초이론 > 정부예산 | 정답률 84% |

| 정답해설 |

② **선택률 84%** 조세의 종목과 세율은 법률로 정한다.

법령 「헌법」 제59조 조세의 종목과 세율은 법률로 정한다.

| 오답해설 |

① **선택률 1%** ④ **선택률 6%** 「국가재정법」 제16조, 제17조에 규정되어 있다.

법령 「국가재정법」 제16조(예산의 원칙) 정부는 예산을 편성하거나 집행할 때 다음 각 호의 원칙을 준수하여야 한다.
　　1. 정부는 재정건전성의 확보를 위하여 최선을 다하여야 한다.
　　2. 정부는 국민부담의 최소화를 위하여 최선을 다하여야 한다.
　　3. 정부는 재정을 운용할 때 재정지출 및 「조세특례제한법」 제142조의2 제1항에 따른 조세지출의 성과를 제고하여야 한다.
　　4. 정부는 예산과정의 투명성과 예산과정에의 국민참여를 제고하기 위하여 노력하여야 한다.
　　5. 정부는 「성별영향평가법」 제2조 제1호에 따른 성별영향평가의 결과를 포함하여 예산이 여성과 남성에게 미치는 효과를 평가하고, 그 결과를 정부의 예산편성에 반영하기 위하여 노력하여야 한다.

6. 정부는 예산이 「기후위기 대응을 위한 탄소중립·녹색성장 기본법」 제2조 제5호에 따른 온실가스(이하 "온실가스"라 한다) 감축에 미치는 효과를 평가하고, 그 결과를 정부의 예산편성에 반영하기 위하여 노력하여야 한다.

제17조(예산총계주의) ① 한 회계연도의 모든 수입을 세입으로 하고, 모든 지출을 세출로 한다.

③ 선택률 9% 「국고금 관리법」 제7조에 규정되어 있다.

> 법령 「국고금 관리법」 제7조(수입의 직접 사용 금지 등) 중앙관서의 장은 다른 법률에 특별한 규정이 있는 경우를 제외하고는 그 소관 수입을 국고에 납입하여야 하며 이를 직접 사용하지 못한다.

10 고난도 TOP 2   정답 ②

기초이론 > 행정학이론 발달 > 행태론과 생태론   정답률 66%

| 정답해설 |

② 선택률 66% 리그스(Riggs)의 생태론적 접근방법은 후진국의 행정현상을 설명하는 데 크게 기여했으며, 행정의 보편적 이론보다는 중범위 이론의 구축에 자극을 주어 행정의 과학화에 기여하였다.

| 오답해설 |

① 선택률 12% 행태론적 접근방법은 집단의 고유한 특성을 인정하지 않는 방법론적 개체주의의 입장을 취한다(미시적 접근).

③ 선택률 12% 행태론적 접근방법은 사회현상도 자연과학과 마찬가지로 엄밀한 과학적 연구가 가능하다고 본다. 즉, 사회현상을 관찰 가능한 객관적 대상으로 본다.

④ 선택률 10% 리그스는 생태론의 대표적 학자로서, 생태론적 접근방법을 통해 환경이 행정에 미치는 영향을 연구하였다.

11   정답 ④

조직이론 > 조직구조론 > 우리나라 정부조직   정답률 81%

| 정답해설 |

④ 선택률 81% 「정부조직법」 개정에 따라 해양경찰청은 해양수산부 소속으로 부활되었다.

> 법령 「정부조직법」 제44조(해양수산부) ① 해양수산부장관은 해양정책, 수산, 어촌개발 및 수산물 유통, 해운·항만, 해양환경, 해양조사, 해양수산자원개발, 해양과학기술연구·개발 및 해양안전심판에 관한 사무를 관장한다.
> ② 해양에서의 경찰 및 오염방제에 관한 사무를 관장하기 위하여 해양수산부장관 소속으로 해양경찰청을 둔다.
> ③ 해양경찰청에 청장 1명과 차장 1명을 두되, 청장 및 차장은 경찰공무원으로 보한다.

| 오답해설 |

① 선택률 4% 「정부조직법」 개정에 따라 국민안전처가 폐지되었다.

12   정답 ①

정책학 > 기획이론 > 국가기획과 민주주의   정답률 71%

| 정답해설 |

① 선택률 71% 철저한 시장 중심의 경제학자인 하이에크(Hayek)는 신자유주의 사상을 바탕으로 국가의 개입을 최소화하는 작은 정부를 주장했고, 『노예로의 길(The Road to Serfdom)』을 통해 국가기획을 반대하였다.

| 오답해설 |

③ 선택률 17% 파이너(Finer)는 『반동에의 길(The Road to Reaction)』이라는 저서에서 시민의 자유와 권리를 보장하는 기획이 가능하며, 자본주의의 균형 있는 발전 및 질서 있는 현대 사회로 발전하기 위해서는 국가기획의 도입은 불가피하고 타당한 것이라고 역설하였다.

13   정답 ③

기초이론 > 행정학이론 발달 > 해밀턴주의(연방주의)   정답률 80%

| 정답해설 |

③ 선택률 80% 해밀턴(Hamilton)은 연방정부 중심의 중앙집권화에 의한 능률적 행정이 최선임을 주장하였다.

| 오답해설 |

① 선택률 6% 제퍼슨(Jefferson)은 지방자치와 지방분권에 의한 민주적 행정이 최선임을 주장하였다.

② 선택률 6% 해밀턴은 정부의 적극적 역할을 통해 행정의 유효성을 지향하며, 연방정부 중심의 강력한 중앙집권을 강조하였다.

④ 선택률 8% 매디슨(Madison)은 사회 내 다양한 이익집단의 존재를 중시하고, 이들 간의 견제와 균형의 유지가 중요함을 주장하였다.

14   정답 ④

기초이론 > 행정의 개념 > POSDCoRB   정답률 85%

| 정답해설 |

④ 선택률 85% 귤릭(Gulick)이 주장한 POSDCoRB의 Co는 협력(Cooperation)이 아니라 조정(Coordinating)이다. 귤릭의 POSDCoRB는 최고관리층이 수행하는 주요 업무의 첫 자를 따서 만든 개념으로, ㉠ 계획(Planning), ㉡ 조직화(Organizing), ㉢ 인사(Staffing), ㉣ 지휘(Directing), ㉤ 조정(Coordinating), ㉥ 보고(Reporting), ㉦ 예산(Budgeting)을 의미한다.

15 정답 ③

조직이론 > 조직 기초이론 > 민츠버그(Mintzberg)의 조직유형 정답률 82%

| 정답해설 |

③ 선택률 82% 전문적 관료제 구조는 전문성 확보에 유리한 반면, 수직적 집권화에 따른 환경변화에 영합하는 속도가 느리다는 문제점이 있다.

| 오답해설 |

① 선택률 10% 기계적 관료제는 전형적으로 단순하고 안정적 환경에서 작업의 표준화를 중시하는 조직으로, 일반적으로 조직의 규모가 크고 조직환경이 안정되어 있으며, 전문화는 높은 반면 환경적응에는 부적합하다.

② 선택률 1% 애드호크라시(adhocracy)는 동태적이고 복잡한 환경에 적합한 조직으로, 표준화를 거부하며 창의성을 바탕으로 하는 불확실한 업무에 적합하지만, 책임소재가 불분명하여 갈등과 혼동을 유발할 수 있다.

④ 선택률 7% 사업부제 구조는 고객이나 시장의 다양성을 고려하여 각 사업부는 책임하에 있는 시장을 중심으로 스스로 자율적인 영업활동을 수행한다. 중간관리층을 핵심 부문으로 하는 대규모 조직에서 나타나는데, 간혹 관리자 간 영업영역의 마찰이 나타날 수 있다.

16 정답 ③

기초이론 > 행정학이론 발달 > 포스트모더니즘 정답률 83%

| 정답해설 |

③ 선택률 83% 타자성은 타자를 인식적 타자가 아닌 도덕적 타자로 인정한다는 것을 말한다. 행정에서 '타자'를 인정하는 것은 '반행정'의 성격을 가지고 있다. 타자성에 대한 포스트모더니즘적 태도의 네 가지 특징은 '타인에 대한 개방성, 다양성의 선호, 상위설화에 대한 반대, 그리고 기존질서에 대한 반대'이다.

17 정답 ③

정책학 > 정책학 기초이론 > 정책네트워크모형 정답률 96%

| 정답해설 |

③ 선택률 96% 정책공동체는 해당 분야의 전문가로 참여자의 범위가 제한되지만, 이슈네트워크는 이해관계자의 참여로 참여자의 범위가 매우 광범위하다.

더 알아보기 ▶ 이슈네트워크와 정책공동체

구분	이슈네트워크 (issue network)	정책공동체 (policy community)
정책 행위자	• 다양한 행위자, 이슈에 따라 수시로 변동(이익집단, 전문가, 언론, 비조직화된 개인 등 모든 이해관계자) • 개방적·유동적	• 공식적·조직화된 행위자에 한정(공무원, 연구원, 교수, 위원 등) • 폐쇄적·안정적·지속적
상호관계	• 상호경쟁적이며 상호의존성 약함 • 권력의 편차가 심함 • 연합형성전략 • negative-sum 게임	• 상호협력적이며 상호의존성 강함 • 비교적 균등한 권력 • positive-sum 게임
참여의 목적	• 자기이익 극대화 → 이해 공유도 낮음 • 이슈의 성격에 따라 이합집산	정책에 대한 기본적 이해의 공유와 협조 → 이해 공유도 높음
유형의 구조화	개별행위자들로서 특별한 구조가 미형성	빈번한 상호작용, 안정된 구조적 관계로 유형화(언어, 가치관, 문화 등의 공유)
정책결정	정책결정과정에서 정책내용 많이 변경 → 예측 곤란	처음의 정책내용대로 정책결정 → 예측 용이
정책집행	결정된 정책내용과 다르게 집행되는 경우가 많음	결정된 정책내용과 크게 다르지 않음

18 정답 ④

정책학 > 정책분석론 > 제3종 오류 정답률 86%

| 정답해설 |

④ 선택률 86% 제3종 오류는 정책문제가 잘못 정의되어 잘못된 정책목표의 설정으로 연결되는 현상을 의미한다. 즉, 제3종 오류는 정책문제를 잘못 정의하고 있는 것이며, 제1종 오류와 제2종 오류는 정책대안선택을 잘못하고 있는 것이다.

더 알아보기 ▶ 제1종 오류와 제2종 오류

제1종 오류 (type I error, α오류)	• 귀무가설(영가설)이 실제로는 옳은데도 불구하고 검정 결과가 그 가설을 기각하는 오류 • 받아들여야 할 영가설을 거부하는 데서 따르는 오류 • 대안이 실제로 효과가 없는데, 있다고 평가하여 채택하는 경우
제2종 오류 (type II error, β오류)	• 귀무가설(영가설)이 실제로는 틀린데도 불구하고 그것을 옳은 것으로 잘못 받아들이는 오류 • 거부되어야 할 영가설을 받아들이는 데서 따르는 오류 • 대안이 실제로 효과가 있는데, 없다고 평가하여 기각하는 경우

※ 귀무가설이란 직접 검증의 대상이 되는 가설로, 영가설 또는 당초가설이라고도 하는데, 영가설(null hypothesis)이란 연구가설에 대한 논리적 대안으로서 연구 결과 나타난 통계적인 차이 또는 분석된 관계들이 우연에 의한 것이거나 무작위 오차 때문에 생긴 것이라고 진술하는 형태이다.

19 정답 ①

| 조직이론 > 조직구조론 > 애드호크라시(adhocracy) | 정답률 91% |

| 정답해설 |

① **선택률 91%** 애드호크라시(adhocracy)의 유형 중 하나인 매트릭스조직은 기능구조와 사업구조의 결합을 시도하는 이원적 조직구조이므로, 신속하고 통일적인 의사전달이 어렵다. 신속하고 통일적인 의사전달은 계층제 형태를 가진 관료제(bureaucracy)의 특징에 해당한다.

20 정답 ①

| 인사행정론 > 인사행정의 3대 변수 > 근무성적평정상의 오류 | 정답률 83% |

| 정답해설 |

① **선택률 83%** 근무성적평정과정에서 평정자의 평정기준이 일정하지 않아 관대화 경향과 엄격화 경향이 불규칙하게 나타나는 오류는 총계적 오류(total error)이다.

| 오답해설 |

② **선택률 8%** 규칙적 오류(systematic error)는 다른 평정자들보다 시종 박한 점수를 주는 평정자나 항상 후한 점수를 주는 평정자들이 저지르는 오류를 말한다.

③ **선택률 5%** 귀인적 편견(attributional bias)이란 어떤 행위에 참여하고 있는 사람들(행위자)은 그것에 참여하지 않는 사람들(관찰자)과 다르게 본다는 것으로, 가장 잘 알려진 귀인 편향은 근본적 귀인 오류로 관찰자가 다른 이들의 행동을 설명할 때 상황요인들의 영향을 과소평가하고 행위자의 내적·기질적인 요인들의 영향을 과대평가하는 경향을 말한다. 예를 들어, 잘된 성과에 대해서는 자신의 내적 요소에 귀인하고 좋지 않은 성과에 대해서는 외적 요소에 귀인하는 경향이 이에 해당한다.

④ **선택률 4%** 연쇄효과(halo effect)는 평정자가 가장 중요시하는 하나의 평정요소에 대한 평가결과가 성격이 다른 평정요소에도 영향을 미치는 것을 말한다.

군무원 vs 공무원 비교분석

근무성적평정의 오류는 군무원 시험과 일반 공무원 시험에서 출제비중이 매우 높은 영역이다. 특히 총계적 오류와 규칙적 오류의 차이를 정확하게 구분하여 정리하여야 한다.

21 정답 ④

| 기초이론 > 행정의 개념 > 정치·행정 이원론 | 정답률 86% |

| 정답해설 |

④ **선택률 86%** 정치·행정 이원론은 행정이 경영학의 핵심적인 원리들을 모두 흡수함으로써 정치와 행정은 서로 분리되어야 함을 주장하는 이론이다. 반면, 정치·행정 일원론은 행정도 정책결정기능을 수행한다는 입장에서 정치와 행정은 하나라는 의미이며, 정치와 행정을 서로 구분할 수 없는 개념으로 간주한다.

22 정답 ④

| 조직이론 > 조직구조론 > 보조기관(계선기관)과 보좌기관 (막료기관) | 정답률 94% |

| 정답해설 |

④ **선택률 94%** 차관보는 보좌기관(막료)에 해당한다.

| 오답해설 |

① **선택률 2%** ② **선택률 2%** ③ **선택률 2%** 장관, 차관, 실장, 국장, 과장, 직원 등은 보조기관(계선기관)에 해당한다.

[법령] 「정부조직법」 제2조(중앙행정기관의 설치와 조직 등) ③ 중앙행정기관의 보조기관은 이 법과 다른 법률에 특별한 규정이 있는 경우를 제외하고는 차관·차장·실장·국장 및 과장으로 한다.

⑤ 행정각부에는 대통령령으로 정하는 특정 업무에 관하여 장관과 차관을 직접 보좌하기 위하여 차관보를 둘 수 있으며, 중앙행정기관에는 그 기관의 장, 차관·차장·실장·국장 밑에 정책의 기획, 계획의 입안, 연구·조사, 심사·평가 및 홍보 등을 통하여 그를 보좌하는 보조기관을 대통령령으로 정하는 바에 따라 둘 수 있다. 다만, 과에 상당하는 보좌기관은 총리령 또는 부령으로 정할 수 있다.

더 알아보기 ▶ 보조기관과 보좌기관의 특징

구분	보조기관(계선기관)	보좌기관(막료기관)
직무	목표달성에 직접적 기여	목표달성에 간접적 기여
권한	결정권·명령권·집행권 보유	결정권·명령권·집행권 비보유
조직·구조	계층제·명령통일·통솔범위의 원리 적용	계층제·명령통일·통솔범위의 원리 비적용
접촉면	국민에 직접 접촉·봉사	계선에 직접 접촉·봉사
책임	직접적 행정책임	간접적 행정책임
실례	장관−차관−실·국장−과장−직원(담당)	차관보, 심의관, 담당관, 기획관리실, 총무과, 비서실, 막료적 위원회, 각종 조사연구소 등
업무의 유형	실시·집행·수행·지휘·명령·감독·결정	계선의 업무를 지원·조성·촉진(자문, 권고, 협의, 조정, 정보의 수집·분석, 기획·통제, 인사·회계·법무·공보·조달·연구 등)

23 정답 ①

| 기초이론 > 행정이념 > 형평성 | 정답률 79% |

| 정답해설 |

① **선택률 79%** 형평성은 본질적 가치에 해당한다. 본질적 가치는 행정을 통해 이룩하고자 하는 궁극적인 가치로, 정의, 공익, 복지, 형평, 평등, 자유 등이 이에 해당한다.

| 오답해설 |

② **선택률 15%** ③ **선택률 5%** ④ **선택률 1%** 민주성, 합리성, 합법성은 수단적 가치에 해당한다. 수단적 가치는 궁극적 목표로서의 본

질적 가치를 실현하는 것을 가능하게 하는 가치로, 합리성, 능률성, 효과성, 민주성, 책임성, 합법성, 투명성 등이 이에 해당한다.

24 `고난도 TOP 3`   정답 ③

| 정책학 > 정책평가론 > 정책평가의 타당성과 신뢰성 | 정답률 70% |

| 정답해설 |

③ `선택률 70%` 측정도구가 어떤 현상을 되풀이해서 측정했을 때, 얼마나 일관성 있게 측정할 수 있느냐 하는 정도는 외적 타당성이 아니라 신뢰성이다. 외적 타당성은 일반화, 신뢰성은 일관성을 의미한다.

25   정답 ④

| 기초이론 > 행정학이론 발달 > 뉴거버넌스론과 신공공관리론(NPM) | 정답률 86% |

| 정답해설 |

④ `선택률 86%` 신공공관리론은 경쟁을 통한 행정운영을, 뉴거버넌스는 협력을 기반으로 한 행정운영을 주장한다.

| 오답해설 |

① `선택률 2%` 신공공관리론과 뉴거버넌스는 노젓기(rowing)보다 방향잡기(steering)를 중시하며, 정부의 역할을 방향잡기로 본다.
② `선택률 2%` 신공공관리론은 신자유주의(비정치적 개념)를, 뉴거버넌스는 공동체주의(정치적 개념)를 인식론적 기초로 한다.
③ `선택률 10%` 신공공관리론은 고객지향적 관리방식을, 뉴거버넌스는 임무 중심의 관리방식을 취한다.

더 알아보기 ▶ 신공공관리와 뉴거버넌스

구분	신공공관리	뉴거버넌스(신국정관리)
정부역할	방향잡기(steering)	
인식론적 기초	신자유주의(비정치적 개념)	공동체주의(정치적 개념)
관리기구	시장	연계망(network)
관리가치	결과(outcomes)	신뢰(trust), 과정
관료역할	공공기업가 (public entrepreneur)	조정자(coordinator)
작동원리	경쟁(시장 메커니즘)	협력체제(partnership)
서비스	민영화, 민간위탁 등	공동공급 (시민, 기업 등 참여)
관리방식	고객지향	임무 중심
분석수준	조직 내 (intra-organizational)	조직 간 (inter-organizational)
공통점	• 노젓기(rowing)보다 방향잡기(steering) 중시 • 투입보다 산출에 대한 통제 강조 • 공공과 민간부문의 구분 필요성에는 회의적임	

9급 군무원 행정학

I 전체 난이도 및 합격선

전체 난이도	합격선
上	80점

I 기출총평

생소한 문제가 다수 출제되어 어렵게 느껴졌을 것이다.

- 영역별 – 기초이론, 정책학, 조직이론, 재무행정론에서 각 5문항, 인사행정론에서 3문항이 출제되어 전 범위에서 골고루 출제된 시험이었다.
- 내용별 – 신구(新舊) 문제가 적절히 조화를 이루었으나, 전략적 기획, 우리나라 행정학 역사, 감사원, 기획재정부의 예산사정 등 다소 생소한 문제가 다수 출제되었다. 따라서 예년에 비해 체감 난도가 높았을 것이다.
- 법령별 – 「헌법」상 예산안 제출시한과 조세법률주의, 「감사원법」상 감사원의 직무범위, 「지방자치법」상 주민감사청구에 관한 규정을 숙지한다.
- 수험대책 – 영역별 빈출문제를 반드시 숙지하고, 전략적 기획, 감사원, 기획재정부의 예산사정 등은 다시 출제될 가능성이 높으므로 반드시 숙지하여야 한다.

I 영역별 출제비중

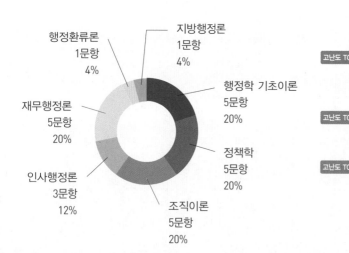

행정환류론 1문항 4%
지방행정론 1문항 4%
재무행정론 5문항 20%
인사행정론 3문항 12%
조직이론 5문항 20%
정책학 5문항 20%
행정학 기초이론 5문항 20%

I 문항 분석

	카테고리	출제수	정답률
1	조직이론 > 조직 기초이론 > 조직과 환경	2회	95%
2	조직이론 > 조직 기초이론 > 계층제	2회	78%
3	조직이론 > 조직정보론 > 지식정보사회	2회	99%
4	조직이론 > 조직관리론 > 변혁적 리더십	1회	85%
5	조직이론 > 조직변동(혁신)론 > 조직발전(OD)	1회	88%
6	재무행정론 > 예산과정론 > 우리나라 회계검사 기관(감사원)	1회	70%
7	인사행정론 > 공직 분류 > 직위분류제	10회	91%
8	인사행정론 > 인사행정의 3대 변수 > 다면평가제도	2회	92%
9	재무행정론 > 재무행정 기초이론 > 정부예산	2회	75%
10	재무행정론 > 예산제도론 > 예산제도의 변화	1회	93%
11	기초이론 > 행정의 개념 > 행정(학)	2회	78%
12	기초이론 > 행정의 개념 > 우리나라 행정학 역사	1회	64%
13	기초이론 > 행정이념 > 합리성	3회	71%
14	기초이론 > 행정이념 > 가외성	3회	87%
15	정책학 > 정책학 기초이론 > 엘리트이론	3회	97%
16	기초이론 > 현대행정의 변천 > 정부규제	2회	90%
17	정책학 > 정책분석론 > 델파이기법	2회	91%
18	정책학 > 정책학 기초이론 > 리플리와 프랭클린(Ripley & Franklin)의 정책유형 분류	1회	87%
19	정책학 > 정책결정이론모형 > 쓰레기통모형	2회	75%
고난도 TOP2 ▶ 20	정책학 > 기획이론 > 전략적 기획	2회	50%
21	재무행정론 > 예산과정론 > 예산집행의 신축성 유지방안	7회	94%
고난도 TOP1 ▶ 22	행정환류론 > 행정개혁(정부혁신) > 행정개혁의 특징	1회	42%
23	지방행정론 > 지방자치단체 운영체계 > 자치권	4회	56%
고난도 TOP3 ▶ 24	인사행정론 > 공직 분류 > 지방공무원	1회	51%
25	재무행정론 > 예산과정론 > 예산편성과 예산집행	4회	70%

※ **고난도 TOP1** 은 해당 회차에서 정답률이 가장 낮은 문항입니다.

01	③	02	②	03	④	04	④	05	②
06	②	07	④	08	④	09	②	10	②
11	②	12	④	13	④	14	①	15	③
16	②	17	①	18	④	19	③	20	②
21	④	22	②	23	①	24	②	25	③

기출문제편 ▶ P.63

01

정답 ③

조직이론 > 조직 기초이론 > 조직과 환경　　정답률 95%

| 정답해설 |

③ 선택률 95% 설문은 적응적 흡수(co-optation)에 관한 설명이다.

| 오답해설 |

① 선택률 0% 경쟁(competition)은 복수의 조직이 희소한 자원, 고객, 미래의 구성원을 둘러싸고 대립·경합하는 것이다.

② 선택률 4% 연합(coalition)은 복수의 조직이 공통의 목표를 달성하고자 결합 또는 합작하는 것을 말한다.

④ 선택률 1% 협상(bargaining)은 복수의 조직이 재화나 서비스의 제공을 위한 직접적 교섭을 벌이는 것을 말한다.

더 알아보기 ▶ 톰슨과 맥퀸(Thompson & McEwen)의 조직과 조직 간의 관계

- **경쟁(competition):** 복수의 조직이 희소한 자원, 고객, 미래의 구성원을 둘러싸고 대립·경합하는 것이다.
- **협상(bargaining):** 복수의 조직이 재화나 서비스의 제공을 위한 직접적 교섭을 벌이는 것을 말한다.
- **연합(coalition):** 복수의 조직이 공통의 목표를 달성하고자 결합 또는 합작하는 것이다.
- **적응적 흡수(co-optation):** 조직이 안정과 존속을 유지하며 안정과 존속에 대한 위협을 회피하고, 조직의 발전을 도모하기 위하여 조직의 정책이나 리더십, 의사결정기구에 환경의 새로운 요소(인물)를 흡수하여 적응하는 과정을 이르는 말이다. 예 대조직의 이사회나 고문직에 외부의 유력 인사를 임명하는 경우

02

정답 ②

조직이론 > 조직 기초이론 > 계층제　　정답률 78%

| 정답해설 |

② 선택률 78% 계층제란 직무를 권한과 책임의 정도에 따라 등급화·계층화하고 상·하 계층 간에 지휘·명령복종 관계를 확립하는 것을 말하며, 계층의 수와 통솔범위는 반비례한다. 따라서 통솔범위가 넓어지면 계층의 수는 적어지고, 통솔범위가 좁아지면 계층의 수는 많아진다.

03

정답 ④

조직이론 > 조직정보론 > 지식정보사회　　정답률 99%

| 정답해설 |

④ 선택률 99% 계층적 조직구조(관료제, 기계적 조직구조)는 산업사회를 배경으로 등장하였다. 그런데 계층적 조직구조는 경직성과 신축성의 저하로 인해 환경변화에 빠르게 대응하기가 어렵다는 한계가 있다. 따라서 지식정보사회에서는 환경변화에 빠르게 대응하기 위해 계층제가 낮은 탈계층적 조직구조가 주로 나타난다.

04

정답 ④

조직이론 > 조직관리론 > 변혁적 리더십　　정답률 85%

| 정답해설 |

④ 선택률 85% 변혁적 리더십은 거래적 리더십을 비판하면서 등장한 이론이다. 변혁적 리더십의 네 가지 요소는 카리스마적 리더십, 영감적 리더십, 지적 자극과 개별적 배려이다. 거래적 리더십은 변혁적 리더십과 대응되는 개념이다.

| 오답해설 |

① 선택률 4% 변혁적 리더십은 권력, 지위와 신뢰를 소유하고 있는 자로서 매력 있는 비전이나 사명을 제시함으로써 부하들로 하여금 자신이나 조직의 목표에 대한 열정을 갖게 하고 나아가 리더와 자신들의 바람직한 가치관이 일치되도록 하는 것을 말한다.

② 선택률 7% 리더는 부하 개개인들의 욕구를 이해함은 물론, 이의 충족을 통하여 개인적 성장을 이룰 수 있도록 도와주는 것이다.

③ 선택률 4% 변혁적 리더는 영감적 동기를 줌으로써 부하들이 비전 성취를 위하여 무엇을 하여야 하며 그 의미가 무엇인지를 인식하게 하는 것을 말한다.

더 알아보기 ▶ 거래적 리더십과 변혁적 리더십

구분	거래적(교환적) 리더십	변혁적 리더십
목표	현상과 너무 괴리되지 않는 목표	현상보다 매우 높은 이상적 목표
시간	단기적 조망, 기본적, 가시적 보상	장기적 조망, 장기적, 잠재적 보상
변화	안정 지향, 폐쇄적	변화 지향, 개방체제적
동기부여 전략	저차적 욕구충족, 외재적 보상	고차적, 내재적 욕구충족
행동표준	관리표준	변혁적, 창의적
문제해결	노하우를 줌	노하우를 찾도록 함
초점	하급관리자	최고관리층
관리전략	리더와 부하 간의 교환관계나 통제	영감과 비전 제시에 의한 동기 유발
이념	능률 지향	적응 지향
조직구조	기술구조(기술 위주), 기계적 관료제에 적합	경계작용적 구조(환경과 연계작용), 단순구조나 임시조직에 적합

05

정답 ②

| 조직이론 > 조직변동(혁신)론 > 조직발전(OD) | 정답률 88% |

| 정답해설 |

② 선택률 88% 조직발전에서 가정하는 조직은 개방체제 속에서 복합적 인과관계를 가진 유기체이다. 즉, 조직발전은 급변하는 환경변화에 대해 조직구성원의 행태나 가치관의 변화를 통한 조직의 생산성과 환경에의 적응능력을 향상시키는 것을 강조하는 이론이다.

06

정답 ②

| 재무행정론 > 예산과정론 > 우리나라 회계검사기관(감사원) | 정답률 70% |

| 정답해설 |

② 선택률 70% 감사원의 회계검사 대상에는 국회와 법원도 포함되나, 직무감찰 대상에는 국회와 대법원에 소속한 공무원은 제외한다.

법령 「감사원법」 제24조(감찰 사항) ① 감사원은 다음 각 호의 사항을 감찰한다.

1. 「정부조직법」 및 그 밖의 법률에 따라 설치된 행정기관의 사무와 그에 소속한 공무원의 직무
2. 지방자치단체의 사무와 그에 소속한 지방공무원의 직무
3. 제22조 제1항 제3호 및 제23조 제7호에 규정된 자의 사무와 그에 소속한 임원 및 감사원의 검사대상이 되는 회계사무와 직접 또는 간접으로 관련이 있는 직원의 직무
4. 법령에 따라 국가 또는 지방자치단체가 위탁하거나 대행하게 한 사무와 그 밖의 법령에 따라 공무원의 신분을 가지거나 공무원에 준하는 자의 직무

② 제1항 제1호의 행정기관에는 군기관과 교육기관을 포함한다. 다만, 군기관에는 소장급 이하의 장교가 지휘하는 전투를 주된 임무로 하는 부대 및 중령급 이하의 장교가 지휘하는 부대는 제외한다.

③ 제1항의 공무원에는 국회·법원 및 헌법재판소에 소속한 공무원은 제외한다.

군무원 vs 공무원 비교분석

일반 공무원 시험에서는 한 번도 출제된 적이 없는 참신한 내용의 문제이다. 감사원은 대통령 소속으로, 인사 관할이 다른 국회나 대법원은 제외된다는 점을 반드시 기억하여야 한다.

07

정답 ④

| 인사행정론 > 공직 분류 > 직위분류제 | 정답률 91% |

| 정답해설 |

④ 선택률 91% 직위분류제는 공무원의 신분이 특정 직위·직무와 연결되어 있어 기구 개편 등의 영향을 크게 받아 신분보장이 위협받기 쉽기 때문에 행정의 안정성·계속성이 저해된다. 그에 비해 계급제는 공무원이 기구 개편에 의한 영향을 받지 않으므로 직위

분류제에 비해서 공무원의 신분이 강하게 보장된다.

08

정답 ④

| 인사행정론 > 인사행정의 3대 변수 > 다면평가제도 | 정답률 92% |

| 정답해설 |

④ 선택률 92% 다면평가는 상급자뿐만 아니라 동료, 부하, 민원인까지 참여하여 평가하는 제도로, 인기투표로 변질될 가능성이 많다. 즉, 다면평가는 능력보다 인기 위주의 평가로 인해 인기투표식으로 전락하여 포퓰리즘(populism)을 야기하며, 이로 인해 상급자가 업무 추진보다는 부하의 눈치를 의식하는 행정이 이루어질 가능성이 높다.

| 오답해설 |

① 선택률 2% ② 선택률 3% ③ 선택률 3% 다면평가제도는 여러 사람을 평정자로 활용하여 평가에 참여하여, 소수인의 주관과 편견, 그리고 이들 간의 개인편차를 줄임으로써 객관성과 공정성을 높일 수 있는 제도이다. 또한 감독자 이외에도 동료·부하·고객 등 다양한 사람들의 참여를 통해 평정에 대한 관심도와 지지도를 높일 수 있다.

09

정답 ②

| 재무행정론 > 재무행정 기초이론 > 정부예산 | 정답률 75% |

| 정답해설 |

② 선택률 75% 우리나라는 조세법률주의에 따라 지방세의 세목과 세율에 대해서는 법률로서 정해야 한다. 따라서 조례에 의한 세목의 설치를 허용하지 않는다.

법령 「헌법」 제54조 ① 국회는 국가의 예산안을 심의·확정한다.

② 정부는 회계연도마다 예산안을 편성하여 회계연도 개시 90일 전까지 국회에 제출하고, 국회는 회계연도 개시 30일 전까지 이를 의결하여야 한다.

제55조 ① 한 회계연도를 넘어 계속하여 지출할 필요가 있을 때에는 정부는 연한을 정하여 계속비로서 국회의 의결을 얻어야 한다.

② 예비비는 총액으로 국회의 의결을 얻어야 한다. 예비비의 지출은 차기 국회의 승인을 얻어야 한다.

제59조 조세의 종목과 세율은 법률로 정한다.

10

정답 ②

| 재무행정론 > 예산제도론 > 예산제도의 변화 | 정답률 93% |

| 정답해설 |

② 선택률 93% 예산제도는 'ⓘ 품목별예산제도(LIBS) → ⓛ 성과주의예산제도(PBS) → ⓜ 계획예산제도(PPBS) → ⓒ 영기준예산제도(ZBB) → ⓔ 신성과주의 예산제도(1990년대)' 순으로 변화해 왔다.

11 정답 ②

| 기초이론 > 행정의 개념 > 행정(학) | 정답률 78% |

| 정답해설 |

② 선택률 78% 행정이란 정부가 공공목적을 달성하기 위하여 행하는 활동으로, 정부가 독점적으로 수행하는 것은 아니다. 즉, 행정의 수행은 정치권력을 배경으로 하지만, 공공서비스의 생산 및 공급은 정부가 독점하지 않는다.

| 오답해설 |

① 선택률 3% 행정이란 이미 수립된 정책의 구체화뿐만 아니라 정책결정을 포함하는 것으로 본다.

③ 선택률 17% 행정은 공공사무의 관리 분야로서 파악하여 정치영역 밖에 존재하는 것이라고 주장한다.

④ 선택률 2% 행정은 가치판단적 기능과 가치중립적인 기술적 과정의 융합을 중시한다.

12 정답 ④

| 기초이론 > 행정의 개념 > 우리나라 행정학 역사 | 정답률 64% |

| 정답해설 |

④ 선택률 64% 휴전 이후 우리나라의 행정학은 일본 행정학의 영향을 받았으나, 독일 관방학을 토대로 연구가 진행된 것은 아니다. 우리나라의 행정학은 초기부터 미국 행정학을 도입하였다.

군무원 VS 공무원 비교분석

일반 공무원 시험에서는 거의 출제된 적이 없는 문제이다. 다만, 우리나라의 경우 유럽보다 미국 행정학의 영향을 받았다는 점에는 주의해야 한다. 다시 출제될 가능성이 높은 문제는 아니지만 기출문제의 지문을 숙지해 둘 필요는 있다.

13 정답 ④

| 기초이론 > 행정이념 > 합리성 | 정답률 71% |

| 정답해설 |

④ 선택률 71% 디징(Diesing)의 합리성의 유형에서 인간과 인간 간의 권리·의무관계가 성립할 때에 나타나는 것은 정치적 합리성이 아니라 법적 합리성이다.

14 정답 ①

| 기초이론 > 행정이념 > 가외성 | 정답률 87% |

| 정답해설 |

① 선택률 87% 가외적 장치의 설치는 조직의 신뢰성 증진, 불확실성에 대한 적응성, 상호작용으로 인한 창조성, 정보의 정확성 확보, 목표전환 현상의 완화, 수용범위의 한계 극복, 복잡한 행정 현상의 단순화 등의 장점이 있다. 반면, 가외적 장치의 설치가

지나칠 경우 조직의 능률성과 경제성을 저하시킬 수 있다.

15 정답 ③

| 정책학 > 정책학 기초이론 > 엘리트이론 | 정답률 97% |

| 정답해설 |

③ 선택률 97% 엘리트주의는 정책과정에 참여하는 세력들이 특정 소수에 국한되고 이들에 의해 국가의 정책이 좌우되는 것으로 본다. 국가나 지역사회의 주요 정책결정에 소수의 엘리트가 지배적인 위치를 가진다고 보는 엘리트론은 19세기 말 유럽의 학자들에 의해 주장되었으며, 다원주의 등 다른 이론들로부터 비판을 받고 또 그에 대한 대응을 거치면서 신엘리트주의로 발전되어 왔다.

| 오답해설 |

① 다원주의는 정책에 대해 집단 간의 이익 갈등을 정부가 공정하고 중립적으로 조정한 결과라는 입장을 가지며 정책의 점진적인 변화를 강조한다. 따라서 정부활동은 다양한 이익집단 간 이익의 소극적 중재자 역할에 한정된다.

② 조합주의는 이익집단이 전국적으로 이익대표체계를 조직해 국가이익을 대변하면서, 그 대가로 이익공동체의 요구를 독점적으로 정책과정에 투입하는 이익대표 방식이다.

④ (신)베버주의는 국가가 대립되는 이해를 조정하는 수동적인 심판관(다원주의)이나 자본가 계급의 심부름만 하는 것(마르크스주의)이 아니라, 국가가 스스로 결정하는 힘을 지닌 실체로 파악한다. 즉, 국가의 자율성을 강조하여 정부 또는 국가도 정책결정 과정에서 수동적인 심판관이 아니라 자율적인 의사결정주체라는 입장이다.

16 정답 ②

| 기초이론 > 현대행정의 변천 > 정부규제 | 정답률 90% |

| 정답해설 |

② 선택률 90% "정부의 규제가 또 다른 규제를 낳는다."와 관련이 깊은 것은 타르 베이비 효과(tar-baby effect)이다. 타르 베이비 효과란 해리스(Joel Chandler Harris)의 소설 속에서 토끼를 유혹하기 위해 사용되는 타르 인형(tar doll)에서 유래된 말로, 토끼들이 검은 칠을 한 인형을 친구로 착각해 주변에 자꾸 모여들게 되듯이 잘못 이루어진 정부규제가 다른 정부규제를 불러오는 현상을 의미한다.

| 오답해설 |

① 선택률 3% 피터의 법칙(Peter's principle)은 조직의 규모가 팽창하고 학연이나 혈연, 지연 등에 의해 승진하다 보면 자신이 감당할 수 없는 직위까지 승진하게 된다는 법칙을 말한다.

③ 선택률 4% 파킨슨의 법칙(Parkinson's law)은 행정국가의 등장에 따른 공무원의 증가 현상을 사회·심리학적 측면에서 설명한 이론이다.

④ 선택률 3% 버블 경제(거품 경제)란 투자가 실물생산의 증대와 무관한 상태로, 실제보다 경제가 과대평가되었을 때를 의미한다.

17 정답 ①

| 정책학 > 정책분석론 > 델파이기법 | 정답률 91% |

| 정답해설 |

① 선택률 91% 델파이기법은 전통적인 회의식 기법이 갈등이 심하고 토의 분위기에 영향을 받아 주관적인 판단이 흐리게 된다는 비판에서 등장하였으며, 예측하려는 현상에 대하여 관련 있는 전문가의 자문을 설문지를 통하여 근접한 의견에 이를 때까지 체계적으로 유도하고 분석하는 직관적인 미래예측기법을 말한다. 또한 단기보다는 중장기적 미래를 예측하기 위하여 통계분석을 활용하는 주관적 미래예측기법이다.

| 오답해설 |

② 선택률 2% ③ 선택률 3% 회귀분석과 선형계획은 예견에 해당한다.
④ 선택률 4% 시계열분석은 투사에 의한 미래예측기법에 해당한다.

18 정답 ④

| 정책학 > 정책학 기초이론 > 리플리와 프랭클린(Ripley & Franklin)의 정책유형 분류 | 정답률 87% |

| 정답해설 |

④ 선택률 87% 리플리와 프랭클린(Ripley & Franklin)은 규제정책을 경쟁적 규제정책과 보호적 규제정책으로 구분하였다. 항공노선 취항권, 방송권의 부여 등은 경쟁적 규제정책에 해당하며, 최저임금제, 가격통제 등은 보호적 규제정책에 해당한다.

더 알아보기 ▶ 경쟁적 규제정책과 보호적 규제정책

- **경쟁적 규제정책**: 정부가 희소한 자원을 이용할 수 있는 권리 및 특정 서비스나 용역을 생산·공급할 수 있는 권리 등을 특정한 개인이나 기업체에 부여하면서, 이들에게 특별한 규제장치를 부여하는 정책을 말한다. **예** 특정 철도회사 및 항공회사에 특정 노선운항권 부여, 특정 운수회사에 특정 물건의 특정 노선을 통한 운송권 부여, 특정 회사에 특정 라디오 주파수 및 TV채널운영권 부여, 정보통신부의 유선방송업자 선정 등
- **보호적 규제정책**: 여러 사적 활동에 대해 특정의 조건을 설정하여 일반대중을 보호하고자 하는 것을 목적으로 하는 정책으로, 소비자나 사회적 약자, 일반대중을 보호하기 위해 개인이나 집단의 권리행사, 또는 행동의 자유를 구속·통제하는 정책이다. 규제정책이라면 거의 대부분이 여기에 해당하는데, 범죄자를 처벌하기 위한 「형법」도 넓게 보면 규제정책의 예가 된다. **예** 최저임금제, 최대노동시간의 제한, 가격통제, 국가 전체적으로 희소한 자원의 소비에 대한 개별소비세의 부과, 식품 및 의약품에 대한 사전허가제, 불공정한 노동계약·일반사업계약의 금지, 대기오염규제, 위험한 작업조건·불공정한 기업경쟁·불공정한 노동쟁의의 금지, 화물운송요금 기준 설정, 소비자를 보호하기 위한 「공정거래법」, 개발제한구역설정 등

19 정답 ③

| 정책학 > 정책결정이론모형 > 쓰레기통모형 | 정답률 75% |

| 정답해설 |

③ 선택률 75% 킹던(Kingdon)의 정책의 창(policy window)모형에 대한 설명이다. 이는 마치 마치(March)와 올슨(Olsen) 등이 제시한 쓰레기통모형을 발전시킨 것으로, 문제의 흐름(해결해야 할 문제), 정치의 흐름(정권교체 등 정치적 환경조성), 정책의 흐름(문제를 해결할 수 있는 정책대안)이 독자적으로 흘러 다니다가 어떤 계기로 모일 때 결정이 이루어진다고 본다.

더 알아보기 ▶ 규범모형과 기술모형

- **규범모형(normative model)**: 확률 추정과 의사결정에서 모든 가능한 경우를 고려하여 확률을 판단하거나, 모든 대안의 효용을 계산한 다음 가장 효용이 큰 대안을 선택한다고 가정하는 모형이다. 그러나 규범모형이 실제 행동과 일치하느냐는 별개의 문제이다. 정보가 부족하거나 정보의 일부만을 고려한다면, 사람들은 규범모형이 예상하는 것과는 다른 선택을 할 수도 있다.
- **기술모형(descriptive model)**: 사람들이 의사결정을 하는 실제 방식을 기술하는 모형이다.
- → 규범모형이 이론적인 모형에 가깝다면, 기술모형은 실질적인 모형에 가깝다고 볼 수 있다.

20 고난도 TOP2 정답 ②

| 정책학 > 기획이론 > 전략적 기획 | 정답률 50% |

| 정답해설 |

② 선택률 50% 전략적 기획 혹은 장기적 기획의 접근법에는 하버드 정책모형, 전략기획체제, 이해관계자 관리, 전략적 이슈관리, 포트폴리오 모델, 경쟁력 분석, 논리적 점증주의, 혁신의 틀 등이 있으며, SWOT 분석은 하버드 정책모형과 관련된다. 분권적 결정은 전략적 기획의 접근법에 속하지 않는다.

군무원 vs 공무원 비교분석

일반 공무원 시험에서는 출제된 적이 없는 난도 높은 문제이다. 다만, 전략적 기획은 신공공관리론에서 중시하는 내용이므로 다시 출제될 개연성이 높은 문제이다. 따라서 전략적 기획 접근법의 기본적 내용은 해설을 중심으로 숙지하여야 한다.

21 정답 ④

| 재무행정론 > 예산과정론 > 예산집행의 신축성 유지방안 | 정답률 94% |

| 정답해설 |

④ 선택률 94% 예산의 재배정이란 각 중앙관서의 장이 배정받은 예산액의 범위 내에서 산하기관에 월별 또는 분기별로 집행할 수 있는 예산을 정해 주는 것으로, 재배정된 예산액의 범위를 초과하지 않는다는 의미에서 재정통제의 성격을 가진다.

| 오답해설 |

① 선택률 3% 예산의 이용은 입법과목 간에 예산액을 상호융통하는 것이며, 예산의 전용은 행정과목 간에 예산액을 상호융통하는 것으로, 예산의 이용과 전용은 예산집행의 신축성을 기할 수 있다.

② 선택률 1% 예비비는 예측할 수 없는 예산 외의 지출 또는 예산초과지출에 충당하기 위하여 계상된 경비이다.

③ 선택률 2% 예산의 이월은 연도 내에 사용하지 못한 예산을 다음 회계연도로 넘겨서 다음 연도의 예산으로 사용하는 것으로, 명시이월과 사고이월로 구분된다. 명시이월은 세출예산 중 경비의 성질상 연도 내에 지출을 끝내지 못할 것이 예측되는 때에는 그 취지를 세입세출에 명시하여 미리 국회의 승인을 얻은 후, 다음 연도에 이월하여 사용하는 것을 말한다. 사고이월은 연도 내에 지출원인행위를 하고 불가피한 사유로 연도 내에 지출하지 못한 경비와 지출원인행위를 하지 않은 부대경비의 금액을 다음 연도에 이월하는 사용하는 것을 말한다.

군무원 vs 공무원 비교분석

예산집행의 신축성 유지방안은 군무원 시험뿐 아니라 모든 행정학 시험에서 출제빈도가 매우 높은 문제이다. 예산의 배정과 재배정은 예산집행의 신축성 유지가 아니라 예산집행의 재정통제를 위한 방안에 해당함을 기억하여야 한다.

22 고난도 TOP1
정답 ②

행정환류론 > 행정개혁(정부혁신) > 행정개혁의 특징　　정답률 42%

| 정답해설 |

② 선택률 42% 행정개혁은 조직관리의 기술적인 속성과 함께 권력투쟁, 타협, 설득이 병행되는 사회심리적 과정을 포함한다. 또한 좀 더 바람직한 상태, 보다 선(善)인 상태로 변화하는 과정이며 도덕적 의미를 함축한다.

| 오답해설 |

① 선택률 12% 내부고발제도는 「부패방지 및 국민권익위원회의 설치와 운영에 관한 법률」에서 규정하고 있다.

③ 선택률 24% 「국가공무원법」은 공무원의 청렴의무를 개괄적으로 규정하고 있다. 공무원의 청렴의무를 구체적으로 규정하고 있는 것은 「공직자윤리법」, 「부패방지 및 국민권익위원회의 설치와 운영에 관한 법률」, 「부정청탁 및 금품 등 수수의 금지에 관한 법률」 등이다.

④ 선택률 22% 행정정보공개의 제도화는 행정책임을 확보하고 통제비용을 감소시킬 수 있다는 장점을 지니고 있지만, 행정비용이 증가한다는 단점이 있다.

23
정답 ①

지방행정론 > 지방자치단체 운영체계 > 자치권　　정답률 56%

| 정답해설 |

① 선택률 56% 주민감사청구가 가능한 주민 수 조정은 지방자치단체가 「지방자치법」 범위 안에서 중앙정부의 승인 없이 독자적으로 조례를 통하여 행사할 수 있다.

| 오답해설 |

② 선택률 11% 조세법률주의에 따라 「지방세법」에 규정되지 않은 법정외세목 신설은 인정되지 않는다.

③ 선택률 14% 지방채 발행 한도 이내라도 외채를 발행하는 경우에는 지방의회의 의결을 거치기 전에 행정안전부장관의 승인을 받아야 한다.

④ 선택률 19% 기초자치단체의 경계 변경은 대통령령을 개정하여야 한다.

24 고난도 TOP3
정답 ②

인사행정론 > 공직 분류 > 지방공무원　　정답률 51%

| 정답해설 |

② 선택률 51% ㉠, ㉣은 국가공무원이고, ㉡, ㉢, ㉤은 지방공무원이다.

　㉠㉡ 광역자치단체(시·도)의 행정부단체장(행정부시장, 행정부지사)은 국가공무원이나, 정무부단체장(정무부시장, 정무부지사)은 지방공무원이다.

　㉢㉤ 지방의회 의장과 부의장은 주민이 선출한 지방의원으로서 지방공무원이다.

　㉣ 도교육청 부교육감은 국가공무원이다.

25
정답 ③

재무행정론 > 예산과정론 > 예산편성과 예산집행　　정답률 70%

| 정답해설 |

③ 선택률 70% 우리나라는 예산안의 편성·제출에 대한 권한 및 책임을 행정부에 부여하는 행정부예산제도를 택하고 있다. 따라서 기획재정부의 예산사정 대상에는 입법부와 사법부를 포함한다.

ENERGY

네가 세상에서 보고자 하는 변화가 있다면,
네 스스로 그 변화가 되어라.

– 마하트마 간디(Mahatma Gandhi)

9급 군무원 행정학

| 전체 난이도 및 합격선

전체 난이도	합격선
中	84점

| 기출총평

생소한 문제가 다수 출제되어 어렵게 느껴졌을 것이다.

- 영역별 – 기초이론, 조직이론에서 각 5문항, 정책학, 재무행정론, 지방행정론에서 각 4문항, 인사행정론에서 3문항이 출제되어 전 범위에서 골고루 출제된 시험이었다.
- 내용별 – 신구(新舊) 문제가 적절히 조화를 이루었으나, 페리(Perry)의 공직동기이론, 공직부패의 시장교환적 접근, 「헌법」에 규정이 없는 예산제도, 「지방자치분권 및 지역균형발전에 관한 특별법」 등 다소 생소한 문제가 출제되었다. 지방분권 추진정책, 지방행정체제 개편에 관한 내용 등 지방행정론에서 특히 난도가 높았다.
- 법령별 – 「헌법」상 예산에 관한 내용, 「정부조직법」상 행정 각부와 그 소속기관, 「공공기관의 정보공개에 관한 법률」상 정보공개제도, 「국가재정법」상 예산의 구성, 「주민투표법」상 주민투표의 발의, 「지방자치분권 및 지역균형발전에 관한 특별법」에 관한 규정을 숙지한다.
- 수험대책 – 페리의 공직동기이론, 공직부패의 시장교환적 접근, 「헌법」에 규정이 없는 예산제도, 「지방자치분권 및 지역균형발전에 관한 특별법」 등은 다시 출제될 가능성이 높기 때문에 반드시 숙지하여야 한다.

| 영역별 출제비중

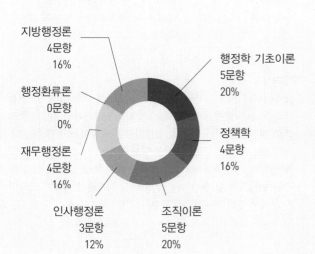

지방행정론
4문항
16%

행정환류론
0문항
0%

재무행정론
4문항
16%

인사행정론
3문항
12%

조직이론
5문항
20%

행정학 기초이론
5문항
20%

정책학
4문항
16%

| 문항 분석

	카테고리	출제수	정답률
1	조직이론 > 조직관리론 > 동기부여이론	8회	66%
2	조직이론 > 조직관리론 > 리더십이론	7회	80%
3	조직이론 > 조직구조론 > 공기업의 종류	2회	87%
4	기초이론 > 현대행정의 변천 > 공기업의 민영화	2회	89%
5	인사행정론 > 인사행정의 3대 변수 > 시험	1회	91%
6	인사행정론 > 인사행정의 3대 변수 > 근무성적평정상의 오류	2회	69%
7	인사행정론 > 근무규율 > 공직부패	3회	84%
8	재무행정론 > 재무행정 기초이론 > 법적 기초	1회	62%
9	재무행정론 > 예산과정론 > 예산편성	3회	81%
10 고난도 TOP3	지방행정론 > 정부 간 관계 > 특별지방행정기관	5회	55%
11	기초이론 > 행정의 개념 > 행정과 경영	6회	84%
12	기초이론 > 행정학이론 발달 > 행태론과 제도주의	6회	59%
13	기초이론 > 행정이념 > 능률성(효율성)	4회	85%
14	기초이론 > 현대행정의 변천 > 윌슨(Wilson)의 규제정치모형	2회	77%
15	조직이론 > 조직정보론 > 정보공개제도	1회	78%
16	정책학 > 정책의제설정론 > 무의사결정론	3회	95%
17	정책학 > 정책의제설정론 > 정책의제설정모형	2회	82%
18	정책학 > 정책학 기초이론 > 로위(Lowi)의 정책유형 분류	2회	71%
19	정책학 > 정책집행론 > 일선관료제	2회	88%
20	조직이론 > 조직구조론 > 우리나라 정부조직	4회	64%
21	재무행정론 > 예산과정론 > 예산집행의 신축성 유지방안	8회	93%
22	재무행정론 > 예산제도론 > 영기준예산제도(ZBB)	4회	79%
23 고난도 TOP2	지방행정론 > 지방재정 > 지방분권 추진정책	1회	51%
24	지방행정론 > 주민참여제도 > 우리나라 주민참여제도	8회	57%
25 고난도 TOP1	지방행정론 > 지방자치단체 운영체계 > 지방자치 법령	1회	49%

※ **고난도 TOP1** 은 해당 회차에서 정답률이 가장 낮은 문항입니다.

기출문제편 ▶ P.67

01	④	02	③	03	②	04	①	05	④
06	③	07	④	08	①	09	③	10	②
11	④	12	②	13	③	14	③	15	②
16	④	17	③	18	④	19	③	20	③
21	③	22	②	23	①	24	③	25	④

01
정답 ④

조직이론 > 조직관리론 > 동기부여이론 　　　정답률 66%

| 정답해설 |

④ 선택률66% 페리(Perry)는 신공공관리론이나 공공선택이론에 대한 대안으로, 신공공서비스이론에 입각한 공직동기이론에서 시민정신에의 부응을 통한 관료들의 동기 유발을 제시하였다. 즉, 제임스 페리의 공직동기이론은 신공공관리론에서 강조하는 이기적인 개인의 전제나 성과급 등을 통한 외재적 보상의 중요성보다는 공공부문 종사자가 가지고 있는 내적 동기요인의 제고를 강조한다.

| 오답해설 |

① 선택률5% 허즈버그(Herzberg)의 욕구충족 이원론에서는 만족요인이 충족되면 동기가 유발된다고 본다.

② 선택률14% 맥그리거(McGregor)의 X · Y이론은 매슬로우(Maslow)의 욕구단계설과 관련이 있다. 즉, 맥그리거는 매슬로우의 욕구단계이론을 바탕으로 상반되는 두 가지 인간관을 제시하였다.

③ 선택률15% 브룸(Vroom)의 기대이론은 동기이론의 범주 중 과정이론에 속한다.

02
정답 ③

조직이론 > 조직관리론 > 리더십이론 　　　정답률 80%

| 정답해설 |

③ 선택률80% 미시건대학 연구, 아이오와 주립대학 연구, 오하이오 주립대학 연구 등은 리더십의 특성(자질)이론이 아니라, 성공적인 지도자들이 보이고 있는 리더십 행태를 분석하여 바람직한 리더십 행태를 밝히고자 하는 행태이론에 해당한다.

03
정답 ②

조직이론 > 조직구조론 > 공기업의 종류 　　　정답률 87%

| 정답해설 |

② 선택률87% 정부부처형 공기업인 우편, 우체국예금, 양곡관리, 조달은 「정부조직법」에 근거하여 설립되므로, 직원의 신분은 공무원이며, 일반행정기관에 적용되는 조직, 인사, 예산에 관한 규정의 적용을 원칙적으로 받는다.

04
정답 ①

기초이론 > 현대행정의 변천 > 공기업의 민영화 　　　정답률 89%

| 정답해설 |

① 선택률89% 민영화 이후 영리 추구가 우선시되므로 공공성과 형평성을 저해할 우려가 있으며, 서비스 공급의 안정성과 책임성의 약화를 초래할 수 있다.

05
정답 ④

인사행정론 > 인사행정의 3대 변수 > 시험 　　　정답률 91%

| 정답해설 |

④ 선택률91% 시험의 객관도(objectivity)는 주관식 시험보다 객관식 시험이 더 높다.

| 오답해설 |

① 선택률1% 타당도(validity)란 시험이 측정하려는 내용을 얼마나 정확하게 측정하고 있느냐의 정도를 의미한다. 일반직 공무원의 시험과목으로 기술지식(물리, 기계 등)을 측정하려고 하는 것은 타당도가 낮은 시험에 해당한다.

② 선택률5% 신뢰도(reliability)란 측정 수단으로서 지니는 일관성 · 일치성을 의미하며, 시험이 측정해 내는 결과의 일관성이 어느 정도인가에 관한 기준을 시험의 신뢰도라고 한다. 동일 응시생이 동일 시험을 시간을 달리하여 치른 경우, 그 성적의 차이가 작을수록 그 시험의 신뢰도는 높다고 할 수 있다.

③ 선택률3% 면접시험은 필기시험에 비해 시험관의 정실이나 주관이 개입될 우려가 있기 때문에 낮은 신뢰도를 보인다.

06
정답 ③

인사행정론 > 인사행정의 3대 변수 > 근무성적평정상의 오류 　　　정답률 69%

| 정답해설 |

③ 선택률69% 헤일로 효과(halo effect, 후광효과, 연쇄효과)는 근무성적평정에서 특정 평정요소의 평정결과가 다른 평정요소에 영향을 주는 착오를 말한다. 예를 들어, 평정자인 A 팀장은 피평정자인 B 팀원이 성실하다는 것을 이유로 창의적이고 청렴하다고 평정한 경우이다.

| 오답해설 |

② 선택률4% 집중화 경향(central tendency)에 대한 설명이다. 집중화 경향은 근무성적평정에서 평정자가 중간점수대에 집중적으로 점수를 매기는 것으로, 절대다수의 평정이 보통 또는 척도상의 중심점에 집중되는 경향을 말한다.

④ 선택률13% 근접 효과(recency effect)에 대한 설명이다. 근접 효과는 쉽게 기억할 수 있는 가장 최근의 정보를 지나치게 중요시하는 데서 유발되는 착오를 말한다.

07

인사행정론 > 근무규율 > 공직부패	정답률 84%

| 정답해설 |

④ 선택률 84% 시장·교환적 접근은 부패 행위를 경제적 자원을 획득하는 하나의 수단으로 본다. 클라버렌(Jacob van Klaveren)은 "부패한 관료는 자신의 공직을 사적 이익을 극대화하는 수단으로 간주하며, 부패를 통해 얻게 되는 소득의 크기는 시장 상황과 수요-공급 곡선상에서 최대 이익을 가져다주는 점을 찾는 그의 능력에 달려 있다."라고 하였다. 경제학자들은 정부규제가 구성원의 기본권과 재산권을 재배분함으로써 경제적 지대(economic rent)를 창출하고 부정부패의 원인을 제공한다고 분석한다. 공직부패의 발생원인을 시장실패 등 시장경제의 근본적인 모순으로 인식하는 접근법은 정치·경제적 접근으로 볼 수 있다.

| 오답해설 |

① 선택률 3% 공직부패에 대한 도덕적 접근법은 관료부패를 개인 행동의 결과로 보아 개인이나 소규모 집단이 공적 역할을 지배하는 법규를 침해한 경우, 부패의 원인을 이러한 행위에 참여한 개인들의 윤리, 자질의 탓으로 돌리는 경우를 말한다.

② 선택률 6% 제도적 접근법은 사회의 법과 제도상의 결함, 또는 이러한 것들에 대한 관리기구들과 그 운영상의 문제들이나 예기치 않았던 부작용들이 부정부패의 원인으로 작용한다고 보는 입장이다.

③ 선택률 7% 사회·문화적 접근법은 특정한 지배적 관습이나 경험적 습성과 같은 것이 관료부패를 조장한다고 보는 입장을 말한다.

08

재무행정론 > 재무행정 기초이론 > 법적 기초	정답률 62%

| 정답해설 |

① 선택률 62% 예산총계주의는 「헌법」이 아니라 「국가재정법」에 규정된 사항이다.

법령 「국가재정법」 제17조(예산총계주의) ① 한 회계연도의 모든 수입을 세입으로 하고, 모든 지출을 세출로 한다.
② 제53조에 규정된 사항을 제외하고는 세입과 세출은 모두 예산에 계상하여야 한다.

| 오답해설 |

② 선택률 16% ③ 선택률 14% ④ 선택률 8% 추가경정예산, 예비비, 계속비는 「헌법」 제55조, 제56조에 규정되어 있다.

법령 「헌법」 제55조 ① 한 회계연도를 넘어 계속하여 지출할 필요가 있을 때에는 정부는 연한을 정하여 계속비로서 국회의 의결을 얻어야 한다.
② 예비비는 총액으로 국회의 의결을 얻어야 한다. 예비비의 지출은 차기 국회의 승인을 얻어야 한다.
제56조 정부는 예산에 변경을 가할 필요가 있을 때에는 추가경정예산안을 편성하여 국회에 제출할 수 있다.

군무원 VS 공무원 비교분석

「헌법」과 관련된 문제의 출제비중이 일반 공무원 시험에 비해 높은 편이다. 기출문제 중 「헌법」과 관련된 문제는 반드시 숙지하여야 한다.

09

재무행정론 > 예산과정론 > 예산편성	정답률 81%

| 정답해설 |

③ 선택률 81% 우리나라 예산의 편성 형식은 '예산총칙 → 세입세출예산 → 계속비 → 명시이월비 → 국고채무부담행위'의 순으로 구성되어 있다.

법령 「국가재정법」 제19조(예산의 구성) 예산은 예산총칙·세입세출예산·계속비·명시이월비 및 국고채무부담행위를 총칭한다.

10 고난도 TOP3

지방행정론 > 정부 간 관계 > 특별지방행정기관	정답률 55%

| 정답해설 |

② 선택률 55% 특별지방행정기관은 중앙행정기관이 지방의 소관사무를 처리하기 위하여 그 하부기관으로서 지방에 설치한 행정기관으로, 국가업무 수행을 위해 국가의 지방사무소 역할을 하는 기관을 말한다. 따라서 특별지방행정기관은 소속 중앙행정기관의 지시에 따라 행정업무를 수행하므로 지방행정의 현지성을 약화시키는 문제를 초래한다. 특히 특별지방행정기관의 관할 범위가 너무 넓어 현지성이 결여되는 경우도 발생할 수 있다.

11

기초이론 > 행정의 개념 > 행정과 경영	정답률 84%

| 정답해설 |

④ 선택률 84% 행정과 경영은 목적달성 수단(수단성), 의사결정, 협동행위(협동성), 관료제적 성격, 관리기술(관리성), 봉사성, 개방체제라는 점에서 공통점이 있다.

12

기초이론 > 행정학이론 발달 > 행태론과 제도주의	정답률 59%

| 정답해설 |

② 선택률 59% 행태주의 접근방법은 집단이나 개인의 행태의 과학적·경험적 연구를 의미하는데, 사회현상도 행태의 규칙성, 상관성 및 인과성을 경험적으로 입증할 수 있어 자연과학과 마찬가지로 엄밀한 경험적 연구가 가능하다고 주장한다. 즉, 합리적인 제도·조직·절차 등에 연구의 초점을 두었던 전통적 접근방법과 달리, 인간의 행태를 중심으로 행정현상을 분석하려는 접근방법이다(협동성, 합리적 의사결정). 따라서 행태주의 접근방법은 정

치와 행정현상에서 개별 국가의 특수성보다는 인간행태를 중심으로 보편성을 중시하였다.

13 정답 ③

| 기초이론 > 행정이념 > 능률성(효율성) | 정답률 85% |

| **정답해설** |

③ 선택률 85% 목표의 달성도는 효과성을 의미한다. 능률성이 수단적이고 과정적 측면에 중점을 두는 반면, 효과성은 목적적이고 기능적 측면에 중점을 둔다. 능률성과 효과성을 조화한 것이 효율성이다.

14 정답 ③

| 기초이론 > 현대행정의 변천 > 윌슨(Wilson)의 규제정치 모형 | 정답률 77% |

| **정답해설** |

③ 선택률 77% 윌슨(Wilson)의 규제정치모형 중 기업가적 정치는 규제로 인한 비용은 소수의 동질적인 집단에 집중되나, 규제로 인한 편익은 다수에 넓게 분산되어 있는 경우이다. 기업가적 정치의 경우 비용부담집단들은 비용부담을 최소화하기 위해 정치적으로 막강한 영향력을 발휘하는 반면, 다수의 수혜집단에서는 집단행동의 딜레마가 발생하여 활동이 미약하다. 기업가적 정치의 대표적인 사례는 환경오염규제, 자동차 안전규제, 위해물품 규제 등이다.

| **오답해설** |

① 선택률 11% ② 선택률 8% ④ 선택률 4%

ⓒ 윌슨의 규제정치모형 중 고객정치에 해당하는 내용이다.

ⓔ 기업가적 정치는 다수의 수혜집단에서는 집단행동의 딜레마가 발생하여 규제의 수혜자들이 잘 조직화되지 않는다.

더 알아보기 ▶ 윌슨(Wilson)의 규제정치모형

구분		규제의 비용(cost of regulation)	
		집중	분산
규제의 편익 (benefits of regulation)	집중	이익집단정치	고객의 정치
	분산	기업가적 정치	대중(다수)의 정치

15 정답 ②

| 조직이론 > 조직정보론 > 정보공개제도 | 정답률 78% |

| **정답해설** |

② 선택률 78% 일부 지방자치단체(청주시, 1992년)의 정보공개제도가 국가의 정보공개제도(1996년 제정, 1998년 시행)보다 앞서 도입되었다.

| **오답해설** |

① 선택률 1% 국내에 학술·연구를 위하여 일시적으로 체류하는 외국인은 우리나라의 정보공개제도를 이용할 수 있다.

법령 「공공기관의 정보공개에 관한 법률 시행령」 제3조(외국인의 정보공개 청구) 법 제5조 제2항에 따라 정보공개를 청구할 수 있는 외국인은 다음 각 호의 어느 하나에 해당하는 자로 한다.

1. 국내에 일정한 주소를 두고 거주하거나 학술·연구를 위하여 일시적으로 체류하는 사람
2. 국내에 사무소를 두고 있는 법인 또는 단체

③ 선택률 8% 국회, 법원, 헌법재판소, 중앙선거관리위원회의 정보는 공개청구의 대상이다.

법령 「공공기관의 정보공개에 관한 법률」 제2조(정의) 이 법에서 사용하는 용어의 뜻은 다음과 같다.

1. "정보"란 공공기관이 직무상 작성 또는 취득하여 관리하고 있는 문서(전자문서를 포함한다. 이하 같다) 및 전자매체를 비롯한 모든 형태의 매체 등에 기록된 사항을 말한다.
2. "공개"란 공공기관이 이 법에 따라 정보를 열람하게 하거나 그 사본·복제물을 제공하는 것 또는 「전자정부법」 제2조 제10호에 따른 정보통신망(이하 "정보통신망"이라 한다)을 통하여 정보를 제공하는 것 등을 말한다.
3. "공공기관"이란 다음 각 목의 기관을 말한다.
   가. 국가기관
      1) 국회, 법원, 헌법재판소, 중앙선거관리위원회
      2) 중앙행정기관(대통령 소속기관과 국무총리 소속기관을 포함한다) 및 그 소속기관
      3) 「행정기관 소속 위원회의 설치·운영에 관한 법률」에 따른 위원회
   나. 지방자치단체
   다. 「공공기관의 운영에 관한 법률」 제2조에 따른 공공기관
   라. 「지방공기업법」에 따른 지방공사 및 지방공단
   마. 그 밖에 대통령령으로 정하는 기관

④ 선택률 13% 공공기관은 정보공개의 청구를 받으면 그 청구를 받은 날부터 10일 이내에 공개 여부를 결정하여야 한다.

법령 「공공기관의 정보공개에 관한 법률」 제11조(정보공개 여부의 결정)
① 공공기관은 제10조에 따라 정보공개의 청구를 받으면 그 청구를 받은 날부터 10일 이내에 공개 여부를 결정하여야 한다.

16 정답 ④

| 정책학 > 정책의제설정론 > 무의사결정론 | 정답률 95% |

| **정답해설** |

④ 선택률 95% 무의사결정은 정책의제의 설정단계에서 주로 발생하지만, 정책결정이나 집행단계 등 정책의 전 과정에서 나타날 수 있다. 바흐라흐와 바라츠(Bachrach & Baratz)는 무의사결정이 정책과정의 전반에 걸쳐 일어난다고 주장하였다. 좁은 의미의 무의사결정은 정책문제 채택과정에서 기존세력에 도전하는 요구는 정책문제화하지 않고 억압을 당한다고 보았다. 이들이 처음 무의사결정을 주장할 당시에는 여기에 초점이 있었다. 그러나 정책결정과 집행과정에서도 무의사결정이 일어난다. 정책문제 채택과정에서 개혁요구세력이 주장하는 논리를 기존세력이

저지하지 못했을 경우, 정책결정과정에서 고려되는 정책대안의 범위나 내용을 한정·수정시키려고 노력할 것이며, 여기에서도 실패한 경우에는 집행과정에서 집행을 저지하기 위해 배정되는 예산이나 인력을 최소화하려고 노력하게 된다. 따라서 넓은 의미의 무의사결정은 정책의 전 과정에서 발생한다.

17 정답 ③

정책학 > 정책의제설정론 > 정책의제설정모형   정답률 82%

| 정답해설 |

③ 선택률 82% 외부주도형은 정책담당자가 아닌 외부 사람들의 주도에 의해 특정 문제를 정부가 해결해야 할 문제로 받아들이게 되는 경우이다. 따라서 관료집단이나 외부집단에 의하여 주도되어 이들이 최고 정책결정자에게 접근하여 정책의제로 채택되는 경우는 외부주도형이 아니라 내부접근형이다.

18 정답 ④

정책학 > 정책학 기초이론 > 로위(Lowi)의 정책유형 분류   정답률 71%

| 정답해설 |

④ 선택률 71% 보호적 규제정책은 리플리와 프랭클린(Ripley & Franklin)이 제시한 정책유형 중 하나이다. 보호적 규제정책은 여러 사적 활동에 대해 특정의 조건을 설정하여 일반대중을 보호하고자 하는 것을 목적으로 하는 정책으로, 소비자나 사회적 약자, 일반대중을 보호하기 위해 개인이나 집단의 권리행사, 행동의 자유를 구속·통제하는 정책이다. 따라서 보호적 규제정책의 집행에서는 정책 때문에 피해를 입는 피규제자들이 가장 활발하게 집행과정에 개입하고 있으며, 이들이 정책집행에 계속 저항하고, 정부의 규제를 완화·축소하려는 운동을 주도하기 때문에 집행을 추진하는 행정조직 등의 집단과 계속 마찰·갈등을 일으켜, SOP의 수립도 어렵고, 수립된 SOP도 쉽게 깨뜨려져서 결국 원만한 집행이 어렵다고 본다.

| 오답해설 |

① 선택률 5% ② 선택률 18% ③ 선택률 6% 로위(Lowi)는 정책유형을 배분정책, 재분배정책, 규제정책, 구성정책으로 분류하였다.

더 알아보기 ▶ 정책유형에 따른 집행의 속성

정책유형 비교 기준	배분정책	경쟁적 규제정책	보호적 규제정책	재분배 정책
안정성과 일상화 정도	높음	중간	낮음	낮음
참여자 간의 관계	강함	약함	약함	강함
갈등의 정도	낮음	중간	높음	높음
정부관료 활동에 관한 반대	낮음	중간	높음	높음
이데올로기적 논쟁의 정도	약함	대체로 강함	강함	매우 강함
작은 정부에 관한 요구와 압력의 정도	낮음	대체로 강함	높음	높음

19 정답 ③

정책학 > 정책집행론 > 일선관료제   정답률 88%

| 정답해설 |

③ 선택률 88% 립스키(Lipsky)의 일선관료제론은 정책집행과 관련이 있다. 1970년대 현대적 정책집행론이 폭발적으로 유행하게 된 것은 오클랜드사업 실패를 분석한 프레스만과 윌다브스키(Pressman & Wildavsky)의 『집행론』이 출간된 이후부터이다. 미국 연방정부 상무부(경제발전단)에서는 1966년 흑인 실업자를 취업시키기 위해 오클랜드에 2천3백만 달러를 투입하여 비행장의 비행기격납고, 항구의 하역시설 등 공공시설을 건설하고 여기서 2,200여 개의 새로운 일자리를 마련하고 추가적으로 160만 달러를 사기업체에 대여하여 800여 개의 일자리를 마련한다고 발표하였다. 그러나 1969년에 약 3백만 달러가 지출되었고 새로운 취직자리가 마련된 것은 약 10개 정도에 불과하였다. 지출된 돈의 액수가 적은 것은 말할 것도 없지만 마련된 새로운 취직자리의 수는 너무나 충격적으로 적은 것이었다. 실패요인은 다음과 같다.
- 참여자가 너무 많아 거부점이 과다하였다.
- 집행 추진 집단의 빈번한 교체가 있었다.
- 정책내용의 결정 시 집행에 대한 고려가 없었다.
- 적절하지 않은 기관이 집행을 담당하였다.
즉, 립스키의 일선관료제론은 정책집행과정에서 일선집행관료의 역할이 중시되면서 관심이 높아졌다.

20 정답 ③

조직이론 > 조직구조론 > 우리나라 정부조직   정답률 64%

| 정답해설 |

③ 선택률 64% ㄴ. 기상청은 환경부 소속이다.
ㄹ. 특허청은 산업통상자원부 소속이다.

| 오답해설 |

① 선택률 13% ② 선택률 13% ④ 선택률 10%
ㄱ. 교육청은 지방교육자치기관으로 교육부 소속이 아니다.
ㄷ. 농림축산식품부 소속의 식품의약품안전청이 국무총리 소속의 식품의약품안전처로 승격되었다.

21 정답 ③

재무행정론 > 예산과정론 > 예산집행의 신축성 유지방안   정답률 93%

| 정답해설 |

③ 선택률 93% 예산의 배정과 재배정은 지출영역과 시기를 통제하는 제도이다. 따라서 예산의 배정과 재배정은 예산집행의 신축성을 유지하기 위한 제도가 아니라, 재정을 통제하기 위한 제도에 해당한다.

22
정답 ②

| 재무행정론 > 예산제도론 > 영기준예산제도(ZBB) | 정답률 79% |

| 정답해설 |

② **선택률 79%** 감축관리를 추진할 때 그 의미가 특히 부각되는 예산제도는 영기준예산제도(ZBB)이며, 목표관리제(MBO)는 계획예산제도(PPBS)의 집권화라는 문제점을 극복하기 위해 등장한 분권적 참여적 예산제도이다. 따라서 목표관리제는 감축관리보다는 성과제고를 위한 제도이다.

23 고난도 TOP 2
정답 ①

| 지방행정론 > 지방재정 > 지방분권 추진정책 | 정답률 51% |

| 정답해설 |

① **선택률 51%** 지방양여금은 2005년에 폐지되었다. 증액교부금은 보통교부금, 특별교부금과 함께 지방교육재정교부금에 포함되어 있었으나, 2004년 「지방교육재정교부금법」 개정으로 교부금이 폐지되고 보통교부금으로 흡수·통합되었다.

※ 2013년 출제 당시에는 분권교부세가 존재하였으나 출제 이후 분권교부세가 폐지(2014. 12. 31.)되었습니다. 따라서 ② '분권교부세 및 부동산교부세의 신설'을 '분권교부세의 폐지 및 부동산교부세의 신설'로 수정하였습니다.

24
정답 ③

| 지방행정론 > 주민참여제도 > 우리나라 주민참여제도 | 정답률 57% |

| 정답해설 |

③ **선택률 57%** 「주민투표법」상 주민투표의 발의는 지방자치단체의 장에게만 인정되고 있다.

> **법령** 「주민투표법」 제13조(주민투표의 발의) ① 지방자치단체의 장은 다음 각 호의 어느 하나에 해당하는 경우에는 지체 없이 그 요지를 공표하고 관할 선거관리위원회에 통지하여야 한다.

| 오답해설 |

① **선택률 6%** 일정 요건을 갖춘 국내거주외국인은 주민투표권자가 될 수 있다.

> **법령** 「주민투표법」 제5조(주민투표권) ① 18세 이상의 주민 중 제6조 제1항에 따른 투표인명부 작성기준일 현재 다음 각 호의 어느 하나에 해당하는 사람에게는 주민투표권이 있다. 다만, 「공직선거법」 제18조에 따라 선거권이 없는 사람에게는 주민투표권이 없다.
> 1. 그 지방자치단체의 관할구역에 주민등록이 되어 있는 사람
> 2. 출입국관리 관계 법령에 따라 대한민국에 계속 거주할 수 있는 자격(체류자격변경허가 또는 체류기간연장허가를 통하여 계속 거주할 수 있는 경우를 포함한다)을 갖춘 외국인으로서 지방자치단체의 조례로 정한 사람

② **선택률 26%** 주민에게 과도한 부담을 주거나 중대한 영향을 미치는 지방자치단체의 주요 결정사항은 주민투표에 부칠 수 있다.

> **법령** 「주민투표법」 제7조(주민투표의 대상) ① 주민에게 과도한 부담을 주거나 중대한 영향을 미치는 지방자치단체의 주요 결정사항은 주민투표에 부칠 수 있다.

④ **선택률 11%** 「주민투표법」이 개정(2022. 4. 26. 일부개정)되기 전에는 주민투표결과는 주민투표권자 총수의 3분의 1 이상의 투표와 유효투표수 과반수의 득표로 확정되며, 전체 투표수가 주민투표권자 총수의 3분의 1에 미달되는 때에는 개표하지 않았다. 개정된 후에는 주민투표결과는 주민투표권자 총수의 4분의 1 이상의 투표와 유효투표수 과반수의 득표로 확정되며, 제24조 제2항(전체 투표수가 주민투표권자 총수의 3분의 1에 미달되는 때에는 개표를 하지 아니한다.)의 삭제로 전체 투표수와 상관없이 개표가 가능하게 되었다.

> **법령** 「주민투표법」 제24조(주민투표결과의 확정) ① 주민투표에 부쳐진 사항은 주민투표권자 총수의 4분의 1 이상의 투표와 유효투표수 과반수의 득표로 확정된다. 다만, 다음 각 호의 어느 하나에 해당하는 경우에는 찬성과 반대 양자를 모두 수용하지 아니하거나, 양자택일의 대상이 되는 사항 모두를 선택하지 아니하기로 확정된 것으로 본다.
> 1. 전체 투표수가 주민투표권자 총수의 4분의 1에 미달되는 경우
> 2. 주민투표에 부쳐진 사항에 관한 유효득표수가 동수인 경우
> ② 삭제 〈2022. 4. 26.〉

25 고난도 TOP 1
정답 ④

| 지방행정론 > 지방자치단체 운영체계 > 지방자치 법령 | 정답률 49% |

| 정답해설 |

④ **선택률 49%** 풀뿌리자치의 활성화와 민주적 참여의식 고양을 위하여 읍·면·동에 해당 행정구역의 주민으로 구성되는 주민자치회를 둘 수 있다. 즉, 적정 규모로 통합된 읍·면·동이 아니라 모든 읍·면·동은 주민자치회를 둘 수 있다.

> **법령** 「지방자치분권 및 지역균형발전에 관한 특별법」 제40조(주민자치회의 설치 등) ① 풀뿌리자치의 활성화와 민주적 참여의식 고양을 위하여 읍·면·동에 해당 행정구역의 주민으로 구성되는 주민자치회를 둘 수 있다.
> 제43조(지방행정체제 개편의 기본방향 등) ① 지방행정체제 개편은 지방자치단체의 행정수요 대응 효율화와 지역 특성에 맞는 발전, 주민의 편익증진과 국가 및 지방의 경쟁력 강화를 위하여 다음 각 호의 사항이 반영되도록 추진하여야 한다.
> 1. 지방자치 및 지방행정계층의 적정화
> 2. 주민생활 편익증진을 위한 자치구역의 조정
> 3. 지방자치단체의 규모와 자치역량에 부합하는 역할과 기능의 부여
> 4. 주거단위의 근린자치 활성화
> ② 특별시 및 광역시는 지방자치단체로서 존치하되, 지방시대위원회는 특별시 및 광역시의 관할 구역 안에 두고 있는 구와 군의 지위, 기능 등에 관한 개편방안을 마련하여야 하며, 특별시 및 광역시의 관할 구역 안에 두고 있는 구 중에서 인구 또는 면적이 과소한 구는 적정 규모로 통합한다.
> ③ 도는 지방자치단체로서 존치하되, 지방시대위원회는 이 법에 따른 시·군의 통합 등과 관련하여 도의 지위 및 기능 재정립 등을 포함한 도의 개편방안을 마련하여야 한다.
> ④ 국가는 시·군·구의 인구, 지리적 여건, 생활권·경제권, 발전가능성, 지역의 특수성, 역사적·문화적 동질성 등을 종합적으로 고려하여 통합이 필요한 지역에 대해서는 지방자치단체 간 통합을 지원하여야 한다. 이 경우 시·군·구의 통합에 관하여는 시·도 및 시·군·구 관할 구역의 경계에 제한을 받지 아니한다.
> ⑤ 제3항에 따른 도의 지위 및 기능 재정립에 관하여는 따로 법률로 정한다.

9급 군무원 행정학

I 전체 난이도 및 합격선

전체 난이도	합격선
中	88점

I 기출총평

정보사회와 관련된 이론의 출제비중이 높았다.

- 영역별 – 조직이론에서 8문항이 출제되어 영역 중 출제비중이 가장 높았다. 이에 반해 기초이론은 1문항밖에 출제되지 않았는데, 평균적으로 4~5문항이 출제되는 영역이므로 이번 시험에서는 출제비중이 굉장히 낮았다고 볼 수 있다.
- 내용별 – 출제비중이 높았던 조직이론에서 지식정보사회, 전자정부, 전자거버넌스 등 정보사회와 관련된 내용이 다수 출제된 점에 주목할 필요가 있다. 또한 일반 공무원 시험에서는 출제된 적이 없었던 가계보전수당이 출제된 것도 특징적이다. 난이도 조절을 위한 문제라고 볼 수도 있지만 그냥 지나쳐서는 안 된다.
- 법령별 – 「공무원수당 등에 관한 규정」상 생활보조수당, 지방자치법령상 조례제정권 범위와 한계에 관한 규정을 숙지한다.
- 수험대책 – 영역별 빈출문제를 반드시 숙지하고, 가계보전수당과 관련된 내용은 다시 출제될 가능성이 높으므로 반드시 숙지하여야 한다.

I 영역별 출제비중

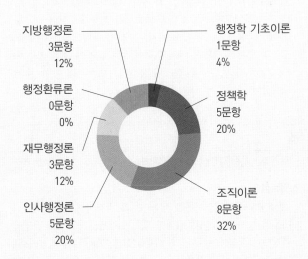

지방행정론
3문항
12%

행정환류론
0문항
0%

재무행정론
3문항
12%

인사행정론
5문항
20%

행정학 기초이론
1문항
4%

정책학
5문항
20%

조직이론
8문항
32%

I 문항 분석

	카테고리	출제수	정답률
1	조직이론 > 조직변동(혁신)론 > 목표관리(MBO)	3회	85%
2	조직이론 > 조직구조론 > 보조기관(계선기관)과 보좌기관(막료기관)	4회	76%
3	조직이론 > 조직구조론 > 관료제의 병리	1회	93%
4	조직이론 > 조직관리론 > 동기부여이론	8회	80%
5	조직이론 > 조직구조론 > 매트릭스구조	4회	84%
6	인사행정론 > 인사행정 기초이론 > 실적주의	4회	96%
7	인사행정론 > 근무규율 > 정치적 중립	1회	95%
8	인사행정론 > 근무규율 > 공직부패	3회	72%
9	인사행정론 > 인사행정의 3대 변수 > 보수	1회	97%
10	재무행정론 > 재무행정 기초이론 > 가예산	2회	94%
11	조직이론 > 조직정보론 > 전자거버넌스(e-gover-nance)	3회	88%
12	조직이론 > 조직정보론 > 전자정부	3회	66%
13	인사행정론 > 근무규율 > 행정권의 오용	1회	84%
고난도 TOP1 14	기초이론 > 현대행정의 변천 > 정부실패의 원인	4회	39%
15	조직이론 > 조직정보론 > 지식정보사회	2회	92%
고난도 TOP3 16	정책학 > 정책학 기초이론 > 정책과정	2회	59%
17	정책학 > 정책결정이론모형 > 혼합모형	3회	77%
18	정책학 > 정책학 기초이론 > 엘리트이론과 다원주의이론	4회	79%
19	정책학 > 정책분석론 > 내부수익률(IRR)	1회	72%
고난도 TOP2 20	정책학 > 정책분석론 > 정책분석과 정책평가	1회	51%
21	재무행정론 > 예산과정론 > 정부회계	5회	75%
22	재무행정론 > 예산과정론 > 총액배분·자율편성제도	1회	76%
23	지방행정론 > 지방행정 기초이론 > 지방자치	1회	94%
24	지방행정론 > 지방행정 기초이론 > 티부모형(Tiebout model)	1회	96%
25	지방행정론 > 지방자치단체 운영체계 > 자치권	4회	91%

※ **고난도 TOP1** 은 해당 회차에서 정답률이 가장 낮은 문항입니다.

01	①	02	②	03	①	04	④	05	②
06	④	07	①	08	④	09	③	10	①
11	④	12	②	13	①	14	③	15	③
16	③	17	④	18	③	19	②	20	②
21	①	22	①	23	④	24	②	25	②

01
정답 ①

조직이론 > 조직변동(혁신)론 > 목표관리(MBO)　　정답률 85%

| 정답해설 |

① 선택률 85% 목표관리(MBO)는 전통적 관리기법의 문제점을 극복하기 위해 등장한 목표를 중시하는 민주적·참여적 관리기법으로, 참여와 환류를 중시한다.

| 오답해설 |

② 선택률 6% 목표관리에서의 의사결정은 상향적으로 이루어진다. 즉, 조직의 상하 구성원의 참여과정을 통하여 조직의 공동목표를 명확히 하고, 조직구성원 개개인의 목표를 합의하여 체계적으로 부과하고 그 수행결과를 사후에 평가하여 환류함으로써 궁극적으로 조직의 효율성을 향상시키고자 하는 관리기법 또는 관리체제이다.

③ 선택률 6% 계획예산제도의 문제점을 극복하기 위해 도입된 목표관리는 장기적 목표보다 단기적 목표에 치중한다.

④ 선택률 3% 목표관리는 구성원의 참여와 환류가 이루어진다.

군무원 vs 공무원 비교분석

최근 목표관리(MBO)를 대체하는 총체적 품질관리(TQM), 균형성과관리(BSC) 등의 출제비중이 높아지면서 일반 공무원 시험에서는 MBO의 출제비중이 점점 낮아지고 있다. 따라서 MBO는 주요 내용을 중심으로 정리하고, TQM, BSC 등의 출제에 대비하여야 한다.

02
정답 ②

조직이론 > 조직구조론 > 보조기관(계선기관)과 보좌기관(막료기관)　　정답률 76%

| 정답해설 |

② 선택률 76% 부하는 오직 한 사람의 상관으로부터 명령과 지시를 받고 보고하도록 하는 명령통일의 원리와 관련이 깊은 조직의 유형은 계선이다. 계선(line)은 조직의 목적달성을 직접적으로 수행하는 조직의 중추적·본질적·핵심적 기관을 말한다.

| 오답해설 |

① 선택률 19% 막료는 조직의 목표달성에 간접적으로 기여하는 조직의 부수적·부차적·보완적 기관을 말한다.

더 알아보기 ▶ 계선기관과 막료기관

구분	계선기관(보조기관)	막료기관(보좌기관)
직무	목표달성에 직접적 기여	목표달성에 간접적 기여
권한	결정권·명령권·집행권 보유	결정권·명령권·집행권 비보유
조직·구조	계층제·명령통일·통솔범위의 원리 적용	계층제·명령통일·통솔범위의 원리 비적용
접촉면	국민에 직접 접촉·봉사	계선에 직접 접촉·봉사
책임	직접적 행정책임	간접적 행정책임
실례	장관－차관－실·국장－과장－직원(담당)	차관보, 심의관, 담당관, 기획관리실, 총무과, 비서실, 막료적 위원회, 각종 조사 연구소 등
업무의 유형	실시·집행·수행·지휘·명령·감독·결정	계선의 업무를 지원·조성·촉진(자문, 권고, 협의, 조정, 정보의 수집·분석, 기획·통제, 인사·회계·법무·공보·조달·연구 등)

03
정답 ①

조직이론 > 조직구조론 > 관료제의 병리　　정답률 93%

| 정답해설 |

① 선택률 93% 관료제는 공식 집단을 중심으로 하므로 비공식 집단의 활성화는 관료제의 병리현상과 직접적인 관련성이 없다. 관료제는 전문성으로 인한 할거주의, 계층성으로 인한 변동저항성, 문서주의로 인한 번문욕례(red tape) 등의 병리현상이 발생한다.

| 오답해설 |

② 선택률 2% 관료는 전문화로 인해 자기가 소속한 조직단위에만 관심을 가지고, 다른 조직에 대한 배려를 하지 않아 협조·조정이 잘 이루어지지 않는 할거주의가 발생한다.

③ 선택률 5% 관료제는 본질적으로 보수주의적, 현상유지적인 특징을 지니고 있으며 변동에 대한 적응성이 결여되어 있다.

④ 선택률 0% 대규모 조직에서는 사무처리의 비합리성을 배제하고 책임의 한계를 명확히 하기 위하여 주로 문서에 의한 업무처리를 함으로써 번문욕례, 문서다작, 형식·의식주의 등의 현상이 나타난다.

04
정답 ④

조직이론 > 조직관리론 > 동기부여이론　　정답률 80%

| 정답해설 |

④ 선택률 80% 동기부여이론은 내용이론과 과정이론으로 구분된다. 내용이론은 동기부여의 원인이 되는 인간욕구의 내용에 초점을, 과정이론은 동기가 부여되는 과정에 초점을 둔다. 맥클리랜드(McClelland)의 성취동기이론, 해크만과 올드햄(Hackman & Oldham)의 직무특성이론은 동기부여의 내용이론에 해당한다.

05 정답 ②

| 조직이론 > 조직구조론 > 매트릭스구조 | 정답률 84% |

| 정답해설 |

② **선택률 84%** 신속한 의사결정이 가능한 것은 유기적 구조인 매트릭스(matrix)조직이 아니라 기계적 구조인 기능구조(관료제)이다. 매트릭스조직은 기능구조와 사업구조의 결합을 시도하는 이원적 권한체계로, 조직구성원은 동시에 두 명의 상관에게 보고하는 체계를 가지므로 명령통일의 원리에 위배되며, 신속한 의사결정이 곤란하다.

06 정답 ④

| 인사행정론 > 인사행정 기초이론 > 실적주의 | 정답률 96% |

| 정답해설 |

④ **선택률 96%** 정치적 충성은 실적주의가 아니라 엽관주의의 본질적 요소에 해당한다. 실적주의는 정치적 중립성 확보를 중시한다.

| 오답해설 |

① **선택률 3%** 실적주의는 공무원은 법령에 저촉되지 않는 한, 부당한 정치적 영향력 등으로 인한 신분의 위협을 받지 않아야 한다는 공무원의 신분보장을 중시한다.

② **선택률 1%** ③ **선택률 0%** 공직은 모든 국민에게 개방되며 성별·신앙·사회신분·출신지역·학벌 등에 의한 차별을 받지 않아야 하며, 이런 의미에서 공개경쟁시험은 필수적이다. 실적주의는 이러한 공직임용상의 기회균등과 공개경쟁시험을 중시한다.

더 알아보기 ▶ 엽관주의와 실적주의

구분	엽관주의(spoils system)	실적주의(merit system)
임용기준	정치적 충성심	개개인의 능력, 자격, 적성, 시험
주요 내용	대통령 선거, 정권 교체, 공직 경질제	시험, 정치적 중립성, 신분보장
주요 장점	공직의 특권화 배제, 행정의 민주성·대응성	공직임용의 기회균등, 행정의 능률성

07 정답 ①

| 인사행정론 > 근무규율 > 정치적 중립 | 정답률 95% |

| 정답해설 |

① **선택률 95%** 엽관주의(獵官主義, spoils system)란 정치적 충성심(정당에 대한 충성도)에 의하여 관직임용을 행하는 제도이다. 엽관주의를 강화하면 오히려 공무원의 정치적 중립성을 확보하기가 어려워진다.

08 정답 ④

| 인사행정론 > 근무규율 > 공직부패 | 정답률 72% |

| 정답해설 |

④ **선택률 72%** 사회의 법과 제도상의 결함이 부패의 원인으로 작용한다는 입장은 제도적 접근으로, 행정통제 장치의 미비는 제도적 접근법에서 나타나는 대표적인 관료부패의 원인이다. 체제론적 접근법은 공직부패가 어느 하나의 변수에 의하여 설명되는 것이 아니라, 그 나라의 문화적 특성, 제도상의 결함, 구조상의 모순, 관료의 비윤리적 행태 등 다양한 요인에 의하여 복합적으로 나타난다고 보는 입장이다.

| 오답해설 |

① **선택률 2%** 공직부패는 공직을 이용해서 사적 이익을 추구하는 행위 또는 공직자가 공권력을 남용하거나 공직에 있음을 기회로 공익과는 다른 사익을 추구 또는 확장하는 행위이다.

② **선택률 25%** 일탈형 부패는 부정적인 관행이나 구조보다는 개인의 윤리적 일탈에 의해 발생하는 경우로, 금품을 제공하는 특정 업소에 대하여 단속을 하지 않는 것이 이에 해당한다.

09 정답 ③

| 인사행정론 > 인사행정의 3대 변수 > 보수 | 정답률 97% |

| 정답해설 |

③ **선택률 97%** 가계보전수당은 공무원의 가계유지를 위해 지급되는 생활보조수당으로, 가족수당, 자녀학비보조수당, 주택수당, 육아휴직수당 등이 있다.

[법령] 「공무원수당 등에 관한 규정」 제7조(정근수당) ① 공무원에게는 예산의 범위에서 근무연수에 따라 매년 1월과 7월의 보수지급일에 별표 2의 지급 구분에 따라 다음과 같이 정근수당을 지급한다.

제10조(가족수당) ① 공무원으로서 부양가족이 있는 사람에게는 예산의 범위에서 별표 5에 따른 가족수당을 지급하되, 부양가족의 수는 4명 이내로 한다. 다만, 자녀의 경우에는 부양가족의 수가 4명을 초과하더라도 가족수당을 지급하고, 제7조 제1항 단서에 해당하는 사람에게는 가족수당을 지급하지 아니한다.

제11조(자녀학비보조수당) ① 다음 각 호의 어느 하나의 학교 또는 시설(이하 "국외학교"라 한다)에 다니고 있는 자녀가 있는 재외공무원에게는 예산의 범위에서 자녀 1명당 별표 6의 지급 구분에 따라 자녀학비보조수당을 지급한다. 다만, 자녀가 법령에 따라 학비가 면제되거나 학비가 무상인 국외학교에 다니고 있는 경우에는 자녀학비보조수당을 지급하지 않는다.

　1. 다음 각 목의 학교에 상응하는 국외의 학교
　　가. 「유아교육법」 제2조 제2호에 따른 유치원
　　나. 「초·중등교육법」 제2조에 따른 학교로서 초등학교·중학교·고등학교
　　다. 가목 또는 나목에 준하는 교육을 실시하는 학교
　2. 「평생교육법」 제31조에 따라 「초·중등교육법」 제2조에 따른 고등학교를 졸업한 사람과 동등한 학력을 인정받는 평생교육시설에 상응하는 국외의 시설

제11조의2(주택수당) ① 하사 이상 중령 이하의 군인(소위·중위와 하사

로 복무한 기간이 3년 미만인 하사 및 의무복무기간이 3년 이하인 사람은 제외한다. 다만, 「군인사법」 제6조에 따른 장기복무자로서 배우자나 직계비속이 있는 사람은 그러하지 아니하다)과 재외공무원에게는 별표 6의2에 따른 주택수당을 지급한다.

제11조의3(육아휴직수당) ① 「국가공무원법」 제71조 제2항 제4호에 따른 사유로 30일 이상 휴직한 공무원의 육아휴직수당은 육아휴직 시작일을 기준으로 한 월봉급액의 80퍼센트에 해당하는 금액으로 한다. 다만, 해당 금액이 150만 원을 넘는 경우에는 150만 원으로 하고, 해당 금액이 70만 원보다 적은 경우에는 70만 원으로 한다.

제12조(특수지근무수당) ① 교통이 불편하고 문화·교육시설이 거의 없는 지역이나 근무환경이 특수한 기관에 근무하는 공무원에게는 예산의 범위에서 별표 7의 지급 구분표에 따른 특수지근무수당(교육공무원에게는 도서벽지수당)을 지급한다.

제17조(현업공무원 등에 대한 휴일근무수당) ① 현업공무원 등으로서 휴일에 9시부터 18시까지 근무하는 사람에게는 예산의 범위에서 휴일근무수당을 지급한다. 이 경우 제15조 제1항 단서를 준용한다.

② 휴일근무수당은 1일에 대하여 제15조 제2항에 따른 봉급기준액의 26분의 1의 150퍼센트를 지급한다.

군무원 VS 공무원 비교분석

일반 공무원 시험에서는 출제된 적이 없었던 난도 높은 문제이다. 난이도 조절을 위한 문제라고 볼 수도 있지만, 군무원 시험에서는 출제되었으므로 「공무원수당 등에 관한 규정」을 정확히 숙지하여야 한다.

10
정답 ①

| 재무행정론 > 재무행정 기초이론 > 가예산 | 정답률 94% |

| 정답해설 |

① 선택률 94% 가예산제도란 부득이한 사유로 예산이 국회에서 의결되지 못한 경우에 최초의 1개월분을 국회의 의결로 집행할 수 있도록 한 제도로, 과거 제1공화국(1948~1960년)에서 채택한 적이 있으나 준예산으로 대체되었다. 따라서 가예산제도는 현재 우리나라에서 시행 중인 예산제도가 아니다.

11
정답 ④

| 조직이론 > 조직정보론 > 전자거버넌스(e-governance) | 정답률 88% |

| 정답해설 |

④ 선택률 88% 전자거버넌스의 확대는 사람들로 하여금 직접민주주의로의 회귀가능성에 대한 생각을 강화시켜 주기도 한다. 간접민주주의나 대의민주주의가 당초 시간적·공간적 제약에 의해 발생되었다면 이제는 그러한 한계를 극복하고 만인에 의한, 만인을 위한, 만인의 토론과 참여가 가능한 전자거버넌스와 전자민주주의를 통해 대표를 통하지 않고 의사결정이 가능한 직접민주주의로 가는 것이 가능할 수도 있음을 예측하는 것이다. 이처럼 전자거버넌스는 간접민주주의의 한계를 극복하기 위한 방안으로 등장하였다.

군무원 VS 공무원 비교분석

전자거버넌스, 전자정부, 지식정보사회 등은 우리 사회가 지식정보사회로 변화함에 따라 출제자의 관심이 높아지고 있는 영역이다. 따라서 군무원 시험뿐 아니라 모든 공무원 시험에서 최근 자주 출제되고 있고, 앞으로도 출제비중이 높아질 것으로 예상되는 영역이다. 기출문제를 중심으로 숙지하여야 한다.

12
정답 ②

| 조직이론 > 조직정보론 > 전자정부 | 정답률 66% |

| 정답해설 |

② 선택률 66% 정보화책임자는 전략적이기보다 전문적이어야 한다. 정보화책임자는 전문성을 바탕으로 다양한 정보 관련 부서와 업무를 총괄한다.

| 오답해설 |

① 선택률 17% 출제 당시 정부통합전산센터였으나, 현재는 국가정보자원관리원으로 명칭이 변경(2017. 7.)되었으며, 행정안전부 소속이다.

③ 선택률 2% 전자정부란 정보기술을 바탕으로 행정기관 상호 간(G2G) 또는 국민에 대한 행정업무(G4C)를 효율적으로 수행하는 정부이다.

④ 선택률 15% UN은 전자정부의 발전단계를 '자동출현 → 출현조정 → 상호작용 → 상호거래 → 연계' 5단계로 구분하였고, '연계'라는 개념을 전자정부 발전단계에 도입하면서 연계를 다음과 같이 다섯 가지의 의미를 포함한다고 설명하고 있다.

1. 정부기관 간 수평적 연계
2. 중앙부처와 지방정부 간의 수직적 연계
3. 상호운용성(interoperability) 확보를 위한 인프라 간의 연계
4. 정부기관과 시민 간 연계
5. 정책 이해관련자들 간의 연계정책에 관련되는 정부기관, 민간기업, 학계뿐만 아니라 각종 다양한 시민단체들 간의 상호 연계

13
정답 ①

| 인사행정론 > 근무규율 > 행정권의 오용 | 정답률 84% |

| 정답해설 |

① 선택률 84% 니그로(Nigro, 1980)는 행정권의 오용을 8가지로 정리하였다. 법규 중심의 융통성 없는 인사, 재량권의 행사 등은 니그로가 제시한 행정권의 오용에 해당하지 않는다.

| 오답해설 |

② 선택률 1% 행정기관이 법규를 위반하지 않는 합법적인 테두리 안에서 특정 이익을 옹호하는 입법의도의 편향된 해석은 행정권 오용에 해당한다.

③ 선택률 6% 자신의 실책을 은폐하려고 하거나 입법부 또는 시민과의 협력을 거부한 경우는 행정권 오용에 해당한다.

④ 선택률 9% 부여된 재량권을 행사하지 않거나 적극적인 조치를 꺼리는 무사안일한 태도는 행정권 오용에 해당한다.

더 알아보기 ▶ 니그로(Nigro)의 행정권 오용의 유형(1980)

- 부정행위
- 비윤리적 행위
- 법규의 경시
- 입법의도의 편향된 해석을 통한 행정행위
- 불공정한 인사
- 무능과 무소신
- 실책의 은폐
- 무사안일한 태도

14 고난도 TOP 1

정답 ③

기초이론 > 현대행정의 변천 > 정부실패의 원인 　　　 정답률 39%

| 정답해설 |

③ 선택률 39% X-비효율성은 법과 제도의 제약으로 관리자의 심리적 비효율성을 야기하는 것이 아니라, 행정이나 관리상의 비효율성을 의미한다. 즉, X-비효율성은 정부가 효율성을 추구하기 위한 노력이나 유인의 감소로 인해 나태해지거나 방만해짐으로써 발생하는 비효율성을 말하며, 공공부문이 경쟁체제에 노출되지 못하여 발생하며 정부실패의 원인에 해당한다.

더 알아보기 ▶ X-비효율성(X-inefficiency)

- X-비효율성은 배분적 비효율성과는 다른 개념으로 독점으로 인해 경쟁압력이 없을 때 최선의 노력을 다하지 않아 최소비용이 실현되지 않는 낭비요소를 말한다. 즉, 독점과 같은 제한된 경쟁상황에서 기술적으로 가능한 최소비용을 달성하지 못하는 것을 의미한다.
- 정부가 효율성을 추구하기 위한 노력이나 유인의 감소로 인해 나태해지거나 방만해짐으로써 발생하는 비효율성을 말한다(H. Leibenstein). 즉, 행정 또는 관리에 의한 생산이나 서비스 공급의 비효율성을 말하며, 최선의 기술을 사용하지 않아 비용최소화·산출극대화에 실패하는 것을 기술적 비효율성(technical inefficiency)에 의한 낭비라고 한다.

시장 (가격)	배분의 효율성	완전경쟁시장	수요 = 공급
	배분의 비효율성	시장실패(공공재, 외부성 등)	수요 ≠ 공급
	X(기술적) - 효율성	경쟁(less input, more output)	-
정부 (권력)	배분의 효율성	중앙(Samuelson) 지방(Tiebout)	수요 = 공급
	배분의 비효율성	정부실패	수요 ≠ 공급
	X(기술적) - 비효율성	독점	-

15

정답 ③

조직이론 > 조직정보론 > 지식정보사회 　　　 정답률 92%

| 정답해설 |

③ 선택률 92% 지식정보사회는 경제 측면에서 소품종 대량생산체제가 아니라 다품종 소량생산체제에 해당한다. 즉, 지식정보사회는 다양한 소비자의 욕구를 충족하기 위해 소품종 대량생산체제가 아니라 다품종 소량생산체제로 변화하게 된다.

더 알아보기 ▶ 전통적 조직과 지식조직

구분	전통적 조직	지식조직
조직구조	계층조직(hierarchy)	임기응변식 조직 (adhocracy)
조직기능	분업시스템	유기적 네트워크
생산원리	• 효율성 • 생산성 • 소품종 대량생산 • 규모의 경제(economy 　of scale)	• 유연성 • 창조성 • 다품종 소량생산 • 영역의 경제(economy 　of scope)
기술수준	로테크(low-tech) 위주	하이테크(high-tech) 위주
시장목표	시장수요(판매자시장: seller market)	고객요구(구매자시장: buyer market)
문제처리 방법	문제제기형(what's the problem)	문제해결형(problem solving)
조직구성원	낮은 교육수준 및 훈련	높은 교육수준 및 훈련
생산요소	돈과 사람 중심(capital- people intensive)	지식 중심(knowledge intensive)

16 고난도 TOP 3

정답 ③

정책학 > 정책학 기초이론 > 정책과정 　　　 정답률 59%

| 정답해설 |

③ 선택률 59% 정책과정에서는 상이한 성격의 집단 간의 연대가 이루어진다. 즉, 정책과정은 참여자들 간에 갈등과 타협이 존재하는 정치과정으로, 자신들에게 유리한 의제 채택과 대안의 선택을 위하여 상이한 성격의 집단 간의 연대가 이루어지기도 한다.

17

정답 ④

정책학 > 정책결정이론모형 > 혼합모형 　　　 정답률 77%

| 정답해설 |

④ 선택률 77% 에치오니(Etzioni)는 규범적이고 이상적인 접근방법인 합리모형과 현실적이고 실증적인 접근방법인 점증모형을 상호보완적으로 혼용함으로써 현실적이면서도 합리적인 결정을 할 수 있다는 혼합주사모형(mixed-scanning model)을 제시하였다. 혼합주사모형은 합리모형의 이상주의적 특성에서 나오는 단점(비현실성)과 점증모형의 지나친 보수성이라는 약점을 극복

할 수 있는 전략으로 제시되었으며, 양자의 장점으로 합쳐지는 이론모형이다. 혼합주사모형은 기(근)본적 결정에는 합리모형을 적용하되 부분(세부, 점증)적 결정에는 점증모형을 적용한다. 기본적 결정이란 나무보다는 숲을 개괄적으로 파악하는 유형의 결정을 말하며, 점증적 결정이란 숲보다는 나무를 미시적으로 파악하는 유형의 결정을 말한다.

| 오답해설 |

① 선택률 5% ② 선택률 10% ③ 선택률 8% 점증모형은 린드블롬과 윌다브스키(Lindblom & Wildavsky)가, 최적모형은 드로어(Dror)가, 만족모형은 사이먼과 마치(Simon & March)가 제시한 모형이다.

18 정답 ③

| 정책학 > 정책학 기초이론 > 엘리트이론과 다원주의이론 | 정답률 79% |

| 정답해설 |

③ 선택률 79% 다원론에서는 엘리트가 엘리트들 자신의 이익보다 다수의 의사를 반영한다고 본다. 즉, 다원론에서는 각 정책영역별로 영향력을 행사하는 엘리트들이 각기 다르며, 엘리트 집단 전체가 대중의 요구에 민감하게 움직일 수밖에 없다고 본다.

19 정답 ②

| 정책학 > 정책분석론 > 내부수익률(IRR) | 정답률 72% |

| 정답해설 |

② 선택률 72% 내부수익률(IRR)은 사업평가에 적용할 적절한 할인율이 알려져 있지 않은 경우 사업평가에 유용한 할인율로, 순현가가치(NPV)가 0 또는 편익비용비율(B/C ratio)이 1이 되도록 하는 할인율이다(투자수익률). 정책결정자는 여러 가지 요인을 고려하여 최저한도선(필수수익률, 사회적 할인율, 기준할인율, 이자율 등)을 미리 설정해 놓고, 사업의 평가결과, 내부수익률(IRR)이 최저한도선(r)을 넘을 경우 이 사업을 실현가치가 있다고 보게 된다(IRR > r, 단수의 대안). 따라서 내부수익률이 사회적 할인율보다 높아야 사업의 타당성이 인정된다.

- 내부수익률(기대수익률) > 사회적 할인율(요구수익률): 투자채택
- 내부수익률(기대수익률) < 사회적 할인율(요구수익률): 투자기각

| 오답해설 |

③ 선택률 15% 내부수익률과 순현재가치법은 사업의 우선순위를 파악하는 데에는 투자규모가 비슷하면 같은 결과가 나오지만, 투자규모가 큰 차이가 나면 결과가 달라진다. 따라서 비용편익분석과정에서 내부수익률을 근거로 판단을 하면 오류가 발생할 가능성이 높아지며, 이론적으로 순현재가치법이 우수하다고 볼 수 있다.

20 고난도 TOP 2 정답 ②

| 정책학 > 정책분석론 > 정책분석과 정책평가 | 정답률 51% |

| 정답해설 |

② 선택률 51% 정책분석은 내용적 측면을, 정책평가는 과정적 측면을 추구한다. 정책분석은 정책결정자들이 더 나은 판단을 할 수 있도록 필요한 정보를 창출하고 제시하는 일체의 지적·인지적 활동으로, 목표달성을 위한 최적 대안의 내용에 초점을 둔다. 반면, 정책평가는 결정된 정책이 제대로 집행되었는가, 또는 의도한 목표를 제대로 달성하였는가라는 과정에 초점을 둔다.

21 정답 ①

| 재무행정론 > 예산과정론 > 정부회계 | 정답률 75% |

| 정답해설 |

① 선택률 75% 발생주의 회계는 수익과 비용을 현금의 수취나 지급과는 상관없이 거래나 사건이 발생한 시점이나 그 시점이 속하는 회계기간에 인식하는 방법이다. 즉, 정부의 수입이 발생했을 때(납세고지 등) 그것을 수입으로 기록하고, 정부가 재화와 용역을 획득함으로써 지출해야 할 채무가 발생(지출원인행위 등)했을 때 그것을 지출로 기록하는 것이다. 반면, 현금주의 회계는 현금의 수취와 지출을 수익비용의 인식기준으로 한다.

22 정답 ①

| 재무행정론 > 예산과정론 > 총액배분·자율편성제도 | 정답률 76% |

| 정답해설 |

① 선택률 76% 4대 재정개혁의 일환으로 도입된 예산총액배분·자율편성제도는 국가재정운영계획에 근거하여 부처별로 총액배분을 하기 때문에 하향식으로 자원을 배분하는 제도이며, 주어진 지출한도 내에서 각 부처는 자율적으로 정책과 사업을 구상한다. 단기적 예산편성방식이 갖는 문제를 해소하고 장기적 시각의 재정운영을 도모하기 위해 등장한 제도이다.

| 오답해설 |

② 선택률 1% 예산총액배분·자율편성제도는 국가재정운용계획을 참조하여 각 부서별 지출한도를 설정하면, 개별 부처는 지출한도 내에서 사업의 우선순위를 확정하고 자체 예산편성을 한다.

23 정답 ④

| 지방행정론 > 지방행정 기초이론 > 지방자치 | 정답률 94% |

| 정답해설 |

④ 선택률 94% 지방자치는 지방정부 간의 경쟁으로 인해 효율성을 제고할 수 있으나, 지역 간의 형평성은 저하될 수 있다.

24 정답 ②

지방행정론 > 지방행정 기초이론 > 티부모형(Tiebout model)　정답률 96%

| 정답해설 |

② 선택률 96% 티부(Tiebout)는 '발에 의한 투표'에 의해 효율적인 지방공공재의 배분이 가능하기 때문에 분권화된 체제에 의한 공공재의 공급이 효율적이라고 주장하였다. 즉, 티부는 주민의 이동성을 전제로 지방정부 서비스에 대한 주민들의 선택을 통해 그들의 선호를 표명함으로써 시장과 유사한 방법으로 주민들의 공공서비스에 대한 수요를 파악할 수 있다고 주장하였다. 따라서 티부모델은 지방자치의 당위성을 이론적으로 뒷받침하고 있는 이론이다.

25 정답 ②

지방행정론 > 지방자치단체 운영체계 > 자치권　정답률 91%

| 정답해설 |

② 선택률 91% 기관위임사무는 국가나 상급 자치단체의 사무가 법령의 규정에 의해 지방자치단체의 장에게 위임되어 처리하는 사무이다. 따라서 기관위임사무는 지방의회의 관여가 불가능하고, 기관위임사무에 관해 지방의회는 조례로 정할 수 없다.

더 알아보기 ▶ 고유사무와 위임사무

구분	고유사무 (자치사무)	단체위임사무	기관위임사무
소요경비의 부담	자치단체의 전액 부담(장려적 보조금)	공동 부담(부담금)	위임기관의 전액 부담(교부금)
감독의 범위	사후적·합법성·교정적 감독	사후적·합법성·합목적성 감독	사전적·전면적 감독까지 허용
지방의회의 관여 여부	관여(조례제정 가능)	관여(조례제정 가능)	관여 불가(조례제정 불가능)
사무의 처리 여부·방법	자치단체의 자주적 책임, 재량	자치단체의 자주적 책임, 재량	국가의 지시에 따름
명령·처분의 취소나 정지	위법한 경우에 한하되, 법원의 판결에 의함	위법·부당한 경우	위법·부당한 경우
지휘·감독의 법령상 근거	명백한 근거규정 필요	명백한 근거규정 필요	불필요

예	• 지방자치단체의 존립·유지에 관한 사무(자치입법, 자치조직, 자치재정에 관한 사무) • 지방의 공공복지에 관한 사무(학교·병원·도서관의 설치와 관리, 도로의 건설·관리, 상·하수도 사업과 주택사업의 경영, 쓰레기 등 오물처리)	보건소의 운영, 재해구호사무, 생활보호사무, 국도유지·수선사무, 조세 등 공과금 징수 위임사무	병역·인구조사·선거사무 등

9급 군무원 행정학

I 전체 난이도 및 합격선

전체 난이도	합격선
下	88점

I 기출총평

전반적인 내용, 난이도, 출제비중 등이 모두 평이했다.

- 영역별 – 전 범위에서 골고루 출제된 편이나, 정책학에서 7문항이 출제되어 예년도에 비해 출제비중이 다소 높게 나타났다.
- 내용별 – 신구(新舊) 문제가 적절히 조화를 이루었다. 정책집행의 실패를 좌우하는 요인은 다소 어렵게 느껴졌을 수 있으나 난도 높은 문제는 아니었다. 이를 제외하고는 일반적인 내용으로 출제되어 어렵지 않게 문제를 풀었을 것이다.
- 법령별 – 「국가공무원법」상 공무원의 정치운동 금지에 관한 규정을 숙지한다.
- 수험대책 – 영역별 빈출문제를 중심으로 관련 내용을 반드시 숙지하여야 한다.

I 영역별 출제비중

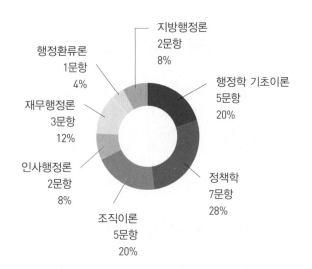

지방행정론 2문항 8%
행정환류론 1문항 4%
재무행정론 3문항 12%
인사행정론 2문항 8%
조직이론 5문항 20%
행정학 기초이론 5문항 20%
정책학 7문항 28%

I 문항 분석

	카테고리	출제수	정답률
1	기초이론 > 행정이념 > 사회적 형평성	2회	70%
2	기초이론 > 현대행정의 변천 > 재화의 구분	3회	84%
3	정책학 > 정책집행론 > 정책집행의 유형	3회	81%
4	조직이론 > 조직변동(혁신)론 > 목표관리(MBO)	2회	89%
5	재무행정론 > 예산제도론 > 성과주의예산제도 (PBS)와 계획예산제도(PPBS)	9회	65%
6	정책학 > 정책집행론 > 정책집행의 실패	1회	68%
7	인사행정론 > 근무규율 > 「국가공무원법」상 공무원의 의무	2회	72%
8	조직이론 > 조직구조론 > 네트워크구조	4회	79%
9	조직이론 > 조직구조론 > 애드호크라시(adho-cracy)	6회	58%
10	조직이론 > 조직관리론 > 프렌치와 라벤(French & Raven)의 권력유형 분류	1회	71%
11	기초이론 > 행정학이론 발달 > 신공공서비스론 (NPS)	3회	60%
12	인사행정론 > 인사행정 기초이론 > 대표관료제	7회	97%
13	조직이론 > 조직관리론 > X · Y이론	1회	96%
14	기초이론 > 행정의 개념 > 행정과 경영	6회	83%
15	재무행정론 > 재무행정 기초이론 > 전통적 예산원칙	6회	74%
16	고난도 TOP3 기초이론 > 행정학이론 발달 > 뉴거버넌스론	5회	51%
17	고난도 TOP1 행정환류론 > 행정개혁(정부혁신) > 행정개혁의 접근방법	2회	36%
18	지방행정론 > 정부 간 관계 > 특별지방행정기관	5회	69%
19	지방행정론 > 지방자치단체 운영체계 > 지방자치단체의 기관구성	3회	76%
20	정책학 > 정책결정이론모형 > 사이버네틱스모형	1회	77%
21	고난도 TOP2 정책학 > 기획이론 > 기획의 과정	1회	47%
22	정책학 > 정책집행론 > 정책지지연합모형	1회	58%
23	정책학 > 정책분석론 > 정책문제의 속성	2회	92%
24	정책학 > 정책의제설정론 > 무의사결정론	3회	66%
25	재무행정론 > 재무행정 기초이론 > 전통적 예산원칙	6회	88%

※ 고난도 TOP1 은 해당 회차에서 정답률이 가장 낮은 문항입니다.

01 정답 ①

기초이론 > 행정이념 > 사회적 형평성 정답률 70%

| 정답해설 |

① 선택률70% 사회적 형평성은 동일한 것은 동일하게(수평적 형평성), 동일하지 않은 것은 동일하지 않게(수직적 형평성) 대우하는 것을 말한다.

| 오답해설 |

② 선택률22% 사회적 형평은 경제적 약자를 고려하되, 기본적 자유의 평등이나 기회균등도 고려되어야 한다.

③ 선택률5% 형평성(equity)과 공정성(fairness)은 동의어로 사용되기도 한다.

④ 선택률3% 사회적 형평성은 신행정론에서 중시되는 이념이다. 신행정론은 행정이 정치적·경제적·사회적으로 불리한 입장에 있는 계층을 위해 양질의 서비스를 제공해 사회적 형평을 실현해야 한다고 주장하였다.

02 정답 ①

기초이론 > 현대행정의 변천 > 재화의 구분 정답률 84%

| 정답해설 |

① 선택률84% 비경합성과 배제성을 동시에 갖는 재화는 요금재이다.

| 오답해설 |

② 선택률6% 집합재는 비경합성과 비배제성을 갖는 재화이다.

③ 선택률8% 공유재는 경합성과 비배제성을 갖는 재화이다.

④ 선택률2% 시장재는 경합성과 배제성을 갖는 재화이다.

더 알아보기 ▶ 재화의 유형(Savas)

구분	비배제성(가격 ×)	배제성(가격 ○)
비경합성 (혼잡 ×)	(순수) 공공재(집합재) 예 국방, 외교, 치안, 가로등, 등대	요금재 예 유선방송, 유료 고속도로
경합성 (혼잡 ○)	공유재 예 공동목초지, 코끼리, 고래	(순수) 민간재 (사적재, 시장재) 예 소, 돼지, 닭

군무원 vs 공무원 비교분석

군무원 시험의 경우 '재화의 구분'에 관한 출제비중이 일반 공무원 시험에 비해서 높게 나타난다. 난도가 낮은 문제이긴 하지만, 그 차이를 정확하게 구분할 수 있어야 한다.

03 정답 ③

정책학 > 정책집행론 > 정책집행의 유형 정답률 81%

| 정답해설 |

③ 선택률81% 나카무라와 스몰우드(Nakamura & Smallwood)는 정책집행자와 정책결정자의 관계를 다섯 가지로 유형화하였다. 이 정책집행모형 중 관료적 기업가형은 정책집행 담당관료들이 큰 권한을 보유하고, 정책과정 전반을 좌지우지하는 형태로 결정권을 행사하는 유형이다.

| 오답해설 |

① 선택률7% 고전적 기술자형은 정책결정과 정책집행의 업무성질 및 담당주체 면에서 엄격한 분리에 입각하여 정책집행자는 정책결정자가 결정한 정책내용을 충실히 집행하는 유형을 말한다.

② 선택률5% 지시적 위임가형은 정책결정자들에 의해 목표가 수립되고 대체적인 방침만 정해진 뒤 나머지 부분은 정책집행자에게 위임되는 유형을 말한다.

④ 선택률7% 재량적 실험가형은 현실적 여건으로 인해 정책결정자들이 구체적인 정책이나 목표를 설정하지 못하고 추상적인 수준에 머물러 있기 때문에 정책의 대부분을 정책집행자에게 위임하는 유형이다.

04 정답 ④

조직이론 > 조직변동(혁신)론 > 목표관리(MBO) 정답률 89%

| 정답해설 |

④ 선택률89% 조직구성원들의 참여 속에 목표를 명확하게 설정하여 활동하고, 그 결과를 측정 및 평가하는 '생산성 향상 기법'은 목표관리(MBO: Management By Objective)이다. 즉, 목표관리(MBO)란 조직의 상하 구성원의 참여과정을 통하여 조직의 공동목표를 명확히 하고, 조직구성원 개개인의 목표를 합의하여 체계적으로 부과하고 그 수행결과를 사후에 평가하여 환류함으로써 궁극적으로 조직의 효율성을 향상시키고자 하는 관리기법 또는 관리체제이다.

| 오답해설 |

① 선택률9% TQM(Total Quality Management)은 고객에 대한 서비스의 질을 높이기 위한 관리[세 가지 경영철학: 고객만족, 전사적(全社的)·전 직원(全職員)의 참여, 지속적 개선]기법으로, 고객만족을 중시하는 관리철학이다.

② 선택률0% QC(Quality Control)는 과학적으로 품질을 관리하는 방법이다.

③ 선택률 2% QWL(Quality of Working Life)은 '노동생활의 질'이라는 뜻으로, 노동생활의 질적 충실, 즉 일하는 보람을 지향하는 세계적인 운동을 가리킨다.

05
정답 ③

재무행정론 > 예산제도론 > 성과주의예산제도(PBS)와 계획예산제도(PPBS)　정답률 65%

| 정답해설 |

③ 선택률 65% 성과주의예산은 책임이 분산되고, 계획예산은 책임이 집중된다.

더 알아보기 ▶ 품목별예산 · 성과주의예산 · 계획예산

비교 기준	품목별예산	성과주의예산	계획예산
발달과정	선	중	후
예산의 기능	통제기능	관리기능	계획기능
예산의 중심단계	집행단계	편성단계	편성 전의 계획단계
예산기관의 역할	통제 · 감시	능률 향상	정책에의 관심
직원의 기술	경리(회계학)	관리(행정학)	경제(경제학)
정보의 초점	품목	기능 · 사업 · 활동	목표 · 정책
정책목적과의 관계	불투명	불투명	명백
결정의 흐름	상향적 (위로 통합)	상향적 (위로 통합)	하향적
결정의 종류	점증모형	점증모형	합리모형
통제책임	중앙	운영단위	운영단위
관리책임	분산	중앙	감독책임자
기획책임	분산	분산	중앙
결정권의 소재	분권화	분권화	집권화
세출예산과 조직의 관계	직접적	직접적	간접적
세출예산과 예산의 관계	동일	동일	따로 수립
시계(視界)	1년	1년	5년 이상
행정관	비체제	비체제	체제

06
정답 ①

정책학 > 정책집행론 > 정책집행의 실패　정답률 68%

| 정답해설 |

① 선택률 68% 정책에 대한 대상집단의 순응은 정책환경적 요인에 해당하고, 나머지는 정책내용적 요인에 해당한다.

더 알아보기 ▶ 정책집행의 성패를 좌우하는 요인

정책내용적 요인	정책환경적 요인
• 정책목표 • 정책이 요구하는 변화의 크기 • 정책이 초래할 혜택의 유형 • 정책집행에 관여하게 되는 행정기관의 범위 • 집행기관과 관료의 능력 • 집행에 필요한 자원의 양	• 정책에 대한 순응 • 집행기관과 관료의 책임과 반응 • 정치체제의 구조와 정권의 특성

07
정답 ③

인사행정론 > 근무규율 > 「국가공무원법」상 공무원의 의무　정답률 72%

| 정답해설 |

③ 선택률 72% 정치적 행위의 금지에 관한 한계는 대통령령 등으로 정한다. 즉, 정치적 행위의 금지에 관한 한계를 국회규칙, 대법원규칙, 헌법재판소규칙, 중앙선관위규칙 또는 대통령령으로 정한다.

법령 「국가공무원법」 제65조(정치운동의 금지) ① 공무원은 정당이나 그 밖의 정치단체의 결성에 관여하거나 이에 가입할 수 없다.
② 공무원은 선거에서 특정 정당 또는 특정인을 지지 또는 반대하기 위한 다음의 행위를 하여서는 아니 된다.
  1. 투표를 하거나 하지 아니하도록 권유 운동을 하는 것
  2. 서명운동을 기도(企圖)·주재(主宰)하거나 권유하는 것
  3. 문서나 도서를 공공시설 등에 게시하거나 게시하게 하는 것
  4. 기부금을 모집 또는 모집하게 하거나, 공공자금을 이용 또는 이용하게 하는 것
  5. 타인에게 정당이나 그 밖의 정치단체에 가입하게 하거나 가입하지 아니하도록 권유 운동을 하는 것
③ 공무원은 다른 공무원에게 제1항과 제2항에 위배되는 행위를 하도록 요구하거나, 정치적 행위에 대한 보상 또는 보복으로서 이익 또는 불이익을 약속하여서는 아니 된다.
④ 제3항 외에 정치적 행위의 금지에 관한 한계는 대통령령 등으로 정한다.

08
정답 ④

조직이론 > 조직구조론 > 네트워크구조　정답률 79%

| 정답해설 |

④ 선택률 79% 네트워크구조란 조직의 자체 기능은 핵심역량 위주로 합리화하고, 여타 기능은 외부기관들과 계약관계를 통해 수행하는 조직구조 방식으로, 정보통신기술의 확산으로 채택된 유기적 조직유형이다. 환경변화에 영향을 받지 않아 매우 안정적인 조직구조는 기계적 구조(기능구조, 관료제)이다.

09
정답 ①

| 조직이론 > 조직구조론 > 애드호크라시(adhocracy) | 정답률 58% |

| 정답해설 |

① 선택률 58% 애드호크라시(adhocracy)는 관료제 조직에 비하면 계층의 수가 적은 낮은 계층성을 보이며, 전문적 지식과 기술을 가진 이질적 집단으로 조직되어 있다.

| 오답해설 |

③ 선택률 28% 칼리지아(collegia)구조란 대학처럼 민주적이고 자율적 결정이 이루어지는 조직 형태를 말한다.

10
정답 ④

| 조직이론 > 조직관리론 > 프렌치와 라벤(French & Raven)의 권력유형 분류 | 정답률 71% |

| 정답해설 |

④ 선택률 71% 강압적 권력은 인간의 공포에 기반을 둔 권력으로, 어떤 사람이 다른 사람을 처벌할 수 있는 능력을 가지거나, 육체적 또는 심리적으로 다른 사람에게 위해를 가할 수 있는 능력을 가진 경우에 발생한다. 반면, 권한과 유사한 개념인 합법적 권력은 상사가 보유하고 있는 직위에 기반을 둔 권력인데, 일반적으로 직위가 높으면 높을수록 합법적 권력은 더욱 커지는 경향이 있다.

| 오답해설 |

② 선택률 7% 전문적 권력은 다른 사람이 필요로 하는 전문적인 기술이나 지식을 어떤 사람이 가지고 있을 때 발생하는 권력으로, 그러한 정보가 중요하면 중요할수록 또는 그러한 정보를 얻을 수 있는 대안이 적으면 적을수록 전문적 권력은 강화된다. 합법적 권력, 보상적 권력, 강압적 권력 등이 항상 조직 내 공식적 직위와 일치하는 것은 아니지만, 대부분의 경우 이러한 권력은 공식적 직위와 관련이 깊다. 그러나 전문적 권력은 공식적 직위와 일치하지 않을 수도 있다.

③ 선택률 14% 보상적 권력은 다른 사람들에게 보상을 제공할 수 있는 능력에 기반을 둔다. 조직이 제공하는 보상에는 봉급, 승진, 직위 부여 등이 있다.

군무원 vs 공무원 비교분석

권력의 유형은 그동안 일반 공무원 시험에서는 7급이나 국회직 8급 등에서 출제된 내용으로, 9급에서는 출제비중이 낮았던 문제이다. 군무원 시험에서는 비교적 자세한 내용으로 출제되었으므로, 주요 내용을 숙지하여야 한다.

11
정답 ③

| 기초이론 > 행정학이론 발달 > 신공공서비스론(NPS) | 정답률 60% |

| 정답해설 |

③ 선택률 60% 시민을 하나의 자율적인 고객으로 이해하고 공공서비스의 질을 향상시켜 시민의 만족도를 높이고자 하며, 이의 구체적인 구현방식으로 서비스헌장 또는 시민헌장 등을 제시한 것은 신공공서비스론(NPS)이 아니라 신공공관리론(NPM)이다.

12
정답 ④

| 인사행정론 > 인사행정 기초이론 > 대표관료제 | 정답률 97% |

| 정답해설 |

④ 선택률 97% 대표관료제는 실적주의의 폐해를 극복하기 위해 등장하였다. 실적주의는 시험을 강조하여 특정 계층에 의해 공직이 독점된 반면, 교육의 기회가 충분하지 못한 사회적 약자에게는 불리한 제도이다. 즉, 대표관료제는 그 사회를 구성하는 모든 주요 집단으로부터 인구비례에 따라 관료를 충원하여 정부관료제가 그 사회의 모든 계층과 집단에 공평하게 대응하도록 하는 제도로서, 관료제 내에 민주적 가치를 주입시키려는 의도에서 발달된 개념이다.

13
정답 ①

| 조직이론 > 조직관리론 > X · Y이론 | 정답률 96% |

| 정답해설 |

① 선택률 96% 맥그리거(McGregor)는 인간관을 크게 X이론적 인간관과 Y이론적 인간관으로 구분하였다. X이론적 인간관은 대부분의 사람들은 본질적으로 일을 싫어하고 가능하면 일을 하지 않으려고 하며 안전을 원하고 변화에 저항적이라 본다. 반면, Y이론적 인간관은 대부분의 사람들은 본질적으로 일을 싫어하는 것이 아니며, 사람들에게 일이란 작업조건만 제대로 정비되면 놀이를 하거나 쉬는 것과 같이 극히 자연스러운 것이고, 인간이 물리적·사회적 환경에 도전하는 여러 방법 중의 하나라고 본다. 따라서 권위주의적 리더십은 맥그리거의 X이론적 관리전략에 해당한다.

14
정답 ①

| 기초이론 > 행정의 개념 > 행정과 경영 | 정답률 83% |

| 정답해설 |

① 선택률 83% 행정과 경영은 관료제적 성격 면에서 공통점이 있다. 행정(조직)이든 경영(조직)이든 전문화·분업, 계층제, 일반적인 법규체계 등을 구조적 특성으로 한다.

| 오답해설 |

② 선택률 4% 행정은 행정활동 등이 모두 법적 근거하에 행해지지만, 경영은 직접적인 법적 규제가 적용되지 않는다.

③ 선택률 6% 행정은 공익 추구에 목적이 있으며, 경영은 이윤 극대화에 목적이 있다.

④ 선택률 7% 행정은 모든 국민은 법 앞에 평등하게 적용되지만, 경영은 고객을 이익에 따라 차별 대우할 수 있다.

15　정답 ④

재무행정론 > 재무행정 기초이론 > 전통적 예산원칙　　정답률 74%

| 정답해설 |

④ 선택률 74% 입법부 우위의 예산원칙은 전통적 예산원칙을 말한다. 예산책임의 원칙은 전통적 예산원칙이 아니라, 행정부 우위의 현대적 예산원칙에 해당한다.

| 오답해설 |

① 선택률 15% 예산공개의 원칙은 예산의 편성·심의·집행 등 예산과정의 주요한 단계는 국민에게 공개되어 국민으로 하여금 정부의 활동을 알게 하여야 하며, 예산에 대한 국민의 자유로운 비판을 보장하여야 한다는 것이다.

② 선택률 6% 예산사전의결의 원칙은 예산은 지출이 행하여질 기간에 앞서 의회에 의하여 심의·의결되어야 한다는 것이다.

③ 선택률 5% 예산한정성의 원칙은 예산은 사용목적·금액 및 기간에서 명확한 한계가 있어야 한다는 것이다.

16　고난도 TOP3　정답 ①

기초이론 > 행정학이론 발달 > 뉴거버넌스론　　정답률 51%

| 정답해설 |

① 선택률 51% 전통적 행정모형의 계층제의 권위주의적 성격을 문제시하는 모형은 참여적 정부모형이다. 시장적 정부모형은 전통적 정부모형의 독점성을 문제시한다.

더 알아보기 ▶ 피터스(Peters)의 새로운 국정관리모형

구분	전통적 정부모형	시장적 정부모형	참여적 정부모형	신축적 정부모형	탈내부규제 정부모형
기존 정부의 문제점	전근대적 권위	독점	계층제	조직의 영속성·경직성	내부규제
구조의 개혁방안	계층제 (관료제)	분권화, 공기업화, 책임운영기관, 지방분권	수평적 조직, 평면조직, 자문위원회	가상조직, 임시과제단, 준(비)정부기구	–
관리의 개혁방식	직업공무원제, 절차적 통제	성과급, 목표관리제, 민간기법 도입	TQM, 팀제, 권한위임	가변적·적응적 인사관리, 임시직	재량권 부여, 공직윤리 강조
정책 결정의 개혁방안	정치·행정 이원론(정치-행정의 구분)	내부시장, 시장적 유인	전문가 회의, 협상, 협의	실험	기업가적 정부
공익의 기준	안정성, 평등	비용 최소화	참여, 협의	저비용, 조정	창의성, 활동주의

17　고난도 TOP1　정답 ②

행정환류론 > 행정개혁(정부혁신) > 행정개혁의 접근방법　　정답률 36%

| 정답해설 |

② 선택률 36% 행정개혁을 위한 접근방법은 구조적 접근, 관리·기술적 접근, 인간관계론적 접근, 종합적 접근으로 나눌 수 있다. 조직 내 운영과정의 개선은 관리·기술적 접근법이며, 나머지는 구조적 접근법에 해당한다. 구조적 접근법은 조직의 구조적 설계를 개선함으로써 행정개혁의 목적을 달성하는 접근방법이며, 관리·기술적 접근법은 업무수행과정에서 능률을 향상시키기 위해 새로운 행정기술 장비를 도입하거나 관리과학(MS), 운영연구(OR) 등의 계량화 기법을 활용하는 것을 말한다.

18　정답 ②

지방행정론 > 정부 간 관계 > 특별지방행정기관　　정답률 69%

| 정답해설 |

② 선택률 69% 특별지방행정기관은 중앙행정기관이 지방의 소관사무를 처리하기 위하여 그 하부기관으로서 지방에 설치한 행정기관으로, 국가업무 수행을 위해 국가의 지방사무소 역할을 하는 기관을 말한다. 따라서 행정의 민주성을 제고한다고 보기는 어렵다.

19　정답 ①

지방행정론 > 지방자치단체 운영체계 > 지방자치단체의 기관구성　　정답률 76%

| 정답해설 |

① 선택률 76% 권력남용의 방지는 기관대립형의 장점에 해당한다. 기관대립형은 의결기관과 집행기관이 분리되어 있기 때문에 견제와 균형에 좋은 유형이다.

20　정답 ④

정책학 > 정책결정이론모형 > 사이버네틱스모형　　정답률 77%

| 정답해설 |

④ 선택률 77% 설문은 사이버네틱스모형에 관한 설명이다. 즉, 사이버네틱스모형은 명확하게 정해진 목표를 추구하려는 것이 아니라, 고도의 불확실성 속에서 외부환경의 변화에 적응하면서 정보를 지속적으로 제어하고 환류해 나가는 정책결정모형이다.

| 오답해설 |

① 선택률 4% 회사모형은 사이어트와 마치(Cyert & March)가 개인적 의사결정에 치중한 만족모형을 발전시켜 느슨하게 연결된 조직의 의사결정에 적용시킨 모형으로, 상호제약된 독립적 합리성을 추구하는 조직의 하위단위 간에는 목표가 서로 대립하여 상호갈등적 관계에 놓이게 된다고 본다. 회사모형은 조직 하위단위 간의 이러한 갈등의 해결이 조직의 의사결정이라고 보며, 갈

등은 협상을 통하여 불완전하게 해결된다고 인식한다.
② 선택률 10% 만족모형은 정책결정의 합리성을 제약하는 요인들을 고려할 때 한정된 대안의 비교분석을 통해 최선을 모색하는 선에서 만족하는 것이 합리적이라고 보는 모형이다.
③ 선택률 9% 혼합탐사모형은 정책결정은 근본적인 결정과 세부적인 결정이 지속인 상호작용에 의해 이루어진다고 보는 모형이다. 근본적 결정에는 합리모형을, 부분적 결정에는 점증모형을 적용한다.

21 고난도 TOP 2 정답 ①

| 정책학 > 기획이론 > 기획의 과정 | 정답률 47% |

| 정답해설 |

① 선택률 47% 기획의 과정은 '목표설정 – 상황분석 – 기획전제의 설정 – 대안 탐색 및 평가 – 최적안 선택' 순으로 이루어진다. 기획도 하나의 의사결정과정이므로, 합리적 정책결정의 과정을 그대로 거치게 된다.

22 정답 ④

| 정책학 > 정책집행론 > 정책지지연합모형 | 정답률 58% |

| 정답해설 |

④ 선택률 58% 엘모어(Elmore) 모형에 해당하는 내용이다. 정책집행 연구의 접근방법을 전방향적 접근(forward mapping)과 후방향적 접근(backward mapping)으로 구분하여 전방향적 접근에서는 정책결정자의 의도와 정책목표 집행성과를 비교하고, 후방향적 접근에서는 일선관료의 지식과 전문성이 충분히 발휘될 수 있도록 재량과 자원을 강조한다.

23 정답 ①

| 정책학 > 정책분석론 > 정책문제의 속성 | 정답률 92% |

| 정답해설 |

① 선택률 92% 문제를 유발하는 외부적 상황은 선택적으로 정의·분류되며 설명·평가된다는 점에서 정책문제는 주관적이며 인공적 성격을 띤다. 즉, 정책문제에 관한 인식은 객관적이 아니라 주관적이며, 정책문제를 인위적으로 해결한다는 면에서 인공적이다.

| 오답해설 |

② 선택률 1% 정책문제는 공공성을 띤다. 공공성이라는 것은 정책대상 집단의 규모나 정책결과의 영향력이 얼마나 큰가의 여부도 중요한 고려요인이지만, 얼마나 많은 사람들이 관심을 보이고 있느냐도 중요한 요인이다.
③ 선택률 2% 정책문제는 복잡다양하며 상호의존적이다. 정책문제는 복합요인에 의해 동시다발적으로 생겨난다. 단일요인이 단일 문제를 유발하기도 하지만 대개는 '한 요인 → 많은 문제', '여러 요인 → 한 문제' 식으로 생겨난다. 그래서 정책문제는 '문제의 덩어리' 형태로 다룰 필요가 있다.

④ 선택률 5% 정책문제는 역사적 산물인 경우가 많다. 현재의 문제는 오랜 기간 동안 형성되어 온 것일 수 있다. 이럴 때 눈에 보이는 현실만을 고려해서 문제를 인식한다면 그 원인을 제대로 밝혀낼 수 없게 된다.

24 정답 ③

| 정책학 > 정책의제설정론 > 무의사결정론 | 정답률 66% |

| 정답해설 |

③ 선택률 66% 무의사결정(non-decision making)의 발생원인은 상급자들에 대한 하급자들의 반발이 아니라 상급자들에 대한 하급자들의 충성이다. 즉, 상급자들에 대한 하급자들의 지나친 충성으로 인해 상급자들이 싫어하는 사회문제를 의제로 채택하지 않아서 무의사결정이 발생하게 된다.

25 정답 ②

| 재무행정론 > 재무행정 기초이론 > 전통적 예산원칙 | 정답률 88% |

| 정답해설 |

② 선택률 88% 예산은 주어진 목표(질적 한정성 – 목적 외 사용금지의 원칙), 주어진 규모(양적 한정성 – 초과사용 금지의 원칙), 주어진 기간(시간적 한정성 – 회계연도 독립의 원칙)에 따라서 집행되어야 한다는 전통적 예산원칙은 한계(정)성의 원칙이다.

| 오답해설 |

① 선택률 7% 단일성의 원칙은 예산은 구조 면에서 단일한 것이어야 한다는 것을 말한다. 회계 장부가 너무 많으면 재정구조를 이해하기 어렵기 때문이다.
③ 선택률 0% 공개성의 원칙은 예산의 편성·심의·집행 등 예산과정의 주요한 단계는 국민에게 공개되어 국민으로 하여금 정부의 활동을 알게 하여야 하며, 예산에 대한 국민의 자유로운 비판을 보장하여야 한다는 것이다.

군무원 vs 공무원 비교분석

예산의 원칙은 군무원 시험뿐만 아니라 모든 공무원 행정학 시험에서 출제비중이 높은 영역이다. 전통적 예산원칙과 현대적 예산원칙의 구분, 전통적 예산원칙의 예외 등을 정확하게 숙지하여야 한다.

9급 군무원 행정학

I 전체 난이도 및 합격선

전체 난이도	합격선
下	88점

I 기출총평

카오스이론, 자원배분의 경제논리 등의 참신한 출제가 돋보였다.

• 영역별 – 기초이론, 조직이론, 인사행정론에서 각 5문항, 재무행정론에서 4문항이 출제되어 전 범위에서 골고루 출제된 시험이었다.

• 내용별 – 일반 공무원 시험에서는 거의 출제되지 않는 카오스이론이나 자원배분의 경제논리가 출제되어 참신한 출제가 돋보였으며, 신구(新舊) 문제가 적절히 조화를 이루었다.

• 법령별 – 「지방자치법」상 지방의회의 의결사항에 관한 규정을 숙지한다.

• 수험대책 – 영역별 빈출문제를 반드시 숙지하고, 카오스이론이나 자원배분의 경제논리는 다시 출제될 가능성이 높으므로 반드시 숙지하여야 한다.

I 영역별 출제비중

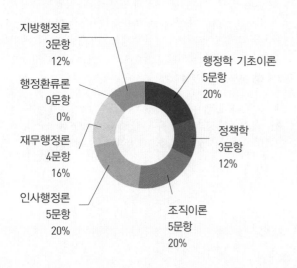

지방행정론
3문항
12%

행정환류론
0문항
0%

재무행정론
4문항
16%

인사행정론
5문항
20%

조직이론
5문항
20%

정책학
3문항
12%

행정학 기초이론
5문항
20%

I 문항 분석

	카테고리	출제수	정답률
1	기초이론 > 현대행정의 변천 > 사회자본(사회적 자본)	3회	79%
2	조직이론 > 조직 기초이론 > 상황적응이론 [고난도 TOP1]	1회	38%
3	기초이론 > 현대행정의 변천 > 윌슨(Wilson)의 규제정치모형	2회	93%
4	정책학 > 정책학 기초이론 > 정책문제의 속성	2회	93%
5	재무행정론 > 재무행정 기초이론 > 예산의 분류	2회	80%
6	조직이론 > 조직구조론 > 관료제	5회	92%
7	조직이론 > 조직구조론 > 기계적 구조와 유기적 구조	1회	96%
8	인사행정론 > 공직 분류 > 계급제	5회	85%
9	인사행정론 > 인사행정 기초이론 > 대표관료제	7회	89%
10	인사행정론 > 공직 분류 > 직무평가	1회	69%
11	조직이론 > 조직구조론 > 수평구조(팀구조) [고난도 TOP2]	1회	47%
12	지방행정론 > 지방자치단체 운영체계 > 지방자치단체의 계층구조	2회	57%
13	정책학 > 정책평가론 > 정책평가의 유형	1회	64%
14	기초이론 > 현대행정의 변천 > 정부실패의 원인	4회	83%
15	기초이론 > 현대행정의 변천 > 전자바우처	2회	60%
16	재무행정론 > 재무행정 기초이론 > 전통적 예산원칙	5회	90%
17	기초이론 > 행정학이론 발달 > 신공공관리론(NPM)	12회	74%
18	지방행정론 > 지방자치단체 운영체계 > 지방자치단체의 기관구성	3회	93%
19	재무행정론 > 예산제도론 > 성과주의예산제도(PBS)	3회	75%
20	조직이론 > 조직 기초이론 > 카오스(chaos)이론	1회	54%
21	정책학 > 정책분석론 > 정책결정과 정책집행	1회	84%
22	인사행정론 > 인사행정 기초이론 > 직업공무원제	5회	88%
23	인사행정론 > 근무규율 > 공직윤리(행정윤리)	2회	68%
24	지방행정론 > 지방자치단체 운영체계 > 지방의회의 의결사항	1회	60%
25	재무행정론 > 예산제도론 > 자원배분 [고난도 TOP3]	1회	48%

※ [고난도 TOP1]은 해당 회차에서 정답률이 가장 낮은 문항입니다.

01	③	02	②	03	③	04	②	05	②
06	③	07	④	08	①	09	④	10	②
11	④	12	②	13	②	14	③	15	③
16	②	17	④	18	④	19	②	20	④
21	②	22	①	23	④	24	③	25	③

기출문제편 ▶ P.80

01
정답 ③

기초이론 > 현대행정의 변천 > 사회자본(사회적 자본)　　정답률 79%

| 정답해설 |

③ 선택률79% 사회적 자본(사회자본)은 사회적 상호관계 속에서 생성되며, 다른 형태의 자본과 달리 일정한 네트워크에 참여하는 당사자들이 공동으로 소유하는 자산이다. 따라서 사회적 자본은 행위자에게 이익이 배타적으로 돌아가는 것은 아니다.

| 오답해설 |

④ 선택률19% 사회적 자본은 국가 간의 이동성과 대체성이 낮아 형성되기 어려운 반면, 한번 형성되면 장기간 지속되는 특성이 있다.

군무원 VS 공무원 비교분석

사회적 자본은 뉴거버넌스의 등장에 따라 공동체주의가 강조되면서 모든 공무원 행정학 시험에서 최근 들어 출제비중이 점점 높아지고 있는 영역에 해당한다. 특히, 기존의 물질적 자본과 사회적 자본을 비교하는 문제의 출제비중이 높아지고 있기 때문에, 양자의 차이를 중심으로 숙지하여야 한다.

02 고난도 TOP1
정답 ②

조직이론 > 조직 기초이론 > 상황적응이론　　정답률 38%

| 정답해설 |

② 선택률38% 상황이론은 언제 어디서나 가장 최적의 조직구조가 존재한다는 원리주의를 비판하지만, 조직의 주어진 환경이나 상황에 따라 적합한 조직구조가 달라진다고 보기 때문에 구조적 접근이라고 할 수 있다.

03
정답 ③

기초이론 > 현대행정의 변천 > 윌슨(Wilson)의 규제정치 모형　　정답률 93%

| 정답해설 |

③ 선택률93% 윌슨(Wilson)의 규제정치이론은 정부규제로부터 감지되는 비용과 편익의 분포에 따라 이익집단정치, 고객정치, 기업가적 정치(운동가의 정치), 대중적 정치 등으로 규제정치의 유형을 구분하였다. 정당정치는 윌슨의 규제정치이론에 해당하지 않는다.

더 알아보기 ▶ 윌슨(Wilson)의 규제정치모형

구분		규제의 비용(cost of regulation)	
		집중	분산
규제의 편익 (benefits of regulation)	집중	이익집단정치 (interest group politics)	고객의 정치 (client politics)
	분산	기업가적 정치 (entrepreneurial politics)	대중(다수)의 정치 (majoritarian politics)

04
정답 ②

정책학 > 정책학 기초이론 > 정책문제의 속성　　정답률 93%

| 정답해설 |

② 선택률93% 정책문제는 동태적인 성격이 강하다. 정책문제는 정부의 공식적 논의 대상이 되는 사회문제이며, 사회문제는 고정되어 있는 것이 아니라 발생하고 해결되는 동태적인 성격을 가진다.

| 오답해설 |

① 선택률0% 정책문제는 정치적인 영향을 받으며, 공공성이 강하다. 공공성이라는 것은 정책대상 집단의 규모나 정책결과의 영향력이 얼마나 큰가의 여부도 중요한 고려요인이지만, 얼마나 많은 사람들이 관심을 보이고 있느냐도 중요한 요인이다.

③ 선택률5% 정책문제는 주관적이며 인공적 성격을 띤다. 문제를 유발하는 외부적 상황은 선택적으로 정의·분류되며 설명·평가된다. 주관적이라는 면에서 볼 때 정책문제는 관련된 개인 및 집단, 사회의 영향 아래 인공적으로 만들어진 것이기도 하다.

④ 선택률2% 하나의 정책문제는 다른 정책문제에 영향을 미치는 등 복잡다양하며 상호의존적이다.

더 알아보기 ▶ 정책문제의 특성

• 정책문제는 공공성을 띤다.
• 정책문제는 주관적이고 인공적이다.
• 정책문제는 복잡다양하며 상호의존적이다.
• 정책문제는 동태적 성격을 갖는다.
• 정책문제는 역사적 산물인 경우가 많다.

05
정답 ②

재무행정론 > 재무행정 기초이론 > 예산의 분류　　정답률 80%

| 정답해설 |

② 선택률80% 우리나라 예산분류의 일반적 기준은 기능별 분류, 조직체별 분류, 사업계획별 분류, 품목별 분류이다. 투입별 분류는 우리나라 예산분류의 일반적 기준에 해당하지 않는다.

| 오답해설 |

① 선택률 3% 기능별 분류는 정부의 기능에 따라 세출예산을 분류하는 것이다.

③ 선택률 12% 조직별 분류는 예산을 부처별·기관별·소관별로 분류하는 것이다.

④ 선택률 5% 품목별 분류는 정부가 구입하고자 하는 용역별(지출하고자 하는 대상별)로 세출예산을 분류하는 것이다.

더 알아보기 ▶ 우리나라 예산분류의 일반적 기준

입법과목			행정과목	
장	관	항	세항	목
기능별 분류	조직별·사업별·활동별 분류			품목별 분류

06

정답 ③

조직이론 > 조직구조론 > 관료제　　　　정답률 92%

| 정답해설 |

③ 선택률 92% 베버(Weber)의 관료제는 대량생산체제에서 효과적인 생산의 결과를 낳았다. 즉, 산업사회를 배경으로 등장한 베버의 관료제는 포디즘(fordism)적 생산방식인 소품종 대량생산체제에서 효과적이라고 볼 수 있다.

07

정답 ④

조직이론 > 조직구조론 > 기계적 구조와 유기적 구조　　정답률 96%

| 정답해설 |

④ 선택률 96% 표준운영절차는 기계적 구조의 특성에 해당한다. 기계적 구조는 엄격히 규정된 직무, 많은 규칙과 규정 등 높은 공식화, 집권적 권한, 분명한 명령체계, 좁은 통솔범위, 낮은 팀워크를 특징으로 하는 조직구조로, 내적 통제에 따른 예측가능성이 높다는 특징이 있다.

| 오답해설 |

① 선택률 2% ② 선택률 0% ③ 선택률 2% 유기적 구조는 적은 규칙과 규정 등 낮은 공식화, 분권적 권한, 광범위한 직무, 넓은 통솔 범위, 높은 팀워크, 모호한 책임관계, 비공식적 관계를 특징으로 하는 조직구조로, 환경에 적응성이 높다.

더 알아보기 ▶ 기계적 구조와 유기적 구조

구분	기계적 구조	유기적 구조
장점	예측가능성	적응성
조직특성	• 좁은 직무 범위 • 표준운영절차 • 분명한 책임관계 • 계층제 • 공식적·몰인간적 대면관계	• 넓은 직무 범위 • 적은 규칙과 절차 • 모호한 책임관계 • 분화된 채널 • 비공식적·인간적 대면관계

상황조건	• 명확한 조직목표와 과제 • 분업적 과제 • 단순한 과제 • 성과 측정이 가능 • 금전적 동기 부여 • 권위의 정당성 확보	• 모호한 조직목표와 과제 • 분업이 어려운 과제 • 복합적 과제 • 성과 측정이 어려움 • 복합적 동기 부여 • 도전받는 권위

08

정답 ①

인사행정론 > 공직 분류 > 계급제　　　　정답률 85%

| 정답해설 |

① 선택률 85% 계급제는 폐쇄형의 충원방식으로 인해 전문행정가보다 일반행정가 양성에 유리한 제도이다.

| 오답해설 |

② 선택률 9% 계급제는 사람을 중심으로 개개인의 일반적인 능력과 자격을 기준으로 공무원을 계급으로 분류하는 제도이다.

③ 선택률 1% 계급제는 직위의 종류에 구애받지 않고 승진할 수 있으므로, 직업공무원제의 확립·발전을 촉진한다.

④ 선택률 5% 계급제는 담당할 직무의 내용과는 관계없이 인사배치를 할 수 있어 수평적으로 인사배치의 신축성, 융통성을 기할 수 있다.

더 알아보기 ▶ 직업공무원제와 실적주의

농업사회(융합사회)	산업사회(분화사회)
직업공무원제 ↑ 계급제 + 폐쇄형, 일반행정가	실적주의 ↓ 직위분류제 + 개방형, 전문행정가

09

정답 ④

인사행정론 > 인사행정 기초이론 > 대표관료제　　정답률 89%

| 정답해설 |

④ 선택률 89% 대표관료제 이론은 출신성분과 인간의 행동 간에는 밀접한 관련성이 있음을 전제로 한다. 즉, 관료가 자기 출신집단의 가치와 이익을 정책결정에 반영시키는 데 노력하고, 자신이 선호하는 개인적 정책가치의 극대화를 추구하며, 정책관료의 가치관·태도가 출신집단 또는 일반 국민의 가치관·태도와 유사하면 정책의 대응성이 보다 더 제고된다는 것을 전제하고 있다. 따라서 대표관료제는 대외적 민주성(대응성)과 관련이 깊다.

10

인사행정론 > 공직 분류 > 직무평가　　　　정답률 69%

| 정답해설 |

② 선택률 69% 〈보기〉는 직무평가방법 중 분류법에 관한 설명이다. 분류법은 직무 간의 난이도를 평가하는 기준이 되는 등급기준표를 미리 작성해 놓고, 이 등급기준표에 입각하여 개개의 직무를 해당 등급에 배치해 가는 방법이다. 즉, 분류법은 등급별로 책임도, 곤란성, 필요한 지식과 기술 등에 관한 기준을 고려하여, 직무를 해당되는 등급에 배치하는 방법이다.

| 오답해설 |

① 선택률 5% 서열법은 직무 전체의 중요도와 난이도를 바탕으로 상대적 가치를 비교하여 직무의 우열을 정하는 방법이다.

③ 선택률 21% 점수법은 직무의 구성요소별로 계량적 점수를 부여하여 평가해가는 방법으로, 체계적이고 과학적인 방법에 의하여 작성된 직무평가 기준표를 사용하기 때문에 평가결과의 타당성과 신뢰성이 인정된다.

④ 선택률 5% 요소비교법은 기준직무의 평가요소에 부여된 수치에 각 직무의 평가요소를 상호대비시켜 평점을 함으로써, 평가대상 직무의 상대적 가치를 결정하는 방법이다. 서열법, 분류법, 점수법 등에 비하여 가장 늦게 고안된 직무평가방법으로, 평가요소의 비중 결정과 단계 구분에 따른 점수 부여의 임의성을 극복하고자 개발되었다.

11　고난도 TOP 2

조직이론 > 조직구조론 > 수평구조(팀구조)　　　정답률 47%

| 정답해설 |

④ 선택률 47% 팀제는 전통적 조직의 문제점을 극복하기 위해 등장하였다. 조직관리의 공정성 제고의 필요성은 팀제의 도입 배경과 직접적 관련성이 없다.

더 알아보기 ▶ 팀조직과 전통적 조직(기능조직)

구분	팀조직	전통적 조직(기능조직)
장점	• 환경변화에 탄력적 대응 용이 • 신속한 의사결정 • 인력의 소수 정예화 • 다기능 전문인력 양성에 적합 • 창의성 발휘 및 정보 교류의 활성화	• 조직이 공식적이고 안정적 • 신중한 의사결정 • 책임 및 권한의 소재가 분명
단점	• 팀장에 대한 팀의 높은 의존 • 직급 중심의 전통적 사고와 괴리 • 자리 상실로 중간관리층의 의욕 저하 • 책임과 권한의 소재 불분명	• 환경변화에 신속한 대응 곤란 • 의사결정의 지연 • 구성원의 창의성 발휘에 부적합 • 부서이기주의

	• 변화가 심하고 예측이 어려운 환경에 적합 • 고객 요구에 신속한 대응이 요구되는 환경에 적합 • 창의성과 혁신이 성장 원동력 • 다품종 소량생산체제에 적합	• 변화가 적고 안정적인 환경에 적합 • 공급자 중심 • 효율성이 성장 원동력 • 소품종 대량생산체제에 적합
환경		

12

지방행정론 > 지방자치단체 운영체계 > 지방자치단체의 계층구조　　　정답률 57%

| 정답해설 |

② 선택률 57% 일반적으로 중층제는 단층제에 비해 지방자치단체의 크기가 작기 때문에 주민의 접근성이 높은 편이다.

더 알아보기 ▶ 단층제와 중층제의 장단점

구분	단층제	중층제
장점	• 이중행정·감독의 폐단 방지, 신속한 행정 • 행정수행상의 낭비를 제거, 능률 증진 • 행정책임의 명확화 • 자치권이나 지방의 특수성 및 개별성 존중	• 행정기능의 분업적 수행·능률성을 확보 • 기초와 광역 간 기능수행상 상호보완관계 • 국가의 감독기능을 효율화 • 광역적 사무의 원활한 수행 가능 • 국가기능의 필요 이상 확대 방지
단점	• 광역사업의 처리 곤란 • 광역적 사무처리를 위한 국가의 직접개입으로, 중앙집권화의 우려 • 국토가 넓고 인구가 많은 나라에서는 채택 곤란	• 행정의 중첩현상으로 낭비와 지연 • 중첩현상으로 권한과 책임의 불분명 • 행정의 신속성 확보 곤란 • 지역의 특수성과 개별성 간과
사례	제주특별자치도, 세종특별자치시	경기도 수원시 팔달구, 경기도 성남시 분당구

13

정책학 > 정책평가론 > 정책평가의 유형　　　정답률 64%

| 정답해설 |

② 선택률 64% 과정평가는 정책집행 및 활동을 분석하여 이를 근거로 보다 효율적인 집행전략을 수립하거나 정책내용을 수정·변경(보다 바람직한 정책수단의 채택과 이에 따라 정책목표에 대한 수정·변경)하며, 정책의 중단·축소·유지·확대 여부의 결정에 도움을 준다. 따라서 과정평가는 정책중단 등에 끼치는 영향이 강하다고 볼 수 있다.

14

| 기초이론 > 현대행정의 변천 > 정부실패의 원인 | 정답률 83% |

| 정답해설 |

③ 선택률 83% 정보의 불완전성은 시장실패의 원인에 해당한다.

더 알아보기 ▶ 시장실패와 정부실패의 원인

시장실패의 원인	정부실패의 원인
• 공공재 • 외부효과 • 정보의 비대칭성 • 불완전경쟁 • 자연독점	• 내부 조직목표와 사회적 목표의 괴리(내부성의 존재) • 규제수단의 비효율성과 불완전성 • 정부활동의 독점성(제한된 경쟁) • 비용체증(편익의 향유와 비용부담의 분리) • 파생적 외부효과 • 권력의 편재(권력의 비대칭성) • X-비효율

15

정답 ③

| 기초이론 > 현대행정의 변천 > 전자바우처 | 정답률 60% |

| 정답해설 |

③ 선택률 60% 노인복지 등에 전자바우처제도 시스템이 처음 도입된 것은 2007년으로, 김대중 정부가 아니라 노무현 정부 때이다.

16

정답 ②

| 재무행정론 > 재무행정 기초이론 > 전통적 예산원칙 | 정답률 90% |

| 정답해설 |

② 선택률 90% 예산 다원적 절차의 원칙은 입법부 우위의 전통적 예산원칙이 아니라, 행정부 우위의 현대적 예산원칙에 해당한다. 다원적 절차의 원칙은 현대 정부는 다양한 형태·종류의 활동을 수행하고 있는데, 이러한 활동들을 적절하게 수행하기 위해서는 상이한 형태·종류에 따라 다양한 예산절차가 필요하다는 것을 말한다.

| 오답해설 |

① 선택률 7% 예산공개의 원칙은 예산의 편성·심의·집행 등 예산과정의 주요한 단계는 국민에게 공개되어 국민으로 하여금 정부의 활동을 알게 하여야 하며, 예산에 대한 국민의 자유로운 비판을 보장해야 한다는 것이다.

③ 선택률 1% 예산완전성의 원칙은 정부의 모든 수입과 지출은 예산에 계상되어야 한다는 것을 말한다.

④ 선택률 2% 예산통일성의 원칙은 특정한 세입을 특정한 세출에 충당해서는 안 된다는 것으로, 국가의 모든 수입은 일단 국고에 편입된 후에 모든 지출이 이루어져야 한다는 것을 의미한다.

17

정답 ④

| 기초이론 > 행정학이론 발달 > 신공공관리론(NPM) | 정답률 74% |

| 정답해설 |

④ 선택률 74% 신공공관리론(NPM)은 기업가적 정부의 구현을 강조하는데, 기업가적 정부는 성과제고를 위해 재량권을 부여하는 대신 책임성을 강화한다. 따라서 NPM은 책임성을 약화시키는 것이 아니라 책임성을 강화시킨다.

18

정답 ④

| 지방행정론 > 지방자치단체 운영체계 > 지방자치단체의 기관구성 | 정답률 93% |

| 정답해설 |

④ 선택률 93% 우리나라는 지방자치단체의 기관구성이 기관대립(분리)형이다. 기관대립형은 기관통합형에 비해 의결기관과 집행기관이 분리되어 있어 견제와 균형이 잘 이루어진다.

19

정답 ②

| 재무행정론 > 예산제도론 > 성과주의예산제도(PBS) | 정답률 75% |

| 정답해설 |

② 선택률 75% 성과주의예산은 평가대상 업무단위가 중간 산출물인 경우가 많아 예산성과의 질적인 측면까지 평가하기가 곤란하다. 예를 들어 경찰의 순찰활동은 순찰시간이 측정단위인데, 순찰시간을 많이 확보한다고 해서 치안유지가 직접 보장된다고 볼 수 없다.

20

정답 ④

| 조직이론 > 조직 기초이론 > 카오스(chaos)이론 | 정답률 54% |

| 정답해설 |

④ 선택률 54% 초합리성은 최적모형에서 강조하는 내용이다.

더 알아보기 ▶ 카오스(chaos)이론

카오스이론은 혼돈 상태에서 숨겨진 질서를 발견하여 혼돈의 변화 상태를 설명할 수 있다고 보며, 비선형동학을 이용하여 불규칙적 행태에서 규칙성을 발견하고자 한다. 카오스이론의 특징으로는 나비효과(초기조건의 민감성), 비선형적(불규칙적) 변화, 자기조직화, 공(동)진화 등이 있다.

군무원 VS 공무원 비교분석

일반 공무원 시험에서는 잘 출제되지 않았던 참신하고 좋은 문제이다. 현대사회의 복잡성으로 인해, 카오스이론은 앞으로도 출제가능성이 높은 영역이므로 주요 내용을 반드시 숙지하여야 한다.

21
정답 ②

| 정책학 > 정책분석론 > 정책결정과 정책집행 | 정답률 84% |

| 정답해설 |

② 선택률84% 선정된 문제를 해결하기 위해 여러 대안 중 최적의 대안을 선택하는 것은 정책집행이 아니라 정책결정이다.

22
정답 ①

| 인사행정론 > 인사행정 기초이론 > 직업공무원제 | 정답률 88% |

| 정답해설 |

① 선택률88% 직업공무원제는 결원 발생 시 내부임용을 통하여 충원하기 때문에 유능한 일반행정가 확보에 유리한 제도이다.

23
정답 ④

| 인사행정론 > 근무규율 > 공직윤리(행정윤리) | 정답률 68% |

| 정답해설 |

④ 선택률68% 「공직자윤리법」, 「국가공무원법」은 부정부패 방지 등을 위한 추상적이고 소극적인 행정윤리를 강조한다. 즉, 법률은 추상적이고 소극적인 성격이 강하다고 볼 수 있다.

24
정답 ③

| 지방행정론 > 지방자치단체 운영체계 > 지방의회의 의결사항 | 정답률 60% |

| 정답해설 |

③ 선택률60% 국무총리령이 아니라 대통령령으로 정하는 공공시설의 설치·처분이 지방의회의 의결사항에 해당한다.

법령 「지방자치법」 제47조(지방의회의 의결사항) ① 지방의회는 다음 각 호의 사항을 의결한다.

1. 조례의 제정·개정 및 폐지
2. 예산의 심의·확정
3. 결산의 승인
4. 법령에 규정된 것을 제외한 사용료·수수료·분담금·지방세 또는 가입금의 부과와 징수
5. 기금의 설치·운용
6. 대통령령으로 정하는 중요 재산의 취득·처분
7. 대통령령으로 정하는 공공시설의 설치·처분
8. 법령과 조례에 규정된 것을 제외한 예산 외의 의무부담이나 권리의 포기
9. 청원의 수리와 처리
10. 외국 지방자치단체와의 교류·협력
11. 그 밖에 법령에 따라 그 권한에 속하는 사항

25 고난도 TOP3
정답 ③

| 재무행정론 > 예산제도론 > 자원배분 | 정답률 48% |

| 정답해설 |

③ 선택률48% 자원배분에는 경제논리(자원배분의 효율성)와 정치논리(소득분배의 형평성)가 존재한다. 즉, 자원배분에는 경제논리로만 해결되지 않은 문제들이 있기 때문에 정치논리도 또한 필요하다. 자원배분에 대한 경제논리는 모든 대안을 총체적, 포괄적, 체계적으로 탐색하기 때문에 자원배분 시 시간과 노력, 비용 등이 과다하게 발생하며 비현실적이라는 비판을 받는다. 반면, 자원배분에 대한 정치논리는 이해관계자의 타협과 조정을 강조하는데, 이 과정에서 조직화되지 않은 집단의 이익이 배제되어 자원배분 시 소수의 의견이 무시되는 문제가 발생한다.

더 알아보기 ▶ 경제논리와 정치논리

구분	경제논리	정치논리
목적	효율적인 자원배분(효율성)	공정한 몫의 배분(형평성)
기준	경제적 합리성	정치적 합리성
행동원리	최적화 원리(파레토 최적)	균형화 원리
이론	총체주의	점증주의
행태	사회후생의 극대화	몫(득표)의 극대화

군무원 vs 공무원 비교분석

일반 공무원 시험에서는 찾아볼 수 없는 참신한 문제이다. 행정학은 민주성과 능률성의 양대 이념이 존재한다. 이를 행정학 전체 영역에 잘 적용하는 것이 행정학 실력 향상에 도움이 된다. 자원배분의 정치논리와 경제논리도 마찬가지이다.

9급 군무원 행정학

l 전체 난이도 및 합격선

전체 난이도	합격선
中	88점

l 기출총평

인센티브제도, 공공서비스 성과지표 등의 참신한 출제가 돋보였다.

- 영역별 – 기초이론에서 5문항, 조직이론, 인사행정론에서 각 4문항이 출제되어 전 범위에서 골고루 출제된 시험이었다. 다만, 2008년도 시험까지는 분리된 과목이었던 '정책학'이 행정학에 흡수되어 출제되기 시작하였다. 정책학에서는 7문항이 출제되었는데, 이후 시험과 비교했을 때 다른 영역에 비해 출제비중이 높았다.
- 내용별 – 인센티브제도, 제3종 오류, 공공서비스 성과지표 등 참신한 문제들이 다수 출제되었다. 또한 신구(新舊) 문제가 적절히 조화를 이루어 전반적으로 무난한 출제였다.
- 법령별 – 「국가공무원법」상 직위분류제의 용어, 「정부기업예산법」상 기업특별회계, 「지방자치법」상 지방자치단체의 종류에 관한 규정을 숙지한다.
- 수험대책 – 영역별 빈출문제를 숙지하고, 인센티브제도, 제3종 오류, 공공서비스 성과지표 등은 다시 출제될 가능성이 높은 내용이므로 반드시 기억하도록 한다.

l 영역별 출제비중

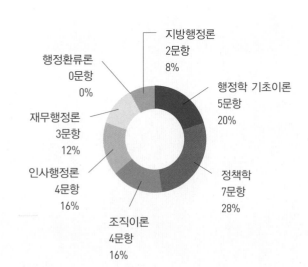

행정환류론
0문항
0%

지방행정론
2문항
8%

재무행정론
3문항
12%

행정학 기초이론
5문항
20%

인사행정론
4문항
16%

정책학
7문항
28%

조직이론
4문항
16%

l 문항 분석

	카테고리	출제수	정답률
1	인사행정론 > 근무규율 > 공직부패의 접근방법	1회	95%
2	기초이론 > 행정학이론 발달 > 뉴거버넌스론과 신공공관리론(NPM)	9회	89%
3	인사행정론 > 인사행정의 3대 변수 > 인센티브제도	1회	76%
4	정책학 > 정책분석론 > 제3종 오류	2회	90%
5	인사행정론 > 공직 분류 > 직위분류제	10회	82%
6	조직이론 > 조직구조론 > 네트워크구조	4회	97%
7	재무행정론 > 예산제도론 > 기획과 예산	1회	95%
8	조직이론 > 조직 기초이론 > 대리인이론	3회	91%
9	인사행정론 > 인사행정의 3대 변수 > 다면평가제도	2회	96%
10	재무행정론 > 예산과정론 > 정부회계	5회	84%
11	재무행정론 > 재무행정 기초이론 > 「정부기업예산법」	1회	85%
12	기초이론 > 현대행정의 변천 > 공공서비스의 성과측정 지표	1회	94%
13	조직이론 > 조직변동(혁신)론 > 균형성과표(BSC)	2회	90%
14	정책학 > 정책분석론 > 비용편익분석	2회	94%
고난도 TOP3 15	정책학 > 정책분석론 > 선형계획(LP)	1회	72%
16	정책학 > 정책학 기초이론 > 엘리트이론	3회	94%
17	정책학 > 정책의제설정론 > 외부주도모형	1회	93%
고난도 TOP1 18	기초이론 > 행정이념 > 합리성	3회	47%
19	기초이론 > 현대행정의 변천 > 전자바우처	2회	92%
20	조직이론 > 조직구조론 > 위원회	1회	91%
21	기초이론 > 행정학이론 발달 > 공공선택론	4회	91%
22	정책학 > 정책학 기초이론 > 정책과정의 참여자	2회	88%
23	지방행정론 > 지방자치단체 운영체계 > 지방자치단체의 종류	1회	78%
24	지방행정론 > 지방재정 > 국고보조금	2회	75%
고난도 TOP2 25	정책학 > 정책집행론 > 정책집행의 유형	2회	48%

※ **고난도 TOP1** 은 해당 회차에서 정답률이 가장 낮은 문항입니다.

기출문제편 ▶ P.84

01	③	02	③	03	④	04	③	05	②
06	①	07	①	08	③	09	④	10	③
11	④	12	①	13	①	14	③	15	④
16	④	17	③	18	①	19	④	20	①
21	③	22	④	23	③	24	①	25	②

01
정답 ③

| 인사행정론 > 근무규율 > 공직부패의 접근방법 | 정답률 95% |

| 정답해설 |

③ 선택률 95% 공직부패의 접근방법 중 제도적 접근방법은 사회의 법과 제도상의 결함 또는 이러한 것들에 대한 관리기구들과 그 운영상의 문제들이나 예기치 않았던 부작용들이 부정부패의 원인으로 작용한다고 보는 입장이다. 행정통제 장치의 미비는 제도적 접근방법에서 나타나는 대표적인 관료부패의 원인이다.

| 오답해설 |

① 선택률 1% 공직부패의 접근방법 중 도덕적 접근방법은 관료부패를 개인행동의 결과로 보아 개인이나 소규모 집단이 공적 역할을 지배하는 법규를 침해할 경우, 부패의 원인을 이러한 행위에 참여한 개인들의 윤리, 자질의 탓으로 돌리는 경우를 말한다. 개인의 성격이라든가 독특한 습성과 윤리문제가 부패행태와 밀접한 관련이 있다고 보는 입장이다.

② 선택률 2% 사회·문화적 접근방법은 특정한 지배적 관습이나 경험적 습성과 같은 것이 관료부패를 조장한다고 보는 입장이다.

④ 선택률 2% 체제론적 접근방법은 관료부패는 어느 하나의 변수에 의하여 설명되는 것이 아니라, 그 나라의 문화적 특성, 제도상의 결함, 구조상의 모순, 관료의 비윤리적 행태 등 다양한 요인에 의하여 복합적으로 나타난다고 보는 입장이다.

02
정답 ③

| 기초이론 > 행정학이론 발달 > 뉴거버넌스론과 신공공관리론(NPM) | 정답률 89% |

| 정답해설 |

③ 선택률 89% 신공공관리론(NPM)이 조직 내 관계를 중시하는 데 반해, 뉴거버넌스론은 조직 간 관계를 중시하는 경향이 있다.

더 알아보기 ▶ 신공공관리와 뉴거버넌스

구분	신공공관리	뉴거버넌스(신국정관리)
정부역할	방향잡기(steering)	
인식론적 기초	신자유주의 (비정치적 개념)	공동체주의 (정치적 개념)
관리기구	시장	연계망(network)
관리가치	결과(outcomes)	신뢰(trust), 과정

관료역할	공공기업가 (public entrepreneur)	조정자 (coordinator)
작동원리	경쟁(시장 메커니즘)	협력체제(partnership)
서비스	민영화, 민간위탁 등	공동공급 (시민, 기업 등 참여)
관리방식	고객 지향	임무 중심
분석수준	조직 내 (intra-organizational)	조직 간 (inter-organizational)
공통점	• 노젓기(rowing)보다 방향잡기(steering) 중시 • 투입보다 산출에 대한 통제 강조 • 공공과 민간부문의 구분 필요성에는 회의적임	

03
정답 ④

| 인사행정론 > 인사행정의 3대 변수 > 인센티브제도 | 정답률 76% |

| 정답해설 |

④ 선택률 76% 종업원인정제도는 금전적 보상을 제공하는 것이 아니라, '이달의 인물' 등과 같이 특정 구성원 또는 집단의 특수한 기여를 인정해 줌으로써 동기를 유발하고자 하는 제도이다.

더 알아보기 ▶ 인센티브제도

- **성과보너스**: 탁월한 성과를 거둔 구성원에게 금전적 보상을 지급하는 제도이다.
- **작업량보너스**: 작업량에 따라 금전적 보상을 제공하는 제도이다.
- **수익분배제도**: 특정 집단이 가져온 수익 또는 절약분을 구성원들에게 나누어 주는 제도이다.
- **제안상제도**: 조직의 자원을 절약할 수 있는 우수한 제안을 한 구성원에게 인센티브를 제공하는 제도이다.
- **행태보상제도**: 관리층이 권장하는 특정 행동에 대해 인센티브를 제공하는 제도이다.
- **종업원인정제도**: 금전적 보상을 제공하는 것이 아니라, '이달의 인물' 등과 같이 특정 구성원 또는 집단의 특수한 기여를 인정해 줌으로써 동기를 유발하고자 하는 제도이다.

군무원 VS 공무원 비교분석

일반 공무원 시험에서는 출제된 적이 없는 내용의 문제이나, 한국행정학회의 학술대회 주제나 주요 대학교재의 내용을 분석해 보면 군무원 시험에서는 다시 출제될 가능성이 있으므로, 지문의 내용은 반드시 숙지하여야 한다.

04

정답 ③

정책학 > 정책분석론 > 제3종 오류 　　　　 정답률 90%

| 정답해설 |

③ 선택률 90% 제시된 지문에 해당하는 것은 제3종 오류이다. 제3종 오류(메타 오류, meta error)란 잘못된 문제규정이 잘못된 정책목표의 설정으로 연결되는 현상을 의미한다. 즉, 문제의 구성요소 중에서 해결하고자 하는 것을 잘못 선택한 것을 의미한다. 제3종 오류를 막고 정책문제를 정확히 정의하기 위해서는 정책문제의 구조화가 중요하다.

| 오답해설 |

① 선택률 5% 제1종 오류는 정책이나 프로그램의 효과가 실제로 발생하지 않았음에도 불구하고 통계적으로 효과가 나타난 것으로 결론을 내리는 경우이다.

② 선택률 4% 제2종 오류는 정책이나 프로그램의 효과가 실제로 발생하였음에도 불구하고 통계적으로 효과가 나타나지 않은 것으로 결론을 내리는 경우이다.

④ 선택률 1% 환원주의 오류에 개체(인)주의 오류가 포함되어 있다. 즉, 환원주의 오류가 더 넓은 개념이다. 환원주의 오류에는 개체(인)주의 오류뿐만 아니라 변수를 너무 좁게 잡은 오류도 있다. 예를 들어, 사회현상을 진단하는 데 심리학자가 심리학적인 측면만 보는 것이나, 경제학자가 경제학적인 측면만 보는 것 등이다. 사회문제를 진단할 때 심리변수는 물론 경제변수, 정치변수 등 다각적으로 살펴보아야 하는데 너무 변수를 좁게 잡은 것이다. 이에 비해 개체(인)주의적 오류(individualistic fallacy)란 개인적 특성에 대한 정보를 통해 그가 속한 집단이나 사회의 특성을 파악하고자 할 때 발생하는 오류이다. 예를 들어, 흡연을 하고도 건강하게 장수한 사람이 있다고 해서 금연을 할수록 건강하다는 일반적 양식을 거부하기는 어렵다. 따라서 개체(인)주의적 오류는 분석 단위에서 오는 오류이고, 환원주의적 오류는 변수 선정에서 오는 오류이다.

05

정답 ②

인사행정론 > 공직 분류 > 직위분류제 　　　　 정답률 82%

| 정답해설 |

② 선택률 82% 직렬(series)은 직무의 종류가 유사하고 그 책임과 곤란성의 정도가 상이한 직급의 군을 말한다.

| 오답해설 |

① 선택률 5% 직위(position)는 1인의 공무원에게 부여할 수 있는 직무와 책임을 말한다.

③ 선택률 11% 직류(sub-series)는 동일한 직렬 내에서의 담당 분야가 동일한 직무의 군을 말한다.

④ 선택률 2% 직군(occupational group)은 직무의 성질이 유사한 직렬의 군을 말한다.

더 알아보기 ▶ 직무의 종류와 곤란도

구분	종류	곤란도	내용
직급	○	○	직무의 종류, 곤란도가 유사
직렬	○	×	직무의 종류는 유사, 직무의 곤란도가 상이
등급	×	○	직무의 종류는 상이, 직무의 곤란도와 책임도가 유사

06

정답 ①

조직이론 > 조직구조론 > 네트워크구조 　　　　 정답률 97%

| 정답해설 |

① 선택률 97% 조직 내의 안정성과 정체성을 보다 확고히 할 수 있는 조직구조는 기계적 조직(기능구조, 관료제)이다. 네트워크조직은 조직의 자체 기능은 핵심역량 위주로 합리화하고, 여타 기능은 외부기관들과 계약관계를 통해 수행하는 유기적 조직유형의 하나로서 정보통신기술의 확산으로 채택된 새로운 조직구조 접근법이다. 한 조직 내에서 모든 기능을 수행하는 방식을 탈피하여, 예를 들면, 회계, 제조, 포장, 유통기능 등을 외부기관들에 아웃소싱하여 조직본부와 전자적으로 연결하고 있다. 따라서 네트워크조직은 모호한 조직경계에 따라 조직의 정체성이 약해 응집성 있는 조직문화를 가지기 어렵고 조직 내 안정성을 저해한다.

07

정답 ①

재무행정론 > 예산제도론 > 기획과 예산 　　　　 정답률 95%

| 정답해설 |

① 선택률 95% 기획은 쇄신적 성격을 가지나, 예산은 보수적 성격을 가진다. 이에 따라 기획담당자는 혁신적·미래지향적·발전지향적·소비지향적이며, 예산담당자는 보수적·부정적·저축지향적이다.

군무원 🆚 공무원 비교분석

일반 공무원 시험에서는 거의 출제된 적이 없는 내용의 문제이다. 기획과 예산의 괴리요인 중 담당자의 성격 차도 중요하기 때문에 지문의 내용을 숙지하여야 한다.

08

정답 ③

조직이론 > 조직 기초이론 > 대리인이론 　　　　 정답률 91%

| 정답해설 |

③ 선택률 91% 대리인이론은 시민의 권한위임을 받은 관료가 시민의 통제에서 벗어나고, 시민이 관료를 통제하는 방법을 설명하는 데 적절한 이론이다. 주인과 대리인 사이에 정보의 비대칭성으로 인해 '도덕적 해이'와 '역선택'의 문제가 나타날 수 있으며, 이

를 극복하기 위한 제도적 절차로는 정보공개제도, 「행정절차법」, 내부고발자보호, 참여확대, 성과급 등이 있다. 따라서 주인과 대리인 간의 대리손실의 최소화를 위해 대리인의 자율성 강화보다는 비대칭적 정보의 완화를 통한 통제의 강화가 필요하다고 본다.

09 정답 ④

| 인사행정론 > 인사행정의 3대 변수 > 다면평가제도 | 정답률 96% |

| 정답해설 |

④ 선택률 96% 다면평가는 인간관계 중심의 인기 위주의 투표화를 유발한다. 즉, 다면평가는 인간관계 중심의 평가가 되어 조직 내 포퓰리즘(populism, 대중영합주의를 의미하며 이는 다면평가가 인기투표식으로 전락할 수 있음을 의미)을 일으킬 수 있다. 이로 인해 상급자가 업무 추진보다는 부하의 눈치를 보는 행정이 이루어질 가능성이 높다.

| 오답해설 |

① 선택률 0% 다면평가제도는 여러 사람을 평정자로 활용하여 평가에 참여하는 소수인의 주관과 편견, 이들 간의 개인 편차를 줄임으로써 객관성과 공정성을 높일 수 있다.

③ 선택률 3% 다면평가제도는 조직의 계층적 구조가 완화되고 팀워크가 강조되는 현대사회의 새로운 조직유형에 부합되는 제도로, 매트릭스조직, 팀제 등 동태적 조직에 적합하다.

10 정답 ③

| 재무행정론 > 예산과정론 > 정부회계 | 정답률 84% |

| 정답해설 |

③ 선택률 84% 현금주의에 대한 내용이다. 현금주의는 현금의 수취와 지출 시점에서 수익과 비용을 인식하는 기준이다. 즉, 수입은 현금이 수납되었을 때 기록하고, 지출은 계좌이체를 하거나 현금이 지급되었을 때 기록하는 것이다. 따라서 현금주의는 상대적으로 자의적인 주관의 개입 여지가 적다. 발생주의는 현금의 수취나 지출에 관계없이 수익은 실현된 때에 인식하고, 비용은 수익획득과 관련하여 발생한 때에 인식하는 기준을 말한다. 즉, 정부의 수입이 발생했을 때(세입의 징수결정이 이루어졌을 때) 그것을 수입으로 기록하고, 정부가 재화와 용역을 획득함으로써 지출해야 할 채무가 발생했을 때 그것을 지출로 기록하는 것이다.

11 정답 ④

| 재무행정론 > 재무행정 기초이론 > 「정부기업예산법」 | 정답률 85% |

| 정답해설 |

④ 선택률 85% 우편사업, 우체국예금, 조달사업, 양곡관리 등과 관련된 특별회계를 설치하고 그 예산 등의 운용에 관한 사항을 규정하고 있는 것은 「정부기업예산법」이다.

법령 「정부기업예산법」 제2조(정부기업) 이 법에서 "정부기업"이란 기업 형태로 운영하는 우편사업, 우체국예금사업, 양곡관리사업 및 조달사업을 말한다.
제3조(특별회계의 설치) 정부기업을 운영하기 위하여 다음 각 호의 특별회계를 설치하고 그 세입으로써 그 세출에 충당한다.
1. 우편사업특별회계
2. 우체국예금특별회계
3. 양곡관리특별회계
4. 조달특별회계

12 정답 ①

| 기초이론 > 현대행정의 변천 > 공공서비스의 성과측정지표 | 정답률 94% |

| 정답해설 |

① 선택률 94% 지역사회의 안정성(㉠)은 영향, 범인체포 건수(㉡)는 산출, 조사활동에 투입된 경찰의 규모(㉢)는 투입, 범죄율 감소(㉣)는 결과에 해당한다.

더 알아보기 ▶ 공공서비스별 성과지표의 예

성과지표	경찰부서	도로부서
투입	조사활동에 투입된 경찰·차량 규모	인력 및 장비 규모
업무	담당 사건 수	민원 관리, 인력·장비 조달
산출	범인 체포 건수	도로 건설 규모
결과	범죄율 감소	통행속도, 사고감소율
영향	지역사회 안전성	지역 및 산업경쟁력

군무원 vs 공무원 비교분석

공공서비스의 성과지표를 응용하여 출제한 문제로, 이 문제 출제 이후 일반 공무원 시험에서 유사한 문제가 다수 출제되었다. 산출은 직접적 생산물, 결과는 직접적 변화, 영향은 궁극적 효과라는 것을 반드시 기억해두어야 한다.

13 정답 ①

| 조직이론 > 조직변동(혁신)론 > 균형성과표(BSC) | 정답률 90% |

| 정답해설 |

① 선택률 90% 균형성과관리(BSC: Balanced Score Card, 1992)는 하버드 비즈니스 스쿨의 로버트 캐플런(Kaplan)과 경영컨설턴트인 데이비드 노튼(Norton)이 재무지표 중심의 기존의 성과관리의 한계를 극복하고 다양한 관점의 균형을 추구하기 위하여 주장하였다. 즉, BSC는 조직의 비전과 전략을 달성하기 위해 수행해야 할 핵심적인 사항을 측정 가능한 형태로 바꾼 성과지표의 집합이며, 성과지표를 도출하는 데에 전통적인 재무제표뿐만

아니라 고객, 비즈니스 프로세스, 학습, 성장과 같은 비재무적인 측면도 균형적으로 고려한다. 따라서 BSC는 결과 중심의 성과 관리보다는 과정 중심의 성과관리에 초점을 맞춘다.

14 정답 ③

정책학 > 정책분석론 > 비용편익분석	정답률 94%

| 정답해설 |

③ 선택률 94% 순현재가치(NPV)는 편익의 총현재가치에서 비용의 총현재가치를 뺀 것이다. 따라서 순현재가치(NPV)가 0보다 크면 사업의 타당성이 있다고 본다.

더 알아보기 ▶ 대안의 평가기준 및 계산방법

평가기준	계산방법
순현재가치 (NPV: Net Present Value)	순현재가치 = 편익의 총현재가치 − 비용의 총현재가치
편익비용비율 (B/C ratio)	편익비용비율 = $\dfrac{\text{편익의 총현재가치}}{\text{비용의 총현재가치}}$
내부수익률 (IRR: Internal Rate of Return)	NPV = 0 또는 B/C ratio = 1이 되도록 하는 할인율
회수기간법 (payback period)	비용의 회수기간을 계산

15 고난도 TOP3 정답 ④

정책학 > 정책분석론 > 선형계획(LP)	정답률 72%

| 정답해설 |

④ 선택률 72% 선형계획(linear programming)이란 일정한 제약요건하에서 한정된 자원을 여러 가지 경쟁적인 활동에 가장 적절한 방법으로 배분하는 문제와 관련된 의사결정의 분석기법으로, 주어진 한계하의 최적화 모형이다. 선형계획은 예견이고, 나머지는 직관적 추측기법에 해당한다.

16 정답 ④

정책학 > 정책학 기초이론 > 엘리트이론	정답률 94%

| 정답해설 |

④ 선택률 94% 엘리트주의는 엘리트가 자신의 가치와 선호에 부합하는 의사결정을 한다고 본다.

| 오답해설 |

① 선택률 1% 다원주의는 다양한 이익집단 간의 균형과 조절을 중시한다.

② 선택률 3% 국가는 스스로 결정하는 힘을 지닌 실체라고 주장하는 것은 신베버주의로, 국가의 자율성을 강조하는 입장이다.

③ 선택률 2% 공식적 참여자와 비공식적 참여자 간의 상호작용 관계를 포괄적으로 분석하는 것은 하위 정부모형이다.

17 정답 ③

정책학 > 정책의제설정론 > 외부주도모형	정답률 93%

| 정답해설 |

③ 선택률 93% 외부주도형은 이익집단이 발달하고 정부가 외부의 요구에 민감하게 반응하는 정치체제에서 주로 나타나기 때문에 다원화된 선진국의 정책의제설정과정의 특징으로서 나타나며, '사회문제 → 사회이슈 → 공중의제 → 정부의제'의 과정을 갖는다.

| 오답해설 |

① 선택률 1% '사회문제 → 정부의제'는 내부접근형의 과정이다.

② 선택률 3% '사회문제 → 정부의제 → 공중의제'는 동원형의 과정이다.

더 알아보기 ▶ 정책의제설정의 모형

외부주도형	사회문제 → 사회적 이슈 → 공중의제 → 정부의제
동원형	사회문제 → 정부의제 → 공중의제
내부접근형	사회문제 → 정부의제

18 고난도 TOP1 정답 ①

기초이론 > 행정이념 > 합리성	정답률 47%

| 정답해설 |

① 선택률 47% 목표에 비추어 적합한 행동이 선택되는 정도는 사이먼(Simon)의 실질적(내용적) 합리성이다. 반면 절차적 합리성은 결정과정이 이성적인 사유에 따라 이루어졌을 때 존재한다. 사이먼은 실질적 합리성이 이상적이지만 비현실적이므로, 절차적 합리성을 중시함으로써 합리모형보다 실증적인 모형인 만족모형을 주장하게 되었다.

19 정답 ④

기초이론 > 현대행정의 변천 > 전자바우처	정답률 92%

| 정답해설 |

④ 선택률 92% 노인돌봄서비스, 장애인활동 보조서비스 등은 전자바우처의 대표적 운영사례이다. 전자바우처는 종이바우처를 전자적으로 구현하여 이용권한이 설정된 휴대폰이나 신용카드 등을 이용하여 서비스 이용 및 지불수단으로 사용하는 것으로, 보건복지부에서는 2007년도부터 금융기관의 신용카드 결제시스템과 연계한 사회서비스 전자바우처를 실시하고 있다. 그 예로는 노인돌봄서비스, 장애인활동 보조서비스, 산모·신생아 도우미 서비스, 지역사회서비스혁신사업, 가사·간병서비스 등이 있다.

20
정답 ①

| 조직이론 > 조직구조론 > 위원회 | 정답률 91% |

| 정답해설 |

① 선택률 91% 위원회는 단독제에 대응되는 개념으로서, 결정에 다수인이 참여하는 합의제기관을 말한다. 따라서 합의제기관인 위원회는 합의에 의한 결정으로 결정이 지연되며, 심의과정으로 인하여 비밀의 확보가 곤란하다는 단점이 있다.

| 오답해설 |

② 선택률 1% 다수의 참여와 토론을 통하여 각 부문 간의 이해관계와 의견 대립을 조정하고 통합할 수 있어, 민주적인 결정과 집단적 결정을 이룰 수 있다.

③ 선택률 3% 다수의 의견이 반영된 좀 더 신중하고 공정한 결정을 내릴 수 있기 때문에, 결정이 지지되고 수용될 가능성이 높아진다.

④ 선택률 5% 정치적 중립성을 견지할 수 있어 행정의 고도의 중립성과 정책의 계속성을 확보하고 조직의 안정도를 높일 수 있다.

21
정답 ③

| 기초이론 > 행정학이론 발달 > 공공선택론 | 정답률 91% |

| 정답해설 |

③ 선택률 91% 공공서비스를 독점적으로 공급하는 전통적인 관료제를 비판하면서 등장한 것이 공공선택이론이다. 공공선택이론은 공공서비스를 독점적으로 공급하는 전통적인 정부관료제는 시민의 요구에 민감하게 반응을 보일 수 없는 제도적 장치이며, 동시에 조직화된 압력단체들의 영향력하에 이들에게 공공서비스를 편향적으로 공급하고 주된 소비자인 시민의 선택을 억압한다고 본다.

22
정답 ④

| 정책학 > 정책학 기초이론 > 정책과정의 참여자 | 정답률 88% |

| 정답해설 |

④ 선택률 88% 정책과정의 참여자 중 공식적 참여자에는 입법부(의회), 사법부(법원), 헌법재판소, 대통령, 행정기관과 관료, 지방자치단체장, 지방의회, 지방공무원, 일선기관 등이 있다.

| 오답해설 |

① 선택률 6% ② 선택률 2% ③ 선택률 4% 정당, 언론기관, 비정부기구(NGO), 시민단체, 일반 국민, 전문가와 지식인 및 정책공동체 등은 비공식적 참여자에 해당한다.

23
정답 ③

| 지방행정론 > 지방자치단체 운영체계 > 지방자치단체의 종류 | 정답률 78% |

| 정답해설 |

③ 선택률 78% 지방자치단체는 특별시, 광역시, 특별자치시, 도, 특별자치도와 시, 군, 구의 두 가지 종류로 구분한다. 지방자치단체인 구(자치구)는 특별시와 광역시의 관할구역 안의 구만을 말하며, 특별시 또는 광역시가 아닌 인구 50만 이상의 시에는 자치구가 아닌 구(행정구)를 둘 수 있다. 따라서 경기도 수원시 팔달구, 경기도 성남시 분당구, 경상남도 창원시 진해구 등은 지방자치단체인 자치구가 아니라 행정구에 해당한다.

군무원 VS 공무원 비교분석

일반 공무원 시험에서는 출제된 적이 없는 문제이다. 경기도 수원시 팔달구, 경기도 성남시 분당구, 경상남도 창원시 진해구 등의 행정구는 지방자치단체가 아니라는 점에 유의하여야 한다.

24
정답 ①

| 지방행정론 > 지방재정 > 국고보조금 | 정답률 75% |

| 정답해설 |

① 선택률 75% 국고보조금은 국가가 지방자치단체에 대하여 그 행정을 수행하는 데 요하는 경비의 재원을 충당하기 위하여 용도를 특정해서 교부하는 의존재원 및 특정재원으로서, 중앙정부와 지방정부 간의 수직적 재정조정제도에 해당한다. 우리나라의 국고보조금은 중앙통제수단으로서의 의미가 강하다.

25 고난도 TOP 2
정답 ②

| 정책학 > 정책집행론 > 정책집행의 유형 | 정답률 48% |

| 정답해설 |

② 선택률 48% 제시된 지문은 나카무라와 스몰우드(Nakamura & Smallwood)의 집행유형 중 지시적 위임가형에 관한 설명이다.

| 오답해설 |

① 선택률 1% 고전적 기술자형은 정책결정과 정책집행의 업무성질 및 담당주체 면에서 엄격한 분리에 입각하여, 정책집행자는 정책결정자가 결정한 정책내용을 충실히 집행하는 유형을 말한다.

③ 선택률 46% 재량적 실험가형은 현실적 여건으로 인해 정책결정자들이 구체적인 정책이나 목표를 설정하지 못하고 추상적인 수준에 머물러 있기 때문에 정책의 대부분을 정책집행자에게 위임하는 유형이다.

④ 선택률 5% 관료적 기업가형은 정책집행자가 정책결정자와 협상하여 수단을 확보하고 목표를 달성하며 정책결정자의 권한을 장악하고 결정과정을 지배하는 유형으로, 정책집행자가 정책결정자의 결정권을 장악하고 정책과정 전반을 완전히 통제한다.

9급 군무원 행정학

| 전체 난이도 및 합격선

전체 난이도	합격선
上	84점

| 기출총평

행정학에서 잘 다루지 않는 내용들이 다수 출제되었다.

• 영역별 – 기초이론, 조직이론에서 각 6문항, 인사행정론 5문항, 재무행정론, 지방행정론에서 각 4문항이 출제되어 영역별로 전 범위에서 골고루 출제된 시험이었다.

• 내용별 – 인트라넷, 데이터마이닝 등 행정학에서는 잘 다루지 않는 내용들이 출제되었고, 독립채산제나 시민참여 등 지엽적인 문제도 다소 출제되었다.

• 법령별 – 「헌법」상 예산심의기간, 「국가공무원법」상 인사제도, 「공직자윤리법」의 주요 내용, 「지방자치법」상 주민소송제도에 관한 규정을 숙지한다.

• 수험대책 – 영역별 빈출문제는 반드시 숙지하여야 하고, 인트라넷, 데이터마이닝은 최근 지식정보사회와 관련하여 중요한 문제이므로 기출 지문 정도는 익혀 두도록 한다.

| 영역별 출제비중

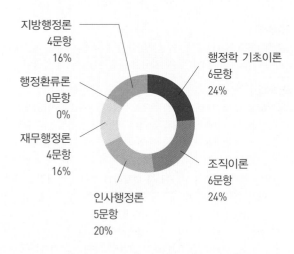

지방행정론
4문항
16%

행정환류론
0문항
0%

재무행정론
4문항
16%

인사행정론
5문항
20%

행정학 기초이론
6문항
24%

조직이론
6문항
24%

* 2007~2008년도 '정책학'은 '행정학'과 별개의 과목이었음

| 문항 분석

	카테고리	출제수	정답률
1	조직이론 > 조직구조론 > 공기업의 독립채산제	1회	90%
2	조직이론 > 조직관리론 > 동기부여이론	8회	80%
3	지방행정론 > 주민참여제도 > 시민참여	1회	64%
4	기초이론 > 현대행정의 변천 > 비정부조직(NGO)	1회	74%
5	인사행정론 > 인사행정 기초이론 > 직위분류제	10회	80%
6	인사행정론 > 공직 분류 > 개방형 직위	2회	84%
7	인사행정론 > 공직 분류 > 직위분류제	10회	84%
8	인사행정론 > 인사행정 기초이론 > 정보공유 수단	1회	89%
9	기초이론 > 현대행정의 변천 > 시장실패의 원인	5회	89%
10	재무행정론 > 예산과정론 > 예산심의 **고난도 TOP2**	5회	40%
11	기초이론 > 행정의 개념 > 정부관 **고난도 TOP3**	1회	43%
12	기초이론 > 행정학이론 발달 > 오스트롬(Ostrom)의 민주행정 패러다임	1회	58%
13	기초이론 > 행정학이론 발달 > 신행정론(후기행태론)	4회	72%
14	조직이론 > 조직관리론 > 리더십이론 **고난도 TOP1**	7회	35%
15	조직이론 > 조직구조론 > 책임운영기관	1회	85%
16	인사행정론 > 근무규율 > 공직윤리(행정윤리)와 공직부패	5회	68%
17	조직이론 > 조직정보론 > 데이터마이닝	1회	66%
18	지방행정론 > 정부 간 관계 > 정부 간 관계모형(IGR)	2회	65%
19	기초이론 > 행정이념 > 공익	2회	92%
20	조직이론 > 조직구조론 > 공기업의 종류	2회	75%
21	재무행정론 > 예산과정론 > 정부회계	5회	65%
22	재무행정론 > 예산제도론 > 통제지향적 예산	1회	59%
23	재무행정론 > 예산제도론 > 예산결정이론	2회	65%
24	지방행정론 > 주민참여제도 > 우리나라 주민참여제도	8회	92%
25	지방행정론 > 지방재정 > 지방재정 관리제도	2회	72%

※ **고난도 TOP1** 은 해당 회차에서 정답률이 가장 낮은 문항입니다.

01	③	02	②	03	③	04	④	05	①
06	②	07	②	08	③	09	④	10	①
11	④	12	①	13	④	14	②	15	④
16	③	17	③	18	①	19	④	20	④
21	①	22	②	23	④	24	④	25	②

01

정답 ③

| 조직이론 > 조직구조론 > 공기업의 독립채산제 | 정답률 90% |

| 정답해설 |

③ 선택률 90% 독립채산제란 단일 기업 또는 기업 내 경영 단위가 자기의 수지에 의해 단독으로 사업을 성립시킬 수 있도록 하는 경영 관리 제도이다. 따라서 독립채산제는 재정과 경영을 분리하는 제도를 의미하며, 독립채산제를 채택한 공기업은 수지채산의 독립과 균형을 확보할 수 있어 정부나 의회로부터의 자주성을 확보할 수 있다. 독립채산제에서는 정부가 공기업에 대하여 중앙집권적으로 관리하는 것이 아니라, 분권적으로 관리한다.

02

정답 ②

| 조직이론 > 조직관리론 > 동기부여이론 | 정답률 80% |

| 정답해설 |

② 선택률 80% 허즈버그(Herzberg)는 인간의 욕구 차원을 불만과 만족으로 구분하고 불만을 일으키는 요인(위생요인)과 만족을 주는 요인(동기요인)은 서로 다르다는 욕구충족요인 이원론을 제시하였다. 만족의 반대는 불만족이 아니라 만족이 없다는 것이며, 불만족의 반대는 만족이 아니라 불만족이 없다는 것이다. 만족감을 느끼게 하는 것이 아니고 불만을 막는 작용을 하는 것은 불만요인(위생요인)에 해당한다.

더 알아보기 ▶ 허즈버그(Herzberg)의 욕구충족요인 이원론

불만요인(위생요인)	만족요인(동기요인)
〈직무의 조건·환경〉	〈직무 자체〉
• 조직의 정책·방침·관리	• 직무상의 성취
• 감독	• 직무성취에 대한 인정
• 근무(작업)조건	• 보람 있는 일
• 보수	• 책임의 증대
• 대인관계(상사와의 인간관계)	• 발전·성장
• 복지시설	• 승진·자아계발

03

정답 ③

| 지방행정론 > 주민참여제도 > 시민참여 | 정답률 64% |

| 정답해설 |

③ 선택률 64% 설문은 아른슈타인(Arnstein)의 시민참여 유형에 관한 설명이다. 아른슈타인은 조작, 치료, 정보제공, 자문, 회유, 공동

협력, 권한위임, 시민통제의 8단계로 시민참여를 구분하였다.

더 알아보기 ▶ 아른슈타인(Arnstein)의 시민참여 유형

비참여	조작	일방적으로 주민을 교육, 지시, 계도
	치료	행정기관이 책임회피를 위해 주민참여
형식적 참여	정보제공	행정기관이 일방적으로 정보제공
	상담(자문)	공청회 등을 통한 형식적 참여
	회유	주민이 정보를 제공받고, 각종 위원회 등에서 의견을 제시·권고하는 등의 역할은 하지만, 주민이 정책결정에 영향력을 행사하는 능력은 갖지 못하는 수준
실질적 참여	대등협력 (공동협력)	행정기관이 최종결정권을 가지고 있지만 주민이 필요하다고 판단할 경우 행정기관에 맞서서 자신의 주장을 내세울 만큼의 영향력을 갖고 있는 수준
	권한위임	주민이 정책의 결정·실시에 우월한 권력을 가지고 참여하는 경우로, 주민의 영향력이 강하여 행정기관은 문제해결을 위하여 주민을 협상으로 유도하는 수준
	주민통제 (시민통제)	주민에 의한 완전자치 실현

군무원 vs 공무원 비교분석

아른슈타인(Arnstein)의 시민참여의 유형은 모든 공무원 시험에서 출제비중이 낮은 문제였다. 하지만 최근 시민참여가 중시되면서 모든 행정학 시험에서 출제비중이 높아질 것으로 예상되는 문제이다. 단계를 잘 구분하여 숙지하여야 한다.

04

정답 ④

| 기초이론 > 현대행정의 변천 > 비정부조직(NGO) | 정답률 74% |

| 정답해설 |

④ 선택률 74% NGO는 공익·비영리를 추구하는 자발적 조직으로, 사적 조직이다. 시민들이 공익·비영리를 위한 일을 하기 위하여 자발적으로 구성한 단체이기 때문에 조직이나 활동 면에서 자율성이 중시된다.

더 알아보기 ▶ 섹터(sector)의 구분

구분	공공기관	민간기관
비영리	Ⅰ	Ⅲb
영리	Ⅲa	Ⅱ

㉠ 제1부문(the first sector, 도표Ⅰ): 비영리공공기관

㉡ 제2부문(the second sector, 도표Ⅱ): 영리민간기관

㉢ 제3부문(the third sector)

• 준정부조직(QUANGO, 도표Ⅲa): 민관공동출자회사로서 우리나라의 제3섹터의 개념은 이러한 준정부조직을 중심으로 이해하는 경향이 강하다.

- 비정부조직(NGO, 도표Ⅲb): 좁은 의미의 제3섹터에 해당하며, 비영리·공익을 목적으로 하는 민간부문이다.

05 정답 ①

| 인사행정론 > 인사행정 기초이론 > 직위분류제 | 정답률 80% |

| 정답해설 |

① 선택률 80% 직위분류제도는 인사행정의 능률성과 합리성을 수단으로 하며, 실적주의와 과학적 관리론을 배경으로 추진된 제도이다. 즉, 직위분류제도는 엽관주의의 폐해를 극복하고자 실적주의가 강조되는 상황하에서 과학적 관리론의 영향(동일직무·동일보수)으로 합리적인 보수제도의 확립을 위한 직무분석과 직무평가가 촉진됨으로써 성립·발전되었다.

06 정답 ②

| 인사행정론 > 공직 분류 > 개방형 직위 | 정답률 84% |

| 정답해설 |

② 선택률 84% 임용권자나 임용제청권자는 해당 기관의 직위 중 전문성이 특히 요구되거나 효율적인 정책 수립을 위하여 필요하다고 판단되어 공직 내부나 외부에서 적격자를 임용할 필요가 있는 직위에 대하여는 개방형 직위로 지정하여 운영할 수 있다. 따라서 개방형 직위는 주로 계약직으로 임명하는 것이 일반적이나, 일반직 등으로도 임명 가능하다.

※ 출제 당시 계약직은 법령 개정으로 폐지되었습니다.

| 오답해설 |

① 선택률 4% 법관, 검사, 외무공무원, 경찰공무원, 소방공무원, 교육공무원, 군인, 군무원, 헌법재판소 헌법연구관, 국가정보원의 직원, 경호공무원과 특수 분야의 업무를 담당하는 공무원은 특정직 공무원이다.

07 정답 ②

| 인사행정론 > 공직 분류 > 직위분류제 | 정답률 84% |

| 정답해설 |

② 선택률 84% 직위분류제는 동일한 직렬에 따라서 전보·승진이 이루어지므로, 인사배치의 신축성·융통성이 결여된다. 인적자원관리와 활용의 융통성과 탄력성을 확보할 수 있는 것은 계급제이다.

08 정답 ③

| 인사행정론 > 인사행정 기초이론 > 정보공유 수단 | 정답률 89% |

| 정답해설 |

③ 선택률 89% 인트라넷(intranet)은 회사나 학교와 같은 조직 내부에서만 사용하는 근거리 통신망이다. 즉, 인터넷과 기술이나 통신 규약 면에서는 구성이 똑같지만 외부와는 단절되어 있고, 오직 조직 내부에서만 작동한다. 기업 등 조직에서 인터넷 기술과 통신규약을 이용해 조직 내부의 업무를 통합하는 정보 시스템이다. 별도의 통신망을 구축하지 않아도 언제, 어디서든 자신이 속한 조직의 정보시스템에 접속할 수 있다.

군무원 Ⓥ 공무원 비교분석

군무원 시험에서 데이터마이닝(data mining)과 인트라넷(intranet)은, 2008년도에 한 번 출제된 것 말고는 어느 공무원 시험에서도 더 이상 출제되지 않았다. 그렇지만 최근 지식정보사회와 관련하여 중요한 내용이므로 반드시 기억해 두어야 한다.

09 정답 ④

| 기초이론 > 현대행정의 변천 > 시장실패의 원인 | 정답률 89% |

| 정답해설 |

④ 선택률 89% ㉠, ㉡, ㉢ 모두 시장실패의 원인에 해당한다. 시장실패의 원인으로는 불완전 경쟁(시장의 불완전성), 규모의 경제(비용체감산업), 외부효과(외부경제, 외부비경제), 공공재의 공급 부족, 정보의 불완전성(불확실성, 비대칭성) 등이 있다.

10 고난도 TOP 2 정답 ①

| 재무행정론 > 예산과정론 > 예산심의 | 정답률 40% |

| 정답해설 |

① 선택률 40% 우리나라 국회에서의 예산심의 기간은 「헌법」상 60일이다.

법령 「헌법」 제54조 ① 국회는 국가의 예산안을 심의·확정한다.
② 정부는 회계연도마다 예산안을 편성하여 회계연도 개시 90일 전까지 국회에 제출하고, 국회는 회계연도 개시 30일 전까지 이를 의결하여야 한다.
③ 새로운 회계연도가 개시될 때까지 예산안이 의결되지 못한 때에는 정부는 국회에서 예산안이 의결될 때까지 다음의 목적을 위한 경비는 전년도 예산에 준하여 집행할 수 있다.
　1. 「헌법」이나 법률에 의하여 설치된 기관 또는 시설의 유지·운영
　2. 법률상 지출의무의 이행
　3. 이미 예산으로 승인된 사업의 계속

더 알아보기 ▶ 예산심의의 절차

11 고난도 TOP 3 정답 ④

| 기초이론 > 행정의 개념 > 정부관 | 정답률 43% |

| 정답해설 |

④ 선택률 43% 자유방임사상가들은 정부의 역할을 국방, 공공토목사업 등의 최소한의 분야로 한정하고 있다. 환경규제는 최근에 강조된 정부의 역할에 해당한다.

| 오답해설 |

① 선택률 4% 행정과 경영은 목표달성을 위한 협동적인 집단노력이라는 점 등에서 유사하지만, 행정은 엄격한 법적 규제를 적용하며, 경영은 직접적인 법적 규제가 적용되지 않는다는 점 등에서 차이가 있다.

③ 선택률 33% 보수주의 정부는 기회의 평등과 경제적 자유를 강조하고 소득, 부 또는 기타 경제적 결과의 평등은 경시하는 반면, 진보주의 정부는 결과의 평등을 강조한다.

12 정답 ①

| 기초이론 > 행정학이론 발달 > 오스트롬(Ostrom)의 민주행정 패러다임 | 정답률 58% |

| 정답해설 |

① 선택률 58% 윌슨-베버리안의 집권적 능률성 패러다임(Wilson-Weberian paradigm)에 대항하여 공공서비스 공급에서 관할권의 중첩을 통한 경쟁원리를 도입하여 민주행정의 패러다임을 제시한 학자는 오스트롬(Ostrom)이다. 오스트롬은 『미국 행정의 지적 위기』라는 저서에서, 윌슨주의자의 계층제적인 관료제이론이 고전적 모형이라고 하면서 자신의 패러다임을 민주행정의 패러다임이라고 주장하였다.

13 정답 ④

| 기초이론 > 행정학이론 발달 > 신행정론(후기행태론) | 정답률 72% |

| 정답해설 |

④ 선택률 72% 참여, 형평성, 적실성 등 사회적 문제에 대한 정부의 공적 역할을 중시한 것은 신공공관리론이 아니라 신행정론이다. 신공공관리론은 사회적 문제에 대한 정부의 공적 역할보다 시장의 원리를 강조하여, 사회적 문제에 대한 정부의 공적 역할을 간과하였다는 비판을 받는다.

| 오답해설 |

③ 선택률 11% 신행정론은 가치중립적·현상유지적·보수적인 행태론과 실증주의를 비판하면서 현실 사회문제의 해결을 위한 가치·규범·정책·도덕지향의 학문이 되어야 함을 강조한다.

14 고난도 TOP 1 정답 ②

| 조직이론 > 조직관리론 > 리더십이론 | 정답률 35% |

| 정답해설 |

② 선택률 35% 리더십의 효과성은 상황에 의존한다고 전제하면서 리더의 행동을 인간관계 중심적 리더십과 과업 중심적 리더십으로 나누고, 여기에 효과성이라는 차원을 추가하여 리더십이론의 3차원 모형을 제시한 학자는 허쉬와 블랜차드(Hersey & Blanchard)이다.

| 오답해설 |

① 선택률 37% 피들러(Fiedler)는 리더십의 유형을 과업지향형 리더십과 인간관계지향적 리더십으로 구분하였다.

③ 선택률 20% 블레이크과 머튼(Blake & Mouton)은 리더십 유형을 리더십 행태의 과업지향 및 인간관계지향의 정도에 따라 1·9형(친목형), 1·1형(무기력형), 5·5형(절충형), 9·9형(단합형), 9·1형(과업 중심형)으로 분류하였다.

④ 선택률 8% 하우스(House)는 리더십의 유형을 지시적, 지원적, 참여적, 성취지향적 리더십으로 구분하였다.

더 알아보기 ▶ 허쉬와 블랜차드(Hersey & Blanchard)의 3차원적 리더십이론

- **기본 유형**: 3차원적 리더십이론은 과업지향과 인간관계지향이라는 두 가지 리더십 행태의 차원을 기준으로 관련형, 통합형, 분리형, 헌신형의 4가지 기본적 리더십 유형을 제시하고 있다.
- **3차원 유형**: 3차원적 리더십이론은 과업 중심적 리더십 행태와 인간관계 중심적 리더십 행태라는 두 가지 차원 이외에, 상황에 따른 효과성이라는 차원을 추가시켜 입체적인 이론모형을 전개하고 있다. 결국 이 이론에서는 리더십 유형의 효과성 여부는 상황에 의존한다고 본다.

15 정답 ④

| 조직이론 > 조직구조론 > 책임운영기관 | 정답률 85% |

| 정답해설 |

④ 선택률 85% 책임운영기관은 정부가 수행하는 사무 중 공공성을 유지하면서도 경쟁원리에 따라 운영하는 것이 바람직한 사무에 대하여, 책임운영기관의 장에게 행정 및 재정상의 자율성을 부여하고 그 운영성과에 대하여 책임을 지도록 하는 행정기관을 말한다. 따라서 책임운영기관은 공기업에 비해 이윤 추구보다는 공공성을 더 중시한다.

| 오답해설 |

③ 선택률 3% 책임운영기관은 신공공관리론에서 주장하는 민간 기업의 관리 방식을 도입하고 관리자에게 좀 더 많은 신축성을 부여한 다음 그 성과에 따라 책임을 묻도록 한다.

16

인사행정론 > 근무규율 > 공직윤리(행정윤리)와 공직부패　　정답률 68%

| 정답해설 |

③ 선택률 68% 법관 및 검사에 대하여는 대법원규칙이 아닌 「공직자윤리법」, 「부패방지 및 국민권익위원회 설치와 운영에 관한 법률」이 적용된다.

법령 「공직자윤리법」 제3조(등록의무자) ① 다음 각 호의 어느 하나에 해당하는 공직자(이하 "등록의무자"라 한다)는 이 법에서 정하는 바에 따라 재산을 등록하여야 한다.

　1. 대통령·국무총리·국무위원·국회의원 등 국가의 정무직 공무원

　2. 지방자치단체의 장, 지방의회의원 등 지방자치단체의 정무직 공무원

　3. 4급 이상의 일반직 국가공무원(고위공무원단에 속하는 일반직 공무원을 포함한다) 및 지방공무원과 이에 상당하는 보수를 받는 별정직 공무원(고위공무원단에 속하는 별정직 공무원을 포함한다)

　4. 대통령령으로 정하는 외무공무원과 4급 이상의 국가정보원 직원 및 대통령경호처 경호공무원

　5. 법관 및 검사

　(이하 생략)

제10조(등록재산의 공개) ① 공직자윤리위원회는 관할 등록의무자 중 다음 각 호의 어느 하나에 해당하는 공직자 본인과 배우자 및 본인의 직계존속·직계비속의 재산에 관한 등록사항과 제6조에 따른 변동사항 신고내용을 등록기간 또는 신고기간 만료 후 1개월 이내에 관보 또는 공보에 게재하여 공개하여야 한다.

　1. 대통령, 국무총리, 국무위원, 국회의원, 국가정보원의 원장 및 차장 등 국가의 정무직 공무원

　2. 지방자치단체의 장, 지방의회의원 등 지방자치단체의 정무직 공무원

　3. 일반직 1급 국가공무원(「국가공무원법」 제23조에 따라 배정된 직무등급이 가장 높은 등급의 직위에 임용된 고위공무원단에 속하는 일반직 공무원을 포함한다) 및 지방공무원과 이에 상응하는 보수를 받는 별정직 공무원(고위공무원단에 속하는 별정직 공무원을 포함한다)

　(이하 생략)

법령 「부패방지 및 국민권익위원회 설치와 운영에 관한 법률」 제59조(신고내용의 확인 및 이첩 등) ⑥ 위원회에 신고가 접수된 당해 부패행위의 혐의대상자가 다음 각 호에 해당하는 고위공직자로서 부패혐의의 내용이 형사처벌을 위한 수사 및 공소제기의 필요성이 있는 경우에는 위원회의 명의로 검찰, 수사처, 경찰 등 관할 수사기관에 고발을 하여야 한다.

　1. 차관급 이상의 공직자

　2. 특별시장, 광역시장, 특별자치시장, 도지사 및 특별자치도지사

　3. 경무관급 이상의 경찰공무원

　4. 법관 및 검사

　5. 장성급(將星級) 장교

　6. 국회의원

17

조직이론 > 조직정보론 > 데이터마이닝　　정답률 66%

| 정답해설 |

③ 선택률 66% 데이터마이닝(data mining)은 대량의 데이터에서 유용한 정보를 추출하는 것으로, 고객 관련 정보를 토대로 미래의 구매행태를 예측하거나 변수 간 인과관계를 분석하는 마케팅 기법이다. 대용량 데이터를 기반으로 한 고객관계관리(CRM) 분석을 위한 도구로 사용된다.

군무원 VS 공무원 비교분석

군무원 시험에서 인트라넷(intranet)과 더불어 데이터마이닝(data mining)은 처음 출제된 이후 더 이상 출제가 되지 않은 문제이다. 그러나 최근 지식정보사회와 관련하여 중요한 문제이니 반드시 기억해 두어야 한다.

18

지방행정론 > 정부 간 관계 > 정부 간 관계모형(IGR)　　정답률 65%

| 정답해설 |

① 선택률 65% 라이트(Wright)는 중앙정부와 지방정부 간의 관계모형으로 분리권위형, 중첩권위형, 포괄권위형을 제시하였다. 중첩권위형은 중앙정부와 지방정부가 상호의존적인 관계에서 정치적 타협과 협상을 벌이는 형태로, 중첩권위형을 가장 이상적 모형으로 제시하였다.

| 오답해설 |

② 선택률 29% 동반자모형은 엘코크(Elcok)의 중앙과 지방관계 분류에 따른 모형 중 하나로, 지방이 고유한 권능을 가지고 독자적인 결정을 내릴 수 있기 때문에 중앙정부와 상하관계에 있다고 보지 않으며, 대리인모형과 상반된 입장의 모형이다.

③ 선택률 3% 분리권위형은 중앙정부와 지방정부의 관계가 인사·재정상 완전하게 분리되어 있어 서로 독립적이고 자치적으로 운영되는 형태이다.

④ 선택률 3% 포괄권위형은 지방정부가 중앙정부에 전적으로 종속하는 계층적 관계를 갖는 형태로, 이 경우 지방자치단체는 국가의 재량권으로 창조될 수도 폐지될 수도 있으며, 법적인 보장에 좌우된다.

더 알아보기 ▶ 라이트(Wright)의 정부 간 관계모형 분류

구분	분리(협조) 권위형	중첩권위형	포괄(계층) 권위형
관계	독립적	상호 의존적	중앙 의존적
행동패턴	완전 자치·자율	협상	중앙집권적·계층
사무분담	고유사무 중심	고유·위임사무	위임사무 중심
재정관계	완전 분리	상호 의존	완전 종속
인사관계	완전 분리	상호 교류	완전 종속

19

정답 ④

| 기초이론 > 행정이념 > 공익 | 정답률 92% |

| 정답해설 |

④ **선택률 92%** 공익은 절대적이고 확정적 개념이 아니라 상대적이고 불확정적 개념이다. 공익의 개념을 한마디로 정의할 수는 없지만, 공익의 구성요소로는 보편화된 가치, 공동체 자체의 권익, 재화나 용역의 외연성, 미래의 이익이나 효용성, 다수 이익이나 사회적 약자의 이익이 포함되어 있다.

20

정답 ④

| 조직이론 > 조직구조론 > 공기업의 종류 | 정답률 75% |

| 정답해설 |

④ **선택률 75%** 시장형 공기업과 자산규모가 2조 원 이상인 준시장형 공기업의 선임비상임이사는 비상임이사 중에서 기획재정부장관이 운영위원회의 심의·의결을 거쳐 임명한다.

법령 「공공기관의 운영에 관한 법률」 제18조(구성) ① 이사회는 기관장을 포함한 15인 이내의 이사로 구성한다. 다만, 다음 각 호의 어느 하나에 해당하는 경우에는 15인을 초과할 수 있다.

1. 주주총회나 출자자총회 등 사원총회가 있는 공기업·준정부기관 중 다른 법률에 따라 지역이나 직종별 기관의 연합으로 설립된 공기업·준정부기관
2. 제6조의 규정에 따라 공기업·준정부기관으로 지정될 당시 이사 정수가 15인을 초과하는 경우. 다만, 제28조 제1항 단서의 규정에 따라 지정될 당시 재직 이사의 임기가 보장되는 기간 내에 한정한다.
3. 제25조 제4항에 따라 비상임이사를 선임함으로써 15인을 초과하는 경우

② 시장형 공기업과 자산규모가 2조 원 이상인 준시장형 공기업의 이사회 의장은 제21조에 따른 선임비상임이사가 된다. 다만, 이사회 의장이 부득이한 사유로 그 직무를 수행할 수 없을 때에는 정관으로 정하는 바에 따라 비상임이사 중 1명이 그 직무를 대행한다.

제21조(선임비상임이사) ① 공기업·준정부기관에 선임비상임이사 1인을 둔다.

② 선임비상임이사는 비상임이사 중에서 호선(互選)한다. 다만, 시장형 공기업과 자산규모가 2조 원 이상인 준시장형 공기업의 선임비상임이사는 비상임이사 중에서 기획재정부장관이 운영위원회의 심의·의결을 거쳐 임명한다.

21

정답 ①

| 재무행정론 > 예산과정론 > 정부회계 | 정답률 65% |

| 정답해설 |

① **선택률 65%** 채무부담주의회계는 채무부담이 발생한 시점을 기준으로 기록·보고하는 방식으로, 물품구매나 공사 등 주문이나 계약에 유용한 제도이다.

| 오답해설 |

② **선택률 2%** 현금주의는 현금의 수취와 지출 시점에서 수익과 비용을 인식하는 기준이다. 즉, 수입은 현금이 수납되었을 때 기록하고, 지출은 계좌이체를 하거나 현금이 지급되었을 때 기록하는 것이다.

③ **선택률 21%** 발생주의는 현금의 수취나 지출에 관계없이 수익은 실현될 때 인식하고 비용은 수익획득과 관련하여 발생한 때에 인식하는 기준을 말한다. 즉, 정부의 수입이 발생했을 때 그것을 수입으로 기록하고, 정부가 재화와 용역을 획득함으로써 지출해야 할 채무가 발생했을 때 그것을 지출로 기록하는 것이다.

22

정답 ②

| 재무행정론 > 예산제도론 > 통제지향적 예산 | 정답률 59% |

| 정답해설 |

② **선택률 59%** 통제지향적 예산은 상향적 의사결정구조(bottom-up)를 가지며 품목에 초점을 둔다. 즉, 통제지향적 예산제도인 품목별예산제도(LIBS)는 상향적 의사결정구조를 가지며 활동의 정보보다는 품목에 초점을 둔다.

| 오답해설 |

① **선택률 13%** ③ **선택률 10%** 목표관리(MBO)는 단기적·부분적 목표에 치중하는 반면, 계획예산제도(PPBS)는 장기적·종합적 목표에 치중한다는 점에서 차이가 있다.

23

정답 ④

| 재무행정론 > 예산제도론 > 예산결정이론 | 정답률 65% |

| 정답해설 |

④ **선택률 65%** 점증주의적 예산결정방법은 전년도의 예산액을 기준으로 다음 연도의 예산액을 결정하는 방법으로, 이해관계자 간의 타협·갈등·투쟁·흥정을 거쳐 그들의 이익이 조절된 정치적 합리성을 강조한다. 따라서 점증주의 예산결정이론에서는 정부예산은 정부기관 및 이익집단 간의 갈등을 원만히 해결하여 결정한다고 본다.

| 오답해설 |

① **선택률 11%** ② **선택률 8%** ③ **선택률 16%** 합리주의 예산결정이론에 관한 설명이다.

24

정답 ④

| 지방행정론 > 주민참여제도 > 우리나라 주민참여제도 | 정답률 92% |

| 정답해설 |

④ **선택률 92%** 예산, 회계, 계약, 재산관리, 지방세, 사용료, 공금의 부과 등에 관한 위법한 행위에 대해서는 주민감사청구나 주민소송으로 시정이 가능하다.

법령 「지방자치법」 제22조(주민소송) ① 제21조 제1항에 따라 공금의 지출에 관한 사항, 재산의 취득·관리·처분에 관한 사항, 해당 지방자치단체를 당사자로 하는 매매·임차·도급 계약이나 그 밖의 계약의 체결·이행에 관한 사항 또는 지방세·사용료·수수료·과태료 등 공금의 부과·징수를 게을리한 사항을 감사 청구한 주민은 다음 각 호의 어느 하나에 해

당하는 경우에 그 감사 청구한 사항과 관련이 있는 위법한 행위나 업무를 게을리한 사실에 대하여 해당 지방자치단체의 장(해당 사항의 사무처리에 관한 권한을 소속 기관의 장에게 위임한 경우에는 그 소속 기관의 장을 말한다. 이하 이 조에서 같다)을 상대방으로 하여 소송을 제기할 수 있다.

1. 주무부장관이나 시·도지사가 감사 청구를 수리한 날부터 60일(제21조 제9항 단서에 따라 감사기간이 연장된 경우에는 연장된 기간이 끝난 날을 말한다)이 지나도 감사를 끝내지 아니한 경우
2. 제21조 제9항 및 제10항에 따른 감사 결과 또는 같은 조 제12항에 따른 조치 요구에 불복하는 경우
3. 제21조 제12항에 따른 주무부장관이나 시·도지사의 조치 요구를 지방자치단체의 장이 이행하지 아니한 경우
4. 제21조 제12항에 따른 지방자치단체의 장의 이행 조치에 불복하는 경우

25 정답 ②

지방행정론 > 지방재정 > 지방재정 관리제도   정답률 72%

| 정답해설 |

② 선택률 72% 재정분석진단제도는 재정보고서를 분석하고 진단을 하는 것으로, 사후적 재정관리제도에 해당한다. 중기지방재정계획, 재정투·융자심사제도, 기채승인제도는 사전적 재정관리제도에 해당한다.

법령 「지방재정법」 제54조(재정 운용에 관한 보고 등) 지방자치단체의 장은 대통령령으로 정하는 바에 따라 예산, 결산, 출자, 통합부채, 우발부채, 그 밖의 재정 상황에 관한 재정보고서를 행정안전부장관에게 제출하여야 한다. 이 경우 시·군 및 자치구는 시·도지사를 거쳐 행정안전부장관에게 제출하여야 한다.

제55조(재정분석 및 재정진단 등) ① 행정안전부장관은 대통령령으로 정하는 바에 따라 제54조에 따른 재정보고서의 내용을 분석하여야 한다.

② 행정안전부장관은 지방자치단체의 재정 상황 중 채무 등 대통령령으로 정하는 사항에 대하여 대통령령으로 정하는 바에 따라 재정위험 수준을 점검하여야 한다.

③ 행정안전부장관은 다음 각 호의 어느 하나에 해당하는 지방자치단체에 대하여 위원회의 심의를 거쳐 대통령령으로 정하는 바에 따라 재정진단을 실시할 수 있다.

1. 제1항에 따른 재정분석 결과 재정의 건전성과 효율성 등이 현저히 떨어지는 지방자치단체
2. 제2항에 따른 점검 결과 재정위험 수준이 대통령령으로 정하는 기준을 초과하는 지방자치단체

9급 군무원 행정학

┃ 전체 난이도 및 합격선

전체 난이도	합격선
下	88점

┃ 기출총평

새로운 내용이나 유형의 출제는 거의 없었다.

- 영역별 – 기초이론, 조직이론의 출제비중이 다소 높았고, 지방행정론의 출제비중이 낮았다.
- 내용별 – 단답형의 문제가 많았고, 새로운 내용이나 유형의 문제보다는 예전 출제유형으로 출제된 문제가 많았다. 따라서 내용, 유형 면에서 체감 난도가 낮았을 것이다.
- 법령별 – 「국가공무원법」상 공무원의 구분에 관한 규정을 숙지한다.
- 수험대책 – 시험 문제는 되풀이된다는 것을 명심하고, 영역별 빈출 문제를 반드시 숙지하도록 한다.

┃ 영역별 출제비중

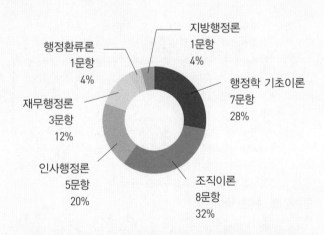

행정환류론
1문항
4%

지방행정론
1문항
4%

재무행정론
3문항
12%

행정학 기초이론
7문항
28%

인사행정론
5문항
20%

조직이론
8문항
32%

* 2007~2008년도 '정책학'은 '행정학'과 별개의 과목이었음

┃ 문항 분석

	카테고리	출제수	정답률
1	재무행정론 > 예산제도론 > 계획예산제도(PPBS)	6회	56%
2	재무행정론 > 예산제도론 > 영기준예산제도(ZBB)와 일몰법(SSL)	4회	79%
고난도 TOP1 3	조직이론 > 조직구조론 > 프로젝트팀(project team)과 태스크포스(task force)	1회	33%
4	인사행정론 > 공직 분류 > 특정직 공무원	4회	88%
고난도 TOP2 5	기초이론 > 행정학이론 발달 > 비교행정론	2회	50%
6	기초이론 > 행정학이론 발달 > 인간관계론	1회	96%
고난도 TOP3 7	인사행정론 > 공직 분류 > 적극적 인사행정	1회	54%
8	재무행정론 > 재무행정 기초이론 > 예산기능	1회	73%
9	기초이론 > 행정학이론 발달 > 신공공관리론(NPM)	12회	90%
10	지방행정론 > 지방행정 기초이론 > 신중앙집권화	3회	66%
11	기초이론 > 행정의 개념 > 행정과 경영	6회	96%
12	기초이론 > 행정학이론 발달 > 신공공관리론(NPM)	12회	75%
13	기초이론 > 행정이념 > 효과성	1회	89%
14	조직이론 > 조직구조론 > 관료제	5회	88%
15	조직이론 > 조직 기초이론 > 계층제	2회	86%
16	조직이론 > 조직구조론 > 애드호크라시(adhocracy)	6회	97%
17	기초이론 > 현대행정의 변천 > 정부실패의 원인	4회	82%
18	조직이론 > 조직관리론 > 욕구충족요인 이원론	2회	71%
19	인사행정론 > 인사행정 기초이론 > 중앙인사행정기관	1회	80%
20	인사행정론 > 인사행정의 3대 변수 > 사기앙양	1회	55%
21	조직이론 > 조직관리론 > 동기부여이론	8회	83%
22	조직이론 > 조직구조론 > 네트워크구조	4회	91%
23	행정환류론 > 행정개혁(정부혁신) > 행정개혁의 성공요건	1회	81%
24	조직이론 > 조직구조론 > 보조기관(계선기관)과 보좌기관(막료기관)	4회	76%
25	인사행정론 > 인사행정 기초이론 > 대표관료제	6회	82%

※ 고난도 TOP1 은 해당 회차에서 정답률이 가장 낮은 문항입니다.

01	④	02	①	03	②	04	④	05	④
06	③	07	①	08	③	09	④	10	①
11	②	12	④	13	③	14	①	15	④
16	③	17	①	18	②	19	①	20	③
21	④	22	③	23	④	24	④	25	③

01 정답 ④

재무행정론 > 예산제도론 > 계획예산제도(PPBS) 정답률 56%

| 정답해설 |

④ 선택률 56% 계획예산제도(PPBS)는 체제분석(비용편익분석)을 이용한 예산제도로, 한정된 자원의 효율적 배분을 통해 예산의 절약과 능률의 제고에 기여할 수 있다. 반면, 성과의 계량화가 어려운 경우 이용이 곤란하고 집권화를 유발하며, 입법부의 지위를 약화시키는 문제점이 있다.

02 정답 ①

재무행정론 > 예산제도론 > 영기준예산제도(ZBB)와 일몰법(SSL) 정답률 79%

| 정답해설 |

① 선택률 79% 일몰법(SSL)이란 특정한 사업이나 조직이 정해진 기간이 지나면 자동적으로 폐지되도록 하는 법률을 일컫는 것으로, 영기준예산(ZBB)의 한계성(단기성)에 대한 보완책이라 볼 수 있다. 즉, ZBB가 예산편성과정에서 매년 정부의 모든 사업을 평가하기 때문에 단기적이라는 비판을 받게 되었고, 이를 극복하기 위해 등장한 것이 SSL이다. 따라서 ZBB는 심사기준이 단기적이고, SSL은 장기적이다.

| 오답해설 |

④ 선택률 5% ZBB와 SSL은 사업의 필요성이 없는데도 사업수행기관이 계속 존속되는 타성을 방지하는 감축관리의 한 방법이다.

더 알아보기 ▶ 영기준예산(ZBB)과 일몰법(SSL)

영기준예산	일몰법
• 행정적 과정(예산편성) • 최상위부터 중·하위 계층까지 관련 • 단기적(1년)	• 입법적 과정(예산심의) • 최상위 계층에 관련 • 장기적(3~7년)

03 고난도 TOP 1 정답 ②

조직이론 > 조직구조론 > 프로젝트팀(project team)과 태스크포스(task force) 정답률 33%

| 정답해설 |

② 선택률 33% 프로젝트팀(project team)은 특정 과제 해결을 위해 관련 전문가가 모인 인적 성격이 강한 조직 형태이고, 태스크포스(task force)는 프로젝트팀에 비해 물적 성격이 강하다.

더 알아보기 ▶ 프로젝트팀(project team)과 태스크포스(task force)

구분	프로젝트팀	태스크포스
구조	수평적 구조	수직적·입체적·계층적 구조
존속시기	임시적·단기적 성향	장기적 성향
부문 내·부문 간	부문 내에 설치(소규모)	부문 간에 설치(대규모)
설치 근거	법적 근거를 요하지 않음	법적 근거를 요함
정부조직 도표상	표시되지 않음	표시됨
소속관계	소속기관에서 시간제	이탈하여 전임제

04 정답 ④

인사행정론 > 공직 분류 > 특정직 공무원 정답률 88%

| 정답해설 |

④ 선택률 88% 감사원장과 사무총장은 정무직, 사무차장과 직원은 일반직 공무원이다.

법령 「국가공무원법」 제2조(공무원의 구분) ② "경력직 공무원"이란 실적과 자격에 따라 임용되고 그 신분이 보장되며 평생 동안(근무기간을 정하여 임용하는 공무원의 경우에는 그 기간 동안을 말한다) 공무원으로 근무할 것이 예정되는 공무원을 말하며, 그 종류는 다음 각 호와 같다.

  1. 일반직 공무원: 기술·연구 또는 행정 일반에 대한 업무를 담당하는 공무원
  2. 특정직 공무원: 법관, 검사, 외무공무원, 경찰공무원, 소방공무원, 교육공무원, 군인, 군무원, 헌법재판소 헌법연구관, 국가정보원의 직원, 경호공무원과 특수 분야의 업무를 담당하는 공무원으로서 다른 법률에서 특정직 공무원으로 지정하는 공무원

군무원 vs 공무원 비교분석

특정직 공무원에 관한 문제는 일반 공무원 시험과 군무원 시험에서 공통적으로 출제비중이 높은 영역이다. 특정직 공무원에 대하여 「국가공무원법」에 규정된 내용을 반드시 숙지하여야 한다.

05 고난도 TOP 2   정답 ④

| 기초이론 > 행정학이론 발달 > 비교행정론 | 정답률 50% |

| 정답해설 |

④ **선택률 50%** 비교행정론에 반박하여 이론을 전개해 나간 것이 발전행정론이다. 비교행정론은 선·후진국의 비교를 통해 행정의 과학화에는 기여를 하였지만, 행정이 추구해야 할 목표나 방향을 전혀 제시하지 못하고 있다는 비판을 받고 있다. 즉, 1950년대의 비교행정론은 기능주의의 관점에서 행정학의 과학화에 많은 기여를 하였으나, 후진국 및 신생국의 발전방법을 제시하지 못하였다. 이에 발전목표 지향적인 발전행정론이 1960년대에 모색되고 발전되었다.

06   정답 ③

| 기초이론 > 행정학이론 발달 > 인간관계론 | 정답률 96% |

| 정답해설 |

③ **선택률 96%** 호손(Hawthorne) 실험의 결과로 등장한 인간관계론은 생산성을 제고하기 위하여 경제적·물질적 요인보다는 조직구성원의 사회적·심리적 요인의 중요성을 강조하였다.

07 고난도 TOP 3   정답 ①

| 인사행정론 > 공직 분류 > 적극적 인사행정 | 정답률 54% |

| 정답해설 |

① **선택률 54%** 적극적 인사행정이란 종래의 반엽관적 실적주의의 한계를 극복함으로써 적극적으로 실적주의를 조장·확대하며 더 나아가서는 엽관주의의 장점을 가미하고자 하는 인사행정제도를 의미한다. 따라서 적극적 인사행정은 실적주의를 완화하고, 엽관주의를 가미하는 것이다.

08   정답 ③

| 재무행정론 > 재무행정 기초이론 > 예산기능 | 정답률 73% |

| 정답해설 |

③ **선택률 73%** 쉬크(Schick)는 예산의 기능을 통제기능, 관리적 기능, 계획기능으로 구분하였다. 이는 예산의 행정적 기능에 해당한다.

09   정답 ④

| 기초이론 > 행정학이론 발달 > 신공공관리론(NPM) | 정답률 90% |

| 정답해설 |

④ **선택률 90%** 신공공관리론(NPM: New Public Management)이란 공공조직구조와 관리에서 일어나는 지속적이면서도 새로운 변화를 총칭하는 개념이다. NPM은 공공 분야에 대한 합리적인 관리에 대한 대안으로서, 기업체의 경영방식을 원용하자는 의견을 의미한다. 따라서 기업가적 정부를 강조하는 NPM은 투입과 절차의 과정적 측면보다는 산출, 성과, 결과를 중시한다.

10   정답 ①

| 지방행정론 > 지방행정 기초이론 > 신중앙집권화 | 정답률 66% |

| 정답해설 |

① **선택률 66%** 신중앙집권화는 현대국가의 새로운 경향으로서, 지방자치제도를 발전시켜 왔던 영미계국가에서 사회발전과 행정기능의 확대·강화에 따른 복지사회의 실현을 위해 민주성과 능률성의 조화라는 근본원리에 입각하여 중앙정부의 권한이 강화되는 경향을 말한다. 따라서 신중앙집권화는 지방자치의 불신 또는 분권화의 필요성 약화로 인해 등장한 현상이 아니라, 행정국가의 등장으로 인해 중앙정부의 사무량이 증가하고 전문화하면서 발생한 현상이다.

11   정답 ②

| 기초이론 > 행정의 개념 > 행정과 경영 | 정답률 96% |

| 정답해설 |

② **선택률 96%** 행정(정부조직)과 경영(기업조직)은 구조적 측면에서 관료제적 성격이라는 공통점을 갖는다.

| 오답해설 |

① **선택률 2%** 행정은 공익을 추구하지만, 경영은 이윤극대화를 추구한다. 행정에는 경영에서처럼 이윤극대화라는 명확한 단일의 척도가 없어 비능률성이 커지기 쉽다.

③ **선택률 1%** 행정은 엄격한 법적 규제를 받지만, 경영은 직접적인 법적 규제의 적용을 받지 않는다.

④ **선택률 1%** 행정은 본질적으로 정치적 성격을 갖지만, 경영은 정치로부터 분리된다.

더 알아보기 ▶ 행정과 경영

구분	행정(정부조직)	경영(기업조직)
목적	• 공익 추구(다원성) • 국가의 생존과 경제·사회발전에 대한 책임 • 정의와 형평 등의 사회가치의 비중이 큼	이윤극대화(단일성)
법적 규제	엄격한 법적 규제 (행정의 경직성)	직접적인 법적 규제의 적용이 안 됨
정치 권력적 성격	• 본질적으로 정치적 성격 • 공권력을 배경으로 한 행정기능 수행 • 정당, 의회, 이익단체, 국민의 통제	• 정치로부터 분리 • 강제력과 권력수단 없음

평등성	모든 국민은 법 앞에 평등	고객 간 차별 대우 용이
독점성	• 경쟁자 없는 독점성 • 행정서비스 질 저하 우려	• 자유로운 시장진입 → 경쟁관계 • 고객지향적 제품서비스
관할 및 영향 범위	• 모든 국민이 대상 • 포괄적	• 고객관계 범위 내에 한정 • 경제 분야

12 정답 ④

기초이론 > 행정학이론 발달 > 신공공관리론(NPM)	정답률 75%

| 정답해설 |

④ 선택률75% 다운사이징(downsizing)은 정부의 비대화에 따른 비효율에 대한 대응으로서, 정부의 인력과 기구 및 기능의 감축을 의미한다. 업무프로세스를 근본적으로 재설계하는 기법은 리엔지니어링(re-engineering)이다.

| 오답해설 |

① 선택률15% 시민헌장제도는 행정기관이 제공하는 행정서비스의 기준과 내용, 이를 제공받을 수 있는 절차와 방법, 잘못된 서비스에 대한 시정 및 보상조치 등을 구체적으로 정하여 공표하고, 이의 실현을 행정의 고객인 국민에게 약속하는 것을 말한다.

② 선택률6% 총체적 품질관리(TQM)는 조직의 절차를 표준화하고 지속적으로 적실성 있게 개선하여 고객만족을 달성하며 궁극적으로 조직의 장기적 성장을 추구한다.

③ 선택률4% 시장성 검증제도(market testing)는 정부기능을 원점에서 재검토하여 이를 적정히 축소하려는 신공공관리론의 주요 프로그램이다. 중앙정부부처의 개별 조직단위 기능의 수행주체를 선정할 때 당해 업무를 수행하던 공무원 조직과 이 업무수행을 민간위탁 방식에 의해 하고자 하는 민간부문회사들과의 공개 경쟁입찰을 통해 최종 결정하는 것으로, 내부공무원과 민간입찰업자를 경쟁시켜서 행정서비스의 공급주체를 결정한다.

군무원 🆚 공무원 비교분석

신공공관리론(NPM)은 군무원 시험뿐 아니라 일반 공무원 시험에서도 출제비중이 매우 높은 영역이지만, 구체적인 전략에 대해서 묻는 내용은 출제비중이 낮다. 그러나 다시 출제가 예상되는 문제이므로, 선지를 중심으로 반드시 숙지하여야 한다.

13 정답 ③

기초이론 > 행정이념 > 효과성	정답률 89%

| 정답해설 |

③ 선택률89% 행정의 주요이념 가운데 목표의 달성도를 의미하는 결과지향적인 행정이념은 효과성이다. 효과성은 관주도적인 발전목표를 설정하고 행정의 계획적·인위적 변동을 강조했던 1960년대 발전도상국의 주된 행정이념이다.

| 오답해설 |

① 선택률1% 가외성은 '남는 것, 초과분, 잔여분, 반복, 중첩' 등이 내포된 개념으로, 위기상황과 관련하여 정책오류 방지에 효과적이다.

② 선택률8% 능률성은 일반적으로 투입(input)에 대한 산출(output)의 비율을 말한다.

14 정답 ①

조직이론 > 조직구조론 > 관료제	정답률 88%

| 정답해설 |

① 선택률88% 막스 베버(Max Weber)의 근대관료제는 전임직이라는 특징을 가지고 있다. 따라서 관료의 직업적 보장이 경시되는 것이 아니라, 직업적 보장이 중시된다.

| 오답해설 |

③ 선택률1% 대규모 조직에서는 사무처리의 비합리성을 배제하고 책임의 한계를 명확히 하기 위하여 주로 문서에 의한 업무처리를 함으로써, 번문욕례 및 형식주의 현상이 나타난다.

④ 선택률5% 관료제는 본질적으로 보수주의적·현상유지적인 특징을 지니고 있어 변동에 대한 적응성이 결여되고 있다.

15 정답 ④

조직이론 > 조직 기초이론 > 계층제	정답률 86%

| 정답해설 |

④ 선택률86% 계층제란 직무를 권한과 책임의 정도에 따라 등급화·계층화하고 상·하계층 간에 지휘·명령복종 관계를 확립하는 것을 말한다. 따라서 계층제는 조직의 경직성을 초래하여 유연성 있는 조직의 변화를 곤란하게 한다.

16 정답 ③

조직이론 > 조직구조론 > 애드호크라시(adhocracy)	정답률 97%

| 정답해설 |

③ 선택률97% 애드호크라시(adhocracy)는 관료제의 결함을 보완하고자 등장한 임시적·동태적·유기적 조직을 총칭하는 개념으로, 토플러(Toffler)가 『미래의 충격』이라는 저서에서 최초로 사용하였다. 고정된 계층구조 유지는 애드호크라시가 아니라, 관료제의 특징에 해당한다.

17 정답 ①

기초이론 > 현대행정의 변천 > 정부실패의 원인	정답률 82%

| 정답해설 |

① 선택률82% 규제의 철폐나 완화는 정부실패의 원인이 아니라, 정부실패에 대한 해결방안이다.

더 알아보기 ▶ 정부실패의 원인과 정부의 대응방식

구분	민영화	정부 보조 삭감	규제완화
사적 목표의 설정(내부성)	○		
X-비효율 · 비용체증	○	○	○
파생적 외부효과		○	○
권력의 편재 (포획 · 지대추구)	○		○

18
정답 ②

조직이론 > 조직관리론 > 욕구충족요인 이원론 　　정답률 71%

| 정답해설 |

② 선택률 71% 허즈버그(Herzberg)는 인간의 욕구 차원을 불만과 만족으로 구분하고 불만을 일으키는 요인(불만 · 위생요인)과 만족을 주는 요인(만족 · 동기요인)은 서로 다르다는 욕구충족 이원론을 제시하였다. 교육기회의 부여는 허즈버그의 욕구충족 이원론 중 위생요인(불만요인)이 아니라, 동기요인(만족요인)에 해당한다.

더 알아보기 ▶ 허즈버그(Herzberg)의 욕구충족요인 이원론

불만요인(위생요인)	만족요인(동기요인)
〈직무의 조건 · 환경〉	〈직무 자체〉
• 조직의 정책 · 방침 · 관리 • 감독 • 근무조건 • 보수 • 대인관계(상사와의 인간관계) • 복지시설	• 교육기회 부여, 자아계발 • 직무상의 성취, 인정 • 보람 있는 일 • 책임의 증대 • 발전 · 성장 • 승진

19
정답 ①

인사행정론 > 인사행정 기초이론 > 중앙인사행정기관 　　정답률 80%

| 정답해설 |

① 선택률 80% 중앙인사기관은 행정국가 등장에 따라 행정기능의 확대와 행정의 전문 · 복잡화로 인한 공무원의 증가, 인사행정의 전문화의 필요성으로 인해 등장하였다. 즉, 국가기능의 확대와 큰 정부의 등장이 중앙인사기관의 필요성이 대두된 배경이다.

| 오답해설 |

② 선택률 4% 인사행정의 전문화 · 능률화를 추진하는 데에는 집권적인 인사기관이 요구된다.

③ 선택률 5% 인사행정의 지나친 분산 · 할거성을 규제하고 인사행정의 효율적인 조정 · 통제와 인사행정의 통일성을 기할 수 있는 기관이 요구된다.

④ 선택률 11% 정실주의와 엽관주의의 개입을 배제하고 인사행정의 공정성 · 중립성을 확보하는 데에는 강력한 권한을 지닌 인사기관이 필요하다.

20
정답 ③

인사행정론 > 인사행정의 3대 변수 > 사기앙양 　　정답률 55%

| 정답해설 |

③ 선택률 55% 공무원의 사기앙양 방법 중에서 각종 상담제도는 매슬로우(Maslow)의 욕구단계설 중 사회적 욕구를 충족시키는 방법에 해당한다.

| 오답해설 |

① 선택률 3% ② 선택률 29% 안전의 욕구를 충족시키는 방법에 해당한다.

④ 선택률 13% 자아실현의 욕구를 충족시키는 방법에 해당한다.

군무원 ⚡ 공무원 비교분석

매슬로우(Maslow)의 욕구단계설을 응용하여 출제한 문제이다. 매슬로우의 욕구단계설은 그 중요성에 비해 출제비중이 낮아지고 있고, 특히 이를 응용하는 문제는 일반 공무원 시험에서는 거의 출제되지 않았다. 선지의 사례를 중심으로 숙지하여야 한다.

21
정답 ④

조직이론 > 조직관리론 > 동기부여이론 　　정답률 83%

| 정답해설 |

④ 선택률 83% 동기부여이론은 내용이론과 과정이론으로 구분되고, 내용이론은 다시 고차욕구 또는 상위욕구와 저차욕구 또는 하위욕구로 구분된다. 맥그리거(McGregor)의 Y이론은 고차욕구 또는 상위욕구에 해당하는데, 리커트(Likert)의 체제 Ⅰ은 저차욕구 또는 하위욕구에 해당한다.

더 알아보기 ▶ 동기부여이론의 학자별 비교

구분	McGregor	Maslow	Alderfer	Herzberg	Argyris	Likert	Schein
저차원적 욕구	X이론	생리적 욕구	생존 욕구 (E)	위생 요인 (불만 요인)	미성 숙인	체제 Ⅰ, Ⅱ	경제적 · 합리적 인간관
		안전의 욕구					
↑	Y이론	사회적 욕구	관계 욕구 (R)	동기 요인 (만족 요인)	성숙인	체제 Ⅲ, Ⅳ	사회 인관
		존경의 욕구					자아실현인관
고차원적 욕구		자아 실현의 욕구	성장 욕구(G)				복잡 인관

22

정답 ③

정답률 91%

| 정답해설 |

③ 선택률 91% 네트워크(network)구조는 조직의 자체 기능을 핵심역량 위주로 구성한 조직구조(ㄹ)로, 환경변화에 신속하고 신축적인 대응이 가능한 유기적 구조(ㄱ)이며, 정보통신기술이 필수적 기반시설(ㄷ)이다. 반면, 네트워크구조는 계약관계에 있는 외부기관에 대한 직접적인 통제가 곤란하여 대리인문제가 발생할 가능성이 높다. 즉, 제품의 안정적 공급과 품질관리에 어려움이 있을 수 있다.

23

정답 ④

행정환류론 > 행정개혁(정부혁신) > 행정개혁의 성공요건   정답률 81%

| 정답해설 |

④ 선택률 81% 행정개혁이란 행정을 현재 상태보다 나은 상태로 유도하려는 행정의 의도적·계획적인 변화과정을 의미한다. 그런데 행정개혁의 과정에서 정당 등 이익집단의 활성화로 인해 자신들의 기득권이 침해될 가능성이 있는 경우 이에 강력하게 저항하기 때문에 오히려 행정개혁이 실패할 수도 있다. 따라서 정당 등 이익집단의 활성화는 행정개혁의 성공요건이 아니라, 실패요인에 해당한다.

24

정답 ④

조직이론 > 조직구조론 > 보조기관(계선기관)과 보좌기관   정답률 76%
(막료기관)

| 정답해설 |

④ 선택률 76% 막료기관(참모기관, 보좌기관)은 계선기관(보조기관)에 비해 전문가로서 전문지식의 활용으로 합리적 결정에 기여하며(ㄹ), 조직에 신축성을 부여할 수 있다(ㄷ). 반면, 계선기관은 목표달성에 직접적으로 기여하며, 수직적 계층제의 형태를 띤다.

더 알아보기 ▶ 계선기관과 막료기관

구분	계선기관(보조기관)	막료기관(보좌기관)
직무	목표달성에 직접적 기여	목표달성에 간접적 기여
권한	결정권·명령권·집행권 보유	결정권·명령권·집행권 비보유
조직·구조	계층제·명령통일·통솔범위의 원리 적용	계층제·명령통일·통솔범위의 원리 비적용
접촉면	국민에 직접 접촉·봉사	계선에 직접 접촉·봉사
책임	직접적 행정책임	간접적 행정책임
실례	장관-차관-실·국장-과장-직원(담당)	차관보, 심의관, 담당관, 기획관리실, 총무과, 비서실, 막료적 위원회, 각종 조사연구소 등

업무의 유형	실시·집행·수행·지휘·명령·감독·결정	계선의 업무를 지원·조성·촉진(자문, 권고, 협의, 조정, 정보의 수집·분석, 기획·통제, 인사·회계·법무·공보·조달·연구 등)

25

정답 ③

인사행정론 > 인사행정 기초이론 > 대표관료제   정답률 82%

| 정답해설 |

③ 선택률 82% 대표관료제는 인종·종교·성별·신분·계층·지역 등의 여러 기준에 의하여 분류되는 모든 사회집단들이, 한 나라의 인구 전체 안에서 차지하는 비율에 맞게 관료조직의 직위들을 차지해야 한다는 원리가 적용되는 관료제이다. 대표관료제는 정부관료제가 그 사회의 인적 구성을 반영하도록 구성함으로써 관료제 내에 민주적 가치를 주입시키려는 의도에서 발달된 개념이며(관료제 구성 비율의 적정성), 임명직 관료집단이 민주적 방법으로 행동하도록 하기 위한 방안으로 도입되었다. 따라서 대표관료제는 행정의 자율성과 정치적 중립성보다는 내부통제를 강화하기 위한 제도이다.

9급 군무원 행정학

Ⅰ 전체 난이도 및 합격선

전체 난이도	합격선
中	88점

Ⅰ 기출총평

행정학 기초이론의 압도적 출제비중이 돋보였던 시험이었다.

• 영역별 – 기초이론에서 12문항이 출제되어 50%에 육박하는 출제비중을 보였다. 나머지 영역은 치우침 없이 골고루 출제되었다.

• 내용별 – 단답형의 문제가 반 정도였고 신구(新舊) 문제가 적절히 조화된 출제였으나, 칼도–힉스 기준, 행정농도, 재무관, 공무원의 응시자격요건 등의 참신한 내용이 많았다. 즉, 일반 공무원 시험에서 출제되지 않았던 개념이 대부분이었다.

• 법령별 – 「국고금관리법」상 재무관에 관한 규정을 숙지한다.

• 수험대책 – 영역별 빈출문제를 반드시 숙지하고, 칼도–힉스 기준, 행정농도, 재무관, 공무원의 응시자격요건 등은 다시 출제될 가능성이 높으므로 반드시 숙지하여야 한다.

Ⅰ 영역별 출제비중

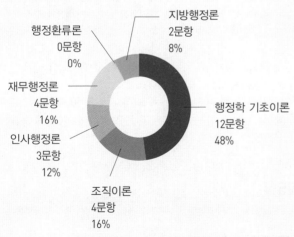

행정환류론 0문항 0%
지방행정론 2문항 8%
재무행정론 4문항 16%
인사행정론 3문항 12%
조직이론 4문항 16%
행정학 기초이론 12문항 48%

* 2006~2008년도 '정책학'은 '행정학'과 별개의 과목이었음

Ⅰ 문항 분석

	카테고리	출제수	정답률
1	기초이론 > 행정학이론 발달 > 고객지향적 행정	1회	88%
2	기초이론 > 행정의 개념 > 정부의 기능	1회	64%
3	조직이론 > 조직 기초이론 > 부처편성의 기준	1회	87%
고난도 TOP1 4	조직이론 > 조직구조론 > 공기업의 설립요인	1회	27%
5	조직이론 > 조직구조론 > 조직구조의 변수	3회	74%
6	인사행정론 > 인사행정 기초이론 > 엽관주의	5회	83%
7	인사행정론 > 인사행정의 3대 변수 > 공무원의 응시자격요건	1회	79%
8	조직이론 > 조직구조론 > 정부관료제	1회	53%
9	인사행정론 > 인사행정의 3대 변수 > 경력평정의 원칙	1회	73%
10	재무행정론 > 재무행정 기초이론 > 잠정예산	1회	68%
11	기초이론 > 행정의 개념 > 행정과 경영	6회	81%
12	기초이론 > 행정의 개념 > 정치·행정 이원론	3회	82%
13	기초이론 > 행정학이론 발달 > 생태론	4회	89%
고난도 TOP3 14	기초이론 > 행정의 개념 > 정치·행정 일원론	1회	46%
15	기초이론 > 행정의 개념 > 행정과 경영	6회	93%
16	기초이론 > 행정이념 > 능률성(효율성)	4회	60%
17	기초이론 > 현대행정의 변천 > 발전도상국의 행정기능	1회	84%
18	기초이론 > 현대행정의 변천 > 칼도–힉스 기준	1회	52%
19	기초이론 > 행정학이론 발달 > 행태론	5회	48%
20	기초이론 > 행정학이론 발달 > 행정이론의 발달 순서	1회	91%
21	재무행정론 > 재무행정 기초이론 > 전통적 예산원칙	6회	79%
22	재무행정론 > 예산과정론 > 예산집행의 신축성 유지방안	8회	80%
고난도 TOP2 23	재무행정론 > 예산과정론 > 지출원인행위	1회	45%
24	지방행정론 > 지방자치단체 운영체계 > 지방의회의 권한	1회	47%
25	지방행정론 > 지방행정 기초이론 > 신중앙집권화	3회	58%

※ 고난도 TOP1 은 해당 회차에서 정답률이 가장 낮은 문항입니다.

기출문제편 ▶ P.97

01	②	02	③	03	④	04	③	05	①
06	③	07	③	08	④	09	①	10	②
11	②	12	②	13	④	14	③	15	②
16	②	17	④	18	②	19	③	20	③
21	①	22	③	23	①	24	④	25	④

01

정답 ②

기초이론 > 행정학이론 발달 > 고객지향적 행정　　　정답률 88%

| 정답해설 |

② 선택률 88% 고객지향적 행정이란 행정의 고객인 시민의 입장과 시각에 입각한 행정으로서, 행정서비스에 대한 선택과 평가의 기회를 고객에게 부여하는 것을 뜻한다. 즉, 시민의 입장에서 시민의 눈높이에 맞추어 행정업무를 수행하거나 서비스를 제공하는 것이다. 또한 고객지향적 행정은 국민 또는 시민이라는 일반적이고 애매한 개념보다 고객이라는 표현을 통해 행정업무나 서비스전달의 대상을 명확히 한다는 것에 의미가 있다. 뿐만 아니라 다른 신공공관리(NPM)적 개혁과 유사하게 과정에서 결과 중심의 행정을 통해 업무태도의 변화를 일으켰으며, 고객(시민)에 대한 대응성과 책임성을 향상시켜 장기적으로 정부 신뢰의 확보에도 도움이 된다. 따라서 고객지향적 행정은 표준화된 공공서비스 제공보다는 시민의 다양한 욕구를 충족할 수 있도록 다양한 공공서비스를 제공한다.

02

정답 ③

기초이론 > 행정의 개념 > 정부의 기능　　　정답률 64%

| 정답해설 |

③ 선택률 64% 정부의 기능을 활동과정의 성질로 분류하면, 규제기능, 조장 및 지원기능, 중재 및 조정기능으로 분류할 수 있다. 사회기능은 활동영역에 의한 분류에 해당한다.

| 오답해설 |

① 선택률 6% 규제기능은 법령에 근거해서 국민들의 생활을 일률적으로 금지하거나 제한하는 기능으로, 경제적 규제와 사회적 규제로 나눌 수 있다.

② 선택률 8% 지원기능은 특정 분야의 사업이나 활동을 적극적으로 지원하는 기능이다. 특정 분야를 위해 지원법령을 제정하고 재정 및 금융상의 지원을 하며, 정부가 직접 사업주체가 되기도 한다.

④ 선택률 22% 중재기능은 사회 내에서 이해당사자들 간에 분쟁이 발생했을 때, 정부가 그 사이에서 이해관계를 조정하고 양측의 합의를 이끌어 내어 중재하는 기능이다.

군무원 🆚 공무원 비교분석

군무원 시험에 한 번 출제된 후 군무원 시험뿐 아니라, 일반 공무원 시험에서도 더 이상 출제가 되지 않은 문제이다. 그러나 여러 문헌을 종합적으로 검토해 보면 다시 출제될 가능성이 높은 문제이므로, 활동영역에 의한 분류와 성질에 따른 분류를 정확하게 구분하여 기억해 두어야 한다.

03

정답 ④

조직이론 > 조직 기초이론 > 부처편성의 기준　　　정답률 87%

| 정답해설 |

④ 선택률 87% 부처편성의 기준으로는 목적과 기능, 과정과 절차, 행정객체, 지역별 기준이 있다. 비공식적 인간관계는 정부 부처편성의 기준에 해당하지 않는 내용이다.

04　고난도 TOP 1

정답 ③

조직이론 > 조직구조론 > 공기업의 설립요인　　　정답률 27%

| 정답해설 |

③ 선택률 27% 공기업의 설립요인은 국방·전략상 고려, 정치적 신조, 자연독점적 사업, 민간자본의 부족 등이 있다. 균형예산은 정부의 세입과 세출이 전체적으로 균형을 이루어 적자가 없는 예산을 의미한다. 그런데 공기업은 원칙적으로 독립채산제(공기업이 자기의 수지에 의해 단독적으로 사업을 성립시킬 수 있도록 하는 제도)에 의해서 운영되기 때문에, 공기업을 설립한다고 해서 균형예산의 달성이 가능한 것은 아니다. 즉, 균형예산의 달성은 공기업의 설립요인에 해당하지 않는다.

| 오답해설 |

① 선택률 11% 국가는 국방·전략상의 고려로 많은 산업을 국유화(國有化)하거나 민간기업과 계약을 체결하여 무기개발과 생산을 의뢰하게 된다. 국가가 직접 운영하는 경우는 물론이고 계약생산의 경우도 공기업의 예에서 벗어나지 않는다.

② 선택률 54% 공기업은 하나의 정치현상이기 때문에 그 발전이 정치적 동기에 있음을 알 수 있다.

④ 선택률 8% 전기·전신·수도·가스·철도 등 국민생활에 직결되며 독점적 성격을 띤 공익사업은 공기업으로 운영한다(공적 공급 – 공기업).

05

정답 ①

조직이론 > 조직구조론 > 조직구조의 변수　　　정답률 74%

| 정답해설 |

① 선택률 74% 조직의 기본변수에는 복잡성(수평적, 수직적 장소적 분화 정도), 공식성(업무의 표준화 정도), 집권성(의사결정권 집중도)이 있다. 규모는 기술, 환경과 더불어 상황변수에 해당한다.

06 정답 ③

인사행정론 > 인사행정 기초이론 > 엽관주의 정답률 83%

| 정답해설 |

③ 선택률 83% 엽관주의(獵官主義, spoils system)란 정치적 충성심(정당에 대한 충성도)에 의하여 관직임용을 행하는 제도로서, 인사권자의 지도력 강화에 기여한다. 따라서 정책에 큰 변동이 있을 때에는 평상시보다 엽관주의에 의한 인사가 요구될 가능성이 높다. 우리나라의 경우 최근 정권교체 시, 강력한 정책추진력의 확보와 지방자치 실시 후, 민선단체장의 정책지향과 추진력 확보를 위해 그 필요성이 증가하고 있다.

07 정답 ③

인사행정론 > 인사행정의 3대 변수 > 공무원의 응시자격 요건 정답률 79%

| 정답해설 |

③ 선택률 79% 공무원의 응시자격요건에서 소극적 요건은 '~는 안 된다'라고 규정하는 것으로 연령, 주민, 학력 등을 의미하며, 적극적 요건은 '~를 갖추어야 한다'라는 것으로 가치관과 태도 및 지식과 기술 등을 의미한다. 적극적 요건은 선발과정에서 시험을 통해 측정할 수 있다.

군무원 vs 공무원 비교분석

일반 공무원 시험에서는 출제된 적이 없고 군무원 시험에 처음 출제된 참신한 문제이다. 군무원 시험에서 처음 출제된 후 다시 출제가 되지 않고 있는 문제이지만, 충분히 다시 출제될 수 있는 문제인 만큼 양자를 정확하게 구분하여 숙지하여야 한다.

08 정답 ④

조직이론 > 조직구조론 > 정부관료제 정답률 53%

| 정답해설 |

④ 선택률 53% 행정농도란 조직규모 대비 유지관리 조직의 크기, 전체 인력 중에서 참모가 차지하는 비율, 계선에 대한 막료의 비율을 의미한다. 참모의 비율이 클수록, 관리직 비율이 높을수록 행정농도는 높다고 본다. 일반적으로 후진국의 경우 행정농도가 낮고 선진국의 경우 행정농도가 높다. 행정농도는 측정하기가 용이하지는 않지만 불가능하지도 않으며, 막료의 비율이 높아짐으로써 동태화 등 행정조직 개혁의 자료로 사용될 수 있다. 우리나라 정부관료제의 경우 행정농도가 매우 낮은 수준이라고 보기는 어렵다.

09 정답 ①

인사행정론 > 인사행정의 3대 변수 > 경력평정의 원칙 정답률 73%

| 정답해설 |

① 선택률 73% 경력평정의 원칙으로는 발전성(發展性)의 원칙, 근시성(近視性)의 원칙, 습숙성(習熟性)의 원칙, 친근성(親近性)의 원칙 등이 있다. 연고성(緣故性)의 원칙은 경력평정의 원칙에 포함되지 않는다.

| 오답해설 |

② 선택률 7% 발전성의 원칙은 미래의 발전 가능성을 추단할 수 있는 경력을 높이 평가하여야 한다는 것을 말한다.

③ 선택률 15% 근시성의 원칙은 최근의 경력을 높이 평가하여야 한다는 것을 말한다.

④ 선택률 5% 습숙성의 원칙(숙달성의 원칙)은 숙련도가 높은 경력을 보다 높이 평가하여야 한다는 것을 말한다.

10 정답 ②

재무행정론 > 재무행정 기초이론 > 잠정예산 정답률 68%

| 정답해설 |

② 선택률 68% 잠정예산은 회계연도 개시일 전까지 예산이 국회를 통과하지 못하는 경우, 일정 기간(최초 4, 5개월분) 동안 일정 금액 예산의 국고지출을 잠정적으로 허용하는 제도로, 현재까지 우리나라에서 채택한 적이 없는 예산제도이다.

더 알아보기 ▶ 우리나라의 예산제도 사례

사용 ○	사용 ×
• 수정예산: 1970년, 1981년 • 추가경정예산: 최근 거의 매년 사용 • 가예산: 1948~1960년까지 6차례 편성	• 준예산: 중앙정부 사용 안 함 • 잠정예산: 불채택

11 정답 ②

기초이론 > 행정의 개념 > 행정과 경영 정답률 81%

| 정답해설 |

② 선택률 81% 공행정(행정)이든 사행정(경영)이든 전문화, 분업, 계층제, 일반적인 법규체제 등을 구조적 특성으로 한다는 관료제적 성격에서 공통점을 가지고 있다.

더 알아보기 ▶ 행정과 경영

구분	행정(정부조직)	경영(기업조직)
목적	• 공익 추구(다원성) • 국가의 생존과 경제·사회발전에 대한 책임 • 정의와 형평 등의 사회가치 비중이 큼	이윤극대화(단일성)
법적 규제	엄격한 법적 규제(행정의 경직성)	직접적인 법적 규제의 적용이 안 됨
정치 권력적 성격	• 본질적으로 정치적 성격 • 공권력을 배경으로 한 행정기능 수행 • 정당, 의회, 이익단체, 국민의 통제	• 정치로부터 분리 • 강제력과 권력수단 없음
평등성	모든 국민은 법 앞에 평등	고객 간 차별 대우 용이
독점성	• 경쟁자 없는 독점성 • 행정서비스 질 저하 우려	• 자유로운 시장진입 → 경쟁관계 • 고객지향적 제품서비스
관할 및 영향 범위	• 모든 국민이 대상 • 포괄적	• 고객관계 범위 내에 한정 • 경제 분야

12
정답 ②

기초이론 > 행정의 개념 > 정치·행정 이원론	정답률 82%

| 정답해설 |

② 선택률 82% 정치·행정 이원론은 정치의 영역인 입법부에서 법률의 형식으로 정책을 결정하면, 행정부는 이를 단순히 집행하는 것으로 인식한다. 또한 행정을 정책의 효율적 집행을 위한 전문적인 관리기술로 파악하였으며 행정에 대한 민주적 통제와 법의 지배를 강조했다. 뉴딜(new deal) 정책은 정치·행정 이원론이 아니라 정치·행정 일원론과 관련이 있다.

13
정답 ④

기초이론 > 행정학이론 발달 > 생태론	정답률 89%

| 정답해설 |

④ 선택률 89% 생태론적 접근방법은 행정조직을 둘러싸고 있는 외부환경의 변화가 행정현상에 어떠한 영향을 주는가를 연구·분석하는 접근방법으로, 생물학의 한 분야인 생태론을 행정현상의 규명에 활용한 접근방법이다. 따라서 생태론적 접근방법은 개방체제론적 접근방법을 선호한다.

14 고난도 TOP3
정답 ③

기초이론 > 행정의 개념 > 정치·행정 일원론	정답률 46%

| 정답해설 |

③ 선택률 46% 애플비(Appleby)는 현실의 정부에서 정치와 행정의 관계는 정합·연속·순환적이기 때문에 양자를 구별하는 것은 적절하지 않다고 주장한 정치·행정 일원론의 대표적 학자이다. 애플비는 자신의 저서 『정책과 행정(policy and administration)』에서 행정을 정책결정이라고 주장한 정치·행정 일원론의 대표적 학자이다.

| 오답해설 |

① 선택률 23% 윌슨(Wilson)은 『행정의 연구』에서 행정부패를 막기 위해서 그 진원지가 되는 정치를 행정으로부터 격리하려는 논리를 전개한 정치·행정 이원론의 대표적 학자이다.

④ 선택률 16% 굿노우(Goodnow)는 『정치와 행정』에서 정치는 국가의 의지를 표명하고 정책을 구현하는 것이며, 행정은 이를 실천하는 것으로 정치와 행정의 차이를 명확히 구별한 정치·행정 이원론의 대표적 학자이다.

15
정답 ②

기초이론 > 행정의 개념 > 행정과 경영	정답률 93%

| 정답해설 |

② 선택률 93% 행정과 경영은 합리적 의사결정, 수단으로서의 관료제, 목표달성을 위한 협동행위(협동성), 목표달성 수단(수단성), 관리기술(기술성) 등 여러 가지 면에서 유사점을 가지고 있다. 하지만 공공복지에의 직접적 공헌은 사기업(경영)에 비한 공공조직(행정)의 특징에 해당한다.

16
정답 ②

기초이론 > 행정이념 > 능률성(효율성)	정답률 60%

| 정답해설 |

② 선택률 60% 행정의 가치체계에 있어 능률성이 제1의 공리라고 주장한 학자는 귤릭(Gulick)이다. 디목(Dimock)은 이를 기계적 능률성이라고 비판하고 사회적 능률성을 주장하였다.

17
정답 ④

기초이론 > 현대행정의 변천 > 발전도상국의 행정기능	정답률 84%

| 정답해설 |

④ 선택률 84% 발전도상국가의 경우 여러 가지 불리한 경제적 여건으로 인해 행정이 적극적으로 경제발전을 선도하게 되므로, 행정의 기능과 규모가 선진국의 경우보다 더 큰 것이 일반적이다. 공업화의 준비 부족, 단기간에 사회간접자본을 확충할 필요성, 높은 인구 증가율, 단기간에 선진국을 따라잡으려는 심리적인

요인, 정부의 적극적인 역할을 통해 성공적인 경제발전을 이룩한 일본의 경험 등의 요인 때문에 정부가 경제발전을 적극적으로 주도하는 유도발전이 불가피했다. 반면, 선진국의 경우 사회복지 및 서비스 강화, 경제규제기능의 확대, 국가안보, 도시계획기능의 강화 등으로 인해 행정기능과 규모가 확대되었다.

군무원 vs 공무원 비교분석

군무원 시험에 한 번 출제된 후 어느 공무원 시험에서도 다시 출제가 되지 않고 있는 문제이다. 그러나 선진국과 개발도상국의 행정기능과 규모를 구분하는 것은 행정학에서 중요한 문제이다. 따라서 다시 출제될 가능성이 높은 영역이므로 반드시 숙지하여야 한다.

18 정답 ②

| 기초이론 > 현대행정의 변천 > 칼도-힉스 기준 | 정답률 **52%** |

| **정답해설** |

② 선택률 **52%** 칼도-힉스 기준은 어떤 상태에서 다른 상태로 이동하여 이득을 본 사람에 의해 평가된 이득의 가치가 손해를 본 사람에 의해 평가된 손해의 가치보다 크면, 즉 효용이 증대된 소비자가 효용이 감소한 소비자에게 보상을 하고도 효용 증대가 있다면 사회적 후생이 증대된 것으로 판단하는 것이다. 그러나 효용이 증가된 사람이 효용이 감소된 사람에게 실제로 금전적인 보상을 하는 것은 아니다. 이는 잠재적으로 보상이 이루어졌다고 가정하는 것이다. 그런 의미에서 보상원리를 '잠재적 파레토 개선'이라고 한다. 상태의 변화가 초래하는 후생 수준의 개선 여부를 파레토 기준으로 판단할 수 없을 때 이용된다.

군무원 vs 공무원 비교분석

군무원 시험에서 처음 출제된 참신한 문제이다. 군무원 시험에 처음 출제된 후 다시 출제가 되지 않고 있지만, 주요 내용을 반드시 숙지하여야 한다. 특히 칼도-힉스 기준은 실제로 금전적인 보상을 하는 것은 아니라는 점을 반드시 기억해 두어야 한다.

19 정답 ③

| 기초이론 > 행정학이론 발달 > 행태론 | 정답률 **48%** |

| **정답해설** |

③ 선택률 **48%** 사이먼(Simon)은 행태론의 대표적인 학자이며, 행태론은 실증적 연구방법을 강조함에 따라 행정의 공공성보다는 공공부문과 사기업 간의 공통점을 강조하는 이론이다. 사이먼은 행정현상의 핵심을 합리적 의사결정과정으로 파악하고 행정가의 행위도 따지고 보면 모두 합리적 의사결정과 연결되어 있다고 주장하였다. 따라서 사이먼은 의사결정에 관한 과학적 연구가 행정학 연구의 핵심이라고 보았다.

20 정답 ③

| 기초이론 > 행정학이론 발달 > 행정이론의 발달순서 | 정답률 **91%** |

| **정답해설** |

③ 선택률 **91%** '과학적 관리론(19C 말~20C 초) → 인간관계론(1930년대) → 행정행태론(1940년대 중반) → 비교행정론(1950년대) → 신행정론(1960년대)'의 순서로 발달하였다.

21 정답 ①

| 재무행정론 > 재무행정 기초이론 > 전통적 예산원칙 | 정답률 **79%** |

| **정답해설** |

① 선택률 **79%** 노이마르크(Neumark)가 제시한 예산의 원칙은 전통적 예산원칙(입법부 우위 예산원칙, 통제지향적 예산원칙)을 의미한다. 보고의 원칙은 스미스(Smith)가 제시한 예산의 원칙인 현대적 예산원칙(행정국가론적 예산원칙, 관리지향적 예산원칙)에 해당한다. 보고의 원칙이란 예산의 편성·심의·집행은 정부의 각 행정기관으로부터 올라온 재정보고 및 업무보고에 근거를 두어야 한다는 원칙이다.

군무원 vs 공무원 비교분석

노이마르크(Neumark)가 제시한 예산의 원칙은 전통적 예산원칙, 스미스(Smith)가 제시한 예산의 원칙은 현대적 예산원칙이라는 것을 알아야 풀 수 있는 문제로 군무원 시험과 일반 공무원 시험에서 종종 출제되는 유형이다.

22 정답 ③

| 재무행정론 > 예산과정론 > 예산집행의 신축성 유지방안 | 정답률 **80%** |

| **정답해설** |

③ 선택률 **80%** 예산의 이용(移用)은 전용(轉用)과 함께 한정성의 원칙의 예외로서 예산집행의 신축성 유지방안이다. 기관 간 또는 입법과목 간의 상호 융통을 의미하는 이용은 국회의 승인을 요하므로 사전의결의 원칙에 해당하며, 전용은 국회의 승인을 요하지 않기 때문에 사전의결의 원칙의 예외이다.

23 고난도 TOP2 정답 ①

| 재무행정론 > 예산과정론 > 지출원인행위 | 정답률 **45%** |

| **정답해설** |

① 선택률 **45%** 지출원인행위를 담당하는 공무원은 재무관이다.

법령 「국고금 관리법」 제4조의3(출납공무원의 임명 및 직무) ① 출납공무원은 각 중앙관서의 장 또는 그 위임을 받은 공무원이 임명한다.
② 출납공무원은 법령에서 정하는 바에 따라 자금을 출납·보관하여야 한다.
제10조(수입의 징수방법) 수입징수관은 수입을 징수하려는 경우에는 이를 조사·결정하여 납세의무자 또는 그 밖의 채무자(이하 "납세의무자

등"이라 한다)에게 납입의 고지를 하여야 한다. 다만, 납세의무자 등이 법령 또는 계약 등에서 정하는 바에 따른 납입의 고지에 의하지 아니하고 납입한 경우에는 수입징수관은 이를 조사·결정하되 납입의 고지는 아니 할 수 있다.

제21조(지출원인행위의 위임) ① 중앙관서의 장은 대통령령으로 정하는 바에 따라 소속 공무원에게 위임하여 지출원인행위를 하게 할 수 있다.

② 제1항에 따른 지출원인행위의 위임은 중앙관서의 장이 소속 관서에 설치된 직위를 지정하는 것으로 갈음할 수 있다.

제22조(지출의 절차) ① 중앙관서의 장 또는 제21조에 따라 위임받은 공무원(이하 "재무관"이라 한다)이 그 소관 세출예산 또는 기금운용계획에 따라 지출하려는 경우에는 대통령령으로 정하는 바에 따라 소속 중앙관서의 장이 임명한 공무원(이하 "지출관"이라 한다)에게 지출원인행위 관계 서류를 보내야 한다.

군무원 ⓥⓢ 공무원 비교분석

일반 공무원 시험에서는 거의 출제된 적이 없는 문제이다. 재무관 등 관직지정에 관련된 개념은 다시 출제가 될 가능성이 있으므로 관련 법령의 규정을 숙지하여야 한다.

24 정답 ④

지방행정론 > 지방자치단체 운영체계 > 지방의회의 권한   정답률 47%

| 정답해설 |

④ 선택률 47% 지방의회의 권한 중 자율권이란 의사자율권, 의원의 자격심사권, 내부징계권 등 지방의회의 조직과 운영에 있어서 스스로 규율하는 권한을 의미한다. 집행기관의 결산보고에 대한 승인권은 지방의회의 자율권이 아니라, 집행기관에 대한 지방의회의 승인권에 해당한다.

25 정답 ④

지방행정론 > 지방행정 기초이론 > 신중앙집권화   정답률 58%

| 정답해설 |

④ 선택률 58% 신중앙집권화 현상은 지방분권화에 대한 반발이나 지방자치의 필요성이 감소하여 발생한 현상이 아니며, 행정국가의 등장과 관련이 있다. 신중앙집권은 과거의 중앙집권에 비해 관료적·권력적 집권이 아니라 비권력적·지식적·기술적 집권이다.

더 알아보기 ▶ 중앙집권과 신중앙집권

중앙집권	신중앙집권
• 권력적 집권	• 비권력적 집권
• 관료적 집권	• 지식적 집권
• 지배적 집권	• 협조적 집권
• 절대적 집권	• 상대적 집권
• 수직적 집권	• 수평적 집권
	• 협동적 집권

PART

02

PART

7급 군무원 행정학

7급 군무원 행정학

Ⅰ 전체 난이도 및 합격선

전체 난이도	합격선
中	92점

Ⅰ 기출총평

예년에 비해 평이한 출제였으나, 다소 생소한 개념이 출제되었다.

- 영역별 – 행정학 전 영역을 골고루 출제하였으나, 정책론의 비중이 약간 낮은 편이었다.
- 내용별 – 신구(新舊) 문제가 적절히 조화되었으나, 다소 생소한 사무관리, 관리의 행동과정 등이 출제되었다. 넛지이론은 다시 출제될 가능성이 높은 개념이다.
- 법령별 – 「정부조직법」(중앙행정기관), 「전자정부법」(원칙), 「국가공무원법」(특정직), 「공직자윤리법」(등록대상재산), 「국가재정법」(추가경정예산안, 예비타당성조사), 「공공기관의 운영에 관한 법률」(공공기관), 「지방자치법」(소속행정기관), 「지방교부세법」(특별교부세) 등 빈출 법령 위주로 출제되었다.
- 수험대책 – 빈출 문제와 빈출 법령을 숙지하고, 넛지이론 등 새로운 이론의 주요 내용을 반드시 숙지하여야 한다.

Ⅰ 영역별 출제비중

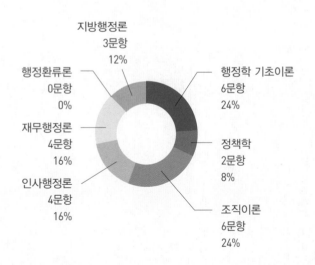

지방행정론 3문항 12%
행정환류론 0문항 0%
재무행정론 4문항 16%
인사행정론 4문항 16%
행정학 기초이론 6문항 24%
정책학 2문항 8%
조직이론 6문항 24%

Ⅰ 문항 분석

	카테고리	출제수	난이도
1	기초이론 > 행정의 개념 > 폴랜드(Poland)의 POSDECoRB	1회	중
2	기초이론 > 행정이념 > 행정이념	1회	하
3	조직이론 > 조직 기초이론 > 사무관리	1회	상
4	조직이론 > 조직 기초이론 > 관리의 행동과정	1회	중
5	기초이론 > 현대행정의 변천 > 시장실패	5회	중
6	정책학 > 정책결정이론모형 > 혼합모형	3회	중
7	기초이론 > 행정학이론 발달 > 넛지이론(Nudge Theory)	1회	상
8	지방행정론 > 지방재정 > 지방교부세	2회	중
9	재무행정론 > 재무행정 기초이론 > 공공기관	1회	중
10	조직이론 > 조직변동(혁신)론 > 균형성과표(BSC)	2회	중
11	기초이론 > 행정이념 > 롤스(J. Rawls)의 정의론	1회	중
12	재무행정론 > 재무행정 기초이론 > 추가경정예산	4회	중
13	인사행정론 > 근무규율 > 「공직자윤리법」상 공무원의 의무	6회	중
14	재무행정론 > 예산과정론 > 예비타당성조사	1회	중
15	기초이론 > 현대행정의 변천 > 공공서비스의 유형	3회	중
16	지방행정론 > 지방재정 > 직접세와 간접세	1회	상
17	정책학 > 정책학 기초이론 > 정책유형의 분류	6회	하
18	인사행정론 > 인사행정의 3대 변수 > 역량기반 교육훈련제도	1회	중
19	조직이론 > 조직관리론 > 리더십이론	7회	중
20	조직이론 > 조직구조론 > 중앙행정기관	1회	중
21	재무행정론 > 예산제도론 > 영기준예산제도(ZBB)	4회	중
22	인사행정론 > 공직 분류 > 특정직 공무원	4회	중
23	지방행정론 > 지방자치단체 운영체계 > 소속 행정기관	1회	중
24	인사행정론 > 인사행정 기초이론 > 대표관료제	7회	하
25	조직이론 > 조직정보론 > 전자정부의 원칙	3회	하

※ 해당 연도는 1초 합격예측 서비스의 데이터 누적 기간이 충분하지 않아 고난도 기재를 생략하였습니다.

기출문제편 ▶ P.102

01	③	02	①	03	②	04	④	05	③
06	④	07	①	08	③	09	②	10	①
11	④	12	②	13	②	14	②	15	④
16	③	17	①	18	④	19	③	20	③
21	②	22	④	23	①	24	②	25	④

01 정답 ③

기초이론 > 행정의 개념 > 폴랜드(Poland)의 POSDECoRB   난이도 중

| 정답해설 |

③ 1930년대 귤릭(Gulick)이 제시한 기본행정이론에 시대적 요구에 따라 1970년대 폴랜드(Poland)가 추가시킨 이론 분야는 평가(Evaluating)이다. 폴랜드는 귤릭의 POSDCoRB에 평가의 첫 문자인 E를 포함시켜 POSDECoRB를 주장하였다.

더 알아보기 ▶ 귤릭(Gulick)의 POSDCoRB

- 경영학자인 귤릭(Gulick)이 기업의 최고관리층이 수행해야 하는 주요한 기능의 첫 자를 따서 만든 말로, 하향적 조직과정이며 고전적인 행정관의 대표적인 모형
- ㉠ 기획(Planning)   ㉡ 조직(Organizing)   ㉢ 인사(Staffing)
  ㉣ 지휘(Directing)   ㉤ 조정(Coordinating)   ㉥ 보고(Reporting)
  ㉦ 예산(Budgeting)

군무원 vs 공무원 비교분석

폴랜드(Poland)의 이론은 2023년 군무원 7급에서 처음 출제된 문제이나, 귤릭(Gulick)의 POSDCoRB를 알고 있었다면 어렵지 않게 풀 수 있는 문제이다. 따라서 새로운 내용이 나왔다고 당황하지 말고 기존 이론의 내용을 유추하여 문제를 푸는 지혜가 필요하다.

02 정답 ①

기초이론 > 행정이념 > 행정이념   난이도 하

| 정답해설 |

① 행정이 달성하고자 하는 미래의 바람직한 상태를 의미하는 것은 행정이념이 아니라 행정목표이다.

행정이념은 행정 수행에 필요한 지도원리나 지침의 역할을 수행하며, 행정업무의 종류와 시대에 따라 변할 수 있다. 또한 행정목표를 달성하기 위한 수단의 성격(예 목표의 민주적 달성 또는 능률적 달성)을 띤다.

03 정답 ②

조직이론 > 조직 기초이론 > 사무관리   난이도 상

| 정답해설 |

② 조직 구성원 간의 불화나 비협조는 사무의 작업능률화를 저해하는 요인이 아니라 사무의 정신능률화를 저해하는 요인이다. 정신능률을 저해하는 요인으로는 ㉠ 조직 구성원 간의 불화나 비협조, ㉡ 적절하지 못한 인사관리, ㉢ 위험성이 수반되는 작업방법, ㉣ 많은 동작이 연속되는 작업과정 등이 있다.

더 알아보기 ▶ 사무작업의 능률화

- **작업능률**
  - **개념**: 노동을 할 때 인간이 소비한 에너지량과 노동의 결과로 생긴 생산물량 또는 작업량의 비(比)로서 나타내는 노동효율
  - **작업능률 향상을 위한 고려요소**: ① 사무작업의 용이화(작업과정의 간소화·표준화), ② 동작의 경제화, ③ 작업과정의 간소화, ④ 사무의 자동화·기계화, ⑤ 사무집기의 인체공학적 설계
- **정신능률**
  - **개념**: 사무작업에 있어서 정신적인 요소의 최적화를 말하는 것으로 정신적인 긴장상태를 최소화하여 스트레스(stress)를 가볍게 하면 정신능률이 제고됨
  - **정신능률을 저해하는 요인**: ① 조직 구성원 간의 불화나 비협조, ② 적절하지 못한 인사관리, ③ 위험성이 수반되는 작업방법, ④ 많은 동작이 연속되는 작업과정
- **균형능률**
  - **개념**: 일정한 목적을 달성하기 위해 필요한 수단이 적절하게 조화된 상태
  - **균형능률을 위하여 고려할 요소**: ① 적재를 적소에 배치, ② 능력에 맞는 사무분장(분담), ③ 피로, 과로요인의 제거, ④ 공정한 사무관리

군무원 vs 공무원 비교분석

이번 군무원 시험에서 처음 출제된 문제로, 기존의 출제 경향에서 다소 벗어난 출제이다. 따라서 세부적인 학습보다는 출제된 문제를 정리해 두는 것이 중요하다.

04 정답 ④

조직이론 > 조직 기초이론 > 관리의 행동과정   난이도 중

| 정답해설 |

④ 페이욜이 제안한 조직에 적용되는 관리의 행동과정은 계획화 → 조직화 → 동기화 → 조정화 → 통제화이다.

<... >

더 알아보기 ▶ 관리 5요소론

> • 페이욜(Fayol)은 관리자가 수행해야 할 다섯 가지의 기능으로 계획, 조직, 지휘(동기화), 조정, 통제를 제안하였다.
> - 계획(Planning): 조직의 목표와 예산계획
> - 조직(Organizing): 목표에 따라 조직구조 설계 및 역할배분
> - 지휘(Directing): 과업 수행을 위한 지시
> - 조정(Coordinating): 과업수행 시 발생하는 분쟁과 갈등의 해결
> - 통제(Controlling): 업무수행에 대한 평가와 반성을 통한 환류

05
정답 ③

기초이론 > 현대행정의 변천 > 시장실패　　난이도 **중**

| 정답해설 |

③ 자연독점에 대한 정부의 대응방식은 공적 유도 또는 정부규제이다.

| 오답해설 |

① 공공재의 존재에 대한 정부의 대응방식은 직접적인 공적(公的) 공급이다.

② 외부효과의 발생에 대한 정부의 대응방식은 공적 유도(정부 보조금) 또는 정부규제이다.

④ 정보의 비대칭성에 대한 정부의 대응방식은 공적 유도 또는 정부규제이다.

더 알아보기 ▶ 시장실패에 대한 정부의 대응방식

구분	공적 공급 (조직)	공적 유도 (보조금)	정부규제 (권위)
공공재의 존재	○(정부)		
외부효과의 발생		○(외부경제)	○(외부불경제)
자연독점	○(공기업)		○(가격 · 생산량 규제)
불완전 경쟁			○(경쟁유도)
정보의 비대칭성		○(공개 시 유인)	○(공개 의무)

06
정답 ④

정책학 > 정책결정이론모형 > 혼합모형　　난이도 **중**

| 정답해설 |

④ 점증모형의 장점을 합리모형과의 통합으로 보완하려는 시도는 최적모형이 아니라 혼합모형에서 나타난다. 에치오니(Etzioni)는 규범적이고 이상적인 접근방법인 합리모형과 현실적이고 실증적인 접근방법인 점증모형을 상호보완적으로 혼용함으로써 현실적이면서도 합리적인 결정을 할 수 있다는 혼합모형을 제시하였다. 혼합모형은 합리모형의 이상주의적 특성에서 나오는 단점(비현

실성)과 점증모형의 지나친 보수성이라는 약점을 극복할 수 있는 전략으로 제시되었으며, 양자의 장점이 합쳐진 이론모형이다.

07
정답 ①

기초이론 > 행정학이론 발달 > 넛지이론(Nudge Theory)　　난이도 **상**

| 정답해설 |

① 행동경제학에서는 휴리스틱(heuristic)과 행동 편향(behavior bias)으로 인한 비합리적 의사결정을 '행동적 시장실패(behavioral market failure)'의 핵심 요소라고 본다. 외부효과는 신고전학파 경제학에서 강조하는 시장실패의 원인에 해당한다.

더 알아보기 ▶ 넛지이론(Nudge Theory)

> • 넛지이론은 실제의 인간 행동에 관한 행동경제학의 통찰을 정부의 정책 설계 및 집행에 적용 · 응용하기 위한 이론이다. 인간은 제한된 합리성으로 인해 불확실한 상황에서 이루어지는 판단과 선택을 효율적으로 수행하기 위해 '휴리스틱(heuristic)'이라는 의사결정 방법을 활용한다. 이 과정에서 발생하는 인지적 오류(cognitive error)와 행동 편향(behavior bias)으로 인한 비합리적 의사결정을 행동경제학에서는 '행동적 시장실패(behavioral market failure)'라고 정의한다. 넛지이론은 행동적 시장실패를 해결하기 위한 정부 역할의 필요성에 관한 규범적 근거와 이에 적합한 정책 수단을 제시하고 있다. 정부는 선택설계자(choice architect)로서의 역할을 수행해야 하고, 이를 위해 전통적인 정책 수단인 법률과 규제, 경제적 유인 수단(조세, 보조금) 등과 구별되는 새로운 정책 수단인 넛지를 활용해야 한다는 점을 강조하고 있다.
> • 이처럼 넛지는 행동경제학이 발견한 인간의 행동 메커니즘을 정책에 응용한 것이다. 넛지의 이론적 근거인 행동경제학은 인간의 본성에 대한 전통경제학(신고전학파 경제학)의 완전한 합리성 가정의 비현실성을 비판하고, 심리학(인지심리학, 사회심리학)의 연구 결과를 경제학에 반영하여 인간의 의사결정 과정에서 발생하는 비합리성을 분석하고 바람직한 결정을 유도하기 위한 대안을 제시하고 있다.

더 알아보기 ▶ 신고전학파 경제학과 행동경제학

구분	신고전학파 경제학	행동경제학
인간관	• 완전한 합리성 • 완전한 이기성 • 경제적 인간	• 제한된 합리성, 생태적 합리성 • 이타성 · 호혜성(사회적 본능/선호) • 심리적 인간
의사결정모델 (선택행동이론)	• 효용극대화 행동 • 기대효용이론(효용함수)	• 만족화 행동, 휴리스틱 • 전망이론(가치함수)
연구방법	가정에 기초한 연역적 분석	실험을 통한 귀납적 분석
정부역할의 근거와 목적	• 시장실패와 제도실패 • 재화의 효율적인 생산 · 공급	• 행동적 시장실패 • 바람직한 의사결정 유도(행동변화)
정책수단	법과 규제, 경제적 유인 수단	넛지(선택설계)

군무원 VS 공무원 비교분석

넛지이론은 2022년 지방직 7급에서 처음 출제가 되었으며, 2023년 군무원 7급에도 출제가 되었으므로 재출제 가능성이 높은 이론이다. 넛지이론의 등장이유와 주요 내용을 반드시 숙지하여야 한다.

08

정답 ③

지방행정론 > 지방재정 > 지방교부세　　　　　난이도 **중**

| 정답해설 |

③ 행정안전부장관은 특별교부세의 사용에 관하여 조건을 붙이거나 용도를 제한할 수 있다.

법령 「지방교부세법」 제3조(교부세의 종류) 지방교부세의 종류는 보통교부세·특별교부세·부동산교부세 및 소방안전교부세로 구분한다.

제6조(보통교부세의 교부) ① 보통교부세는 해마다 기준재정수입액이 기준재정수요액에 못 미치는 지방자치단체에 그 미달액을 기초로 교부한다. 다만, 자치구의 경우에는 기준재정수요액과 기준재정수입액을 각각 해당 특별시 또는 광역시의 기준재정수요액 및 기준재정수입액과 합산하여 산정한 후, 그 특별시 또는 광역시에 교부한다.

제9조(특별교부세의 교부) ① 특별교부세는 다음 각 호의 구분에 따라 교부한다.

　1. 기준재정수요액의 산정방법으로는 파악할 수 없는 지역 현안에 대한 특별한 재정수요가 있는 경우: 특별교부세 재원의 100분의 40에 해당하는 금액

　2. 보통교부세의 산정기일 후에 발생한 재난을 복구하거나 재난 및 안전관리를 위한 특별한 재정수요가 생기거나 재정수입이 감소한 경우: 특별교부세 재원의 100분의 50에 해당하는 금액

　3. 국가적 장려사업, 국가와 지방자치단체 간에 시급한 협력이 필요한 사업, 지역 역점시책 또는 지방행정 및 재정운용 실적이 우수한 지방자치단체에 재정 지원 등 특별한 재정수요가 있을 경우: 특별교부세 재원의 100분의 10에 해당하는 금액

② 행정안전부장관은 지방자치단체의 장이 제1항 각 호에 따른 특별교부세의 교부를 신청하는 경우에는 이를 심사하여 특별교부세를 교부한다. 다만, 행정안전부장관이 필요하다고 인정하는 경우에는 신청이 없는 경우에도 일정한 기준을 정하여 특별교부세를 교부할 수 있다.

③ 삭제 〈2017. 7. 26.〉

④ 행정안전부장관은 제1항에 따른 특별교부세의 사용에 관하여 조건을 붙이거나 용도를 제한할 수 있다.

09

정답 ②

재무행정론 > 재무행정 기초이론 > 공공기관　　　　　난이도 **중**

| 정답해설 |

② 기획재정부장관은 총수입액 중 자체수입액이 차지하는 비중이 대통령령으로 정하는 기준(총수입액 중 자체수입액이 차지하는 비중이 100분의 50) 이상인 기관은 공기업으로 지정하고, 공기업이 아닌 공공기관은 준정부기관으로 지정한다.

| 오답해설 |

① 공기업과 준정부기관의 지정기준은 직원 정원 300명 이상, 총수입액 200억 원 이상, 자산규모 30억 원 이상이다.

③ 기획재정부장관은 구성원 상호 간의 상호부조·복리증진·권익향상 또는 영업질서 유지 등을 목적으로 설립된 기관을 공공기관으로 지정할 수 없다.

④ 기획재정부장관은 기타공공기관의 일부만을 세분하여 지정할 수 있다.

법령 「공공기관의 운영에 관한 법률」 제4조(공공기관) ② 제1항에도 불구하고 기획재정부장관은 다음 각 호의 어느 하나에 해당하는 기관을 공공기관으로 지정할 수 없다.

　1. 구성원 상호 간의 상호부조·복리증진·권익향상 또는 영업질서 유지 등을 목적으로 설립된 기관

　2. 지방자치단체가 설립하고, 그 운영에 관여하는 기관

　3. 「방송법」에 따른 한국방송공사와 「한국교육방송공사법」에 따른 한국교육방송공사

제5조(공공기관의 구분) ① 기획재정부장관은 공공기관을 다음 각 호의 구분에 따라 지정한다.

　1. 공기업·준정부기관: 직원 정원, 수입액 및 자산규모가 대통령령으로 정하는 기준에 해당하는 공공기관

　2. 기타공공기관: 제1호에 해당하는 기관 이외의 기관

③ 기획재정부장관은 제1항의 규정에 따라 공기업과 준정부기관을 지정하는 경우 총수입액 중 자체수입액이 차지하는 비중이 대통령령으로 정하는 기준 이상인 기관은 공기업으로 지정하고, 공기업이 아닌 공공기관은 준정부기관으로 지정한다.

⑤ 기획재정부장관은 제1항 및 제2항에 따라 기타공공기관을 지정하는 경우 기관의 성격 및 업무 특성 등을 고려하여 기타공공기관 중 일부를 연구개발을 목적으로 하는 기관 등으로 세분하여 지정할 수 있다.

법령 「공공기관의 운영에 관한 법률 시행령」 제7조(공기업 및 준정부기관의 지정기준) ① 기획재정부장관은 법 제5조 제1항 제1호에 따라 다음 각 호의 기준에 해당하는 공공기관을 공기업·준정부기관으로 지정한다.

　1. 직원 정원: 300명 이상

　2. 수입액(총수입액을 말한다): 200억 원 이상

　3. 자산규모: 30억 원 이상

② 기획재정부장관은 법 제5조 제3항에 따라 총수입액 중 자체수입액이 차지하는 비중이 100분의 50(「국가재정법」에 따라 기금을 관리하거나 기금의 관리를 위탁받은 공공기관의 경우 100분의 85) 이상인 공공기관을 공기업으로 지정한다.

10

| 조직이론 > 조직변동(혁신)론 > 균형성과표(BSC) | 난이도 **중** |

| 정답해설 |

① 의사결정과정에 시민참여는 고객 관점이 아니라 내부 프로세스 관점에 해당한다.

더 알아보기 ▶ BSC의 핵심 지표

고객(customer) 관점	목표의 대상인 고객에게 조직이 전달해야 하는 가치를 확인하는 것으로 공공부분에서 도입할 때 가장 중요하게 고려해야 함 **예** 고객만족도, 정책순응도, 민원인의 불만율, 신규 고객의 증감 등
내부 프로세스 (internal business process) 관점	고객이 원하는 가치를 구현하기 위해 조직이 운영해야 하는 내부 프로세스를 확인하는 것 **예** 의사결정과정에 시민참여, 적법적 절차, 커뮤니케이션 구조, 관련 정보의 공개 등
재정(무)적(financial) 관점	재무지표를 의미하는 것으로 전통적인 후행지표 **예** 매출, 자본수익률, 예산 대비 차이 등
학습과 성장(learning & growth) 관점	장기적 관점으로 조직이 보유한 인적자원의 역량, 지식의 축적, 정보시스템 구축 등과 관련됨 **예** 학습동아리 수, 내부 제안건수, 직무만족도 등

11

| 기초이론 > 행정이념 > 롤스(J. Rawls)의 정의론 | 난이도 **중** |

| 정답해설 |

④ 제1원리(기본적 자유의 평등 원리)는 제2원리(차등 조정의 원리)에 우선하며 제2원리에서는 공정한 기회 균등의 원리가 차등 원리에 우선적으로 적용된다. 즉, 롤스는 두 가지 원리가 충돌할 때에는 제1원리가 제2원리에 우선하고, 제2원리 내에서 충돌이 생길 때에는 '공정한 기회 균등의 원리'가 '차등 원리'에 우선되어야 한다고 주장한다. 따라서 '공정한 기회 균등의 원리'와 '차등 원리'가 충돌할 때에는 전자가 우선되어야 한다.

12

| 재무행정론 > 재무행정 기초이론 > 추가경정예산 | 난이도 **중** |

| 정답해설 |

② 전쟁이나 대규모 재해(「재난 및 안전관리기본법」상 자연재난과 사회재난에 따른 피해)가 발생할 우려가 있는 경우는 현행 「국가재정법」상 추가경정예산안을 편성할 수 있는 경우가 아니다.

법령 「국가재정법」 제89조(추가경정예산안의 편성) ① 정부는 다음 각 호의 어느 하나에 해당하게 되어 이미 확정된 예산에 변경을 가할 필요가 있는 경우에는 추가경정예산안을 편성할 수 있다.

1. 전쟁이나 대규모 재해(「재난 및 안전관리 기본법」 제3조에서 정의한 자연재난과 사회재난의 발생에 따른 피해를 말한다)가 발생한 경우
2. 경기침체, 대량실업, 남북관계의 변화, 경제협력과 같은 대내·외 여건에 중대한 변화가 발생하였거나 발생할 우려가 있는 경우
3. 법령에 따라 국가가 지급하여야 하는 지출이 발생하거나 증가하는 경우

② 정부는 국회에서 추가경정예산안이 확정되기 전에 이를 미리 배정하거나 집행할 수 없다.

군무원 **vs** 공무원 비교분석

추가경정예산안의 편성은 이미 다수 출제가 된 바 있다. 하지만 '발생한 경우'인지 '발생할 우려가 있는 경우'인지를 정확하게 구분하는 문제는 처음 출제가 되었다.

13

| 인사행정론 > 근무규율 > 「공직자윤리법」상 공무원의 의무 | 난이도 **중** |

| 정답해설 |

② 소유자별 합계액 1천만 원 이상의 가상화폐는 출제 당시 「공직자윤리법」상 재산등록의무자가 등록할 재산에 해당하지 않았다. 다만, 출제 이후 「공직자윤리법」이 개정되어 가상화폐(가상자산)도 재산등록의무자가 등록할 재산에 해당한다.

법령 「공직자윤리법」 제4조(등록대상재산) ② 등록의무자가 등록할 재산은 다음 각 호와 같다.

1. 부동산에 관한 소유권·지상권 및 전세권
2. 광업권·어업권·양식업권, 그 밖에 부동산에 관한 규정이 준용되는 권리
3. 다음 각 목의 동산·증권·채권·채무 및 지식재산권(知識財産權)
   가. 소유자별 합계액 1천만 원 이상의 현금(수표를 포함한다)
   나. 소유자별 합계액 1천만 원 이상의 예금
   다. 소유자별 합계액 1천만 원 이상의 주식·국채·공채·회사채 등 증권
   라. 소유자별 합계액 1천만 원 이상의 채권
   마. 소유자별 합계액 1천만 원 이상의 채무
   바. 소유자별 합계액 500만 원 이상의 금 및 백금(금제품 및 백금제품을 포함한다)
   사. 품목당 500만 원 이상의 보석류
   아. 품목당 500만 원 이상의 골동품 및 예술품
   자. 권당 500만 원 이상의 회원권
   차. 소유자별 연간 1천만 원 이상의 소득이 있는 지식재산권
   카. 자동차·건설기계·선박 및 항공기
4. 합명회사·합자회사 및 유한회사의 출자지분
5. 주식매수선택권
6. 「가상자산 이용자 보호 등에 관한 법률」 제2조 제1호에 따른 가상자산(이하 "가상자산"이라 한다)

14

정답 ②

재무행정론 > 예산과정론 > 예비타당성조사   난이도 중

| 정답해설 |

② 예비타당성조사 대상사업은 기획재정부장관이 중앙관서의 장의 신청에 따라 또는 직권으로 선정할 수 있다.

법령「국가재정법」제38조(예비타당성조사) ① 기획재정부장관은 총사업비가 500억 원 이상이고 국가의 재정지원 규모가 300억 원 이상인 신규 사업으로서 다음 각 호의 어느 하나에 해당하는 대규모사업에 대한 예산을 편성하기 위하여 미리 예비타당성조사를 실시하고, 그 결과를 요약하여 국회 소관 상임위원회와 예산결산특별위원회에 제출하여야 한다. 다만, 제4호의 사업은 제28조에 따라 제출된 중기사업계획서에 의한 재정지출이 500억 원 이상 수반되는 신규 사업으로 한다.

1. 건설공사가 포함된 사업
2. 「지능정보화 기본법」제14조 제1항에 따른 지능정보화 사업
3. 「과학기술기본법」제11조에 따른 국가연구개발사업
4. 그 밖에 사회복지, 보건, 교육, 노동, 문화 및 관광, 환경 보호, 농림해양수산, 산업·중소기업 분야의 사업

③ 제1항의 규정에 따라 실시하는 예비타당성조사 대상사업은 기획재정부장관이 중앙관서의 장의 신청에 따라 또는 직권으로 선정할 수 있다.

④ 기획재정부장관은 국회가 그 의결로 요구하는 사업에 대하여는 예비타당성조사를 실시하여야 한다.

제38조의3(국가연구개발사업 예비타당성조사의 특례) ① 기획재정부장관은 제8조의2, 제38조 및 제38조의2에 규정된 사항 중 「과학기술기본법」제11조에 따른 국가연구개발사업에 대한 예비타당성조사에 관해서는 대통령령으로 정하는 바에 따라 과학기술정보통신부장관에게 위탁할 수 있다.

15

정답 ④

기초이론 > 현대행정의 변천 > 공공서비스의 유형   난이도 중

| 정답해설 |

④ 사바스(Savas)가 구분한 공공서비스의 유형 중에서 비경합성과 비배타성(비배제성)을 모두 가진 것은 집합재(순수공공재)이다. 사바스가 구분한 공공서비스의 유형은 크게 사적재와 공공재로 구분한다. 공공재는 다시 순수공공재(집합재)와 준공공재(공유재, 요금재)로 구분할 수 있다. 즉, 비경합성과 비배타성(비배제성)을 모두 가진 것은 집합재이고, 비경합성 또는 비배타성(비배제성)을 가진 것을 준공공재라고 한다.

더 알아보기 ▶ 사바스(Savas)의 공공서비스 유형

구 분	비배제성(가격 ×)	배제성(가격 ○)
비경합성 (혼잡 ×)	(순수)공공재(집합재) **예** 국방, 외교, 치안가로등, 등대	요금재 **예** 유선방송, 유료 고속도로
경합성 (혼잡 ○)	공유재 **예** 공동목초지, 코끼리, 고래	(순수)사적재(민간재) **예** 소, 돼지, 닭

군무원 vs 공무원 비교분석

2005년 지방직 7급에서 출제되었으나 그동안 출제되지 않았다가 이번 군무원 7급에서 출제된 문제이다. 공공재는 순수공공재(집합재)와 준공공재(공유재, 요금재)로 구분된다는 점을 주의해야 한다.

16

정답 ③

지방행정론 > 지방재정 > 직접세와 간접세   난이도 상

| 정답해설 |

③ 조세를 실제로 부담하는 사람과 이를 직접 납부하는 사람이 서로 다른 간접세를 포함하고 있는 국세의 종목은 ㄴ. 부가가치세, ㄹ. 주세, ㅁ. 개별소비세이다.

더 알아보기 ▶ 국세(내국세)의 세목

보통세		목적세
직접세	간접세	
소득세, 법인세, 상속세, 증여세, 종합부동산세	부가가치세, 개별소비세, 주세, 인지세, 증권거래세	교육세, 농어촌특별세

17

정답 ①

정책학 > 정책학 기초이론 > 정책유형의 분류   난이도 하

| 정답해설 |

① 로그롤링(log rolling)이나 포크배럴(pork barrel)과 같은 정치적 현상이 나타나기 쉬운 정책유형은 분배정책이다. 로그롤링이란 상대방이 나의 안건에 대해 찬성해 주면 내가 상대방의 안건에 대해 찬성해 주겠다는 투표결탁 행위로, 정책과정에서 이해당사자들이 서로에게 이익이 되는 방향으로 협력을 하는 현상을 말하며, 포크배럴은 특정 분배정책에 관여하는 사람이 그 혜택을 서로 쪼개어 가지려고 노력하는 현상을 말한다.

18

정답 ④

인사행정론 > 인사행정의 3대 변수 > 역량기반 교육훈련제도   난이도 중

| 정답해설 |

④ 역량기반 교육훈련제도의 하나로서, 조직의 수직적·수평적 장벽을 제거하고 전 구성원의 자발적 참여에 의한 행정혁신, 관리자의 신속한 의사결정과 문제 해결을 도모하는 교육훈련 방식은 워크아웃 프로그램(work-out program)이다. 이는 1980년대 후반부터 미국 GE사의 전략적 인적자원 개발 프로그램으로 활용되었으며, 정부조직에서도 정책 현안에 대한 각종 워크숍의 운영을 통해 집단적 토론과 함께 문제 해결 방안을 모색하고, 개별 공무원의 업무 역량을 제고하기 위한 목적에서 적극 활용되고 있다.

| 조직이론 > 조직관리론 > 리더십이론 | 난이도 중 |

| 정답해설 |

③ 행태론의 대표적 연구로 블레이크(R. R. Blake)와 머튼(J. S. Mouton)의 리더십 격자모형[관리망(managerial grid)이론]은 리더의 행태를 사람과 생산에 대한 관심의 두 가지 기준을 조합해 다섯 가지 유형[빈약형(무기력형), 친목형(컨트리클럽형), 과업(중심)형, 절충형(중도형), 단합형(팀형)]으로 구분하였다. 사람과 생산에 대한 관심이 모두 높은 단합형(팀형)의 리더십이 이상적인 리더십 유형으로 분석되었다.

더 알아보기 ▶ 관리유형도

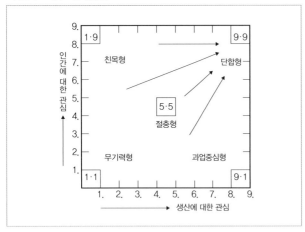

| 조직이론 > 조직구조론 > 중앙행정기관 | 난이도 중 |

| 정답해설 |

③ 개인정보보호위원회는 그 설치와 직무범위를 법률로 정하고 있는 중앙행정기관이다.

법령 「정부조직법」 제2조(중앙행정기관의 설치와 조직 등) ① 중앙행정기관의 설치와 직무범위는 법률로 정한다.

② 중앙행정기관은 이 법에 따라 설치된 부·처·청과 다음 각 호의 행정기관으로 하되, 중앙행정기관은 이 법 및 다음 각 호의 법률에 따르지 아니하고는 설치할 수 없다.

1. 「방송통신위원회의 설치 및 운영에 관한 법률」 제3조에 따른 방송통신위원회
2. 「독점규제 및 공정거래에 관한 법률」 제54조에 따른 공정거래위원회
3. 「부패방지 및 국민권익위원회의 설치와 운영에 관한 법률」 제11조에 따른 국민권익위원회
4. 「금융위원회의 설치 등에 관한 법률」 제3조에 따른 금융위원회
5. 「개인정보 보호법」 제7조에 따른 개인정보 보호위원회
6. 「원자력안전위원회의 설치 및 운영에 관한 법률」 제3조에 따른 원자력안전위원회
7. 「신행정수도 후속대책을 위한 연기·공주지역 행정중심복합도시 건설을 위한 특별법」 제38조에 따른 행정중심복합도시건설청
8. 「새만금사업 추진 및 지원에 관한 특별법」 제34조에 따른 새만금개발청

| 재무행정론 > 예산제도론 > 영기준예산제도(ZBB) | 난이도 중 |

| 정답해설 |

② 영기준예산제도(ZBB)는 예산에 관한 의사결정이 상향적(bottom up)으로 진행된다. 즉, 모든 계층의 관리자가 결정항목의 개발·평가에 참여함으로써 업무개선의 동기가 부여되며, 결정 방식이 상향적이므로 하의상달이 촉진된다.

| 인사행정론 > 공직 분류 > 특정직 공무원 | 난이도 중 |

| 정답해설 |

④ 특정직 공무원은 법관, 검사, 외무공무원, 경찰공무원, 소방공무원, 교육공무원, 군인, 군무원, 헌법재판소 헌법연구관, 국가정보원의 직원, 경호공무원과 특수 분야의 업무를 담당하는 공무원으로서 다른 법률에서 특정직 공무원으로 지정하는 공무원이다. 검찰청 검찰사무관은 특정직 공무원이 아니라 일반직 공무원에 해당한다.

법령 「국가공무원법」 제2조(공무원의 구분) ① 국가공무원은 경력직 공무원과 특수경력직 공무원으로 구분한다.

② "경력직 공무원"이란 실적과 자격에 따라 임용되고 그 신분이 보장되며 평생 동안(근무기간을 정하여 임용하는 공무원의 경우에는 그 기간 동안을 말한다) 공무원으로 근무할 것이 예정되는 공무원을 말하며, 그 종류는 다음 각 호와 같다.

1. 일반직 공무원: 기술·연구 또는 행정 일반에 대한 업무를 담당하는 공무원
2. 특정직 공무원: 법관, 검사, 외무공무원, 경찰공무원, 소방공무원, 교육공무원, 군인, 군무원, 헌법재판소 헌법연구관, 국가정보원의 직원, 경호공무원과 특수 분야의 업무를 담당하는 공무원으로서 다른 법률에서 특정직 공무원으로 지정하는 공무원

| 지방행정론 > 지방자치단체 운영체계 > 소속 행정기관 | 난이도 중 |

| 정답해설 |

① 지방자치단체의 집행기관인 소속 행정기관에는 직속기관, 사업소, 출장소, 합의제행정기관, 자문기관이 있다. 부단체장, 행정기구와 공무원 등 보조기관은 소속 행정기관이 아니다.

법령 「지방자치법」 제2절 보조기관 제123조(부지사·부시장·부군수·부구청장) ① 특별시·광역시 및 특별자치시에 부시장, 도와 특별자치도에 부지사, 시에 부시장, 군에 부군수, 자치구에 부구청장을 두며, 그 수는 다음 각 호의 구분과 같다.

제125조(행정기구와 공무원) ① 지방자치단체는 그 사무를 분장하기 위하여 필요한 행정기구와 지방공무원을 둔다.

제3절 소속 행정기관

제126조(직속기관) 지방자치단체는 소관 사무의 범위에서 필요하면 대통령령이나 대통령령으로 정하는 범위에서 그 지방자치단체의 조례로 자치경찰기관(제주특별자치도만 해당한다), 소방기관, 교육훈련기관, 보건진료기관, 시험연구기관 및 중소기업지도기관 등을 직속기관으로 설치할 수 있다.

제127조(사업소) 지방자치단체는 특정 업무를 효율적으로 수행하기 위하여 필요하면 대통령령으로 정하는 범위에서 그 지방자치단체의 조례로 사업소를 설치할 수 있다.

제128조(출장소) 지방자치단체는 외진 곳의 주민의 편의와 특정지역의 개발 촉진을 위하여 필요하면 대통령령으로 정하는 범위에서 그 지방자치단체의 조례로 출장소를 설치할 수 있다.

제129조(합의제행정기관) ① 지방자치단체는 소관 사무의 일부를 독립하여 수행할 필요가 있으면 법령이나 그 지방자치단체의 조례로 정하는 바에 따라 합의제행정기관을 설치할 수 있다.

제130조(자문기관의 설치 등) ① 지방자치단체는 소관 사무의 범위에서 법령이나 그 지방자치단체의 조례로 정하는 바에 따라 자문기관(소관 사무에 대한 자문에 응하거나 협의, 심의 등을 목적으로 하는 심의회, 위원회 등을 말한다. 이하 같다)을 설치·운영할 수 있다.

24

정답 ②

인사행정론 > 인사행정 기초이론 > 대표관료제   난이도 **하**

| 정답해설 |
② 주기적인 선거 결과에 기초하여 주요 관직을 임명하는 제도는 대표관료제가 아니라 엽관주의이다.

| 오답해설 |
①③④ 킹슬리(D. Kingsley)가 처음 사용한 개념인 대표관료제는 인종·종교·성별·신분·계층·지역 등의 여러 기준에 의하여 분류되는 모든 사회집단들이, 한 나라의 인구 전체 안에서 차지하는 비율에 맞게 관료조직의 직위들을 차지해야 한다는 원리가 적용되는 관료제로서 정부정책의 형평성과 대응성을 제고할 수 있으나, 실적주의 공무원제도 확립에 저해될 수 있다.

25

정답 ④

조직이론 > 조직정보론 > 전자정부의 원칙   난이도 **하**

| 정답해설 |
④ 전자정부의 국제협력 강화는 현행 「전자정부법」에 명시된 전자정부의 원칙에 해당하지 않는다.

> **법령** 「전자정부법」 제4조(전자정부의 원칙) ① 행정기관 등은 전자정부의 구현·운영 및 발전을 추진할 때 다음 각 호의 사항을 우선적으로 고려하고 이에 필요한 대책을 마련하여야 한다.
> 1. 대민서비스의 전자화 및 국민편익의 증진
> 2. 행정업무의 혁신 및 생산성·효율성의 향상
> 3. 정보시스템의 안전성·신뢰성의 확보
> 4. 개인정보 및 사생활의 보호
> 5. 행정정보의 공개 및 공동이용의 확대
> 6. 중복투자의 방지 및 상호운용성 증진

7급 군무원 행정학

┃ 전체 난이도 및 합격선

전체 난이도	합격선
上	80점

┃ 기출총평

행정학 기출 범위에 벗어나는 개념과 소거법으로도 해결하기 어려운 문제들이 출제되었다.

- 영역별 – 기초이론과 지방행정론의 출제비중이 매우 높은 반면, 정책론의 출제비중은 낮아 영역별 출제비중이 고르지 못한 시험이었다.
- 내용별 – 도시 재정비 방식, 도시행정 및 계획의 새로운 패러다임 이론이 처음 출제되었다. 정책과정상 관료의 우월적 위치, SWOT 분석, 호프스테드(Hofstede)의 문화의 비교차원은 최근 한두 번 출제된 문제로 앞으로도 출제될 가능성이 높은 개념이다.
- 법령별 – 「국가공무원법」, 「국가재정법」, 「지방자치법」 등 빈출 법령 위주로 출제되었다.
- 수험대책 – 지엽적인 문제가 있었으나 2020년 군무원 시험문제 공개 이후 난이도를 고려해 본다면 작년과 비슷한 수준이었다. 최근에 출제되기 시작한 개념들은 반드시 숙지해야 하며, 자주 출제되는 법령의 내용도 암기해야 한다.

┃ 영역별 출제비중

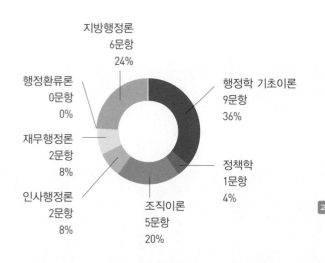

지방행정론
6문항
24%

행정환류론
0문항
0%

재무행정론
2문항
8%

인사행정론
2문항
8%

조직이론
5문항
20%

행정학 기초이론
9문항
36%

정책학
1문항
4%

┃ 문항 분석

		카테고리	출제수	정답률
고난도 TOP1	1	정책학 > 정책학 기초이론 > 관료의 우월적 위치의 근원	1회	13%
	2	기초이론 > 행정학이론 발달 > 도시 재정비 방식	1회	100%
	3	인사행정론 > 공직 분류 > 고위공무원단	3회	63%
	4	지방행정론 > 지방자치단체 운영체계 > 기관위임사무	1회	39%
	5	기초이론 > 현대행정의 변천 > 공공서비스의 민영화	3회	39%
	6	인사행정론 > 공직 분류 > 특정직 공무원	4회	50%
	7	지방행정론 > 주민참여제도 > 우리나라 주민참여제도	8회	63%
	8	조직이론 > 조직구조론 > 매트릭스구조	4회	63%
	9	기초이론 > 행정학이론 발달 > 탈신공공관리론 (post-NPM)	1회	75%
	10	재무행정론 > 예산제도론 > 계획예산제도(PPBS)	6회	75%
	11	조직이론 > 조직변동(혁신)론 > SWOT 분석	1회	63%
	12	조직이론 > 조직변동(혁신)론 > 성과관리	1회	39%
	13	기초이론 > 행정이념 > 호프스테드(Hofstede)의 문화차원	1회	39%
고난도 TOP3	14	지방행정론 > 지방행정 기초이론 > 신중앙집권화	3회	38%
	15	기초이론 > 행정학이론 발달 > 신공공관리론(NPM)	12회	50%
	16	재무행정론 > 재무행정 기초이론 > 성인지예산	2회	50%
	17	기초이론 > 현대행정의 변천 > 정부실패의 원인	4회	39%
	18	조직이론 > 조직 기초이론 > 조직군 생태학	1회	63%
	19	조직이론 > 조직관리론 > 동기부여이론	8회	50%
	20	지방행정론 > 지방행정 기초이론 > 도시 공공서비스의 공급 체계	1회	50%
	21	기초이론 > 행정학이론 발달 > 피터스(Peters)의 새로운 국정관리모형	3회	63%
	22	지방행정론 > 지방자치단체 운영체계 > 지방자치단체의 사무배분	2회	50%
	23	기초이론 > 행정학이론 발달 > 신제도주의	4회	75%
고난도 TOP2	24	기초이론 > 행정이념 > 사회적 형평성	2회	14%
	25	지방행정론 > 지방행정 기초이론 > 어반빌리지 (urban village)	1회	63%

※ **고난도 TOP1** 은 해당 회차에서 정답률이 가장 낮은 문항입니다.

기출문제편 ▶ P.106

01	①	02	③	03	①	04	④	05	②
06	③	07	④	08	②	09	③	10	①
11	②	12	④	13	②	14	④	15	①
16	③	17	④	18	④	19	③	20	①
21	②	22	④	23	②	24	③	25	①

01 고난도 TOP 1   정답 ①

정책학 > 정책학 기초이론 > 관료의 우월적 위치의 근원   정답률 13%

| 정답해설 |

① 선택률13% 정책과정에 관료가 우월적 위치를 차지하게 되는데, 이러한 관료의 우월적 위치의 근원으로는 예산의 통제, 정보의 통제, 전문성, 사회적 신뢰, 전략적 지위, 기관장의 리더십 등이 있다.

더 알아보기 ▶ 관료의 우월적 위치의 근원

예산의 통제	관료는 예산편성과정에서 중요한 역할을 수행하고, 재정자원을 실제 배분하는 중요한 역할을 담당함
정보의 통제	관료는 정보의 생성과 수집, 특정 정보에 대한 접근성을 가지며, 보다 정확하고 풍부한 정보를 가진 사람이 정책결정의 지배적인 역할을 담당함
전문성	관료는 신분보장을 통해 장기간 근무가 가능하므로 관련 분야의 경험을 통한 학습과 정보를 축적하여 정책에 대한 높은 전문성을 가짐
사회적 신뢰	우리나라는 과거 공직에 대한 사회적 평가와 정부에 대한 신뢰도가 높았음. 다만, 최근 공직에 대한 사회적 평가와 정부에 대한 신뢰도가 점점 낮아지고 있어 사회적 신뢰 측면에서 관료의 영향력은 약화될 것으로 보임
전략적 지위	관료는 국민의 대표기관과 국민 사이에서 통로 역할을 하며, 그들의 의견을 구체화하여 자신들의 역할을 지속할 수 있도록 정보의 흐름을 관리함
기관장의 리더십	기관장은 예산확보 등에 영향력을 발휘함으로써 정책결정의 중요한 흐름을 바꿀 정도로 중요한 역할을 함

군무원 VS 공무원 비교분석

2011년 국회직 8급 문제와 유사하게 출제되었다. 출제비중이 높은 이론은 아니며, 특정 전공교재에서만 등장하는 내용이 거의 그대로 출제되었다. 따라서 지엽성 높은 문제이므로 따로 학습하기보다는 문제를 풀며 해당 개념을 숙지하고 바로 넘어가도록 한다.

02   정답 ③

기초이론 > 행정학이론 발달 > 도시 재정비 방식   정답률 100%

| 정답해설 |

③ 선택률100% 기존의 재정비 방식의 문제를 극복하기 위해서는 주

민, 토지소유자, 사업시행자, 지방자치단체 등이 지역공동체를 복원을 통해 지역 거버넌스를 구축할 필요가 있다. 즉, 거버먼트(government)가 아닌 거버넌스(governance)를 통해 기존의 재정비 방식의 문제점을 해결하여야 한다. 쇠퇴·낙후된 도시에 대한 기존의 재정비 방식은 하향식 의사결정, 경제적 효과(개발이익) 극대화를 지향함으로써 지역주민이 배제되는 문제를 야기했기 때문에 지속적으로 기존의 재개발사업을 추진하거나, 하향식 의사결정을 사용하거나, 경제적 효과의 극대화를 추진하는 것은 기존 방식의 반성이라고 볼 수 없다.

군무원 VS 공무원 비교분석

출제자 입장에서는 나름 참신한 응용문제로 출제한 문제로서 이전에는 출제된 적이 없었고 2022년 군무원 7급에서 처음 출제된 개념이다. 하지만, 지문을 자세히 읽어보면 답이 저절로 유추되는 문제이다. 긴 호흡을 가지고 기출문제를 분석해 보면 난이도 조절을 위한 고난도 문제, 일회성 문제가 있기 마련이므로 수험공부 측면에서 크게 걱정할 문제는 아니다.

03   정답 ①

인사행정론 > . 공직 분류 > 고위공무원단   정답률 63%

| 정답해설 |

① 선택률63% 고위공무원단 소속 고위공무원에 대해서는 직무성과급적 연봉제를 적용한다.

법령 「공무원보수규정」 제63조(고위공무원의 보수) ① 고위공무원에 대해서는 별표 31에 따라 직무성과급적 연봉제를 적용한다. 다만, 대통령경호처 직원 중 고위공무원단에 속하는 별정직 공무원에 대해서는 호봉제를 적용한다.
② 직무성과급적 연봉제를 적용하는 고위공무원의 기본연봉은 개인의 경력 및 누적성과를 반영하여 책정되는 기준급과 직무의 곤란성 및 책임의 정도를 반영하여 직무등급에 따라 책정되는 직무급으로 구성한다.

04   정답 ④

지방행정론 > 지방자치단체 운영체계 > 기관위임사무   정답률 39%

| 정답해설 |

④ 선택률39% 기관위임사무는 국가 또는 상급지방자치단체가 지방자치단체의 장 또는 기타의 기관에 위임한 사무로, 원칙적으로 국가 또는 상급지방자치단체가 경비를 전액 부담하고, 지방자치단체의 장은 국가기관적 지위를 갖는다. 따라서 기관위임사무에 대해서는 국가가 합법성뿐만 아니라 합목적성에 대한 감독이 가능하며, 시정명령, 직무이행명령 등이 가능하다. 다만, 국가가 지방자치단체장의 기관위임사무의 처리에 관하여 지방자치단체장을 상대로 소송을 제기하는 것은 원칙적으로 허용되지 않는다.

05

| 기초이론 > 현대행정의 변천 > 공공서비스의 민영화 | 정답률 39% |

| 정답해설 |

② 선택률 39% 바우처(vouchers)는 공공서비스의 생산을 민간부문에 위탁하면서 시민들의 서비스 구입부담을 완화시키기 위해 금전적 가치가 있는 쿠폰을 제공하는 방식이다. 따라서 바우처제도를 운영하는 과정에서 관료와 서비스 제공자 간의 유착으로 인하여 부정부패가 발생할 수 있다. 즉, 바우처를 사용할 수 있는 업체를 선정하는 과정에서 관료와 서비스 제공자 간의 유착이 생길 가능성이 있다.

06

| 인사행정론 > 공직 분류 > 특정직 공무원 | 정답률 50% |

| 정답해설 |

③ 선택률 50% 감사원 사무차장은 특정직이 아니라 일반직 공무원에 해당한다.

법령 「국가공무원법」 제2조(공무원의 구분) ② "경력직 공무원"이란 실적과 자격에 따라 임용되고 그 신분이 보장되며 평생 동안(근무기간을 정하여 임용하는 공무원의 경우에는 그 기간 동안을 말한다) 공무원으로 근무할 것이 예정되는 공무원을 말하며, 그 종류는 다음 각 호와 같다.

1. 일반직 공무원: 기술·연구 또는 행정 일반에 대한 업무를 담당하는 공무원
2. 특정직 공무원: 법관, 검사, 외무공무원, 경찰공무원, 소방공무원, 교육공무원, 군인, 군무원, 헌법재판소 헌법연구관, 국가정보원의 직원, 경호공무원과 특수 분야의 업무를 담당하는 공무원으로서 다른 법률에서 특정직 공무원으로 지정하는 공무원

법령 「감사원법」 제19조(사무총장 및 사무차장) ① 사무총장은 정무직으로, 사무차장은 일반직으로 한다.

07

| 지방행정론 > 주민참여제도 > 우리나라 주민참여제도 | 정답률 63% |

| 정답해설 |

④ 선택률 63% 주민감사청구에 대한 「지방자치법」에 들어갈 내용은 18세 – 300명 – 200명 – 150명 – 18세 – 주무부장관 – 시·도지사이다.

법령 「지방자치법」 제21조(주민의 감사 청구) ① 지방자치단체의 18세 이상의 주민으로서 다음 각 호의 어느 하나에 해당하는 사람(「공직선거법」 제18조에 따른 선거권이 없는 사람은 제외한다. 이하 이 조에서 "18세 이상의 주민"이라 한다)은 시·도는 300명, 제198조에 따른 인구 50만 이상 대도시는 200명, 그 밖의 시·군 및 자치구는 150명 이내에서 그 지방자치단체의 조례로 정하는 수 이상의 18세 이상의 주민이 연대 서명하여 그 지방자치단체와 그 장의 권한에 속하는 사무의 처리가 법령에 위반되거나 공익을 현저히 해친다고 인정되면 시·도의 경우에는 주무부장관에게, 시·군 및 자치구의 경우에는 시·도지사에게 감사를 청구할 수 있다.

08

| 조직이론 > 조직구조론 > 매트릭스구조 | 정답률 63% |

| 정답해설 |

② 선택률 63% 매트릭스(matrix)구조는 기능부서와 사업부서의 화학적 결합을 시도한 조직구조로, 기능부서 통제권한의 계층은 수직적으로 흐르고, 사업부서 간 조정권한의 계층은 수평적으로 흐르게 된다.

더 알아보기 ▶ 매트릭스구조

매트릭스구조는 조직환경이 복잡해지면서 기능부서의 기술적 전문성이 요구되는 동시에 사업부서의 신속한 대응성의 필요가 증대되면서 등장한 조직 형태이다. 따라서 매트릭스구조는 기능부서 통제권한의 계층은 수직적으로 흐르고, 사업부서 간 조정권한의 계층은 수평적으로 흐르게 된다. 이러한 이중구조에서 조직구성원은 동시에 두 명의 상관에 보고하는 체계를 가지므로, 명령통일의 원리에 위배되며 기능적·사업적 권한 체계의 적절한 균형을 찾는 것이 중요한 문제가 된다.

09

| 기초이론 > 행정학이론 발달 > 탈신공공관리론(post–NPM) | 정답률 75% |

| 정답해설 |

③ 선택률 75% 탈신공공관리론(post–NPM)의 아이디어에 해당하는 것은 ㄱ, ㄷ, ㅁ, ㅂ이다.

※ 'ㅂ. 환경적·역사적·문화적 요소에의 유지'에서 '유지'는 출제 오류로 판단됩니다. 공개된 기출문제이므로 문제를 수정하지는 않았으나, 탈신공공관리론의 주요 내용으로는 '환경적·역사적·문화적 요소에의 유의(paying attention to environmental, historical, and cultural elements)'가 옳은 표현입니다.

| 오답해설 |

①②④ 선택률 0% 선택률 13% 선택률 12% ㄴ. 민간위탁과 민영화의 확대, ㄹ. 정부부문 내 경쟁 원리 도입은 신공공관리론에서 강조하는 내용이다.

더 알아보기 ▶ 탈신공공관리론(post–NPM)의 주요 내용

- 구조적 통합을 통한 분절화의 축소
- 재집권화와 재규제의 주창
- 총체적 정부 또는 합체된 정부(whole of government)의 주도
- 역할모호성의 제거 및 명확한 역할관계의 안출(案出)
- 민간·공공부문의 파트너십 강조
- 집권화, 역량 및 조정의 증대
- 중앙의 정치·행정적 역량의 강화
- 환경적·역사적·문화적 요소에 대한 유의

10
정답 ①

| 재무행정론 > 예산제도론 > 계획예산제도(PPBS) | 정답률 75% |

| 정답해설 |

① **선택률 75%** 계획예산제도는 정치적 협상과 타협 등 정치적 합리성을 중시하는 점증모형이 아니라 자원배분의 최적화를 통한 사회후생의 극대화를 추구하는 합리모형(합리주의, 총체주의)에 의한 예산결정이다. 따라서 합리모형은 예산을 탄력적으로 활용하여 경기변동에 대응하는 재정정책적 기능을 수행한다.

11
정답 ②

| 조직이론 > 조직변동(혁신)론 > SWOT 분석 | 정답률 63% |

| 정답해설 |

② **선택률 63%** SWOT 분석을 기초로 한 전략에서 방향전환 전략은 WO 전략이다.

더 알아보기 ▶ SWOT 분석

㉠ 개념
- SWOT 분석은 조직 외부 환경은 기회(Opportunity)와 위협(Threat)으로, 조직 내부 자원·역량은 강점(Strength)과 약점(Weakness)으로 구분하며, 조직 내적 특성과 외부 환경의 조합에 따른 네 가지의 맞춤형 대응전략 수립에 도움이 된다.
- 일부에서는 기업 자체보다는 기업을 둘러싸고 있는 외부 환경을 강조한다는 점에서 TOWS 분석(위협·기회·약점·강점)으로 부르기도 한다.

㉡ 유형
- SO 전략(강점-기회, 공격적 전략)은 시장의 기회를 활용하기 위해 강점을 사용하는 전략이다.
- ST 전략(강점-위협, 다양화 전략)은 조직의 강점을 활용하여 위협을 회피하거나 최소화하는 전략이다.
- WO 전략(약점-기회, 방향전환 전략)은 약점을 극복함으로써 시장의 기회를 활용하는 전략이다.
- WT 전략(약점-위협, 방어적 전략)은 시장의 위협을 회피하고 약점을 최소화하는 전략이다.

구분		환경	
		기회(O)	위협(T)
역량	강점(S)	SO 전략(공격적 전략)	ST 전략(다양화 전략)
	약점(W)	WO 전략(방향전환 전략)	WT 전략(방어적 전략)

군무원 vs 공무원 비교분석

SWOT 분석은 2017년 국가직 7급에서 처음 출제되었다. 행정학은 '종합응용학문'으로 주변 관련 학문의 이론을 흡수하여 성립된 학문이다. 따라서 경영학에서 자주 사용되는 SWOT 분석은 다시 출제될 가능성이 매우 높기 때문에 핵심내용을 유형별로 구분하여 숙지하도록 한다.

12
정답 ④

| 조직이론 > 조직변동(혁신)론 > 성과관리 | 정답률 39% |

| 정답해설 |

④ **선택률 39%** 성과관리제는 행정조직의 성과평가과정에서 즉각적인 환류가 이루어지기 어렵다. 민간조직과 달리 행정조직의 경우에는 예산의 편성주기 등을 고려할 때 전년도 평가 결과를 즉각적으로 반영하여 환류하기에는 한계가 있다. 따라서 성과관리제의 효과성을 높이기 위해서는 성과달성의 시점과 평가 결과에 따른 환류시점 간의 간격을 최소화해야 한다.

13
정답 ②

| 기초이론 > 행정이념 > 호프스테드(Hofstede)의 문화차원 | 정답률 39% |

| 정답해설 |

② **선택률 39%** 호프스테드(Hofstede)가 비교한 문화의 비교차원은 불확실성의 회피(uncertainty avoidance), 권력거리(power distance), 개인주의 대 집단주의(collectivism vs. individualism), 장기성향 대 단기성향(long-term orientation vs. short-term orientation), 남성다움과 여성다움(masculine vs. feminine culture)이며, 보편주의 대 특수주의는 포함되지 않는다.

더 알아보기 ▶ 호프스테드가 비교한 문화의 비교차원

네덜란드의 문화심리학자인 호프스테드(Hofstede)는 불확실성의 회피, 위계적 구조를 받아들이는 정도인 권력거리, 개인주의와 대비되는 집단주의, 과거 혹은 현실을 지향하는 단기주의와 대비되는 장기주의, 사회적 성공 경쟁 위주의 남성주의로 전 세계의 문화를 분류할 수 있다고 하였다.

| 불확실성의 회피 (uncertainty avoidance) | • 사람들이 모호한 상황이나 불확실성을 용인하는 정도를 나타냄
• 불확실성 회피성향이 높은 문화는 안정적인 직업에 높은 가치를 부여하고 관리자들이 아주 분명한 지시를 내려 줄 것을 기대하는 반면, 불확실성 회피성향이 낮은 문화는 변화에 대해서 두려워하지 않으며 위험을 극복하려는 성향이 높게 나타남. 따라서 불확실성 회피 정도가 강한 경우 공식적 규정을 많이 만들어 불확실한 요소를 최대한 통제하려 함 |
| 권력거리 (power distance) | • 사회 내에서 부와 권력이 불평등하게 배분되어 있다거나 혹은 편중되어 있을 경우 이를 어느 정도 수용하는가를 나타냄. 즉, 조직이나 단체에서 권력이 작은 구성원이 권력의 불평등한 분배를 수용하는 정도를 의미함
• 권력거리가 큰 경우 제도나 조직 내에 내재되어 있는 상당한 권력의 차이를 자연스럽게 인정함 |

개인주의와 집단주의 (collectivism vs. individualism)	• 사람들이 개인주의적이거나 집단주의적인 성향을 얼마나 보이는가를 의미 • 개인주의적인 성향의 문화는 개인들 간의 연계가 느슨하며 개인의 성취와 자유가 높게 평가되는 반면, 집단주의적인 성향의 문화는 개인 간의 관계가 밀접하게 연계되어 있음. 따라서 개인주의가 강한 문화는 집단주의가 강한 문화보다 상대적으로 느슨한 개인 간 관계를 더 중요시함
단기주의와 장기주의 (long-term orientation vs. short-term orientation)	• 장기주의 지표가 높은 문화의 가치가 끈기, 지위에 의한 인간관계 서열이 이에 대한 존중, 절약, 염치를 아는 것을 나타냄 • 장기주의적인 문화는 저축 등을 통해 장기적인 성과를 이루려는 성향을 나타내는 반면, 단기주의적인 문화는 절약이나 끈기 등에 관심이 적은 성향을 나타냄. 따라서 장기주의적 성향이 강한 사회는 미래지향적 가치를 중시함
남성다움과 여성다움 (masculine vs. feminine culture)	• 남성중심적인 성향을 가지고 있는지 여성중심적인 성향을 가지고 있는지를 나타냄 • 남성중심적인 문화는 남녀 간의 역할분담이 이루어져 있고 성취감이나 자기주장, 물질적인 성공에 대해서 강한 선호를 나타내는 반면, 여성중심적인 문화는 관계유지를 중요시하거나 구성원에 대해 배려해주는 경향, 삶의 질을 강조하는 면이 강하게 나타냄. 따라서 남성성이 강한 문화는 여성성이 강한 문화보다 상대적으로 남성과 여성의 역할에 대한 분명한 차이를 인정하려고 함

군무원 ⓥ️ 공무원 비교분석

호프스테드(Hofstede)의 문화차원은 2019년 국가직 7급 인사조직론, 2021년 국가직 7급 행정학에서 출제되면서 최근 출제비중이 높아진 개념이다. 최근 출제되기 시작한 생소한 개념이므로 어렵다고 느낄 수 있지만 문제 자체는 그렇게 어렵게 출제되지 않는 편이므로 그 내용만 암기하고 넘어가도록 한다.

14 [고난도 TOP3]   정답 ④

지방행정론 > 지방행정 기초이론 > 신중앙집권화	정답률 **38%**

| **정답해설** |

④ 선택률38% 세계화와 신자유주의는 신지방분권화를 촉진하였다. 1980년대 정보통신의 발달로 인한 세계화(globalization)와 대처리즘, 레이거노믹스로 인한 신자유주의는 효율성을 강조하는 방향으로 경제환경을 변화시켰다. 이에 따라 세계 각국 정부도 중앙정부에 의한 획일적 통제에서 벗어나 지방정부의 효율성을 강조하는 신지방분권화를 촉진하게 되었다. 반면, 신중앙집권화란 현대국가의 새로운 경향으로, 지방자치제도를 발전시켜왔던 근대 민주국가에서 사회발전과 행정기능의 확대·강화에 따른 복지사회의 실현을 위해 민주성과 능률성의 조화라는 근본원리에 입각하여 중앙정부의 권한이 강화되는 경향을 말한다.

15   정답 ①

기초이론 > 행정학이론 발달 > 신공공관리론(NPM)	정답률 50%

| **정답해설** |

① 선택률50% 신공공관리론은 시장에 대한 규제를 완화하며, 관료에 대한 규정과 규제도 완화한다. 신공공관리론은 1980년대 이후 영미국가들을 중심으로 등장한 이론으로, 시장주의(신자유주의)와 신관리주의(기업가적 정부)가 결합된 이론이다. 그 이면에는 공공선택론, 주인-대리인이론, 거래비용이론 등이 배경이 되고 있다. 시장주의는 신자유주의 이념에 기초하여 가격 메커니즘과 경쟁원리를 활용한 공공서비스 제공, 고객지향적 공공서비스 제공을 중시한다. 신관리주의는 행정과 경영의 유사성에 대한 인식에 기초하여 기업의 경영원리와 관리기법을 행정에 도입·접목하여 정부의 성과 향상과 관리의 효율성을 제고하는 것을 강조한다. 이에 따라 기업가정신, 성과에 기초한 관리, 권한이양, 품질관리기법, 인센티브 메커니즘, 마케팅기법, 고객만족경영기법 등을 행정에 도입하는 방안들이 논의된다. 따라서 신공공관리론은 시장주의 이념에 입각하여 시장에 대한 규제를 완화하며, 신관리주의에 입각하여 성과제고를 위해 관료에게 재량권을 부여하기 때문에 관료에 대한 불필요한 규정과 규제도 완화한다.

16   정답 ③

재무행정론 > 재무행정 기초이론 > 성인지예산	정답률 50%

| **정답해설** |

③ 선택률50% 성인지예산제도는 성 중립적(gender neutral) 관점이 아니라 성 인지적 관점(gender perspective)에 기반하고 있다. 성 인지적 관점은 각종 제도나 정책에 포함된 특정 개념이 특정 성에게 유리하거나 불리하지 않은지, 성 역할의 고정관념이 개입되어 있는지 아닌지 등의 문제점을 검토하는 관점을 말한다. 여성과 남성이 지닌 생물학적, 사회문화적 경험의 차이에 의해 서로 다른 이해나 요구를 가지고 있다는 사실을 제도나 정책에 반영하기 위함이다. 각종 제도와 정책이 여성과 남성에게 미치는 영향을 고려하고, 남녀 성차별의 개선이라는 문제의식에 기반하여 등장한 개념이다.

[법령] 「국가재정법」 제26조(성인지예산서의 작성) ① 정부는 예산이 여성과 남성에게 미칠 영향을 미리 분석한 보고서[이하 "성인지(性認知)예산서"라 한다]를 작성하여야 한다.

제57조(성인지결산서의 작성) ① 정부는 여성과 남성이 동등하게 예산의 수혜를 받고 예산이 성차별을 개선하는 방향으로 집행되었는지를 평가하는 보고서(이하 "성인지결산서"라 한다)를 작성하여야 한다.

제68조의2(성인지 기금운용계획서의 작성) ① 정부는 기금이 여성과 남성에게 미칠 영향을 미리 분석한 보고서(이하 "성인지 기금운용계획서"라 한다)를 작성하여야 한다.

더 알아보기 ▶ 성인지예산

예산이 여성과 남성에게 미치는 효과를 분석해 국가재정이 성별로 평등하게 집행될 수 있도록 편성된 예산을 성인지예산이라고 하며, 이를 분석한 보고서를 '성인지예산서'라고 한다. 성인지예산은 예산이 성별에 미치는 영향이 다르다는 것을 전제하며, 예산과정에 성 주류화

(gender mainstreaming)를 적용하는 것을 의미한다. 성 주류화란 여성이 사회 모든 주류 영역에 참여해 목소리를 내고 의사결정권을 갖는 형태로 사회시스템 운영 전반이 전환되는 것을 말한다.

17 정답 ④

| 기초이론 > 현대행정의 변천 > 정부실패의 원인 | 정답률 39% |

| 정답해설 |

④ 선택률 39% 바그너(Wagner)는 경제성장에 따라 국민총생산(GNP)에서 공공지출의 비중이 높아진다는 공공지출증가의 법칙(law of increasing state spending)을 주장하였다. 이를 바그너 법칙(Wagner's law)이라고도 한다. 독일 경제학자인 바그너는 경제가 발전할수록 국민이 복지 향상에 관심을 크게 가지게 되고, 그에 따라 투표권 행사 등을 통해 국민의 요구가 커지면 국민총생산 대비 공공지출의 비중이 증가한다고 주장하였다.

18 정답 ④

| 조직이론 > 조직 기초이론 > 조직군 생태학 | 정답률 63% |

| 정답해설 |

④ 선택률 63% 조직군 생태학이론은 결정론에 해당한다. 따라서 조직의 주도적 선택보다는 조직은 수동적으로 환경에 적응해야만 한다는 점을 강조한다.

더 알아보기 ▶ 결정론과 임의론

환경인식 분석수준	결정론	임의론
개별조직	〈체제구조적 관점〉 구조적 상황이론 (상황적응이론)	〈전략적 선택 관점〉 • 전략적 선택이론 • 자원의존이론
조직군	〈자연적 선택 관점〉 • 조직군 생태학 이론 • 조직 경제학 (대리이론/거래비용 이론)	〈집단적 행동 관점〉 공동체 생태학 이론

19 정답 ③

| 조직이론 > 조직관리론 > 동기부여이론 | 정답률 50% |

| 정답해설 |

③ 선택률 50% 허즈버그(Herzberg)는 불만요인이 충족(제거)된다고 만족을 보장하는 것은 아니며, 불만족이 충족(제거)되어도 동기가 유발되지는 않는다고 본다. 허즈버그는 인간의 욕구 차원을 불만과 만족으로 구분하고 불만을 일으키는 요인(불만요인, 위생요인)과 만족을 주는 요인(만족요인, 동기요인)은 서로 다르다는 욕구충족요인 이원론을 제시하였다. 즉, 만족의 반대는 불만족이 아니고 만족이 없다는 것이며, 불만족의 반대는 만족이 아

나라 불만족이 없다는 것이다. 따라서 불만요인의 충족(제거)은 구성원의 불만을 감소시키지만 적극적인 만족감이나 동기부여에는 영향을 미치지 못하며, 상대적으로 단기적 조직목표 달성에 미치는 영향이 큰 것으로 이해된다.

20 정답 ①

| 지방행정론 > 지방행정 기초이론 > 도시 공공서비스의 공급 체계 | 정답률 50% |

| 정답해설 |

① 선택률 50% 중앙 또는 지방정부가 직접 공급하는 서비스는 중앙정부가 해야 할 사무는 「정부조직법」에서, 지방정부의 사무는 「지방자치법」에서 규정하고 있으나, 각 정부 간의 업무가 명확히 확정되어 있지 않다. 현행 「지방자치법」은 국가사무의 처리를 제한(제15조)하고 있지만, 지방자치단체의 사무범위에 관해 포괄적 예시주의를 택하고 있고, 법률에 이와 다른 규정이 있으면 그러하지 아니하도록 규정(제13조)하고 있어 국가사무·위임사무·자치사무 간의 구분이 불분명한 경우가 많다.

법령 「지방자치법」 제13조(지방자치단체의 사무범위) ① 지방자치단체는 관할 구역의 자치사무와 법령에 따라 지방자치단체에 속하는 사무를 처리한다.

② 제1항에 따른 지방자치단체의 사무를 예시하면 다음 각 호와 같다. 다만, 법률에 이와 다른 규정이 있으면 그러하지 아니하다.

21 정답 ②

| 기초이론 > 행정학이론 발달 > 피터스(Peters)의 새로운 국정관리모형 | 정답률 63% |

| 정답해설 |

② 선택률 63% 설문은 피터스(B. Guy Peters)의 거버넌스 유형 중 참여적 정부모형에 관한 설명이다.

더 알아보기 ▶ 피터스(Peters)의 새로운 국정관리모형

구분	전통적 정부모형	시장적 정부모형	참여적 정부모형	신축적 정부모형	탈내부규제 정부모형
기존 정부의 문제점	전근대적 권위	독점	계층제	조직의 영속 성·경직성	내부규제
구조의 개혁방안	계층제 (관료제)	분권화, 공기 업화, 책임운 영기관, 지방 분권	수평적 조직, 평면조직, 자 문위원회	가상조직, 임 시과제단, 준 (비)정부기구	–
관리의 개혁방식	직업공무원제, 절차적 통제	성과급, 목표 관리제, 민간 기법 도입	TQM, 팀제, 권한위임	가변적·적응 적 인사관리, 임시직	재량권 부여, 공직윤리 강조
정책 결정의 개혁방안	정치·행정 이 원론(정치 – 행정의 구분)	내부시장, 시 장적 유인	전문가 회의, 협상, 협의	실험	기업가적 정부
공익의 기준	안정성, 평등	비용 최소화	참여, 협의	저비용, 조정	창의성, 활동주의

22 정답 ④

| 정답해설 |

④ 선택률50% 「지방자치법」 제11조에서 정하는 사무배분의 원칙이 아니라 「지방자치분권 및 지방행정체제 개편에 관한 특별법」 제 9조에서 정하는 사무배분의 원칙이다. 출제 이후 「지방자치분권 및 지방행정체제 개편에 관한 특별법」은 「지방자치분권 및 지역 균형발전에 관한 특별법」으로 개편되었으며, 해당 규정은 삭제 되었다.

23 정답 ②

| 정답해설 |

② 선택률75% 역사적 제도주의는 제도의 '종단적 측면'을 중시(어떤 연구대상을 일정 기간 동안 관찰하여 그 대상의 변화를 파악하는 연구)하면서 국가 간 제도의 상이성과 한 국가 내 제도의 지속성에 관심을 갖는다. 반면, 사회학적 신제도주의는 '횡단적 측면'을 중시(특정 시점에서 여러 연구대상을 관찰하여 연구)하면서 어떻게 유사한 제도의 형태(제도의 동형화)를 취하는지에 관심을 갖는다.

24 [고난도 TOP2] 정답 ③

| 정답해설 |

③ 선택률14% 정부의 환경보존사업에 필요한 비용을 공채 발행으로 조달하여 다음 세대에게 그 부담을 전가하는 것은 수직적 형평성에 해당한다.

| 오답해설 |

① 선택률38% 대표관료제는 수직적 형평성을 확보하기 위함이다.

② 선택률25% 롤스(J. Rawls)는 원초적 상태하에서 합리적 인간의 최소극대화 원리에 따른다고 한다.

④ 선택률23% 형평성은 총체적 효용 개념을 비판한다.

군무원 vs 공무원 비교분석

2008년 선관위 9급 문제와 지문만 다르고 선지가 동일하게 출제되었다. 제시문과 선지가 시의성이 있는 문제로, 출제 가능성이 높지 않은 개념이기 때문에 따로 학습하기보다는 문제를 풀며 해당 개념을 숙지하고 바로 넘어가도록 한다.

25 정답 ①

| 정답해설 |

① 선택률63% 스프롤(sprawl)현상은 도시의 급격한 팽창으로 대도시의 교외(郊外)가 무계획·무질서적으로 발전하는 현상을 의미한다. 따라서 스프롤현상 및 공공공간 부족 문제를 해결하기 위해서는 개발제한구역(그린벨트)을 정하거나 '압축도시(compact city)', '스마트 성장(smart growth)', '뉴어바니즘(new urbanism)'과 같이 계획적이고 장기적인 계획하에 도시를 개발하려는 노력이 필요하다.

'어반빌리지(urban village)'는 쾌적하고 인간적 스케일의 도시 환경 계획을 목표로 1989년 영국에서 시작되었다. 기본 개념은 복합적인 토지이용, 도보권 내 초등학교, 공공시설 및 편익시설 배치, 융통성 높은 건물 계획, 보행자 우선 계획, 적정 규모 개발, 지역 특성을 반영한 고품격 도시 및 건축 설계, 다양한 가격, 규모의 주거유형 혼합을 통해 경제적·사회적·환경적 지속 가능한 커뮤니티를 개발하는 것이다. 또한 대중교통 네트워크와 기존 도시와 연계된 개발을 목표로 하며 교외지역의 녹지 개발보다는 기성 시가지 기개발지역의 재생에 주안점을 두고 있다.

더 알아보기 ▶ 근린주구(近隣主區)

근린주구는 적절한 도시 계획에 의하여 거주자의 문화적인 일상생활과 사회적 생활을 확보할 수 있는 이상적 주택지의 단위를 말한다. 주거지역 인근에 초등학교, 어린이 놀이터, 상점과 같이 주민생활에 필요한 공공시설이 설치되어 있고, 초등학교를 도보로 통학할 수 있도록 설정된 주거구역을 의미한다.

편저자 **남진우**

■ 약력
現) 에듀윌 공무원 행정학 대표 교수
前) EBS 명품공무원 행정학 대표 교수
행정학 석사, 박사과정 수료

2024 에듀윌 군무원 18개년 기출문제집 행정학

발 행 일	2023년 11월 23일 초판
편 저 자	남진우
펴 낸 이	양형남
펴 낸 곳	(주)에듀윌
등록번호	제25100-2002-000052호
주 소	08378 서울특별시 구로구 디지털로34길 55
	코오롱싸이언스밸리 2차 3층

www.eduwill.net
대표전화 1600-6700

여러분의 작은 소리
에듀윌은 크게 듣겠습니다.

본 교재에 대한 여러분의 목소리를 들려주세요.
공부하시면서 어려웠던 점, 궁금한 점,
칭찬하고 싶은 점, 개선할 점, 어떤 것이라도 좋습니다.

에듀윌은 여러분께서 나누어 주신 의견을
통해 끊임없이 발전하고 있습니다.

에듀윌 도서몰 book.eduwill.net
- 부가학습자료 및 정오표: 에듀윌 도서몰 → 도서자료실
- 교재 문의: 에듀윌 도서몰 → 문의하기 → 교재(내용, 출간) / 주문 및 배송

분석해설편

에듀윌 군무원 18개년 기출문제집

행정학 분석해설편

YES24 수험서 자격증 군무원/부사관 행정학 베스트셀러 1위
(2019년 5월~6월, 2020년 5월~6월, 2022년 2월~5월, 2023년 1월~5월 월별 베스트)

2017/2022 에듀윌 공무원 과정 최종 환급자 수 기준

2023, 2022, 2021 대한민국 브랜드만족도 7·9급공무원 교육 1위 (한경비즈니스)
2020, 2019 한국브랜드만족지수 7·9급공무원 교육 1위 (주간동아, G밸리뉴스)

고객의 꿈, 직원의 꿈, 지역사회의 꿈을 실현한다

펴낸곳 (주)에듀윌　**펴낸이** 양형남　**출판총괄** 오용철
주소 서울시 구로구 디지털로34길 55 코오롱싸이언스밸리 2차 3층
대표번호 1600-6700　**등록번호** 제25100-2002-000052호
협의 없는 무단 복제는 법으로 금지되어 있습니다.

에듀윌 도서몰 book.eduwill.net
• 부가학습자료 및 정오표: 에듀윌 도서몰 → 도서자료실
• 교재 문의: 에듀윌 도서몰 → 문의하기 → 교재(내용, 출간) / 주문 및 배송